U0566686

中国社会科学院老年学者文库

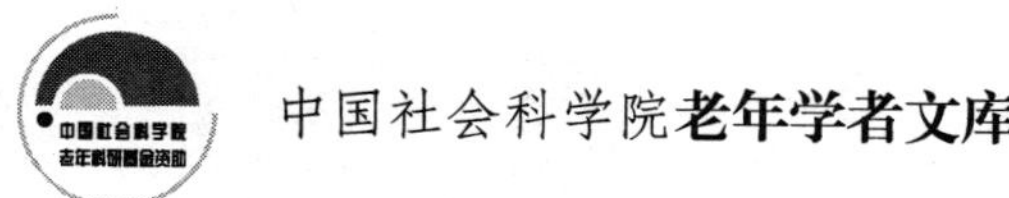
中国社会科学院老年学者文库

# 李商隐研究论集

吴　慧/著

社会科学文献出版社
SOCIAL SCIENCES ACADEMIC PRESS (CHINA)

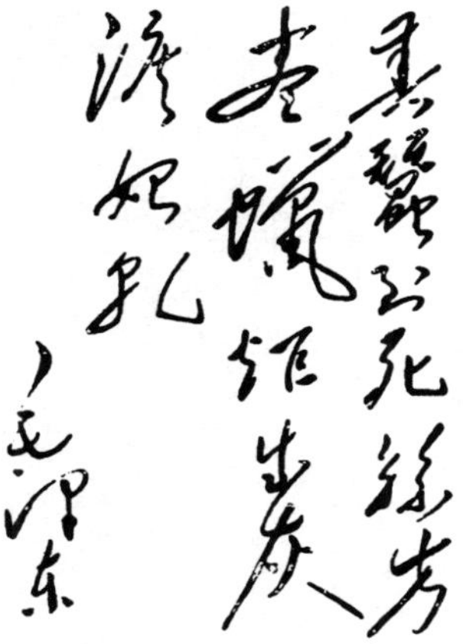


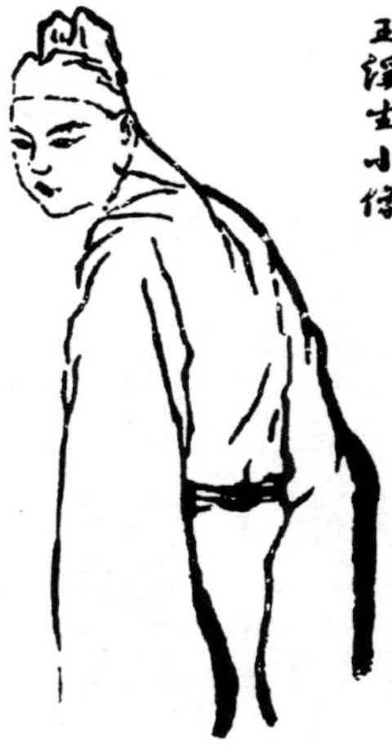

玉溪生小像

# 目　录
# CONTENTS

# 一

# 李商隐所处时代的政治背景和所涉党局的社会基础

李商隐生于元和中，卒于大中末，只活了四十七岁。然而在这四十几年中却经历了宪、穆、敬、文、武、宣六朝，政局动荡，矛盾交织，是唐王朝进一步衰落的时期。其实唐室盛衰转折，早在安史之乱前后就开始了。李商隐诞生以来，唐帝国的车轮正刹不住向下坡滑去。当时中央政府与地方藩镇之间、南北司之间、宫闱之间、朋党之间、政派之间、中原人民与外族之间、农民与封建统治者之间的各种矛盾都十分激烈。“厚赋深刑，生民愁苦”，到宣宗大中之世，已经是“夕阳无限好，只是近黄昏”，距离农民大起义的日子不远了（已有局部地区的农民起义）。李商隐就是处于这样一个时代之中的诗人，他的诗自然就不能不打下时代的烙印。从他的诗里确实可以窥见这一时期社会一角的缩影。他的许多作品是够得上被称为诗史的。这里就让我们来对李商隐所处时代的政治背景和所涉党局的社会基础作一番分析和评论吧。知人论世，不论世将何以知人呢？

## （一）从农民与地主的矛盾谈起

中晚唐农民与地主阶级的矛盾，概括成一句话，就是：兼并、重赋、战乱。统治阶级所搞的这三种祸害使老百姓活不下去了。安史之乱是唐王朝由盛转衰的转折点，也是划分唐前期和唐后期（中晚唐）的分界线。安史之乱前，农民同封建国家的矛盾（赋役）、同私家豪右的矛盾（兼并土地、剥削佃户）以及封建国家同私家豪右的矛盾（检括户口、争夺税源和劳动力）本来已经相当严重。安史之乱爆发，而且好不容易才平定下来，唐帝国的社会矛盾比战前更加剧了。这次为期九年规模颇大的战争，造成人民生命财产的大量丧亡和损失。伴随战争而来的饥荒、瘟疫及劳役、赋敛又都大大加重了农民的痛苦。

史载：迨至德之后，天下兵起，始以兵役，因之饥疠，征求运输，百役并作，人民雕耗，版图空虚。……科敛之名凡数百，废者不削，重者不去，新旧仍积，不知其涯。百姓受命而供之，沥膏血，鬻亲爱，旬输月送，无休息。吏因其苛，蚕食于人。凡富人多丁者，率为官为僧，以色役免；贫者无所入则丁存，故课免于上，而赋增于下。是以天下残瘁，荡为浮人。乡居地著，百不四五，如是者殆三十年（《旧唐书·杨炎传》）。面对着这种情况，过去建立在"一夫受田百亩"的均田制基础上的、以人丁为计税标准的租调庸的赋役制度再也无法继续维持。德宗即位，采纳了杨炎的建议，于建中元年（780年）实行以田亩、资产为计算标准，分夏秋两次交纳的"两税法"。规定租、庸、调、杂徭都摊入两税中征收。两税法使丧失土地或受田不足的课户暂时免去按人丁收税时的偏酷负担；从豪强手中检出了大量被隐占不纳税的浮户客户，成为两税户（占当时户数的五分之二），增加了国家的财政收入；而且户税收钱，促进了商品货币经济的发展。从经济发展的角度看，两税法比租庸调进步。在中国经济史上，两税法本身是一件值得注意的大事。

可是在实施过程中，一个个新的问题又相继发生。两税以外不再加税的规定，不久就被官吏侵渔、赋敛不一、征发过多的现实所完全推翻。各道有事，得用"权宜"名义加税，事毕暂加变成永加；本来的庸是代役的，已并入两税，后来农民又须应役如故。两税事实上又成"乱税"了。两税法说是按贫富定等级、按资产计税额，但人有贵重的资产"藏于襟怀囊箧"而不被人窥见，田地却无处隐藏；同样是田地，富者贵者多方隐瞒而官吏不去查察，贫弱的人的田地却非查看不可。豪富广占阡陌，十分田地纳税不过十之二三，他们所逃避的税额就压在贫弱户身上。两税法的"均税"又变成偏税了。户税规定收钱，由于"钱荒"，货币流通量少，富商大贾"积钱以逐轻重"，钱贵物贱的现象日甚。初定两税时纳绢一匹当钱三千二百文，后来只折钱一千五六百文，等于税负在无形中增加一倍，再后来"钱日重，物日轻，民所输三倍其初"。到元和时"为钱数不加，而其税以一为四"，两税法的"一税"竟变成"四税"了。在这种情况下，唐前期已出现过的农民不堪负担赋徭而逃亡的风气又炽烈起来，"百姓日蹙而散为商以游，十三四矣"（李翱进士策）。而州县官吏因考课功罪及应出税额不可更改的关系，将所缺税额摊派于未逃之户身上，未逃之户负担更重，陷于破产，亦不得不一逃了之。建中元年天下两税户三百八十万五千零七十六，到元和年间只有二百四十七万三千九百六十三，户口的减少，逃亡和隐户的增加是其主要原因。这种现象元和以后还有发展。

两税法完全承认了土地占有多少所造成的贫富差别。均田制既已作废，兼并在法律上已无限制，官僚地主们兼并土地的活动更方便了。富商大贾也往往乘农民需换钱纳税之时，用压价收购、高利贷、预购等办法刻剥农民，使农民更快地贫困破产。在土地兼并中，商业资本正起着十分恶劣的作用。商人原是兼并土地的惯家，“与时俯仰，获其赢利，以末致财，用本守之”，自古以来，这一信条一直为商人们奉行着。而大地主为了获取更多的财富，他们中间不少人也热衷于经营商业，出售自己田庄所生产的农产品，并贩卖农民所需的生活生产资料，对农民进行土地剥削的同时又进行商业的剥削。大商人兼大地主，大地主兼大商人，有些地主还具有官僚身份，大官僚大地主大商人三位一体，成为当时最大的兼并者。在大商人大地主的阵营中，还有不少是兼营商业和高利贷的僧侣地主。在唐初，寺院已是“驱策田产，积聚货物，耕织为生，估贩成业”（《旧唐书·高祖纪》），后来寺院经济更加发展，兼并的土地更多了。一个寺就有田庄几所至十几所。在各式各样地主伸手攫夺之下，土地越被兼并，越趋集中，失去土地流亡他乡的农民就越来越多地变成大商人大地主（包括僧侣地主）或大地主（包括官僚地主）大商人的庄田的客户（除了“为商以游”变成小商贩或私贩以外），他们“贷其种食，赁其田庐”，向地主交纳每亩五斗至一石的地租，“终年服劳，日无休息。罄输所假，常患不充”。尽管如此，但比起唐政府数不清的税外之税和应不完的差科杂役来，隐庇于私家、接受这样苛酷的剥削条件，仍然是被兼并而丧失土地的逃亡农民的主要出路。大地主大商人或大商人大地主吞进了大量土地，经营田庄，也十分需要这种逃户来作为他们役使的劳动力。所以实行了两税法以后的唐后期，逃户仍比以前有增无减，兼并之家的势力也比过去有过之而无不及。

对于土地兼并、农民逃亡的现象，统治集团内部有着不同的反应。政论家陆贽大声疾呼：“夫土地王者之所有，耕稼农夫之所为，而兼并之徒居然受利。”“今制度弛紊，疆理隳坏，恣人相吞，无复畔限。富者兼地数万亩，贫者无容足之居。依托豪强，以为私属……有田之家，坐食租税，贫富悬绝，乃至于斯。”“望凡所占田，约为条限，裁减租价，务利贫人。”而那些身兼大地主的大官僚集团兼并土地兴头正浓，对陆贽的建议照例是加以反对。在德宗以后的长时间内，官府重敛、私家兼并、农民困苦，一直是一个悬而未决的大问题。朋党之争发生后，这问题成为双方不同政见的主要内容之一。李党是主张采取措施抑制兼并势力的，牛党则正是兼并势力的纵容者和支持者。下面将一步步地展开。

## （二）藩镇的祸害及其与地方豪强地主的关系

为什么实行两税法后唐政府还这样不顾死活地加重赋役，以致造成农民大量的再流亡呢？原来这和藩镇割据有关。安史乱后，除了户口在战乱中大量丧亡外，河北三镇、淮西、淄青等地割据的形成，也在很大程度上分割着户口，使唐中央政府的赋役来源大为缩减；而由于要增加军备，以防御、讨伐割据的藩镇，财政支出却大为增加，负担就只能由唐政府所辖地区内仅存的人民来承当。元和二年（807 年），宰相李吉甫编撰了《元和国计簿》，算了一笔账：总计天下方镇四十八，州府二百九十五，县千四百五十三。其凤翔、鄜坊、邠宁、振武、泾原、银夏、灵盐、河东（按：以上皆被边）、易定、魏博、镇冀、范阳、沧景、淮西、淄青（按：以上皆藩镇世袭）等十五道七十一州不申户口外，每岁赋入倚办止浙江东西、宣歙、淮南、江西、鄂岳、福建、湖南八道四十九州一百四十四万户，比量天宝课户，天宝课户为五百三十四万九千余户，四分减三。天下兵仰给县官者八十三万人，比天宝三分增一，大率二户资一兵。其水旱所伤、非时调发，不在此数。按：元和二年唐政府所能控制的总户数共为二百四十四万二百五十四，八道四十九州的一百四十四万户养兵八十三万人，这部分户数约占总户数的百分之六十，这一百分比也就是军费支出占财政总支出的份额。此外在总户数中还包括山南、剑南、岭南及畿辅、江南二道等一百七十五州的户数，那部分地区的收入则供给政费及皇室开支，约占财政总支出的百分之四十。元和两税、榷酒、斛斗、盐利、茶利总计三千五百一十万一千二百二十八贯石（《国计簿》数字），以唐政府所控制的总户数平均，每户税负为十四点四贯石，与实行两税法之初的建中年间的每户税负相比（那时年收入钱三千一百三十九万八千贯、米麦一千六百十五万七千石，共四千七百五十五万贯石，两税户三百八十万余，平均每户纳税为十二点五贯石），表面上虽增加不大，但这是物价下跌的缘故，以实物量计算，每户的税负还是增加很多的。人民的负担如此沉重——两户养一兵，税负又因物价关系而大大增加（其税以一为四），他们与唐政府的关系达到差不多要破裂的地步。“四海无闲田，农夫犹饿死”（李绅诗），侥幸未饿死的人，为了谋求生存，只有逃亡以避征徭。这还是消极反抗的形式，等到后来逃亡他乡或为佃客或为商贩也没法生活时，那就只好铤而走险，起来造反了。

藩镇割据不仅耗费了唐政府大量的军费开支，加重了唐政府辖区内人民的负担，加剧了农民同唐政府的矛盾，而且使得那些独立王国内的人民生活也困苦万状。魏博的第一代割据者田承嗣，“重加税率，修缮兵甲”，“举管内户口，壮者皆籍为兵，惟使老弱耕稼”。与河北三镇暗通，首鼠两端，也自谋割据的昭义节度使卢从史“日具三百人膳以饷牙兵”，他的私厨月费六千石，羊千首，酒数十斛，“潞人甚困”。淮西割据者吴少阳、吴元济统治下的蔡州，“禁人偶语于途，夜不燃烛，有以酒食相过从者罪死”。裴度平蔡后取消这些苛禁，“蔡人始知有生民之乐”。至于在藩镇相攻或朝廷与藩镇交战时，兵祸连结，荼毒生灵，其惨酷之状更是骇人听闻。祸害极大的藩镇割据是严重阻碍生产发展和社会进步的主要原因之一。藩镇割据是同唐室公开地、合法地分割土地、赋税和人民，而各地的大地主大商人或大商人大地主——可统称为地方豪强地主，则是在隐蔽地、非法地同唐政府争夺税源和劳动人手。农民逃亡增加，地方豪强地主荫庇客户增加，相对地，唐政府所能掌握的户口就少之又少了。对此，唐政府自然是不甘心的。本来按照两税法的规定，三年一整户籍（以后又屡下定户之诏，实际上官吏很少执行），庄田上的佃客也要纳户税（八九等）、当差役，在法律上仍是封建国家的编户齐民。荫庇大量逃户为佃客的地方豪强地主，最不高兴唐政府整理户籍，检括户口，生怕政府把逃户劝归原籍或移至宽乡生产，或让逃户取得合法地位，真的来一个裁减租价，损有余而优不足。在这一点上他们同唐政府有矛盾。随着地方豪强地主对土地兼并的加速，这种矛盾是在加深的。经济利益的冲突，使得他们具有一种企图摆脱管束、反对控制的强烈的离心趋势。他们不希望中央集权的力量加强，而宁愿维持割据分裂的局面。在藩镇割据的独立王国里，不实行两税法，财赋归割据者所有，但不向客户收户税、派差役，允许地方豪强地主合法地荫庇户口，田庄主只要按田亩纳税就是了。这是割据者为了换取由大地主大商人或大商人大地主构成的境内的豪强地主的支持，而给他们的优惠（五代、宋时，客户不纳户税，不派差役，仅由地主按田亩纳税，当是从唐时割据者沿袭下来的）。地方豪强地主从割据者那里得到好处，对比唐政府所辖地区内的同行们，受到的束缚要少一些。为了保持自己既得的利益，自然要拥护藩镇利用一切机会来保持割据了。原先没有割据的地区，出现新的割据者时，有了这一交换条件，境内的豪强地主也往往站在割据者的一边。不但拥有私人田庄的豪强地主支持藩镇，而且藩镇和他的将士们本身往往也身兼大田庄主。他们在屯田、营田以外还拥有大量的庄田，是自己独立王国内的更大或最大的豪强地主。唐后期越益发展的、以豪强地主为基干的大土地占有制的地主经济（有的学者称之为庄园经济），可以说就是支撑藩镇割据的一种重要的经济力量。藩镇的猖狂和地方豪强地主势力的膨胀也是分不开的。藩镇保护地方豪强地主，地方豪强地主支持藩镇割据，两者互为表里，同唐政府对抗。这种情况在唐前期还没有；到中晚唐割据势力与兼并势力已久相勾结，军阀跋扈有了经济后盾，就更是“胶固岁深，蔓连势广”了。

既然藩镇割据同唐中央政府有直接的尖锐的矛盾，同时又是加剧唐政府与所管地区内人民的矛盾的重要因素，而且割据者又是大地主大田庄主荫庇户口的保护伞，所以在许多复杂的矛盾中，唐政府同割据藩镇的矛盾，在一个阶段（唐中期）成了尤其突出的主要矛盾。为了革除藩镇世袭地方割据之弊，唐宪宗先后任用杜黄裳、李吉甫、武元衡、裴度辅政，推行了一条用兵削藩的强硬路线：诛夏绥杨惠琳，讨西川刘辟（元和元年），斩镇海李锜（元和二年），擒吴元济平淮蔡（元和十二年），平李师道复淄青十二州（元和十四年）……一时颇有振作的气象。在朝官中对待藩镇有两种不同的态度：李吉甫“为相岁余，凡易三十六镇”，元和初年的用兵他有赞画之功，后来裴度继其志平了淮西；而沮议用兵的有李逢吉、萧俛等人。李吉甫是李德裕之父，李德裕又为裴度所荐，李逢吉则后来引进了牛僧孺为相，排挤了李德裕。元和时在削藩问题上的两派斗争，可以说就是后来牛李党争的前奏。穆宗长庆时河朔再度割据，裴度同萧俛的矛盾仍在用兵还是销兵上面。后来牛僧孺本人与李德裕在对待幽州（陈行泰）、泽潞（刘稹）两事上，一个力主姑息，一个决不迁就，立场也完全是针锋相对的。唐代有名的朋党之争，其争执确是从对藩镇的政策的不同开始的，到后来这也一直成为双方争执的主要问题之一，虽然还不能说藩镇问题始终是持续很久的党争的真正背景和唯一原因。

生于元和七年的李商隐，对于藩镇勃兴的原因曾作过思考。他在有诗史之称的《行次西郊》中指出：“降及开元中，奸邪挠经纶。晋公忌此事，多录边将勋。因令猛毅辈，杂牧升平民。中原遂多故，除授非至尊，或出幸臣辈，或由帝戚恩。”这是种下强藩割据的祸根的远因，也是安史之乱发生的重要因素。除了以很大篇幅追述安史之乱的发生和祸害以外，在《行次西郊》这一名篇中，诗人深为安史乱后尤其是贞元以来唐王朝的财政危机感到痛心："南资竭吴越，西费失河源。因令右藏库，摧毁惟空垣。如人当一身，有左无右边。……列圣蒙此耻，含怀不能宣。……万国困杼柚，内库无金钱。""馈饷多过时，高估铜与铅。……行人榷行资，居者税屋椽。……"德宗的敛财秕政都一一点到。他认为这是藩镇割占财政所造成的恶果，是为平强藩军费匮乏所出之下策。

李商隐出于拥护统一、反对割据的正义感，完全肯定元和以来的削藩斗争。他在《韩碑》一诗中歌颂了裴度平淮蔡的大功；在《隋师东》一诗中的"但须鸑鷟巢阿巢"，即把裴度比喻为凤属神鸟。而在《行次西郊》中的"巍巍政事堂，宰相厌八珍"，弄得"国蹙赋更重，人稀役弥繁"，财政困境雪上加霜的这些执政者，正是倡销兵之议，同裴度对立的李逢吉、萧俛、牛僧孺诸相。唯务姑息，而求苟安，纵强藩之悖逆，推统一于渺邈，饱食终日，何所用心，非惟不材，抑且失职！

## （三）宦官是工商杂类的政治代表

藩镇之所以难除，和宦官也有密切的关系。远的不说，就从德宗时"事多姑息"算起。史载："贞元中，每帅守物故，必先命中使侦伺其军动息，其副贰大将中有物望者，必厚赂近臣以求见用，帝必随其称美而命之。以是因循，方镇罕有特命帅守者。"（《旧唐书·杜黄裳传》）这是说宦官受方镇将士的厚赂，而怂恿德宗授以节度使之职，方镇任免就不出于朝廷之意，"纲纪"不举，"法度"荡然，大开自立留后之风，河北三镇以外的藩镇也愈益"强恣"了。穆宗时河北的服而复叛，裴度用兵失利，也就因为宦官们插手军事，监军掣肘，使"主将不得专号令"，"凡用兵举动皆自禁中授以方略，朝令夕改，不知何从"（《资治通鉴》）。藩镇割据的形成和阻碍割据的平定，代表腐朽势力的宦官是应负很大的责任的。自从穆宗时河北三镇复失后，唐政府已承认既成事实，放弃了统一的愿望，朝廷与藩镇的矛盾已退居第二位，变成非主要矛盾。这时宫闱之间的矛盾、朝臣与宦官之间的矛盾、朝臣与朝臣之间的矛盾就更为突出了。这些矛盾的上升倒并不是都由藩镇问题决定的。宫闱之间的矛盾（宦官中不同派别）表现在皇位的废立上面。宪宗的死是宦官陈弘庆、王守澄等下的毒手；穆宗依王守澄之力击败拥立澧王恽的宦官吐突承璀而登上皇帝宝座；穆宗服长生药病死，其子敬宗年少淫乐，是王守澄等人手中的傀儡。敬宗被人杀死，宦官刘克明迎立绛王，王守澄等杀了绛王和刘克明，拥立文宗。文宗起先不甘心任人摆布，与宰相宋申锡谋诛宦官，反中计为所离间；后来又想依靠李训、郑注根除宦官，先利用宦官之间的矛盾毒死王守澄，但又引来个仇士良，谋诛仇士良不成，弄出个“甘露事变”，白白死了数千人。从此文宗再也不敢冒犯宦官，郁郁以终。宦官专政在穆、敬、文三朝成了定局。

李商隐在《咏史》（历览前贤国与家）一诗中说：“运去不逢青海马，力穷难拔蜀山蛇。”为什么宦官又是这样地难除呢？这是因为宦官不但有兵，而且有钱。宦官不是少数太监的问题，而有深厚的阶级基础。宦官有兵，是说他们掌握了兵权，十五万神策军由其统帅，在京城内没有其他武力可与之抗衡；“甘露事变”中金吾台卒不能抵挡北司精兵，就证明了这点。宦官有钱，是说他们代表了一个有钱的阶级——非士流出身的工商业主兼大地主阶级（商人地主阶级），经济实力是十分强大的。早在德宗时神策军使就“受市井富儿赂而补之，名在军籍受给赐，而身居市廛为贩鬻”。宦官典禁兵后，神策军中仍多挂名军籍的“贩鬻者”，宦官不但不改变这种现状，而且让它变本加厉地发展。长安的商人子弟列名于神策军是为了以宦官为靠山，得以“规避征赋”，“侵暴百姓，陵忽府县”；宦官收纳这些人，一是有赂可得，二是挂名的还有饷额可供中饱，三是通过商人替自己经商放利。至于富儿们实际在不在军中那倒是次要的。当时的情况是：“京城恶少及屠沽商贩，多系名诸军，干犯府县法令，有罪即逃入军中，无由追捕。”（《唐语林》）后来，有个叫王处有的（僖宗时官至义武节度使），“京兆万年县胜业里人，世隶神策军，为京师富族，财产数百万。父宗……善兴利，乘时贸易，由是富拟王者，仕宦因赀贵”（《旧书·本传》）。其实这家人家依附宦官，亦商亦军（神策军），已经几代了。商人们就是这样通过神策军的渠道同宦官搭上了钩。宦官同富商还有另外一层密切的关系：“自大历以来，节度使多出禁军。其禁军大将资高者，皆以倍称之息贷钱于富室，以赂中尉，动逾亿万，然后得之……至镇则重敛以偿所负。”（《资治通鉴》）这种人称为“债帅”。所谓富家就是长安的富商高利贷者。债帅搜刮之后，偿还本息，有了积蓄，自然也要通过长安的富商高利贷者代为保管经营。宦官、富商、债帅三点连结成一面，他们利害相共，完全拴在一根绳子上了。

唐后期出现的“飞钱”“柜坊”等是在经济史上值得注意的现象。据

《新唐书·食货志》载："元和时商贾至京师，委钱诸道奏进院及诸军、诸使、富家，以轻装趋四方，合券乃取之，号飞钱。"可见神策诸军和长安富商正是飞钱这种早期汇兑制度的主要举办人。能办理地区间款项的汇划，正说明他们在外地有通过商人所经营的商业，与京师是时有业务往来的。宦官、富商等有钱人掌握了大量的钱，除留出部分周转需要外，为财物保存之安全计，或交关授受之便利计，很大部分的钱多存于"柜坊"之内。开设柜坊的人也需要有一笔自备资金，自然也是巨富，柜坊实际上成了宦官以及与之密切相连的富商、方镇们的保险柜。宪宗元和时和文宗时都因钱荒而颁布禁蓄钱之令（前后规定私贮现钱不得超过五千贯和七千贯），但"高赀大贾者，多倚左右军官钱为名，府县不得穷验，法竟不行"（《旧唐书·食货志》），他们大量的钱还是安安稳稳地在柜坊里存着。商人（还有开质库的高利贷者）与宦官钱势相济勾连一起，形成了一股强大的社会势力。

唐后期，在农业经济发展受限制的同时，为统治者奢侈消费服务的手工业和商业却得到畸形的发展，商人的力量愈益增长，宦官的势力发展也就有其经济后盾。大商人用兼并土地、高利贷、不等价交换三把刀子剜割农民，是当时最大的剥削者，宦官就是以他们作为自己的阶级基础的。这个阶级（商人和商人地主阶级）的兼并和剥削，加剧了当时农民与地主的基本矛盾。唐王朝封建大厦的日趋朽败、统治基础的日趋动摇，宦官及其所代表的大商人大地主阶级实在起着最大的挖墙脚的作用。

本来，身居工商杂类的富商大贾是不得预于士流，不得仕宦为官的，在他们依靠同是杂类出身的宦官，以后者作为自己的靠山后，他们就有机缘挤入仕途。《资治通鉴》载长庆二年三月诏："神策六军使及南牙常参武官具由历、功绩，牒送中书，量加奖擢。其诸道大将久次及有功者，悉奏闻，与除官。应天下诸军，各委本道据守旧额，不得辄有减省。"于是"商贾、胥史争赂藩镇，牒补列将而荐之，即升朝籍。奏章委积，士大夫皆扼腕叹息"。宦官一方镇，替商人的做官打开了方便之门。甘露事变后，宦官权力更大，"开成以来，神策将吏迁官，多不闻奏，直牒中书，令覆奏施行，迁改殆无虚日"（《资治通鉴》），其中有不少定是商人。正如杜牧所说的"近代以来，于其将也，弊复为甚。率皆市儿辈多赍金玉，负倚幽阴（按：指宦官），折券交货所能致也"。李商隐在《行次西郊》诗中也指出："使典作尚书，厮养为将军。"商贾胥吏争赂官以取朝籍，这已是无法掩盖的事实。

历史事实说明，宦官专政是有其经济基础的（商人支持宦官）。范文澜说宦官是工商杂类在政治上的代表，这一论断非常精辟。

说宦官、商人、藩镇三者利害相共，宦官助长了藩镇的割据，既然如此，那么为什么有的时候宦官又主张或参与了讨伐藩镇呢？这并不奇怪，原来宦官有不同的派系，商人有不同的集团，讨伐藩镇与宦官在不同情况下又有不同的利害关系。宦官当权的最高层有四人："神策军左右两中尉，两枢密使。"宪宗时，神策左军中尉吐突承璀得宠，也主张用兵淮西。吐突曾为淮南监军，驻扬州，与东南的商业资本有联系。江淮的商人，尤其是盐商、茶商和经营东南轻货（手工业品）的商人，因素受淮西割据者加征盐税、抄掠茶山、劫夺商旅之苦，对宪宗的讨伐淮西是赞同的，在财政上（税收）给了唐中央政府以大力支持。宦官中的用兵派符合了东南商人集团的意愿。而与淮西利害关系不大、与长安富商集团关系密切的一派宦官——神策右军中尉梁守谦等则另有打算：能速胜不妨打一下，以邀功请赏；不能速胜，还不如趁早收兵，息事宁人，免得军费不继，要借到商人的头上。德宗用兵时"大索长安中商贾所有赀"的借商钱、括僦柜质钱，商人们可真是记忆犹新呢！所以，讨淮西久不能下，商人们就通过他们的代理人宦官出来阻挠用兵。同时，在讨淮西中，昧于军事的宦官们看到让出指挥权对自己不利，所以也就更使劲地按照商人的意志来阻挠用兵了。宪宗被杀后，梁守谦、王守澄的神策右军压倒左军（吐突死后，左军中尉先后是马存亮、刘弘规，二人都做过淮南监军，较能用兵），并在刘弘规死后掌握了全部左军。大宦官全部是由原来右军构成的弑宪宗的"元和逆党"了。长庆时河北三镇复叛。对于长安商人集团来说，同用兵淮西类似，能速胜，可以扩展商路，把商业势力伸向河北；如不能速胜，政府财政短绌，又要叫商界筹措军费，那就有害无利，这个仗不如不打。所以，以长安商人集团的利益为转移的宦官，开始也有条件地让裴度出兵（不肯交出指挥权，仍由宦官监军），后来久而无功（监军掣肘之故），就大嚷"势不能支"而"劝上"罢兵了。白居易所说的"有司迫于供军，百端敛率，不许即用度交阙，尽许则人心无聊"，即反映了商人们的心已安不下来，要求赶忙收兵。事情虽较曲折、复杂，但从总的倾向来说，这个工商杂类的政治代表——宦官，是不主张真正用兵讨伐闹割据的藩镇的，商人（长安的商业资本和金融资本）不肯支持军费是其经济上的原因。江淮商业资本支持平淮西只是一个特例而已。

宦官专权，搞得政治上很腐败，军事上很被动，朝官同宦官就很有矛盾。宦官为士流所轻，觉得直接出面与朝官作对，反而容易促使朝臣联合起来一道把矛头指向自己，不如在朝官中扩大矛盾、制造分裂，使之自相倾轧是为得计。在穆、敬之世宦官们就采取了这个拉一派打一派的新策略。长庆以来，朝臣中的朋党之争就复杂化起来。经过拉拢、收买，宦官在朝臣中有了自己政见相同的代理人，他们是以士大夫面目出现的，为宦官办事，比较起来不易为人发现，而更能收到效果。这派亲宦官的朝臣就是李逢吉之党及其后身牛党，与之相对立的、不亲宦官的朝臣，则组成了李党。

## （四）牛党代表大官僚大地主大商人的利益

说朋党之争并非单纯与对待藩镇政策的分歧有关，而有宦官插手其间进行挑动，牛党是亲宦官之党，这并非无根之词。史料可以证明：长庆时“王守澄专制国事，势倾中外”，李逢吉“内结知枢密王守澄，势倾朝野”（《资治通鉴》）。以后李逢吉的继承人牛僧孺、李宗闵，则是宦官杨承和引荐的。杨承和与王守澄虽因争权而有隙，牛僧孺虽也说过不利于王守澄的话（“梁守谦、王守澄将不利于上”），但这些宦官都是一般黑的乌鸦（“元和逆党”），牛党的后台仍是宦官，仍是“恃阴腐力其奥援”。尽管注意了隐蔽，但他们的老底还是被人揭了出来（牛僧孺依附杨承和，是皇甫松所揭，李宗闵依附杨承和、韦见素，是深知内情的郑注、李训所揭）。至于文宗末杨嗣复、李珏与枢密使刘弘逸、薛季棱相勾结，以致在宦官内讧中（仇士良与刘薛之争）贬了官，则更是公开的事了。

为什么宦官看中牛党作为他们在政府中的代理人呢？原因是牛党是士流出身的兼营商业的大官僚大地主的政治代表，与工商杂类的政治代表有共同的经济利益，在喜求货殖，不以商贾之事为污秽这一点上，与宦官们又有共同的语言、共同的气味。宦官与牛党的合流，是非士流出身的大地主、大商人的政治集团与士流出身的大地主、大商人、大官僚的政治集团在政治上和经济上的相互勾结与相互利用。《新唐书·宦官传序》：宦官广占土地，“甲舍名园，上腴之田，为中人所名者，半京畿矣”。唐后期，商业发展，亦官亦商的人日多。牛党就是这样的人物。李德裕在《货殖论》中说：“欲知将相之贤不肖，视其货殖之厚薄。彼货殖厚者，可以回天机、斡河岳，使左右贵幸（指宦官），役当世奸人……是以危而不困，老而不死，纵人生之大欲，处将相之极休。……后世虽有贬之者，如用斧钺于粪土，施桎梏于朽株，无害于身矣。……故晋世唯贵于钱神，汉台不惭于铜臭。”这是鞭挞牛党亦官亦商的愤世嫉俗的政治讽刺文。能受“贵幸之知、奸人之誉”者非牛党莫属；“危而不困、老而不死”，贬之无害于身，亦非大中时被召回的牛僧孺莫属。

李德裕在另一篇文章《食货论》中又说：“左右贵幸知所爱之人非宰相器，以此职（指钱谷臣、计臣）为发身之捷径，取位之要津，皆由此汲引，以塞讪谤。领此职者，窃天子之财，以为之赂，聚货者所以得升矣。贵操其奇赢，乘上之急，售于有司，以取倍利，制用者所以得进矣。三司（盐铁、度支、户部）皆有官属，分部以主郡国，贵幸得其宝赂，多托贾人污吏处之。……故盗用货泉，多张空簿，国用日蹙，生人日困。”（《李卫公会昌一品集》）这是揭发牛党假公济私，监守自盗，借替官府理财之机，与商人上下其手大做买卖的行径。牛僧孺由户部侍郎入相，杨嗣复以盐铁转运使户部尚书入相，李珏以户部侍郎判户部本司事，同时入相，文中所指也非这些人莫属。李德裕是不会无的放矢地攻击他的政敌的。亦官亦商“货入权门”（“今货入权门，甚于是矣”），正打中了牛党的要害。《旧唐书》中说李德裕“与夫市井之徒，力战刀锥之末”；《新唐书》中说李宗闵、牛僧孺“语行如市”，又说“夫口道先王语，行如市人，其名曰盗儒。僧孺、宗闵……非盗谓何?”这都非出于偶然。“钱神”“铜臭”“多藏”，都是在说牛党诸公的钱多。在钱财的积攒中，经商周转快，赚钱多，是发财的一个特别有利的门道，再加上依仗官势，假借职权，其赚钱自然更多。大地主兼营大商业，又当上大官僚，就成为统治阶级中的最大的财富拥有者了。

正因为亦官亦商，所以牛党头头的言行就明显地表现出市人（商人）那种唯利是图、投机取巧的本性。牛党作为大地主、大商人的政治代表，在他们当权时，所推行的政策是纵容助长而决不压抑限制商业资本的活动的，并且还在组织上替商人进入仕途提供方便。

史书上记载三件事情，可说明牛党的理财大臣是如何在为商人的利益着想。第一件事情是开成时杨嗣复、李珏竭力主张加炉铸钱，严禁销熔铜钱为铜器，规定禁用铜器，所有铜器都由官府收买（《新唐书·食货志》《旧唐书·杨嗣复传》）。禁用铜器这种做法对百姓并无好处，对广大商人却很有利。因为铜钱是流通手段，销熔为铜器，加重了市上钱荒的现象，大不便于商人的买卖交受，同商业的发展、商人们扩大业务须有相应的货币流通量增长的要求，是正相矛盾的。并且，通货过于紧缩，引起物价下跌，商业利润的数量也会打折扣，商人们掌握的钱就会减少。反销钱与销钱的斗争，实质上是一般商人与特殊商人即“销铸一缗可为数器，雠利三四倍”的商人的斗争，杨、李是代表前者而不是代表后者说话的。至于加炉铸钱，也不是仅为便利正常的商品流通计，尤其重要的是创造机会让加铸的钱更多地落入商人之手；禁用铜器以加铸钱，则更是把老百姓的铜器变为商人的钱财而已。

第二件事情是长庆时李珏反对茶叶加税百分之五十，见《唐会要·杂税》及《旧唐书·李珏传》。其所持的理由有的很冠冕堂皇，像是在为人民为国家考虑（“殊伤国体”“流弊于民”），其实要害是在于“山泽之饶，其出不訾，论税以售多为利，价腾踊则市者稀”。“市者稀”就是怕茶叶加税增价后销路减少，商人买卖不好做。如果要维持或扩大销路，就不能增加售价，增税就等于减少商人的收入；如果把税转到售价中去，价格贵了，销路就缩减，商人就不会从扩大流转中得到预期的商业利润。所以商人总是反对加税的，何况茶税在产地收，加税还得叫商人多垫支本钱，商人更是不愿意。李珏的以“惩聚敛”为名的谏议，实有理由认为其主要是从照顾商人出发的。

第三件事情是李珏、杨嗣复为相时以“扰民烦碎”为词，奏请取消官营“堂厨食利钱”的做法（《新唐书·食货志》）。在这以前是设有“堂厨捉钱官”，以官本向中小商人放债收利（年利百分之四十），为二省（门下、中书）堂厨的开支。杨、李决定放弃这个官府的放债业务，实质上是让出阵地给私人来填补，即由长安的富商来向急需本钱周转的中小商人放高利贷，把过去堂厨食利钱收入由公家转入私家之手。这对谁有利，其用心更是灼然可见的了。

牛党援引商人子弟做官也有史可稽。开成四年，文宗因姚勖是决狱能吏，想命他权知职方员外郎，遭到韦温的反对，征求宰相杨嗣复的意见。杨对曰：“温志在澄清流品，若有吏能者皆不得清流，则天下之事孰为陛下理之！恐似衰晋之风。”（《旧唐书·韦温传》）杨嗣复主张有吏能者可入清流，其意并不在姚勖，主要是要打破清浊之分，为非士流出身的人（如商人子弟）或流外供吏职的人获得清资要官制造舆论。正是由于牛党不嫌商人，所以后来盐商之子毕诚就由进士而为杜悰的幕僚，并进而为翰林清美之职，最后做到宰相。不是牛党的汲引，商人之子弟怎会得到如此的提拔和重用？后来令狐绹执政时，也以盐商之子顾云为门下客而助其登第（《北梦琐言》）。温庭筠诗“自从元老登庸后，天下诸胡悉带令”（《唐语林》），这帮带令的“诸胡”（改姓令狐）当然是富家，其中有不少是商人。

以上这许多史料综合起来分析，可以证明牛党同商人资本有着千丝万缕的关系，说他们是大地主大商人的政治代表不会是冤枉的。如果否定他们同商人有任何牵连，则史料中的蛛丝马迹又将做何解释呢？诚然，牛党的头头和中坚分子属进士出身的很多，但这是牛党通过进士科、利用座主门生关系来树立朋党、拉拢党徒的一种手段。像李商隐就是因牛党巨子令狐家族助其中进士科而落入太牢之党的牢笼的。李商隐虽出身破落家庭，但不能由此就认为包括李商隐那样由牛党网罗的，都是由庶族地主的进士们组成，代表了中小地主的利益。因为：①牛党的首领很多并非出身“庶族”，事实上正是老牌的旧族出身：李珏系出赵郡李氏，杨嗣复是弘农杨氏，李宗闵为唐宗室，牛僧孺是隋代达官牛弘八世孙，承继了赐书赐田的遗业。中个进士不足以就成为新兴阶级。②武后时以进士新起家的人到中晚唐，历时一个多世纪，其家族已成“累代贵仕”的“词采地胄”，即成为与世家名族一样崇尚门第的新门阀，更不能以新兴阶级、中小地主目之，而拿来与“山东旧族”相对举。③牛党垄断了科举制，世家子弟通过请托、贿赂，得中进士，“寒门俊造，十弃六七”，这种“朋比贵势，妨平人道路”的坏风气，正是对中小地主阶层的排斥。至于某些中小地主得中科第，依附牛党后，也就附丽在大地主大商人大官僚的皮上，从他原来的阶层中分化出去了。看来要把牛党的阶级基础定为中小地主是十分困难的。确定阶级要看经济状况，看剥削收入的来源，上层建筑的一些东西——科举、门荫、词章、经术，怎么能作为划分地主阶级中的不同阶层的标准呢？

士流出身的地主阶级中的人是否经营商业，商业收入是否占其剥削收入的很大比重，才是这个阶级形成不同阶层的重要标志。大地主兼营商业是一个阶层——其做官的便是大官僚大地主大商人的三位一体者；不（或很少）经营商业的单纯（或基本上）靠地租剥削的地主是又一个阶层，其经济力量逊于前者；中小地主则是地主阶级中的中下层。士流出身的大地主兼大商人，与非士流出身的大商人阶级——这是与地主阶级相独立的另一个阶级，包括富商大贾和兼并土地的大商人兼大地主（商人地主），在与商业资本相联系这一点上是有共同之处的。如果我们从经济上来考察，那就可以发现牛党与商业资本有着如何的关系，中小地主之说就可以不攻自破了。经营商业的地主必然是大地主——大地主兼大商人。他们不但财富积累最多，而且对人民剥削——地租、商业、高利贷三重剥削也最重。可以说，商业资本和土地高利贷结合，更加强了剥削的残酷性，这种商业资本“使直接生产者的地位变坏”，对社会经济有破坏作用。富商大贾和兼营商业的大商人大地主或大地主大商人，是落后的寄生的剥削阶级，并非商人地主属于庶族地主而有什么进步性。这和封建社会末期，与生产结合而与土地较少联系的中小商业资本孕育着新的生产方式——资本主义萌芽，在反封建中商人（主要是中小商人）是一种新兴力量，不可同日而语。牛党以兼营商业为特征，他们比单纯的地主阶级具有更大的贪婪性。与此同时，他们也具有更大的保守性。这些人在当官以后，但求保持既得利益，舒舒服服安安稳稳地过日子。姑息偷安是他们阶级属性的表现。他们在统治阶级中本来已是保守的一翼，与经济利益、阶级本性一致的宦官结合以后，更成为一种腐朽势力了。历史事实无法掩饰牛党诸公是尸居碌碌，无所作为。牛僧孺等为相，“进则偷安取容以窃位，退则欺君诬世以盗名”（《资治通鉴》）。不抑兼并，不讨藩镇，不反宦官，不御外侮，不汰冗官，不拔人才，举不出哪条治绩，还自以为在其执政期间“虽非至理，亦谓小康”，真是无耻之尤！牛党，虽出身士流而代表大官僚大地主大商人利益的亲宦官党，其保守性和反动性是很显然的，之所以如此，并非因为牛党中多“小人”，个人的品质有问题，而是有它的阶级根源的。结党营私、投机牟利唯恐不足的大地主大商人大官僚集团，在政治上、经济上不可能有进步的表现。加紧兼并、加重剥削，只能增加人民的现实的痛苦，激化封建社会的基本矛盾，逼使农民走上反抗的道路。在祸国殃民上，牛党所代表的士流出身的大官僚大地主大商人阶级同宦官及其所代表的非士流出身的大商人大地主阶级，原是一双怪胎的两个孪生兄弟。说牛党是“进步势力”实不知从何说起！

## （五）李党——不经营商业的官僚地主

和中小地主的政治联盟和牛党的情况不同，李党是由不经营商业的官僚地主和中小地主组成的政治联盟。他们不是依附宦官，而是试图裁抑宦官的势力。与大地主大商人大官僚相比，他们所代表的那个阶层，即使是官位较高者，积累财富、占有土地也较少，经济实力也较差，更无论其中下层。在统治阶级中，他们只居二三流的地位，尤其是其中下层（中小地主），经济地位更不稳定，甚至也有被兼并的危险。不经营商业的地主阶级中的各个阶层（上、中、下），在争夺土地争夺官位上，同大地主大商人大官僚是存在着深刻的矛盾的。李党的首领也做到宰相，有的还是宰相世家，但他们以礼法家风自恃，保留着“士人之家，唯耻货殖”的传统思想。史称李德裕的嗜好是读书著书，而远“牙筹金埒、钱癖谷堆”，是个“非近利”的人（《北梦琐言》)。有的书上还说他“不求货殖，不迩声色，无长夜之饮，未尝大醉”(《唐语林》)。从他本人所写的《货殖论》《食货论》，也足以看出他对官僚经商所持的反对态度。还有一个郑覃，会昌二年致仕时“所居才庇风雨、家无媵妾”，和那些亦官亦商者“兄弟光华，子孙安乐”，“声色歌伎，纵人生之大欲”，实不可等而视之。

李党的头面人士不搞商业，从他们执政时抑制商业资本活动的几件事情上也可以得到证明。

第一件事情是文宗太和时李德裕代李宗闵为相，即罢江淮大贾主堂厨食利。原先二省堂厨开支是以公款交江淮大贾去经营，取其利息，这些商人“因是挟赀行天下，所至州县为右客，富人偷以自高”。德裕一切罢之(《新唐书·李德裕传》)，改由官府自己经营放款业务，这是对商人生财之道的一种剥夺。后来(开成时)牛党为相又把主堂厨食利事让给长安富商，同一件事前后对比，对商人的态度判然不同。

第二件事情是给赴选的官员借俸，免得他们借京债。《旧唐书》:“会昌二年中书奏：赴选官人多京债，到任填还，致其贪求，罔不由此。”为此建议三铨得官者“许连状相保，户部各备两月加给料钱，至时折下”，希望“初官到任，不带息债，衣食稍足，可责清廉”。这是把新赴任的官员从京债下解脱出来，以借薪代借债，使长安高利贷资本失掉了一个牟利的好机会。这个措施也是李党的一项善政。

第三件事情是明令禁止官僚经商、开质库。会昌五年加尊号后郊天赦文说：“如闻朝列衣冠，或代承华胄，或职在清途，私置质库楼店，与人争利，今日已后，并禁断，仍委御史台察访闻奏。”(《全唐文》七十八卷)这样抑制商业资本、禁止官僚经商的断然措施，若不是会昌时李党得到信任放手当政，是根本不可想象的。

第四件事情是禁止神策军包庇富商逃避色役。《旧书·宣宗纪》:“大中五年十月京兆尹韦博奏：京畿富户，为诸军影占，苟免府县色役，或有追诉，军府纷然。请准会昌三年十二月敕，诸军使不得强夺百姓入军。”由这可知武宗会昌年间李德裕为相时曾禁止过诸军包庇富商逃役，宣宗即位牛党当政此风又长，京兆尹出于分派色役与诸军的矛盾，不得不又要求重申会昌前令。而会昌时的法令实质是对富商和宦官的勾结所加的直接限制。

所有这些都可具体落实李党是不维护商人利益的，它同牛党的保护商人利益正是相反的。要不是这两“党”代表了统治阶级中的两个部分、两种类型（一是不经营商业的官僚地主，一是经营商业的大地主大商人大官僚），那么又如何说清他们会在政策上表现出这样大的分歧呢？要组成一个政治派别，一方面固然得有一些有地位、有声望、有经验、有政治才能、有号召力的上层人物来当首领，另一方面还需有相当数量的干部和一大批下层群众来当助手，否则就缺乏足够的力量和声势，不足以同对立的政治派别相竞。所以，李党也不是只包罗少数公卿显宦，而是有一个较广泛的社会基础和阶级基础。和牛党的以经营商业的大地主以至工商杂类为基础相背驰，李党正以不经营商业的中小地主为其中下层基础，这一点完全是信而有征的。唐末范摅《云溪友议》中说："或曰赞皇（李德裕）之秉钧衡也，毁誉如之何？削祸乱之阶，辟孤寒之路；好奇而不奢，好学而不倦；勋业素高，瑕疵尤顾。是以结怨豪门，取尤群彦。后之文物困辱者，若周人之思乡焉，皆曰：八百孤寒齐下泪，一时回首望崖州。"《唐摭言》中也有类似说法："李太尉德裕颇为寒畯开路，及谪官南去，或有诗曰：八百孤寒齐下泪，一时回望李崖州。"《唐语林》则说："李卫公颇升寒素。卫公既贬，广文诸生为诗曰：三百孤寒齐下泪，一时南望李崖州。"还有，《玉泉子》中说："李相德裕抑退浮薄，奖拔孤寒，于时朝贵朋党，德裕破之，由是结怨而绝于附会，门无宾客。"《北梦琐言》说法也差不多："唐相国李太尉德裕，抑退浮薄，奖拔孤寒，于时朝贵朋党，掌武（太尉）破之，由是结怨而绝于附会。"看来李德裕贬官时，孤寒下泪是实有其事。

去牛就李、服膺卫公的李商隐《泪》诗结联中的"朝来灞水桥边问，未抵青袍送玉珂"，也即指此事而言。

所谓孤寒、寒畯、寒素，不是中小地主又是什么呢？与之相对的豪门、朋党、浮薄，那就是大地主大商人大官僚集团，就是牛党，就是牛党的无耻文人了。李德裕所奖拔的人中，有个叫卢肇的，中为状元，他"幼贫乏"，是个小地主（《唐摭言》）。李德裕镇浙西时赏识刘三复，刘"少贫，苦学有才思"（《北梦琐言》），也是小地主。在武臣中，李德裕擢用寒人石雄，破回纥，平泽潞，立了大功。李商隐《漫成》诗"且喜临戎用草莱"，即咏拔石雄于草莱之中。这些都是李德裕为寒畯开路，用人唯才的具体例证。

李党的其他头头亦是如此。《唐语林》载："陈夷行郑覃请经术孤立者进用，珏与嗣复论地胄词采者居先。"（《唐语林》卷三"识鉴类"）"孤立"与"地胄"四个字正好是对李、牛两党一为中小地主争权利，一为世家大族求官位的两种对立立场的概括说明。李党的组织路线充分表现了它照顾中小地主利益的色彩，所以得到中小地主的拥护，光是上层或光有中下层都不行，上层和中下层结合，相互为用，这就形成了一个与牛党相对立的政治联盟。李德裕等出身公卿宗门而又争取、团结中小地主，这不是什么矛盾而不可解释的历史现象。

李党耻言货殖，鄙视浮薄之士，讲求励品行、持礼法，以清高自鸣，他们和工商杂类的政治代表宦官气类自不能相投。阶级基础以及思想作风都使李党同牛党在亲宦官（或暗中勾结或明里呼应）这一点上有很大的区别。在现有的史料中我还找不出李党和宦官勾连的确切的证据。李德裕之父李吉甫筹画讨淮西，吐突承璀也是主张用兵的，但不能说李吉甫通于吐突。因为李吉甫部署此事仅两个月即身死，在此期间未见吐突有主持用兵决策之迹；后来对淮西用兵此人参与其间，也是李吉甫身后之事，承宪宗的旨意而已。至于说李吉甫“欲自托于承璀，擢义方为京兆尹”（《资治通鉴》），更是诬辞。此事记在元和七年正月，而吐突已在上年十一月受劾出监淮南，李吉甫何能也何须自托于这样一个被宪宗“去之轻如一毛”的宦官？《资治通鉴》又说“吉甫素与枢密使梁守谦相结”，这也欠通。梁与吐突是对头，既说李吉甫结梁，又说李吉甫通吐突，岂非自相矛盾？这是老账。再看李德裕自己，会昌时李由淮南召还，明明出于对他素有了解的武宗的“宸断”，而非靠仇士良派宦官杨钦义的力量。李德裕在扬州时给杨钦义送行赠礼，这是接之以官场之礼、待之以同僚之谊，很难说“李德裕亦不免由宦官入相”。在唐后期李德裕还是较善于驾驭宦官（较开明者），对付宦官得法，而不为宦官所用的一个人。如果不是能适当处理好关系，平泽潞时怎么能与杨钦义等约好，“教监军不得预军政”？李德裕不依附宦官，还可以反面来证明，即对于宦官中顽固分子的擅权专政胡作非为，他曾坚决予以抵制，一点也不含糊。如拟议减削禁军衣粮马草料；使武宗敕索左右神策军印（《巡行记》四）；逼仇士良出宫归第，死后追削其授赠官阶，籍没其家财。这些虽是武宗的支持，但也只有在李党当政时才能为之，亲宦官的牛党是决不敢得罪太监们的。不做具体分析，而认为牛李两党都与宦官有关系，党争是宦官内部派别斗争的“反影”，或认为两党与宦官都没有什么瓜葛，外朝党争与宦官一点联系也没有，这两种看法都是不大符合历史事实的吧。如果认真地从经济上来考察一下宦官、牛党、李党各自的阶级基础，弄清宦官与牛党都与经营商业有关（一是非士流，一是士流），在经济利益上有其一致性，李党则同商业资本缺少联系，因而站在宦官与牛党的对立面，对上述的两种“结论”自然就不敢相信了。

不搞商业、不亲宦官、照顾中小地主利益、其头头由一些同中央集权的唐政府有血肉联系的公卿宗门组成的李党，与牛党比较起来要好得多，其政策有一定的进步性。在老一辈中，李吉甫、裴度的削藩政策为大家公认，可不必再说，单从李党后期会昌年间李德裕为相的政绩来看，也有许多足以称道之处。李德裕不愧是唐代历史上的一个颇有作为的宰相。小的不一一列举，这里，就说一下平泽潞和废僧寺两件大事，并从经济上来作一些必要的分析。

自从宪宗时对藩镇用兵、穆宗时河北复失以后，唐政府因循苟安，对割据者一直没有办法，到武宗即位李德裕当政才又第二次大力摧抑藩镇，加强了中央集权。除了择用张仲武为帅，克服幽州这事处置得沉着老练以外，在收复昭义镇，平定泽（山西晋城）潞（山西潞城）这一重大行动上更表现了李德裕的才能和功绩。昭义镇节度使原为刘悟，刘悟死，其子刘从谏以金币贿赂李逢吉、王守澄得知"留后"，在宦官和牛党前身的卵翼下，开创了父子世袭的半割据局面。文宗太和中牛僧孺、李宗闵当权，刘从谏入朝"广纳金帛于权幸"（宦官和宰相李宗闵等人），加节度使，同平章事，"心轻朝廷，归而益骄"。牛僧孺、李宗闵与刘从谏交情很好，相互交通，常有书信往来。刘从谏死，其子刘稹继位。李德裕建议收复昭义镇，不准地近京师的方镇也子孙世袭，割据之势发展下去。不顾牛党诸人的一再反对，在武宗的信任和支持下，他采取以藩制藩的策略（委成德、魏博两镇攻昭义在河北的洺、邢、磁三州，并许重赏有功将士），孤立了刘稹；并起用石雄，正面进攻泽潞，逼使投降，取得了摧抑藩镇的一次大胜利。刘稹身死，牛僧孺只好私下"恨叹之"（《新唐书·牛僧孺传》）。昭义镇被平定前，之所以敢于闹独立、闹割据，势头很大，一方面是因为在政治上一直有宦官和牛党的支持，朝里有人素与勾结，受其厚赂；另一方面则是由于在得到地方豪强的地主经济支持的同时，这个地方的商业资本也大力支持割据。后一情况尤其突出。昭义镇的割据势力实质上是山西商帮与地方藩镇的复合体。上党地区（泽潞）在历史上是商业较发达的地方，当地人有善于做买卖的传统。刘从谏这个人"性奢侈……善贸易之算。徙长子道入潞。岁榷马，征商人，又熬盐，货铜铁，收缗十万。贾人子献口马金币，即署衙将，使行贾州县，所在暴横沓贪，责子贷钱，吏不应命即诉于从谏"（《新唐书·本传》）。《资治通鉴》也说"从谏榷马牧及商旅，岁入钱五万缗，又卖铁、煮盐，亦数万缗。大商皆假以牙职，使通好诸道，因为贩易"。可见除了广占庄田、截留财赋以外，昭义镇是以各种商利为其经济后盾的。商人不但为刘氏做买卖，而且在军中当将士，富商子弟还组成军队——“邢州富商最多”，刘从谏的小舅子所将兵号“夜飞”，多富商子弟，泽潞集团有着明显的军阀与商人相结合的色彩。后来这个集团之所以又较易被摧毁，李德裕在军事上措置得宜固然是其重要原因，而在经济上也有它的原因：仅仅泽潞一个地方性的军事集团和商业集团，不与其他藩镇（如河北三镇）连衡，其经济力量是不能长期支撑他的军队，来对付中央政权和河北两镇的联合进攻的。开始时商人与刘氏相互为用，后来要叫商人多负责军费，这就侵犯了商人的利益，引起了军阀与商人的矛盾。“联盟”破裂了，其覆亡就不可避免了。史载唐军压境时，专聚财货的押牙王协借机请税商人，每州遣军将一人主之，挨家计算家赀，“十分取其二，率高其估”。邢州主持税商的军将刘溪把“夜飞军”的父兄也拘了起来，逼着要钱。结果军士们杀死刘溪以邢州降唐。税商军将至洺州，人心不安，也以城降唐。磁州闻风亦降。山东三州先失，使昭义根本上发生动摇。正如李德裕所料：上党不日就有变化！对泽潞的用兵，宦官并未阻挠，相反地却比别人都关心何时能踏平昭义。政治上的原因是过去刘从谏为郑注、李训呼冤，力攻仇士良，双方结了冤，李德裕讨泽潞，宦官也想从中捞好处，泄私愤。经济上的原因是刘氏政治上闹独立，商业上也是一个独立的地方性的垄断集团。商人们借刘氏之势，所至暴横，“诸道皆恶之”。在这种情况下，长安的商人集团与山西商帮在商利竞争上当然也有各种各样的矛盾。代表长安商人集团利益的宦官，要摧毁刘氏政治上的割据，也正是同要摧毁刘氏在商业上的封锁割据紧密相连的。

在平泽潞这件事上，诗人李商隐坚决主持中枢的决策。他以其健笔代岳父王茂元作《与刘稹书》，晓以利病祸福之宜。昭义平定，石雄获牛僧孺、李宗闵与刘从谏暗中交通状，武宗予牛、李严谴。商隐作《明神》诗以刺之：明神司过岂令冤？暗室由来有祸门。莫为无人欺一物，他时须虑石能言。语含双关（“石”字暗指石雄），意味深长。

以上说的是平泽潞，现在再说毁佛寺，即历史上有名的“会昌灭佛”。寺院主——僧侣地主，又兼营商业、开质库、放高利贷，其坐食剥削蠹国耗民的危害性早引起统治阶级内部一些有识之士的愤懑，而不断遭到抨击。可是因为他们有钱，“所得财物，分与俗官”，一直受到权门贵幸的庇护，特别是宦官任左右街功德使，管辖僧尼，更是他们直接的后台。可以说僧侣地主就是以宦官为代表的非士流出身的大商人大地主阶级的一个重要组成部分。李德裕对以迷信为业，“侵削道俗”的寺院一向抱有严重的反感。早在他任浙西观察使时就牛刀小试，捣毁了搞巫祝鬼怪的淫祠一千零一十所。在同一时期，还反对度僧，对僧徒的妖言惑众坚决取谛（“圣水”事件）。镇西川后又毁浮屠私庐数千，以地与农。从反迷信到反度僧到毁浮屠，一步进于一步，会昌时的打击僧侣地主，是他反佛教思想的必然的发展结果。会昌灭佛的主要内容有：①毁佛寺。会昌五年七月明令“并省天下佛寺”，上州各留寺一所，寺分等级留僧五人、十人、二十人；下州寺并废。上都（长安）东都（洛阳）每街留寺两所，寺留僧三十人。“寺非留者，立期令所在毁撤。寺材以葺公廨驿舍。”天下共拆寺四千六百余所，拆招提兰若（私立寺院）四万余所。②汰僧尼。勒令僧尼还俗，共二十六万五百人，“收充两税户”；许留的僧尼由功德使宦官管改为由“主客”（掌朝贡之国）管，以“显明外国之教”。禁止游僧逃亡，告诫张仲武不得收容亡命幽州的五台山游僧（“张仲武乃封二刀付居庸关曰：有游僧入境则斩之”）。③销佛像。废寺的铜像、铜磬交盐铁使铸钱，铁像铸为农器，金、银等像交财政。衣冠士庶之家所有金银铜铁之像限期交官。④分土地。没收膏腴上田数十万顷，释放奴婢为两税户十五万人，连同返俗僧尼，共四十一万余人，分给土地，人十亩。从七月发动到八月铺开，雷厉风行，一举摧毁了以宦官为后台的僧侣地主的经济堡垒。原先计划派御史四人巡行天下，督促实行；御史乘驿马还未出关，天下寺连屋基都已挖掉，足证僧侣地主罪恶之重和灭佛之举的深得人心了。

李德裕此举从僧侣地主手中夺回了巨大数量的土地和劳动力，还有大量的铸币材料，对国计民生大有稗益，是打击兼并势力的一个重大行动。正如李德裕自己所说的，“破逃亡之薮，皆列齐人（民）；收高壤之田，尽归王税”，经济上的收获是其重点。特别是销铜像铜磬铸新钱，限期停用旧钱的规定，如能实行到底，对大地主大商人或大商人大地主这一兼并势力的打击将更是彻底。唐政府从佛寺和天下士庶之家集中铜像、钟、磬、镲、铎，取得了大量铜源，盐铁使和诸道观察使都开炉铸钱。由李绅（李党的中坚）建议：“请天下以州名铸钱，京师为京钱，大小径寸如开元通宝，交易禁用旧钱。”会昌六年二月敕：“京城、诸道，宜起来年正月以后（《旧唐书·食货志》《唐会要》做“今年十月以后”），公私行用，并取新钱。其旧钱权停三数年。如有违犯，同用铅、锡钱例科断。其旧钱并没纳。”《旧唐书·本记》又载敕：“文武百僚俸料，宜起（会昌六年）三月一日并给见钱一半。先给匹段，对估时价，皆给见钱。”这几道法令震动了所有的有钱人。过去禁止积钱之令不能贯彻，大商人大地主手中依然掌握大量的钱（借神策军名义），这下通过币制改革，钱都由政府掌握，官吏只能由俸料中得钱，商人只能出售存货得钱，原有的钱一律冻结，三数年内有钱等于无钱，以后还不知如何处理。这是对宦官指挥的拥有巨额钱币的神策军系统，和以宦官为后台的大商人大地主阶级、以牛党为代表的大地主大商人集团的经济实力的有力剥夺。再加上早些时候禁断官僚经商的法令，对他们的生财主道已大设障碍，如果再把没收土地奴婢的范围推广于世俗界，那真不堪设想！

广占土地、厚藏钱财的大官僚大地主大商人集团和大商人大地主阶级不能接受这种剥夺，这一势力就在武宗身死时通过宦官拥立宣宗上台，把代表他们利益的、在武宗朝被贬斥的牛党分子重新召还，罢了李德裕的相，很快地朝中又成了宦官和牛党联合专政的地盘。政局一变，马上复兴佛教，“尽黜会昌之政”。僧尼重由宦官功德使管，两京两街各增置八寺。大中元年闰三月敕：“会昌五年所废寺，有僧能营葺者，听自居之，有司毋得禁。”这样一来，“僧尼之弊皆复其旧”，“天下斧斤之声不绝”，几十万劳动力又如旧去度为僧尼了。

“宣室求贤访逐臣，贾生才调更无伦。可怜夜半虚前席，不问苍生问鬼神。”李商隐作《贾生》诗，以反话愤懑地记录了宣宗复兴佛寺的蠢举。不问苍生疾苦，但“求废祀而修之”，大搞“索鬼神”之事，宣宗和牛党的政绩就是如此！

更要紧的是要安抚出家的和世俗的大商人大地主或大地主大商人，马上规定取消停用旧钱之议，“新钱以字可辨，复铸为像”（《新唐书·食货志》）。如“淮南（钱）加新字，后竟为僧人取之为像设钟磬”（《旧唐书·柳公绰传》《仲郢附传》）。新钱复铸为像，旧钱当然照旧通行，会昌六年二月敕“事竟不行”。宦官、富商、寺院主，僧俗二界的大地主和大商人皆大欢喜。灭佛与兴佛的斗争，不仅仅是宗教斗争（如说宣宗信佛）、政治斗争（以宦官、牛党为一方与以李党为另一方的斗争），其背后掩藏着经济斗争。宣宗朝牛党的重新得势，正说明了与宦官密切相关的大地主大商人大官僚这个兼并势力又占了上风，又获得了更大发展的条件。

## （六）朋党之争是基本矛盾在统治阶级内部的曲折反映

李牛两党分属于地主阶级内部不同的阶层。他们有不同的社会基础，其阶级分野以经营不经营商业、其经济力量的强弱大小为重要因素，其政治立场则随与宦官有无联系而转移，而宦官又是代表一定阶级的，不是历史的偶然现象。李牛这两个代表不同阶层、不同集团，具有不同政见、不同思想的朋党之间的反复斗争，还不是单纯的统治阶级内部的矛盾，实质上和农民与地主的基本矛盾又有密切的关系。

李党的头头虽是出于公卿宗门，身居高官显宦，但他们既和中小地主结同盟，其政策措施就不能不在相当程度上反映了中小地主的要求和愿望。成就李党卓著相业的几个重大行动——摧抑地方割据（平泽潞）、抵御外族侵扰（定回纥）、打击寺院经济（毁佛寺），都是符合中小地主的利益，而非代表兼营商业的大地主大商人大官僚利益的政治集团所能为之。为什么说这些事不仅符合于与中央集权的政权有血肉联系的、不经营商业的官僚地主自身的利益，同时也符合于中小地主的利益呢？这是因为中小地主从自身利益出发，也希望树立一个全国统一的、有更大权力的、巩固的中央政权，来消灭妨害国家统一、分割人口赋税的地方割据势力。摧抑了割据势力，才可以安定社会秩序，巩固封建统治，从而能保障中小地主自己在经济上剥削生活的稳固和在政治上仕途生涯的顺利。中小地主从自身利益出发，也希望有一个强有力的中央集权的政权，能采取有效地抵御外侮的政策。抵御了外侮，才可以保持国内社会的安定，免于外族入侵时生命财产直接受到掠夺，或因战争连绵而间接加重自己的赋役负担。中小地主从自身的利益出发，也希望兼并势力不要过分膨胀，以致搞到自己的头上，而主张对之加以必要的抑制。抑制了兼并势力，才可以减少同国家争夺劳力分割户口的现象，有利于自己所依附的中央政权的加强和巩固，并解除自己所受到的来自兼并势力的威胁。反割据、反侵扰、反兼并，中小地主为了自己也是有这样的倾向的。李党能做到这些，所以它符合于中小地主的利益，赢得广大中小地主的归心。李党的社会基础是偏下而不是攀上的。

与此相反，牛党这个代表大地主大商人利益的政治集团，其本身就是荫庇逃户，同国家争夺劳动人手和剥削收入的离心势力，他们希望削弱中央集权的力量，让权力下移，以便于他们的荫户不受检括、逃税不受督责，在少受限制的情况下再扩充自己的政治和经济势力。消灭分裂割据，加强中央集权，并不合乎他们的口味；抑制兼并势力更是直接有损于他们的利益，他们更是要千方百计加以反对。就是抵御外侮，他们也觉得不必要，这些人恐外成性，苟安是求，宁肯妥协求和，生怕战争失利，要为国家出钱，打乱、影响自己安稳的舒适的生活。就是在这种思想支配下，牛党就成了反反割据、反反兼并、反反侵扰的保守的政派。其所作所为不但不符合中小地主的利益，并且更有损于人民的利益，他们所考虑的就是大官僚大地主大商人的利益，除此以外，没有别的。李牛两党的政策分歧，只有从他们的阶级分野上去找原因，才能比较说明问题。

反映中小地主利益的政治派别，往往带上一层关心人民的进步色彩，其主张和措施在客观上符合人民利益的某些方面。这是基于：①他们做过地方官或出身中下层，对民间疾苦有一定的了解和同情；②他们也想利用“为民”的口号来提高自己的威信和声望，以便同政敌相颉颃；③更重要的是他们企图以此来缓和人民同封建政府的矛盾，期求封建统治的长治久安。李党也正具有这样的特色。早在李德裕为地方官时，就“锐于布政，凡旧田俗之害民者悉革其弊”，拒织缭绫，废除淫祠，赎放奴婢，止度僧侣，后来（会昌时）的奖励垦殖、禁加赋敛以及裁减冗员等，都是有利于人民的具体措施。至于他当政后有关摧抑地方割据、抵御外族侵扰、打击寺院经济的政策，更在客观上顺应了人民的愿望和要求。拥护中央集权，反对地方割据，目的虽是巩固唐室的统治，但消灭了割据，归向于统一，可解除割据地区内的弊政，稍舒那里的民困；少一割据者即少一财赋分割者，少一份军费支出，相对地也可在一定程度上少增加唐政府控制地区内人民所承受的赋役负担的压力。抵御外侮，有效地抗击侵扰，保卫边境各族人民生产和生活的安定，自然也对人民有好处。僧侣地主大造佛寺，“殚竭财力，耗蠹生人”，兼并土地，奴役佃民，侵减国税。“群髡安坐华屋，美衣精馔，十户不能养一僧”，给这辈以宦官为后台的寄生阶级以有力的打击，对人民也是一件大好事。所有这些，和亲宦官的牛党纵容分裂割据、追求姑息偷安、带头兼并侵夺，其进步和保守正是一个鲜明的对比。

李党虽也属地主阶级，但只是一重剥削（地租），而反对过分兼并，过分剥削；牛党经营商业，地租、商业、高利贷三重剥削，兼并不已，剥削无度。比较起来，牛党所代表的那个阶级，是劳动人民更为凶恶的敌人。

对于本阶层政治代表的李相德裕，李商隐怀有不胜敬仰之心。大中五年冬，在闻知卫公死于贬所之讯时，诗人适在成都公干，遂以《武侯庙古柏》为题，写了一首排律，来表达一己之认识，寄托无穷的哀思：

**武侯庙古柏**

蜀相阶前柏，龙蛇捧閟宫。阴成外江畔，老向惠陵东。
大树思冯异，甘棠忆召公。叶凋湘燕雨，枝拆海鹏风。
玉垒经纶远，金刀历数终。谁将出师表，一为问昭融！

玉垒句颂李相当年治蜀之远图；金刀句悲李党今日气运之终结。此诗名为咏物，实含深意，是商隐诗中之大气魄者。

李商隐还写有《漫成五章》，其中四、五两章是专咏李德裕的：

**漫成五章**

代北偏师衔使节，关东裨将建行台。
不妨常日饶轻薄，且喜临戎用草莱。（其四）

郭令素心非黩武，韩公本意在和戎。
两都耆旧偏垂泪，临老中原见朔风。（其五）

代北章谓卫公不次任用出身寒微的石雄，卒建奇功。知人之明，用人之善，非他相所及。郭令章谓卫公曾收维州，诚为日后恢复河湟所作的深谋远图。徒为牛僧孺所沮，应为之辩谤。这两件事都是攸关大节，特表而出之。于此可见商隐已隐附卫公，加盟为李党的一员了。

经过全面分析两党的阶级基础和所执行的各项政策，牛李孰优孰劣，难道还不能得到明白的答案吗？说李党的政策——反割据、反侵扰、反兼并的政策，较有利于人民，当然不是说这些人心地善良、真正为了人民。归根到底，他们还是为了自己——通过缓和矛盾、巩固封建统治，来维护本阶层的长远利益。所谓为民实是“为君”，“为君”实是“为己”。他们比较清醒地看到过重的剥削、过繁的赋役、过多的战乱，使农民无法生活和生存下去，农民就会起来反抗，就会出现“乱世”，不利于地主阶级的安全和封建秩序的安定，搞不好甚至会大家同归于尽。要避免出现这个结果，就得改良一下政治、抑制一下割据势力和兼并势力，以缓和农民和封建国家间的紧张关系。

就在这一点上——是想方设法缓和与农民的矛盾，还是一味压榨，加剧与农民的矛盾，李党和牛党出现了分歧和斗争。可以说唐朝后期的朋党（李党和牛党及其后台宦官）之争之所以激烈，根本原因是封建社会的基本矛盾加剧，封建秩序更乱，在统治阶级内部所引起的强烈反应。如何处理基本矛盾，如何对待农民？是进行竭泽而渔的剥削，但顾眼前不顾今后，还是取之有节，以求取之有恒？这在统治阶级内部各翼各派之间看法是不同的。基本矛盾越尖锐，如何处理这一矛盾的问题，要不要抑制兼并势力的问题，就提得越紧迫，统治阶级内部的争吵也就越厉害。而唐中央与藩镇割据的矛盾，与外族侵扰的矛盾，又加重了人民的痛苦，加剧了基本矛盾。这些矛盾如何处理，是妥善解决，使之有利于基本矛盾的缓和，还是听之任之或助之长之，不管其对基本矛盾的影响如何，看法也很有出入。所以在这些问题上各翼各派也是争吵不休。不论各种矛盾如何错综复杂，朋党之争的焦点归结起来还是集中在如何对付人民将起的大反抗上。所以，朋党之争也是阶级斗争的一种形式，归根到底，是由封建社会两大对抗阶级——农民与地主的阶级矛盾与阶级斗争所决定或制约的。从这种意义上来着眼，可以说朋党之争正是基本矛盾在统治阶级内部的曲折的反映。

李党的政策诚然好于牛党，但其所作所为也只是在不触动封建制度本身的前提下，做一点改良或局部的改革，所以弥补不了封建制度的根本缺陷，解决不了封建社会的基本矛盾。其局限性是很大的，其进步性是有限的。要缓和矛盾，修修补补，走改良的道路，事实上是走不通的。在力量对比上，保守腐朽势力毕竟是占上风——唐后期宦官专政，在政治上依附宦官的政派——牛党当然是占第一位；再加上商品经济发展，大商人大地主或大地主大商人的力量不断增长，在经济上他们也是占第一位的；而主张改良的李党政治上树敌多，经济上力量差，一旦失去了最高统治者的支持，其下台的结局是必然的。这是阶级（层）之间、集团之间的较量，不是仅仅少数人的结党营私阴谋诡计就能把李德裕一派打倒在地的。李党失败后，除了保守腐朽势力内部的争权夺利外，抑制割据势力和兼并势力之事已不谈起，由于保守腐朽势力已无牵制之人，他们就更加肆无忌惮地剥削人民，阶级矛盾也就更加尖锐激烈了。史臣（宋祁）评牛党当权的大中之世是“贤臣斥死，庸儒在位，厚赋深刑，天下愁苦”。其后果是各地迫于饥寒的农民已有小规模的起义，但统治集团依然我行我素，不理会这些警告，最后只好由黄巢率领声势浩大的农民起义军来推翻这个腐朽透顶了的李唐王朝。农民起义后，宦官的名声臭极不堪，士流出身的大地主大商人集团，除了少数仍亲宦官以外，大多数已不再和宦官坐一条板凳了，与往日牛党依附宦官的情势比，有了改变。但士流中间地主阶级中间的各阶层，由于藩镇插手进来，又相互斗争，形成新的朋党。后来士流（崔胤）借藩镇之力消灭全部宦官，南北司的斗争结束。接着，南司朝官也被藩镇（朱温）杀死。“清流”投入浊流——黄河。就这样腐朽势力一部分被农民起义所消灭，一部分被由农民起义军出身而蜕变为新兴的割据势力所消灭，旧朝代的统治集团就都完蛋了。当然，封建制度未变，基本矛盾和其他有关的矛盾在新的朝代仍然存在并发展着。大地主大商人阶层和中小地主阶层在新的朝代中仍然有他们各自的代表，因此朋党之争在唐以后也还存在并发展着。王安石与司马光之争，也未始不可以说就是宋代的“李”“牛”党争。

说到宋代的朋党之争，我深感司马光之所以反对王安石，确实是有点像历史的重演。但同样遗憾的是倡改制、施新政的有识之士，却往往得不到公正的待遇。在此，请容许我以惋惜的心情，用两首拙诗来缅怀、褒扬这位有唐一代大有作为的政治家李德裕：

乌白秦中吝赐环，发毛洒淅恚龙颜。
谁思遣将踰乌岭？俱忘飞兵破黑山！
大海烟涛愁处坐，平泉花石梦时还。
未能朋党并牛李，相业荆公差可攀。

草莱能拔授熊环，天下寒人得破颜。
曾谏吴绫停巧织，尽驱释寺撤名山。
书传镇魏提师进，功勒幽燕俘敌还。
我读会昌一品集，词宗千载觉难攀。

# 二

# 晚唐诗家第一人：李商隐评传

要了解一个作家的作品，必须了解这位作家的生平。尤其是作为晚唐大诗人的李商隐，他的诗意深而词婉，善用比兴，往往借“闺襜琐言”，来寄托他“忧生念乱”的心情，如果对他的生平历史弄不清楚，对他的作品写作年代弄不清楚，则就更谈不上正确理解那“沈博绝丽”的玉溪诗真正含意了。过去的李诗研究者，没有掌握现成的诗人的传记，就只能在编订诗人的年谱上作功课。朱、程、徐、冯、张，诸家各有创获，建树不小，但其说纷纭，莫衷一是。欠确、错会、承讹、失鹄之处，不一而足，且有新的创误，往往是丛生疑问，反添迷障，是非得失，够叫人烦心的了。有鉴于此，我不揣愚陋，广泛收集资料，深入分析事实，黾勉从事，重新增订了《李商隐年谱》，凡十万言，并结合对李诗的逐篇笺、注、评、校，企盼在此基础上，写出一部言简意赅、文风明快、可读性较强的李商隐传略，以纪念这位诗人。奈因本职工作繁冗，中间搁置了三十年。时至今日，才有机会得遂素愿，这是幸事，也是快事。

今以《晚唐诗家第一人——李商隐评传》之名，作为我对李商隐研究的谢幕之作，以对李商隐研究的专著的一部分的形式，来奉献给世人，尤其是李商隐诗的爱好者们。

李商隐所处的年代，朝政、时事情况十分复杂，要知人，必先论世，不能不对各时段、各年份的这些具体情况加以广征博引，年谱所占篇幅还真不少。因之，此传虽名为评传，实是传谱的合一，基于谱，而高于谱，但与旁的评传又不同，字字有来历，事事有出处，不戏说，戒虚构，求雅驯，辞浮华，或许可说是传中的一种别体、新裁吧。不知能被接受否？

由于各家争议颇多，若干难点、疑点迄未解决，故而在《评传》中的某些地方又夹杂了考订、辨证、商讨的带研究性的内容，看来似较富学术性，而欠一般传记文学的文艺性，这或导致在一定程度上影响了行文风格的统一，质朴有余，而流畅不足。又，《评传》中引用史料较多，人所熟知，不必一一注明出处；且为免使卷帙过繁，未全翻译，非纯语体，亦文亦白，稍离通俗，略存文采。希望阅者多多见谅。下面是正文的开始。

## （一）遥远世系，没落王孙，浙水东西，童年艰屯

李商隐字义山，怀州河内人。

高祖李涉，字既济，美原县县令。死葬怀州雍店之东原，其墓长乐贾至为之铭。

雍店在今沁阳市新店村西南。唐会昌三年，泽潞叛军刘稹之将越万善，焚雍店。其后父老于原址之东北更建新村，后称新店。今其地在万善东南五里。雍店遗址以东之耕地，虽位于现新店之南，但村民仍称之为“东地”，殆雍店先民谓此地为“东原”相沿未变之故。据当地调查，经千余年之泥沙淤积，雍店旧址已埋入地下。

曾祖李叔恒（一作叔洪），年十九一举中进士，始授安阳县县尉，年二十九卒，祔葬于其父墓之左次。叔恒妻卢氏，为兵部侍郎、东都留守卢某之第三女，年十七归于叔恒。叔恒死后，携子寓居郑州之荥阳。

祖李俌，字叔卿。由孀母卢氏教以经业得禄，授邢州录事参军，亦以疾早世。其母卢氏抚视孤孙，家惟屡空，不克以邢州归祔怀州祖茔，乃卜葬于荥阳坛山之原上。

父李嗣，生商隐时官获嘉县县令。

商隐自谓，其先出陇西成纪李氏，与李唐皇室同族。其诗曰：我系本王孙，我家在山西。而崔珏哭商隐诗亦曰成纪星郎字义山，是商隐乃李暠之远裔。《史记》：李广，陇西成纪人。《晋书》：凉武昭王李暠，广之十六世孙。李暠七代孙李渊有天下，为唐高祖，追封李暠为兴圣皇帝。李暠之第八子李翻，东晋晋昌郡太守；李翻子李宝，魏太武时，授沙州牧、敦煌公；李宝长子李承，后魏荥阳太守，赐爵姑臧侯。遭父丧，李承应传先封敦煌公，以自有爵——姑臧侯，乃以本封——敦煌公让弟李茂，时论多之。自是李承之后称“姑臧大房”。商隐之先即出身姑臧大房云。唯同源异流，迁徙异地，分派已远，谱谍无征，故唐宗正寺未予编入属籍。至商隐之高祖时，其家已

无显宦，或“俯仰于州县”，或“从容于宾介”，虽自诩王孙，其实已式微了。

商隐有叔祖李某，官郊社令，与李俌同出于安阳君——李叔恒。郊社令之第二子为商隐从叔，通五经，年十八，因父病还荥阳就养，父死，终其身不仕，太和三年死，葬于荥阳坛山，享年四十三。商隐父丧后居郑州时曾从之学经。

商隐大父行尚有李则者，与邢州、郊社为兄弟辈，是“凉武昭王十三世孙”。可知商隐为李暠之十五世孙。李则有次女适桂州观察使杜式芳，式芳生子杜悰，于商隐为中表，所以商隐称杜悰为外兄。

商隐有姊三人：一为伯姊（疑早夭），一为仲姊适裴氏，另一姊适徐氏。有弟羲叟与商隐年差数月（疑异母生）。此外尚有三弟一妹，疑非同母所出，或为从弟妹。羲叟早娶，为卢钧之婿，生女寄寄，早夭。

唐宪宗（李纯）元和七年壬辰（812 年），商隐方一岁。是岁之春初，商隐生于获嘉。裴氏仲姊（适裴耀卿子裴允元）所适非人，大归，逢病卒于母家，年十九岁。时在是年之冬，商隐未满周岁，“初解扶床”。

商隐的出生年月，本是很清楚的事。可是各家各有说法，有说生于元和六年的（钱氏），有说元和七年的（张氏），也有说是元和八年的（冯氏）。这就不能不研究确定之。我经过仔细考量，认为元和七年说是有足够理由证明其可以成立的。

考定商隐生年之确切资料，首为文集中之《上崔华州书》。书中云：愚生二十五年矣。此书作于开成二年正月（崔龟从以中书舍人为华州防御使在开成元年十二月），自元和七年（812 年）初至开成二年（837 年）正月，正符生二十五年之数（实龄）。又，补编《梓州道兴观碑铭》中有自述平生之语，略曰：予也五郡知名，三河负气……属以鱼车受宠，璧马从知……发短于孟嘉，齿危于许隐。谢文学之官之日，歧路东西；陆平原壮室之年，交亲零落。陆平原即为平原内史之陆机。陆机《叹逝赋序》中云：余年方四十，而懿亲戚属，亡多存寡，昵交密友，亦不半在。隶典取此。商隐赴东川幕（之官之日）为大中五年（851 年）冬，自元和七年春至大中五年冬，正为四十岁（实龄）。

《祭裴氏仲姊文》：灵沉绵之际，殂背之时，某初解扶床，犹能记面。生八九月便可扶床；至于记面犹言乳婴已能认人，非指事后之能追忆其面。依扶床记面之语，可知裴氏姊当殁于元和七年之冬暮。补编《请卢尚书撰裴氏仲姊志文状》所云之“返葬之礼，阙然不修，至会昌三年（843 年），商隐受选天官，正书秘阁（会昌二年事，作为返葬之条件，附带追述），将谋龟兆，用释永恨……距仲姊之殂已三十一年矣”。此处三十一年系指会昌三年十一月营改葬之时距元和七年冬裴氏之死正三十一年。冯谱断商隐生于元和八年、裴氏姊死于元和九年，均误。到这里，可以说诗人出生在哪年的问题是获得解决了。

元和八年（813 年），商隐二岁。从元和五年九月起，李逊为浙东观察使。这年的上半年，商隐父李嗣罢获嘉令，为镇浙者李逊所辟。商隐随父赴浙。其时商隐兄弟（与羲叟）尚皆乳抱。裴氏仲姊之灵权殡于获嘉之东。

元和九年（814 年），商隐三岁。这年九月孟简为浙东观察使兼越州刺史。商隐父于是后续居浙东孟简幕，商隐随父在浙东。

元和十年（815 年），商隐四岁。元和十一年（816 年），商隐五岁。这两年仍随父在浙东。

元和十二年（817 年）正月，孟简入为户部侍郎。因孟幕之罢，商隐父由越转润，入浙西观察使李翛幕，兼带殿中侍御史衔。直至元和十三年（818 年）。商隐随父由浙东（越州，今绍兴）徙居浙西（润州，今镇江），时年六七岁，小小年纪阅历倒也不少。

元和十四年（819 年），商隐父续居浙西观察使窦易直幕。八岁的商隐仍随父在浙西。

元和十五年（820 年），李家遭逢一大变故。是年春，商隐父卒于浙西任上。商隐顿成孤儿。自元和八年赴浙，至此已六年有奇。真可谓浙水东西，半纪漂泊。没落王孙，家境式微，也够惨的了。年方就傅，家难旋臻。躬奉板舆，以引丹旐。四海无可归之地，九族无可倚之亲。幼小的商隐只好奉丧侍母居于“故丘”郑州。“自厥祖寓居荥阳（郑州），已阅三世，时过百年，祖茔在焉，父柩自亦归祔荥阳坛山之原。”一家也就在此暂时安顿下来。

元和世终，长庆朝临。商隐自九岁至十二岁，守孝已满三载。长庆三年（823 年），父丧既除，因郑州居亦不易，遂移家原籍怀州之河内县。怀州雍店之东原，高、曾祖葬此，旧家例有田产（墓田）与宗族，迁回怀州，当稍有资依。“占数东甸”，重新着籍，计入怀州户版之内，成为怀州人。商隐后来自谓：“仍世羁宦，厥家屡迁，占民为民，莫寻乔木。”故宅以岁月悠久，而难寻其迹了。

十二岁的李商隐就这样随着他人口众多的家庭，度过了他方遭“家难”、生活越来越艰难的童年。但商隐资质聪颖，天分很高，着实令人喜爱。这位早慧的“奇童”，一天天地长大，出落成英俊少年。随着他的刻苦勤读，学问日积，文才日进，后来成为一位杰出的诗文和骈文家，在晚唐的文坛上享有盛誉。这一演进过程，且听下面一一道来。

## （二）少年时的求学和创作活动

商隐早慧，从小好学不倦。“五年诵经书，七年弄笔墨”（《上崔华州书》），这是元和年间在浙东、浙西时的事。长庆年间，父丧后侍母居“故丘”郑州时，近便与仲弟羲叟、再从弟宣岳等，从十二房叔父李处士学经书，习为文章。“爰在童蒙，最承教诲……更思平昔之时，兼预生徒之列”，“引进之德，胡宁忘诸?”（《祭处士房叔父文》，从叔为郊社令之子）对此，商隐是铭记不忘的。

商隐于裴氏姊外还有一姊适徐氏，姊亦通文墨，未嫁时，商隐曾蒙其启迪，义同师友。“某兄弟初遭家难，内无强近，外乏因依，祗奉慈颜，被蒙训勉……以顽陋之姿，辱师友之义。获因文笔，实忝科名”（《祭徐氏姊文》）。商隐在学业上曾经受到这位启蒙老师的很好影响。商隐的古文基础是从叔帮他打好的，同时还有他徐氏姊的一份功劳。

在古文已具一定根柢后，商隐即用心研读刘氏《六说》（刘知几《六说》五卷），心有所获。“于春秋法度圣人纲纪，久羡怀藏，不敢薄贱，联缀比次，手书口咏”，以为文章，于是非褒贬之间深致焉。后来十六岁时（文宗太和元年，827 年），著《才论》《圣论》（已佚），即以古文出诸公间。据他自己说，曾为怀州地方所荐，入求京师（东都洛阳），然卒无遇合（见《与陶进士书》《樊南甲集序》）。

唐以诗取士，是诗风昌盛的时日。早慧的商隐读书弄笔较早，亦较早学诗写诗。所以他在从师学习古文的同时，就已经亦文亦诗，闯入诗国之门，诗更成为他最大的喜好了。如果说商隐学古文有其师承，他学诗则凭天资和爱嗜，却是个无师自通、自学成才的绝好的例子。而他后来之蜚声朝野，也正是因其诗而非以其古文。

商隐涉足诗苑，在十四岁就开始了，其时在唐敬宗宝历元年（825 年）。他初为诗，效齐梁体，好长吉诗，亦不脱晚唐轻丽之习。现存的《日高》一篇，大概是他仿长吉体之初作，语僻而意尚可见（因其语僻，诗不录）。还有一首七绝《华清宫》：华清恩幸古无伦，犹恐蛾眉不胜人。未免被他褒女笑，只教天子暂蒙尘。语甚尖酸，少年口吻，是其聪明毕露处。讽喻之作，虽欠卓识高见，亦觉出手不凡。

宝历二年（826 年），十五岁的商隐，作五古《无题》一首，借以自况：八岁偷照镜，长眉已能画。十岁去踏青，芙蓉作裙衩。十二学弹筝，银甲不曾卸。十四藏六亲，悬知犹未嫁。十五泣春风，背面秋千下。由少女腼涩依人之态，见诗人为文弄笔之始。是年，续作诗多首，以咏时事，暗讽敬宗。

国家多事，年轻的诗人自亦多诗。如《富平少侯》，借汉成帝微行，以刺年少无知宴游无度之敬宗，而为之有隐忧。诗尚蕴藉而偏于纤丽，少作也：七国三边未到忧，十三身袭富平侯。不收金弹抛林外，却惜银床在井头。彩树转灯珠错落，绣檀回枕玉雕锼。当关不报侵晨客，新得佳人字莫愁。

又如《旧顿》：东人望幸久咨嗟，四海于今是一家。犹锁平时旧行殿，尽无宫户有宫鸦。

《天津西望》：虏马崩腾忽一狂，翠华无不到东方。天津西望肠真断，满眼秋波出苑墙。

二诗刺敬宗欲巡游东都，将大扰民之事，故晦其言，旨在言外。商隐七绝绞而婉之风格已见。

再如《陈后宫》五律两首，刺少帝之荒淫，亦咏史之佳作：玄武开新苑，龙舟宴幸频。渚莲参法驾，沙鸟犯钩陈。寿献金茎露，歌翻玉树尘。夜来江令醉，别诏宿临春。通体含蓄不露，味乃愈出。

茂苑城如画，阊门瓦欲流。还依水光殿，更起月华楼。侵夜鸾开镜，迎冬雉献裘。从臣皆半醉，天子正无愁。结语“从臣皆半醉，天子正无愁”，堪称画龙点睛之笔。

敬宗于年末遇弑，尤使商隐很受触动，七律《览古》即因是而作：莫恃金汤忽太平，草间霜露古今情。空糊赪壤真何益？欲举黄旗竟未成。长乐瓦飞随水逝，景阳钟堕失天明。回头一吊箕山客，始信逃尧不为名。

诗于结尾发为议论，有深刺亦有深忧。如此好诗，却出自十五岁的少年！

敬宗死，文宗即位，改元太和。太和元年，商隐已年届十六，即其著古文《才论》《圣论》之年。两手皆硬的商隐，于学、写古文的同时，雅善韵语，又以其所感，发为诗篇。这时，商隐正十分爱好韩愈之文笔，涵泳韩集，受其薰陶。以古文之余绪，成韵语之佳构。古茂典雅、笔势磅礴之长篇杰作七言古体诗《韩碑》（七十二韵），即于是年告成。诗前半云：元和天子神武姿，彼何人哉轩与羲！誓将上雪列圣耻，坐法宫中朝四夷。淮西有贼五十载，封狼生貙貙生罴，不据山河据平地，长戈利矛日可麾。帝得圣相相曰度，贼斫不死神扶持。腰悬相印作都统，阴风惨淡天王旗。愬武古通作爪牙，仪曹外郎载笔随。行军司马智且勇，十四万众类虎貔。入蔡缚贼献太庙，功无与让恩不訾。帝曰汝度功第一，汝从事愈宜为辞。……诗记韩愈作碑之由来，实赋元和时事，借讽长庆弊政，刺消兵之失计，痛河朔之再叛。此作格调高古，气雄力健，实可冠冕李诗之全集。（篇长不全录）

十六岁的少年李商隐，身膺家庭生活重担。虽已崭露头角，能写得一手好诗文，为乡里延誉，但卒无所遇合。他身居怀州，却需挟策佣书，时时往来东洛，近游以资养母。所从事的是佣书、贩舂，替人抄书，做点小买卖。系鞋出门，徒步而行，蝇头小利，十分辛苦。出路所在？十分苦闷。这时他心头浮起一个主意，不如走学道之路去求进取吧。

唐时，以道教为国教。开元二十九年（741 年），京师置崇元馆，诸州置道学生，学道德等经，谓之道举，举送课试与明经同。学道亦进身之一途。商隐后来曾有诗曰：忆昔谢四骑，学仙玉阳东。千株尽若此，路入琼瑶宫。口咏元云歌，手把金芙蓉。……形魄天坛上，海日高曈曈。（《李肱所遗画松诗，书两纸得四十一韵》）如此云云，即追叙玉阳学道旧事。玉阳在济源县西三十里，为唐玉真公主修道之所。天坛在王屋山绝顶，王屋山盘亘泽、绛、怀州之境，玉阳是其分支连接者。非痴非狂谁氏子，去入王屋称道士。或曰欲学吹凤笙，所慕灵妃媲萧史。又云时俗轻寻常，力行险怪取贵仕。（《谁氏子诗》）盖当时风尚如此。商隐学道，以道为师，时间在太和二年，至明年（太和三年）尚在玉阳学道，时年届十八（虚龄），所作《曼倩辞》：十八年来堕世间，瑶池归梦碧桃闲。好何汉殿穿针夜，又向窗中觑阿环。诗即作于与道流交往之际。其他诗中所说的清都刘先生即其王屋学道之师尊辈，还有永道士、彭道士，也是王屋学道时的同学或同伴。后来，在京师相遇的白道者即玉阳王屋学道时的道侣；宋华阳姊妹则是清都刘先生所介绍、居于华阳观中的女道士。与宋华阳，商隐后来曾有过一段交往。在前前后后的十六个年头中（830 ~ 846 年），商隐有不少诗篇就是为女冠宋华阳写的。（另详拙文《李商隐与宋华阳的关系始末记实》。在李商隐研究中，同宋华阳的关系争议很多、很热闹，我已作了深入探索，回驳了各种谬说，写成专文，这里就不必展开了。）

商隐习业于玉阳、王屋，与所居怀州地近。怀州至王屋道中有水，以河阳节度使入相，名玉溪。“故山峨峨，玉溪在中”，商隐遂以“玉溪生”自号，“玉溪弟子”自署（《奠相国令狐公文》）。元耶律楚材《王屋道中》诗：行吟想象覃怀景，多少梅花坼玉溪，即写出了玉溪的景色。

也就在这段时间里，商隐结识他另一位恩师——令狐楚。这位牛党名公巨子，对商隐毕生起着非常大的影响，是一个关键人物。自师从令狐、身依令狐之门后，商隐就一心去应进士科，而不再想什么“道举”，学道，一段小小的历史插曲已经结束，在以后诗文中所用的道家用语、故事，无非是道教文化影响的一点遗存而已。

令狐楚是在元和十三年（818 年）以河阳节度使入相的，十五年宪宗崩，作为山陵使的令狐楚以部吏资官物、不给工人佣值事罢相，于穆宗长庆元年（821 年）迁太子宾客分司东都，长庆四年（824 年），为河南尹。在政治上令狐楚党于与裴度作对的保守派头领李逢吉。接李逢吉之班，由同年进士出身的李宗闵、牛僧孺，互相友善，固结朋党，攫取权力，专与裴度所重用的前相李吉甫之子、才华出众倾向进步的李德裕作对，一味排斥异己，施其倾轧。这个政治派别，史称牛党。“与李德裕辈战若冰炭者垂二十余年”。而令狐楚正是隶属牛党，处于其核心层。商隐与令狐联上关系，日后之如何涉世、立身、从政、为学、论文、裁诗，情况就可想而知了。

早在长庆年间令狐楚为河南尹时（824 年），往来怀洛、十三岁的商隐已前去拜谒，而被识为“奇童”，但商隐年尚稚，还未纳为令狐的忘年知交。而商隐也还具有自己的独立见解，十六岁（827 年）时即写出推重裴度、与牛党观点迥异的长篇诗作《韩碑》。

文宗太和三年（829 年）三月，处士房叔父卒于荥阳（郑州），享年只四十有三。商隐失去了第一位教诱有恩的老师，赶着回去襄其丧事。

也就在同年三月，令狐楚以检校兵部尚书再次留守东都，十二月进检校右仆射，为天平军节度使、郓曹濮观察使，是身负重任的方面大臣。于是商隐复赴洛，以所业文干令狐楚。令狐以其少俊，且奇其文，深礼之，令与诸子游。商隐在洛盘桓一时，又还怀州，七月至玉阳与道者辞别。秋、冬，在洛令狐处，菊亭雪夜，杯觞唱酬甚欢。十二月，跟随令狐赴天平任。原先商隐以古文见长，为文瑰迈奇古，不喜对偶，到了令狐身边始为骈体。骈体文是唐代公文的文体（今体），是当臣僚们所必备的看家本领。令狐楚擅长章奏，时有韩文、杜诗、彭阳（令狐楚）章檄之誉。令狐悉以其艺授商隐。商隐聪慧好思，博学多闻，又得名师指引，所为今体奏记，用事精切，辞藻华美，大有青出蓝而胜蓝之势。乃作《谢书》一首来酬谢传授章奏之学的这位情谊深重的恩师："微意何曾有一毫，空携笔墨奉龙韬。自蒙半夜传衣后，不羡王祥得宝刀。"诗借五祖传衣故事，又以吕虔将佩刀赠属下王祥期以日后位登公辅为例，写出自喜自负之意，是少年不知天高地厚的口吻。

太和五年至七年（831～833 年），商隐由弱冠之年至满二十有二。这三年内，令狐由主郓幕入为朝官（吏部尚书），不能自辟宾佐，商隐无依。小病，病愈离家往华州，拜谒刺史崔戎。商隐为崔表侄，为培育翰苑之才，崔戎送商隐习业于南山（华山）之阿。所习之业，也就是举子业，笺表章奏那一套。从郓相国到华大夫，商隐"敕定奏记"，"通今体"，其功夫正不断地在提高。就这样，李商隐前前后后，断断续续，走过了他求知为学的少年阶段。

在以诗取士的唐代，兼善"今体"的李商隐至此已完全具备了去应科举，以登仕途的条件，他的学习遂告完成了。这段经历并没有曲折、需探讨的地方。下面应接着陈述他如何应举、佐幕两件事交错进行的较为曲折的过程。

## （三）游幕之初，应举者再，头角崭露，秀出同辈

太和三年（829 年）十二月，十八岁的李商隐跟随令狐楚前往天平军，正式参加了郓幕。《谢书》一诗其实是在郓幕中受令狐楚传授章奏之学后才写的，事在太和四年，商隐十九岁时，所以天平之行还需追溯言之。

赴天平不是寻常游览，而是入幕之始，去幕中当"巡官"之职。巡官，节度、观察使之属官。唐制：方面大臣得自辟宾佐，节度使可置巡官四名，兼观察使可再加一名，但求才俊，不问功名，未遽状荐，而可白衣从事者。故商隐得以少年未第而为之。"将军樽旁，一人衣白"，说的就是此事。

大队人马赴东平，道中所经，有所闻见。时沧、景初平（李同捷不遵朝旨，为乱），尚疮痍满目，骸骨蔽地，商隐乃作《隋师东》一律，借隋事以讽当时：东征日调万黄金，几竭中原买斗心。军令未闻诛马谡，捷书惟是报孙歆。但须鸑鷟巢阿阁，岂假鸱鸮在泮林。可惜前朝玄菟郡，积骸成莽阵云深！诗叹强藩之再乱，叹诸将之非才，恨阉寺之干政，期贤臣之专任。裴度虽在朝而屡被谗沮，莫能大有作为，诗之五、六句是有所指的。

上举《谢书》诗，即作于至郓后的第二年（太和四年），时年十九。

商隐在郓幕的第三年（太和五年），已二十岁了。有一次，令狐在后堂宴乐，出一女子侑酒。其人为一女冠，先上醮坛，罢乃改妆歌舞。商隐奉命赋

诗《天平公座中呈令狐公》，附注“时蔡京在坐，京曾为僧徒，故有第五句”，诗云：罢执霓旌上醮坛，慢妆娇树水晶盘。更深欲诉蛾眉敛，衣薄临醒玉艳寒。白足禅僧思败道，青袍御史拟休官。虽然同是将军客，不敢公然仔细看。此诗乃诗人最早描写人体的艳体诗，唯华而不俗，艳而不亵，措辞鲜丽而有神味，非后来西昆涂饰者所企及。就在太和五年（831 年）那次后堂宴乐后不久，令狐楚给商隐以资装，作为“贡士”，“令随计上都”，就试于礼部。

由于商隐从小受经，能古文，这次应试的是“明经科”。明经科与进士科并列，对商隐来说，虽较现成，但此科目唯资记诵，难展才情。

出题者至有取年头月尾孤章绝句，疑似参互者以惑之，通经之士反有蹶失，且所罚特重，一举不第，不可再应。商隐正蹈上这种尴尬的处境。试而不售，没有考上，于是只好嗒然而归。

翌年二月（太和六年），令狐楚调任太原尹北都留守太原节度使。商隐暂未随令狐去太原，而是先后去状问候，美其临镇未几即获“堡障复完、污莱尽辟”之政绩，并乞借在太原日所著诗歌等阅读。

商隐之所以未去太原，为的是居家备“夏课”。入秋，赴怀州府试，旋以“乡贡进士”入长安，应明年正月礼部之进士科试。当时进士实重于明经，明经既不售，而商隐已擅笺表、诗赋，何不奋力拼搏，完全藉文字以求仕进？这年七月，呈宇文中丞（宇文鼎）的诗云：人间只有嵇延祖，最望山公启事来，就表达了当时的心情。由怀州赴京应举时，过洛水，作《袜》诗：尝闻宓妃袜，渡水欲生尘。好借嫦娥着，清秋踏月轮。嫦娥自喻，希能蟾宫折桂。标准五绝，集中首见。

唐时举场多开于十二月（或正月），每年七月（亦有八九月），士子从府州觅解纷纷，故其时有“槐花黄，举子忙”之谚。唐进士科，举子先就府试，取录则登于朝，谓之乡贡进士；再就礼部试，得中曰登第，称进士。曾被乡贡而不第者，自称曰前乡贡进士。然乡贡进士时亦省称进士，唐人常谓举进士不第，即举乡贡进士而不第之谓。商隐始为乡贡进士（《上崔华州书》中亦省称“进士”）之时即为上述的太和六年。

太和七年（833 年）正月，商隐在长安应举，二月放榜，为礼部侍郎贾𫗧所斥。时年二十有二。

李商隐试进士不第，有诗寄意，并与落第举子相唱酬（如《效长吉》《和张秀才落花有感》等）。随后即由长安赴太原，入令狐楚幕；六月，太原府罢，令狐入朝为官，商隐无依，稍事逗留，随即离开，沿汾水南行入河南界，由济源东行，还怀州。途经王屋玉阳，登山访学道时之旧师及道侣，并有诗赠道界同学。时已入秋，作《东还》诗：自有仙才自不知，十年长梦采华芝。秋风动地黄云暮，归去嵩阳寻旧师。（嵩阳观，往日学道之所。）落第失幕，饱含失意之感。此处十年长梦采华芝是向慕学道之谓，非应举十年之谓，归去嵩阳寻师即重问学道之事，因应举不售而重去学道，是失意语以愤激语出之耳，并非真的要放弃再去应举了。

商隐在长安应举时，与其他许多举子一起，僦居于华阳观内。前所提及的女冠宋华阳，就是在此时相识，并稠叠赠以诗篇的。

还怀州后，旋往郑州，谒郑州刺史萧澣。萧，为李宗闵所善，令狐楚为之介绍，所以遇商隐甚厚。

太和七年之府试商隐因病未参加，不得赴下年（太和八年）初的礼部试。商隐病愈离家，插这个空档，往华州谒刺史崔戎。崔戎当过裴度镇河东时的幕僚，商隐是他的表侄，兼有萧澣的推荐，故而极受崔戎的器重。见面后，崔戎即送商隐去学习。前已提到的“送我习业南山阿”就是那年（太和七年）发生的事。太和八年（834 年）正月，二十三岁的李商隐正式应邀入华州崔幕，这是他第二次由就学而参幕的经历。

商隐后来所写的七古《安平公诗》云：丈人博陵王名家，怜我总角称才华。华州留语晓至暮，高声喝吏放两衙。明朝骑马出城外，送我习业南山阿。……公时受诏镇东鲁，遣我草奏随车牙。顾我下笔即千字，疑我读书倾五车。即追述了这一段永志不忘的历程。

商隐正月入幕，担任笺表之事。是年三月崔戎“受诏镇东鲁”，调任兖海观察使，治兖、海、沂、密四州。商隐自然随之前往。四月二日离华州，五月五日至兖州治所，在幕中仍掌章奏。是时初食笋，赋诗呈座中：嫩箨香苞初出林，於陵论价重如金。皇都陆海应无数，忍剪凌云一寸心！於陵，在山东淄州长山县；皇都，指长安；陆海，指山海珍馐。竹，年久必将开花枯死，须平时留笋养竹，不绝更新，剪伐无度，则新竹不立，竹林将毁而再无笋可食。於陵产笋，味美名盛，一成贡品，扰民即甚，责之数巨，促之期紧。尽剪一寸之心，莫成凌云之秀。是真杀鸡取卵，遑计其后。商隐有感，婉语以刺之。这是一首意味深长的讽谕诗，堪称上品。

在兖州居仅月余，六月十一日，府主崔戎因暴染霍乱死，享年仅五十五。商隐不得不归怀州。

过郑州，再谒萧澣。秋，赴怀州府试，再为乡贡进士。冬，赴长安，应明年（太和九年）新正礼部试。取道华阴。

抵长安前，便道往谒卢弘正于昭应县署。日后，卢成为商隐的知己与幕主（徐州幕），将予商隐一次扬眉吐气的机会。

太和九年（835 年）正月，二十四岁的李商隐应礼部试，为是年知贡举的崔郸所不取。不算明经，商隐应举者再，一则落第，再则被斥，失落、失望之感弥漫心头！但已注定要由进士科晋身的商隐，决不轻言放弃，时运不济，且待来年，再而求其三吧。一个孤瘦的身影仆仆于长安道上，还是迟早会让人再次见到的。

下第的商隐，在京师日曾徒步往崔戎故宅吊唁，并留诗，以志知遇之恩。诗曰：绛帐恩犹昨，乌衣事莫寻。诸生空会葬，旧掾已华簪。共入留宾馆，俱分市骏金。莫凭无鬼论，终负托孤心。吐词凄婉，哀情至深，末二句隐指有忘恩者。同时所写的《安平公诗》：明年徒步吊京国，宅破子毁哀如何！西风冲户卷素帐，隙光斜照旧燕窠。古人常叹知己少，况我沦贱艰虞多。如公之德世一二，岂得无泪如黄河！即述吊崔戎故宅，感崔戎旧恩事。此诗学杜、韩，意态平易，而情味不乏，虽系少作，未能老到，然已度越后人多多矣。

太和九年真是多事之秋，商隐一生中有两件大事可记。一是就在这年三月，初识燕台女，遭遇第一次恋爱失败的难以忍受的痛楚；二是这年十一月，发生了震惊朝野的“甘露事变”，唐室陷入又一次难以平复的动荡。

## （四）初遇燕台，第一次恋爱的失败

太和九年二月，商隐自长安经商洛，泛洛水，过洛阳，回到故乡怀州（河内）。春三月，与小家（乐户）女燕台（不知其姓氏，姑以诗篇之题名代之）相识，两情笃好愿共偕时，私订了嫁娶之约。未几，燕台女连同其妹，迫于母命被南来富商以重金取去，置于后房。商隐悲不自胜，跟随商人行踪，夏，至石城（郢州）寻觅燕台。秋，燕台又被转至湘中，书约商隐于湘川相见。冬，至湘，燕台复为其主携往他方（后流落吴中），商隐空归。一年之间，悲欢离合，苦苦追寻。为此，赋《燕台》诗春、夏、秋、冬四章以记这段伤心事。《燕台》以及另为燕台而作的《河阳》诗，都属长吉体，哀感顽艳，幽咽迷离，仔细玩味可大致知悉此曲折故事的梗概。（详见拙著《李商隐诗要注新笺》及论文《燕台诗释》，原诗过于晦涩，不具录。）

在《燕台》诗中，《春》言两人识初之时间地点。谓己青春求偶，未得相知，惊见彼姝，心遽倾之。情愫既通，意迷心乱，梦中欢会，觉来杳然（借梦言之）。宁锁天牢，永不分离，相爱受阻，相见难期。《夏》言富商行贾之地在郢。其人被挟，随之向南，五月梅雨，景类黄泉。辛苦私会，潜行夜半，所思幽闭，寂寞无伴。银汉堕怀，星妃莫归。清济浊渭，异源殊轨。《秋》言时序匆匆，思绪脉脉，约于湘中见面，未果。月浪冲天，疏星入户，檐前铁马，与谁共语？红桂锁断，鸳茵尘满。鹦鹉惊霜，瑶琴寄远。何时可达？双珰尺素。歌唇口缄，馨香非故。《冬》言湘中寻觅，无法见其人，未几人又远去，空余愁怨而已。冬日苦短，人远室迩，良缘已断，愁心欲死。桃叶桃根，一双姊妹，空城舞罢，腰肢徒在。破鬟矮堕，玉钗金蝉，蜡烛啼红，含怨向天。一年四季，如此结束，悲哉！

商隐喜李贺诗，效长吉体已臻成熟，与《离骚》之赋美人同一寄兴，实绝奇之作，何减昌谷！

商隐如此钟情于燕台，其形诸笔墨者其实非仅止于这四章长吉体的《燕台》诗。千里追寻，半载奔忙，是个长过程，必有相应的一系列的诗作反映出来。经细核，可证实太和九年商隐为燕台留下的诗篇，的确还有不少。（约十首，与燕台相恋之初，尚有一些其他体裁的诗篇且不论。）

就在这年的春末夏初，有一首以《无题》为名的七绝值得注意：白道萦回入暮霞，斑骓嘶断七香车。春风自共何人笑？枉破阳城十万家！目送燕台被挟走离开故里的惨状铭刻心头。伊人远去，白道几回，肠亦寸断！纵有绝世之容，一笑倾城，而今已无人可与共笑，怨语悲愤至极！

燕台被掠至石城（郢中，今钟祥），应届仲夏，《石城》（五律）、《鸳鸯》（七绝）、《楚宫》（五律）、《梦泽》（七绝），都是这一期间所作。

燕台转至湘中，时已入秋。《到秋》（七绝）、《丹邱》（七绝）、《即目》（五排，地宽楼已迥），应为这时所作。追寻至湘，不得晤面，苦苦守候，怅恨莫名，惊魂未定，流转频数，将不知伊于胡底！

《夜思》（五排），作于太和九年之冬，商隐追寻、守候燕台，已感绝望。诗曰：银箭耿寒漏，金缸凝夜光。彩鸾空自舞，别燕不相将。寄恨一尺素，含情双玉珰。会前犹月在，去后始宵长。往事经春物，前期托报章。永令虚粲枕，长不掩兰房。觉动迎猜影，疑来浪认香。鹤应闻露警，蜂亦为花忙。古有阳台梦，今多下蔡倡。何为薄冰雪，消瘦滞非乡？情爱之事，原为梦幻，人间佳丽，岂止一人？山穷水尽，不如归去。无可奈何，自我解嘲。其意非悔，其言实悲！

还有一首长吉体的《河阳诗》，也作于是年之冬。从“可惜秋眸一脔光，汉陵走马黄尘起”的临去秋波、惊心惨别，到“伯劳不识对月郎，湘竹千条为一束”的对月兴悲、泪满湘竹，商隐空跑一趟的湘中之行，真的已到尽头，他为燕台呕心沥血咏叹不已的诗篇真的该暂告结束了。

商隐于有关文中云：况吾自别娶以来，胤绪未立（《祭小侄女寄寄文》）。别娶指后来的王氏夫人，原娶自非燕台莫属。

因燕台事，河内（怀州）已不能安居。为筹营救、出脱、迎归燕台计，商隐于南下追寻时，先将其家移居济源。时济源隶河南府，不归河内管，且济水出王屋，其地与商隐昔年玉阳学道之所相近，人脉地脉都较熟悉，这样考虑似很周详。

是年八、九月，商隐正在南下途中为燕台事奔忙；冬更留滞湘中，未能参加府试，并进京应举。十二月自湘中北归，往郑州，年终于郑州客舍送岁。

一年行迹，千古情缘。商隐与燕台悲欢离合的故事，诗人和泪写成的章篇，其所包含的细节、真相，给人留下大可品味、追索的空间。

到底燕台属何种身份？两人恋情如何定性？多少年来，悠悠众口，大加评说，现在该到须予汰浊扬清、去蔓存本的时候了。

“燕台”一词，含义何在，是钩索燕台诗本事的关键所在。燕台有个典故：“燕昭作台，置千金于台上以延天下士。”目的是招揽人才，这个出于官府的虚怀若谷求贤若渴的惊人举动，自古以来传为美谈。唐代地方官的幕僚大多由长官征辟选用（经朝廷的认可），因此，唐人有侧重于延士之意，好将燕台比为使府，商隐诗中亦不乏其例。而燕台诗却是艳情之作，与使府无关。如侧重于黄金之义（燕台俗称黄金台）、黄金聘人之义，则“燕台”二字自可他指。

诗题之所用“燕台”者，盖谓所思为台满黄金之大货主以千金聘去，亦有可能所思原为燕产或姓燕者，语含双关。此非全出于臆断，观《樊南文集·别令狐拾遗书》（作于开成元年），约略可见其端倪。书中论及当世之论婚，有云：“今山东大姓……其羔骛在门，有不问贤不肖健病，而但论财货，恣求取为事。当其为女子时谁不恨，及为母妇则亦然。彼父子男女，天性岂有大于此者耶？今尚如此，况他舍外人、燕生越养，而相望相救、抵死不相贩卖哉？细而绎之，真令人不爱此世而欲狂走远飏耳！”如此感慨之语当非泛泛而发，定是有切身之感受。山东大姓于亲生之女，尚嫁娶必多取货，实为卖婚，低门下户，于非亲生之女，恣意取索，形同贩卖，其事更无论矣。据此可揣，商隐与所恋卒未能成婚，盖由其家索重赀而力不胜，未几此女即为能出千金之外人强娶而去。以千金聘名姝，黄金自能通神，诗以《燕台》为题意在斯乎？由书中“他舍外人、燕生越养”诸字可知：此女为燕产，或燕姓，以下姑以燕台名之。燕台之母必非亲母，而是养女成人，转求厚赂之养母。其家定是低门下户，《燕台》诗中“浊水清波何异源”之“浊水”二字即指燕台之家庭出身——“杂类”之家。唐人惯以清流喻士族，以浊流喻工商杂类，商隐出身旧家，燕台出身杂户，故有异源之叹。杂户人家“论财货恣求取”更甚于山东大姓，不以贩卖女儿为耻，燕台身非自主，故两情相好而终不能相合。又，杂户人家往往养女教曲，以货高价，《燕台》诗中有“楚管蛮弦愁一概，空城舞罢腰肢在”之句，可揣燕台之家殆为工乐户中之“太常音乐人”（隶太常府，州县附籍，贱民中之最上者，婚同百姓），世代养女学伎，以备供奉，或货于达官富商为其家伎。燕台为人重金取去，即为其家之姬妾，以歌舞事人，殊非得已。

燕台会不会属平康北里中人？我看不像。良家女固亦有为人渔猎，误陷于北里无以自脱者，然既入烟花籍中即为人不齿，而当时狎妓成风，一旦所欢为人取去，亦如过眼云烟，寻常事耳。若燕台亦为此等女子，则区区一妓，商隐何能对之情深意挚，而至千里追寻，锲而不舍？

以重金夺燕台以去者为谁？像是个豪商。《燕台》诗有云：“济河水清黄河浑”，以黄河喻燕台之主，其人为工商杂类，为浊流，能出重金以聘名姝，必为一台满黄金之富商大贾。唯有富商大贾，始能在一年之内，时而石城，时而湘中，携带佳丽，四处流转，他人不能为此逍遥游。唐代贩运贸易发达，大行商是商人中的最有势力者。

商隐诗集中有一首《无题》：近知名阿侯，住处小江流。腰细不胜舞，眉长惟是愁。黄金堪作屋，何不作重楼！盖亦为燕台而发。短短四句，写出燕台其人，五句“黄金”二字更有所指。犹云所索黄金直堪作屋，尚嫌不足，何不更多求取，以起一黄金之重楼乎？愤懑时之反诘，讽其要价之高。商隐无如此多之黄金，其愿遂不得偿，而商人多财，能以黄金充台，且可起楼，燕台遂被挟之而去了。

李商隐诗的大笺注家、清人冯浩（孟亭）曾提出了玉阳女冠、使府后房，窥人爱宠、追寻若狂的说法：燕台，唐人惯言使府，必使府后房人也。篇中多引仙女事，其为学仙玉阳东之女冠与？对两人恋情的经过，冯氏认为是先被达官取去京师，又流转湘中，曰石城、瘴花、南云、湘川，皆楚之境。燕台四章，春，先谓其被人取去而起怨恨；夏，谓深夜与之幽欢；秋，其人先至湘川，及义山抵湘，其人又他往；冬，谓其人已去，义山尚在其地，追溯旧事，彻夜相思，徒悲天晓。商隐南下追寻燕台，被冯氏断为人取我遇、觑人之隐，欲夺所爱，尾随不停，如此解读，损害了年轻商隐的品格，歪曲了两情相恋的性质，实大谬而不然者也！

对孟亭之笺，我经细心研究，觉得是完全站不住脚的。其玉阳女冠说前提首先不能成立。

按：商隐学道玉阳在十七岁时，二十一岁回京应举得识女冠宋华阳，虽生好感，然乏深交，与后来（二十四岁）所遇之燕台、值得为之千里追寻之燕台，绝非同一个人。孟亭向壁虚造，未免令人失笑。使府后房说亦完全不合情理：女冠不同于乐户，有人身自由，不至于身不自主地被人夺走，如果有人饶财足势要娶女冠，须经她本人点头，与低门下户由父母包办供重金聘娶的小女子不同。身份较自由的女道士，打破清规，与人相好，或至回俗嫁人，这种事原数见不鲜。燕台之非自愿地被人娶去，显然不是女冠出身。女冠常与士人相恋（如鱼玄机），自愿当交际花也有之，唯原本自由、甘愿与达官充后房作姬妾，制于人，而失去自由，则所为何来呢？此其一。

由女冠变成使府后房，其主子是个达官，有这样的大官于短暂的时间里职务所在地点变更如此频繁吗？（洛阳、荆州、长沙）如果是贬官，一年数贬，还能带着女眷到处逍遥吗？作为贬官哪能强迫一个自由的女冠跟他跑吗？此其二。

对诗人李商隐来说，也没有恁大的胆子去窥使府的后房。《义山杂纂》怕人知下有一条是“犯人爱宠”，余者是匿人子女、透税、贼赃。可见商隐本人视此类勾当为罪恶，十分鄙之。岂有自己明知故犯，公然猖狂行事，一至于斯？再者，如燕台果为使府后房之意，写诗时为“怕人知”必将百计讳之，决不会特彰之于题，让对方抓住把柄，被旁人讥笑“佻达无行”。正因为不是使府后房，商隐才心不亏意不愧，敢于用燕台一语作为他心血灌注的诗篇的题名，以表示其精切深微的寓意。此其三。

冯氏的玉阳女冠（其实是华阳女冠不是玉阳女冠）、使府后房说，还有进一步的发展，他不止一次地点出了使府之主的姓名。如在年谱中说：湘中为潭州，岂当（杨）嗣复镇潭时与？按：杨氏贬潭在后来的开成五年秋，商隐赴湘寻觅燕台碰巧又是秋天，再加上对诗中一些用语的似是而非的理解，于是几件事就合而为一，商隐两次游湘被看成一次游湘，燕台之主便由商人（有《河阳诗》及其他诗句可充分证明其为商人，此处不细述）变成官员杨嗣复，这真是一个天大的误会！

现在再回到商隐为营救而追寻燕台、千里跋涉那年（太和九年）之事，诗人虽以无奈暂告燕台恋情的结束，但对这位不幸的女伴一直不能忘怀。作于九年后长吉体的《河内》诗（作于会昌四年即公元844年，商隐三十三岁）中曾追述了燕台的行踪——流落至吴中（诗另见）。除此以外，还有三首七律，也表露了商隐对这位昔年恋人的思念之情。

一首是作于开成二年（837年，商隐二十六岁），燕台去后的第三年冬，商隐去兴元奔令狐楚之丧，过圣女祠（祠在凤州两当县驿站所在地），见祠内神像与燕台貌似而兴河阳旧侣之思，赋《圣女祠·松篁台殿》一诗。商隐七律中惯于结联见其主旨，在这首七律中亦然。诗七、八句写道：寄问钗头双玉燕，每朝珠馆几时归？双玉燕与燕台诗冬的玉燕钗黄金蝉正相扣合，昔日相爱，今已恍同隔世，被人挟持，远去殊方，不知何日可以归来，语极沉痛！

一首作于大中四年（850年，商隐三十九岁），时间较晚，题为《汴上送李郢之苏州》，诗末联云：苏小小坟今在否？紫兰香径与招魂。商隐因郢赴苏，旧情重牵，因思往日恋人燕台，闻其流落吴中，沦为歌妓，业已物故，是可伤痛，笃于情之商隐托郢前往凭吊。两句指此。

还有一首七律，时间更晚出。是在大中十一年（857年，商隐四十六岁），郢赴江东时所写的《和人题真娘墓》，这时离初识燕台已有二十二年了。诗之五、六句云：柳眉空吐效颦叶，榆荚还飞买笑钱。一自香魂招不得，只应江上独婵娟。五、六句隐指此燕台买笑生涯，郁郁寡欢，含恨而殁，结局至为悲惨。商隐特借题贞娘以伤之，实为燕台而吊唁，故晦其题耳。燕台已逝（三十多岁过早逝世），其妹继起，独树艳帜于胥江之畔，尚逞其婵娟之姿，故末句如此落笔。

商隐追念燕台终卷之作写在其短促一生的前一年，下一年，四十七岁的商隐亦以多病谢世于故乡郑州。一对不幸的爱侣将相逢于地下，彼此愁颜相视，能不互诉衷肠，抱头痛哭?!

## （五）诗咏甘露纪时乱

太和九年十二月，营救燕台无成的李商隐，自湘中空归，年终为郑州天水公代拟《言甘露事表》。表中略云：宰臣王涯等或久服显荣，或超蒙委任，徒思改作，未可与权，敷奏之时，已彰虚伪，伏藏之际，又涉震惊。（全文已逸）当北司愤怨不平诬杀宰相未已，文宗但为涯等流涕而不敢辩，商隐在表中独明其无反状，此亦极难得了。

甘露之变，震惊一时，到底是怎样一回事呢？此事有复杂的背景和曲折的过程。

史载：牛李之争历时已经不短。太和八年，看到两派胶结，各自挤援，文宗曾不禁连连长叹：去河北贼易，去朝廷朋党难！

在上年二月，文宗先把所恶的牛党两名给事中杨虞卿、萧澣下放到常州、郑州为刺史，并罢了牛党之相李宗闵，出为山南西道节度使；十月，又听信谗言，召回了李宗闵，再为相，在其援助下，萧、杨随之分别入为刑部、工部侍郎，而将由西川节度使、入为兵部尚书拜相的素著政绩的李德裕，出为山南西道节度使，与李宗闵对调。次年，再以李德裕为宾客分司，寻又贬为袁州长史。与李德裕有隙、善于李宗闵的贾𫗧（即商隐于太和七年应试被斥的主考官）同入相。可是李宗闵得意未久，即被摇摆不定的文宗所斥，复出为明州刺史，七、八月又迭贬为处州长史、潮州司户。已入为侍郎的杨虞卿贬为虔州司户，侍郎萧澣则迭贬为遂州刺史、州司马。皆坐李宗闵党也。真可谓一网打尽了。（杨、萧分别于太和九年、开成元年卒于贬所。）

为什么文宗决然出此狠招呢？原来背后有两位“高人”在进言、出主意。这两人一是郑注，一是李训。

事情来由是：太和七年文宗得风疾，不能言。大宦官右军中尉王守澄荐其亲信郑注诊治，有效，遂得宠信。这个被鄙称为“牛医儿”的郑注，始以药术游长安，自言有金丹之术，由王守澄的关系，得侍帝左右。另一个叫李训（原名李仲言）的，为当年奸相李逢吉之从子，与郑注臭味相投，因以厚赂由王守澄得荐于帝，为翰林学士，郑注则由昭义副使进为凤翔节度使。而王涯则藉王守澄之助，入朝为相，兼度支、盐铁转运使，掌握财权。

郑注、李训这两个来路不正的人及其心腹，形成了一个能量甚大的险壬集团，这个集团的核心人物就是郑、李。把李宗闵、李德裕撵下台去的推手就是这个集团中人。

时李训、郑注既得幸，翻然请以除宦官为己任，“二人相挟，朝夕计谋，所言于帝无不从，声势煊赫。既假李宗闵党以去李德裕，乃欲并李宗闵亦去之。注欲为两省官，宗闵不许，注数于帝前毁之。”二李之所以上上下下，实际上是文宗受训、注的坏影响所致。

史载：“李训、郑注连逐二相，威震天下，于是平生丝恩发怨无不报者。凡所忌朝士，皆目为二李之党，贬逐无虚日。御史中丞舒元舆，为训、注弹击所恶者，惟恐不逮。”

“李训虽自注得进，及势位俱盛，心颇忌注。名曰中外协势，以诛宦官，故出注于凤翔，其实俟既诛宦官，并图注也。是月己巳以舒元舆、李训并同平章事。十月，训、注密言于帝，请除王守澄，辛巳遣中使就第赐鸩。训、注本因守澄进，卒谋而杀之。乙酉，郑注赴镇。”

太和九年十一月壬戌，冬至前八天，流血事变终于发生。如史所记：“十一月丙午李训以所厚者太府卿韩约为左金吾卫大将军。壬戌，韩约奏称左金吾厅事后石榴夜有甘露。训言恐非真瑞者。帝顾左右中尉仇士良、鱼弘志率诸宦者往覆视之。仇士良等至左仗视甘露，韩约变色流汗。俄风吹幕起，见执兵者甚众，闻其仗声。宦者惊骇，夺门而走。仇士良等奔诣帝告变，即举软舆，扶帝升舆，挟之入宣政门，门随阖。宦者旋即分兵闭宫门，索诸司，先后杀两省、金吾及诸司吏卒千六百余人，横尸流血，狼藉涂地。宰相王涯、贾悚、舒元舆、李训均先后为禁兵追获，献于庙社，徇于两市，腰斩于独柳之下，亲属无问亲疏皆死，童稚无遗。凤翔监军张仲清遣人杀郑注，灭其家。神策军获韩约，斩之。仇士良等各进阶迁官，有差。”“自是天下事皆决于北司，宰相行文书而已。新任宰相郑覃、李石曰：训、注诚为祸首，但不知训、注始由何人得进？宦者始稍屈。宰相王涯虽不能自异于训、注之间，然初未同谋，既死非其辜也。”

“帝自甘露之变，意忽忽不乐，虽宴享音伎杂沓盈庭未尝解颐。一日，于延英殿谓宰相曰：每论天下事不免愁，每读书耻为凡主。”

“开成二年（836年），袁州长史李德裕遂步回迁，至十一月以检校户部尚书充浙西观察使。四月，以潮州司户李宗闵为衡州司马。凡李训指为二李者稍稍收复之”。

“右仆射令狐楚请收葬王涯等骸骨，帝从之。仇士良潜使人发之，弃骨于渭水。开成二年四月，以令狐楚为兴元尹、山南西道节度使。”

这两年中风云变幻，复杂多端，为求简约明净，节省篇幅，姑按有关史籍原文如上移载商隐传略之中。（以下同例）

开成元年（836 年）正二月，商隐在郑州，作为一位有正义感的诗人，以甘露之变，恨郁于胸，愀然发为诗篇，《有感》两首（五言排律，各八句）即由是而作。

前首深斥训、注。……有甚当车泣，因劳下殿趋。何成奏云物，直是灭萑苻。证逮符书密，辞连性命俱。竟缘尊汉相，不早辨胡雏。欲除宦官，岂可造次，谋之既妥，直如夷灭盗贼，何须诡称甘露？宦者举舆迎帝（下殿趋），杀戒就此大开，株连者众，血漫彤庭。如训者，未辨其有异志，适足为天下患！

后首婉讽文宗。……古有清君侧，今非乏老成。素心虽未易，此举太无名。谁瞑衔冤目，宁吞欲绝声？近闻开寿宴，不废用咸英。诗谓文宗本心虽好，所用非人，贸兴是举，实太无名！并为王涯痛，切齿群竖，干弄朝政，挟制君主，误国殃民。

二诗直以议论出之，用意精严，立论婉挚，波澜动荡，属对精整，虽少陵无以远过，洵诗史也。唐人此题，当以为最，非纤琐一派所能望其项背！

是年二月，昭义节度使刘从谏表请明王涯等罪名，三月复上表暴扬仇士良等罪恶。表至，士良等惮之，由是宰臣初能秉政。商隐因刘从谏上表事作《重有感》七律一首：玉帐牙旗得上游，安危须共主分忧。窦融表已来关右，陶侃军宜次石头。岂有蛟龙愁失水，更无鹰隼与高秋。昼号夜哭兼幽显，早晚星关雪涕收。此诗盖于刘有所期望焉。商隐近体前时类多轻丽，旋浸馈于杜诗，得益者深，浓艳之中遂时带沉郁，诗作之变，亦当时时势使然。

同时春初在郑州时，登萧澣任刺史时所建之城楼，作《夕阳楼》七绝一首：花明柳暗绕天愁，上尽重城更上楼。欲问孤鸿向何处，不知身世自悠悠。政治变幻，所知（萧）遭谮迭贬远去（未几萧卒）；应试不第，所爱遽为豪商夺走。婚宦两事坎坷重重，其亦如孤鸿之不知何处可往！自慨、慨萧，皆在言外。

是年春暮，商隐离郑赴洛，已官拜左拾遗之令狐绹（令狐楚之子，八郎，字子直）来洛阳，同商隐晤面，赠以葛衣。分手时，商隐作《别令狐拾遗书》，论当世之交谊，并述及燕台之事。令狐楚本人镇兴元后曾寄赠缯绢，商隐作状答谢。

是年夏，与唐宗室李肱订交于洛下，肱以画松赠商隐。秋，商隐作诗书四十一韵，极力描摹画松之状，有所寄兴，末兼述学道时之所见。诗为早期所作五古长篇，兼学韩、杜有成。

商隐离洛赴京应试前再返济源辞亲。途中夜宿于济水旁之骆氏亭，因思念居于长安即将晤面的崔雍、崔衮兄弟（崔戎子，方官于朝），成寄怀诗一首：竹坞无尘水槛清，相思迢递隔重城。秋阴不散霜飞晚，留得枯荷听雨声。写出怀济一带竹林茂密之绝佳风光，唯时犹未登第，难免语意萧瑟，微露身世之感。此诗意味深婉，三四尤为传世名句，至今脍炙人口。

综观开成元年，商隐至郑、入洛、返济，所咏之事、所经之地、所晤之人不少，忙忙碌碌，佳章好句不断见之于诗。但尤其值得记于诗人传中的大事是，在这年二月下旬，他寄寓洛阳时，结识了柳枝姑娘，同这位一生中的第二知己，谱写了第二次动人的爱情故事。

## （六）柳枝词——第二次恋爱失败的记录

商隐遇柳枝于洛下，对其人倒是直书其名，并无隐晦。诗集中有《柳枝》五首有序，序中以古朴生涩的古文这样写道：

柳枝，洛中里娘也。父饶好贾，风波死湖上。其母不念他儿子，独念柳枝。

生十七年，涂妆绾髻，未尝竟，已复起去，吹叶嚼蕊，调丝擫管，作天海风涛之曲，幽忆怨断之音。居其旁，与其家接，故往来者。闻十年尚相与，疑其醉眠梦物断不娉。余从昆让山，比柳枝居为近。他日春曾阴，让山下马柳枝南柳下，咏余燕台诗，柳枝惊问：谁人有此？谁人为是？让山谓曰：此吾里中少年叔耳。柳枝手断长带，结让山为赠叔乞诗。明日，余比马出其巷，柳枝丫鬟毕妆，抱立扇下风，鄣一袖，指曰："若叔是？后三日，邻当去溅裙水上，以博山香待，与郎俱过。"余诺之。……会所友有偕当诣京师者，戏盗余以装以先，不果留。……雪中让山至，且曰："为东诸侯取去矣。"明年，让山复东，相背于戏上，因寓诗以墨其故处云。

一、花房与蜜脾，蜂雄挟蝶雌。同时不同类，那复更相思？
二、本是丁香树，春条结始生。玉作弹棋局，中心亦不平。
三、嘉瓜引蔓长，碧玉冰寒浆。东陵虽五色，不忍值牙香。
四、柳枝井上蟠，莲叶浦中干。锦鳞与绣羽，水陆有伤残。

五、画屏绣步障，物物自成双。如何湖上望，只是见鸳鸯？

柳枝为商隐继燕台后之恋人。《柳枝》五首并序记商隐婚媾再度受阻之事，序文中诗人固已明言之。柳枝其人娇憨天真，已如现人前。然序中尚不无迴护之词，参以他篇，商隐与柳枝实已遂佳会，而非“不果留”。兹先释五首诗意。

一首，花房喻女，蜜脾喻男；雄蜂喻男，雌蝶喻女。三句言雌蝶雄蜂不同类，难成匹偶。此盖有感而发。据序中云柳枝为贾人之女，其家亦工商杂户，虽饶于财而门第低下，慕势尤重于贪财，宁可其女为东诸侯取去，而不嫁于犹未登第无权无位之李商隐。商隐前后所恋二人，一为富人所夺，一为贵者取去，究其根均因非我族类（士族世家）。低门下户，好以女许与有财或有势者，故终不能相合成婚也。同时不同类，那复更相思，为商隐之伤心语、失望语。

二首，商隐与柳枝婚事不合，固非无人作合，实由其家之阻，两相有意而不能如愿耳。唐人好以丁香喻固结不解之义，一、二句盖云本是丁香之树，春时结始萌生，今两人无法如此花之结于春条（含苞），故中心常感不平也。诗兼两人言之，非单从柳枝说。

三首，一句嘉瓜暗寓两体共蒂之意，引蔓长，情思长也。二句碧玉用碧玉破瓜之典，冰寒浆，瓜已破矣。两句应合指商隐与柳枝。三句一转，言瓜今虽有东陵之名，曜于五色朝日之下，陈于四方嘉宾之前，然已属之贵人，借喻柳枝已为东诸侯取去矣。四句即不忍遭其采食之憾。

四首，一句喻柳枝之不得其所，井上桃李所居，本非柳枝之所处也；二句喻己之失落憔悴，如莲叶失水而枯干也。三、四句合写两人之同受折磨。锦鳞绣羽，犹云鲽鱼（比目鱼）鹣鸟（比翼鸟），喻有情人总遭为横逆也。

五首，一、二句言屏风所画、步障所绣，物自成双（所画所绣为鸳鸯蝴蝶之类），湖上望去，如何亦只见戏水之鸳鸯？盖自己孤独，触眼皆成愁绪，大有人不如物之慨焉！

诗五首，并序，其人其事已昭然相告，唯尚有数端，颇多异词，不能不稍费笔墨，略作论证。我比较《燕台》诸篇与《柳枝》诸篇，断以为是二人而非一人。盖燕台为河内人，柳枝为洛阳人，籍贯不同，一也。燕台出身乐户之家，柳枝出身商人之家。若父饶、母独念柳枝之娇女即是燕台，岂能有图重金贩卖而不问贤不肖之事哉？此二也。燕台桃根桃叶双姊妹，柳枝有兄弟而未闻有姊妹；燕台于夏曰被富商取去，南行，由石城转湖湘，后流落吴中为妓，柳枝则冬日为东诸侯取去，东诸侯地在齐鲁，由洛阳东行，未至湘中。二人一为商人妇，一为贵人室，情节迥异，此三也。燕台、河阳诗中皆称其主为黄河浑，东诸侯为达官贵人，黄河浑三字难加其身。东诸侯有权有势，商隐于柳枝再无千里追踪，窥人后房之事。此四也。由是观之，燕台与柳枝之为两人两事，可为定论。（究系两人两事，抑为一人一事，冯氏于此游移其词。）

商隐与柳枝何时相恋，《柳枝》诗作于何时？或谓商隐于会昌五年与柳枝相遇于洛阳，柳枝诗系会昌六年作于长安。其说全出臆测（说自张采田）。会昌五年，商隐已三十四岁，且已抱疾（瘵疾），柳枝为年才十七之妙龄少女，不轻易受娉于人，岂有如此丽姝而遽怜年倍长于己而又多病之李商隐？况是时商隐已与王氏结褵有年，伉俪情笃，且母丧犹未服阕，岂能移情别恋、为此违义而又违礼之风流艳事？《柳枝》诗序中固已明言：里中少年叔。少年叔当是青年时之谓，岂有三十四岁而尚称少年？

依我所考，商隐与柳枝相恋，其事即在开成元年，即燕台事（太和九年）之翌年。太和九年以后之诸年：开成二年，商隐在京登第，四月才东归省亲；开成三年春，在京应宏词试，成婚，赴泾原幕；开成四年春，在京试判入等，为秘书省校书郎，至夏秋；开成五年春，在宏农尉任上；会昌元年春，经华陕还京，结束江乡之行；二年夏重入秘书省，至冬；三年春已处丁忧期矣。唯开成元年春二月在郑州，深秋始赴京应举，其间有一空白，与柳枝相遇，其在斯时？商隐《登郑州夕阳楼》诗有"花明柳暗绕天愁"之句，当是二月之景，其后旋赴洛阳，郑洛甚近，二月底前必至洛下。柳枝约商隐相见，即为上巳节（三月三）之前三日也。是年春三月，商隐实龄为二十有四，故让山称之为少年叔。时尚未婚，燕台事新挫，得遇柳枝此怜才之第二知己，遂相怜而相恋。如此解之，不亦大合情理乎？

序中云"会所友有偕当诣京师者，戏盗予卧装以先，不果留"，则似商隐上巳私会未成即为其友所挟赴京师矣，赴京之时似在春时。然乎？否乎？予曰：非也，其间故晦其迹也。赴京应试，例在秋冬。商隐与柳枝，上巳之约，已经如愿。两情相悦，恋恋难舍，考期渐近，不能延误，故同赴京师之友人席卷其行李以去，商隐始不得不离洛阳别柳枝而上路；让山雪中来告柳枝为东诸侯娶去，当在商隐离洛后不久也。序中迥护之词即在于此。若真未遂上巳之约，则岂有仅一面之缘而情深一至于此？稍后之拟意诗（言两人欢会之诗）又何为而作？

序中云“居其旁，与其家接，故往来者”，亦不能谓商隐于太和开成前家居东洛之证。按：商隐父丧除后，由郑州迁居旧籍怀州（遇燕台），唯为佣书贩舂，挟策求知，怀洛之间时有往来耳。在洛日当有寄寓之所，序云居其旁，盖指寓居之所在柳枝家之旁，与其家相接也。十年之间，有所往来。初时商隐来洛尚十五六岁（宝历末大和初），柳枝仅七岁，至十七岁，柳枝尚未受聘于人也。若谓商隐家居洛阳，则不能随身只此一副卧具，为友取去，即不果留，遂不能再居于洛阳，由是亦可知其在洛为寄寓而非家居，明甚。

《柳枝》诗作于开成二年，其前尚有为柳枝所作多篇，因其有序，揭明事实，故列于最前。其余篇什，于后陆续有作。如《柳》诗：动春何限叶，撼晓几多枝？解有相思否？应无不舞时。絮飞藏皓蝶，条弱露黄鹂。倾国宜通体，谁来独赏眉？诗定为柳枝作，唯予以为非作于被人取去之后，而作于初会之时。首二句言其人之风姿绰约，如柳之婀娜婆娑，令己心动神撼不能自持矣。三句问其解有相思之事否，盖旁人尚疑其醉眠梦物断不娉也。四句应无不舞时，写其天真活泼，生性好动，即柳枝序中所云“涂妆绾髻未竟，复起吹叶嚼蕊，调丝擫管”也。五、六句絮飞、带弱，均指柳枝，皓蝶、黄鹂，皆商隐自谓。藏叶，犹云柳枝藏商隐于家，即博山香以待之事也。露乃藏字反说，叶之未密，莫能全藏，此事犹有让山知也。絮飞，春情荡漾，带弱，体态娇弱，两句并非合掌。七、八句言汝有倾国之姿，宜赏通体，我今之来，岂能独赏尔眉乎？两句盖挑之之词。此诗应为赠柳枝之第一篇，开成元年上巳日作也。

《向晚》诗：当风横去幰，临水卷空帷。北土秋千罢，南朝祓禊归。花情羞脉脉，柳意怅微微。莫叹佳期晚，佳期自古稀。此诗亦为柳枝作。南朝祓禊归，当与柳枝诗“邻当去溅裙水上”、后面的拟意诗“书成祓禊帖”同看，柳意即柳枝之意。首句车幰当风而动，二句步幛临水皆空，言时已向晚，上巳春游已毕。三、四句点明秋千之戏已罢，祓禊之人正归，当此之时，两人欢会亦不能不即中止。五句欲别时犹带娇羞，含情脉脉；六句良会难久，分手在即，其意微露惆怅。七句“佳期晚”非相见恨晚之意，晚即向晚之晚。日暮春游人归，两人之佳期，亦如春游之至向晚之时而将散矣。七、八两句谓天下岂有不散之筵席，从古佳期稀少，自难相携不分，今既初遂佳期，亦可自得，而休更喟叹也。盖慰之之词，诗殆作于与柳枝初会之日，分手之际。

《俳谐》诗：短顾何由遂？迟光且莫惊。莺能歌子夜，蝶解舞宫城。柳讶眉伤浅，桃猜粉太轻。年华有情状，吾敢惜生平！此与《向晚》诗为初会柳枝，相别时据两人调笑之语而成诗者。首句犹云短时眷顾，得成绸缪，此何缘而得遂？二句犹云白日已迟，夕阳欲下，春游归人，尚在途中，且莫惊慌无措。三句指柳枝之如莺能歌，然重在“子夜”二字，意谓莺能于子夜作歌（夜莺），汝亦能于子夜候我之来乎？盖戏留后约也。四句言己之如蝶之恋花，重在“宫城”二字，意谓宫城虽戒卫森严，蝶亦能入其内而舞，比己之决意效其穿墙过户而入，二句调笑之意可见。五、六句犹云旁人应讶柳眉何浅，应猜桃粉何轻，宜再整妆，以免使人生疑。刘孝绰爱姬赠主人诗曰：“卧久凝妆脱，镜中私自看。薄黛销将尽，凝朱半有残。重钗绕落鬓，微汗染轻纨。”柳眉浅、桃粉轻，与黛将尽、朱半残情正似，盖卧久妆脱初起之状也。此二句更戏而谑矣。七句谓两情相好，颇觉年华之有情趣。八句言有汝知己，吾可补前憾，何敢再惜生平之恨事！恨事当指燕台事，殆柳枝问及此事，故商隐戏言答之。此诗语固浅而意实深，调笑之处何在，非细思不易解之。

除了上列一组风格一致的五律之外，尚有《离亭赋得折杨柳》二首：

暂凭尊酒送无憀，莫损愁眉与细腰。
人世死前惟有别，春风争拟惜长条？

含烟惹雾每依依，万绪千条拂落晖。
为报行人休尽折，半留相送半迎归。

此二绝定是艳情伤别之作，然非别女校书，而系别柳枝。杨柳即寓柳枝之名，折杨柳言与柳枝相爱也。前首借喻人生佳期无常，难免离别，反正有别，何辞别前恣意相怜，不惜攀折长条，犹“堪折直折”之意；“愁眉”二字可与《代赠》诗二之三、四句参看。后首含烟惹雾，写依恋之情，万绪千条，有心绪纷乱之意；三、四句恐柳枝落入他人之手，希其留得春色，迎己之归。玩“春风”二字，诗当作于开成元年之春，非秋时赴京之别。盖商隐与柳枝两情既好，旋即返里省亲禀母，表己拟向柳枝家求亲之请。诗为暮春离洛阳时所赋。是年秋，应河南府试，商隐又至洛阳，来会柳枝，府试蒙荐，未几即赴京师，再别柳枝，乃有《拟意》之作。

还有七绝《代赠》二首：

楼上黄昏欲望休，玉梯横绝月如钩。
芭蕉不展丁香结，同向春风各自愁。

东南日出照高楼，楼上离人唱石州。
总把春山扫眉黛，不知供得几多愁？

前首言彼此于楼中相望，可望而不容相接，故各自抱愁。后首就女方说话，言其搴帏独处，伤离恨别，常日愁眉不展。晏殊词“总把千山扫眉黛，未抵别愁多少”，即脱胎于商隐此诗。前首言暮，后首言朝，朝朝暮暮无非一个愁字！此诗所望之人，即为柳枝，绝非平康北里中人。（北里中人何用望为?）题为《代赠》，赠柳枝也，“代”字故晦其意耳。柳枝固楼居者（拟意诗：平居翡翠楼），商隐可由与之为邻之让山家楼中望见柳枝。欲望休，可望而不容相接，不如且休，非言望而不见也。芭蕉自喻，丁香指柳枝。《柳枝》诗云“本是丁香树，春条结始生”，可相参证。诗曰玉梯横绝（梯直则可上，横即不可上）、曰离人，当是已经欢会而两情被阻时之况。盖商隐省亲遄归，央媒求亲，未蒙应允，其家隔绝商隐与柳枝之往来，两人唯能于楼中相望，以抒离情耳。诗中所云之愁，即后来《拟意》诗中之“唱杀畔牢愁”也。商隐与柳枝首次欢会在上巳，欢会日前自亦在楼头相望，唯蓝桥有路，犹不能曰玉梯横绝，好事方近，犹不能曰各自含愁，未经会合，犹不能曰楼上离人，故断非私会所作也。

最后，必须回顾前已一再提到商隐为柳枝所作的那首五言排律《拟意》：

怅望逢张女，迟回送阿侯。空看小垂手，忍问大刀头。
妙选茱萸帐，平居翡翠楼。云屏不取暖，月扇未障羞。
上掌真何有？倾城岂自由！楚妃交荐枕，汉后共藏钩。
夫向羊车觅，男从凤穴求。书成祓禊帖，唱杀畔牢愁。
夜杵鸣江练，春刀解石榴。象床穿幭网，犀帖钉窗油。
仁寿遗明镜，陈仓拂采毬。真防舞如意，佯盖卧箜篌。
濯锦桃花水，溅裙杜若洲。鱼儿悬宝剑，燕子合金瓯。
银箭催摇落，华筵惨去留。几时销薄怒？从此抱离忧。
帆落啼猿峡，樽开画鹢舟。急弦肠对断，剪烛泪争流。
璧马谁能带？金虫不复收。银河扑醉眼，珠串咽歌喉。

去梦随川后，来风贮石邮。兰丛衔露重，榆荚点星稠。
解佩无遗迹，凌波有旧游。曾来十九首，私谶咏牵牛。

此是艳词，无更多寓意。详味诗意，断此诗为柳枝所咏，时柳枝犹待字闺中，未被东诸侯取去也。其所以作如此论断者，因诗中有“濯锦桃花水，溅裙杜若洲”之句，与《柳枝》诗序中“邻当去溅裙水上……”时正相合也。又诗中有凌波旧游之句，用洛神赋，点明欢踪在洛，与柳枝之为洛中里娘，情亦正相合也。

《柳枝》诗序未言交欢之事，而此诗实记交欢之迹。诗首句逢张女，即指柳枝，怅望者意谓正为燕台事而怅然怀想之际，得逢柳枝堪为我之知己。二句送阿侯，亦指柳枝，迟回，不忍别之意。盖商隐将赴京前，柳枝潜出其家来会商隐，会后目送其归也。三句小垂手，言临别前再为一舞，四句大刀头，忍问郎去何日方归。此四句为一段，先叙其别，倒插法也。以下追叙前事，直至鱼儿联。妙选联言柳枝之居处，翡翠楼点明楼居，与前代赠诗之楼上黄昏、日照高楼，可互参看，两句见柳枝家之饶于财。云屏句言其娇，月扇句其言羞，《柳枝》诗序中抱扇立下风，障一袖，情相似。此四句为第二段。上掌句言其善舞，体态轻盈；倾城句言其殊色，然身非自由，婚事由阿母作主。楚妃句言其已接楚妃所交之枕，即谓其已届待嫁之年，而解风情之事矣。汉后句言其岁时欢讌之乐，好共家人女伴为藏钩之欢。此四句为第三段。夫向、男从二句，言其择婿务求才俊。书成句言己曾书庚帖，央媒求合，惜未被其家所受；唱杀句言婚事未允，故大起愁绪也。夜杵、春刀二句，总叙欢会。夜点时，春点月，杵、刀、鸣练、解榴，皆暗喻，其意殊亵，不堪细笺。此联领起下文，由象床联至真防联，六句由浅入深，回味私会之况。象床句，床幔下垂也；犀帖句，窗帷深掩也；明镜句，见其形体也；彩毬句，弄其衣饰也。真防、佯盖二句，用隐语，舞如意、卧箜篌，比也。观注可知其意，较夜杵春刀更亵矣。此八句为第四段。濯锦以下四句为第五段，总收欢会之事。濯锦二句，点明初会之时在上巳节，时家人与邻里正溅裙水上也。濯锦隐谓洗濯，桃花水亦比。溅裙句或有两人相会期生贵子之意。鱼儿二句犹云待到悬鱼佩剑、官贵位尊之日，即是飞燕衔石、二石复相合之时。盖柳枝家切慕权势，不愿将女嫁与白衣，商隐誓去京师应举求仕，博得高官后来迎娶柳枝，此时两人之婚姻始得圆满无缺焉。二句又暗起以下之远别。以上追叙前事毕，自银箭起转入相别，承首四句之意。银箭点明夜会，华筵点明离筵。

盖商隐将动身赴京矣。几时二句，柳枝于离筵之情态：薄怒，佯怒也；离忧，真忧也。此四句为第六段，诚一篇之转捩处也。帆落句言由洛河水程经商於进京，故用帆字；啼猿，商山实景也。开尊句言己在舟中以酒浇愁也。急弦句言己之肠欲断；剪烛句言己之泪长流。此四句为第七段，属自己。璧马、金虫二句，想其别后不事妆饰之状。银河句想其抬醉眼望银汉，恨人之亦如双星之被阻隔也。珠串句想其贯珠之喉欲咽，别后情怀不开，歌声遂歇也。此四句为第八段，属柳枝。七八两句深写两情之伤别，顶上从此抱离忧而来。去梦二句，初上征途之况。川后、石邮，仍指洛河水程。兰丛句途中白日所见，岸边秋兰衔露，如含滴滴悲泪。意谓两人情好，芝兰契深，但兰丛欲发而为秋风所败也。榆荚句途中夜间所见，天上繁星耀辉，如布历历榆荚。意谓欲梦采榆，以邀恩遇，愿此去得遂仕达，庶乎与柳枝有再合之望也。此四句为第九段。末段（第十段）作结。解佩句言柳枝之事，回首已成遗迹；凌波句言洛中旧游，恋恋不能忘情。曾来二句言古诗十九首中有咏双星隔河相望之句，得非竟成谶语，致永叹匏瓜之无匹、牵牛之独处乎？盖有预感，诚恐柳枝亦将为人夺，两人终不得偕老也。诗有摇落、兰丛衔露、银河扑眼之词，当可判定别时之时令。唐时举子赴京应试，例在秋冬之交，十月随计入都，是也。是年九月（阴历）下旬霜降，而霜期延迟（“霜飞晚”，见下卷所笺），故诗中犹称“兰丛衔露重”，实则启程已至冬十月矣。

冯氏之笺，瑜瑕参半。妙选四联初未有尖毒之意；夫向四联亦非属于归之事；夜杵一联与制衣无关；彩毬之句与蹴踘何与？鱼儿二句，下注犹豫，谓生男女之说不切，溅裙句中已隐谓生子，此处何必再言此事？又，摇落点时，非伤逝。帆落四句应属商隐，璧马四句应属柳枝，非为两情伤别，合指两人。其余之释均可采。

张氏定《拟意》诗为柳枝发，甚是。唯所笺有大不通者。阿侯非商隐自喻，《无题》诗中之阿侯（谓其有母在）张氏既已认为是女，此处何又易为男？谓上掌四句言其沦落乐籍（于解《柳枝》诗序中已先将洛中里娘误为洛中里妓，与家饶母爱大不合），供人欢谑，真无稽之谈。赵后楚妃，安可用于乐籍中人？容貌倾城，身不由主，岂必指召于舞筵，供人欢谑？藏钩指家人女子之戏，岂同妓席之与人侑酒？璧马二句如冯笺即可，何来为人取去之恨？前已提及张氏误以为柳枝事在会昌五年，《柳枝》诗作于会昌六年，《拟意》诗作于其一年，向壁虚造，断不可从。

有关柳枝之诗篇，并未至此为止。开成四年（839 年），商隐于京师，为秘书省校书郎，得与柳枝重逢，距开成元年与柳枝相好已过三年，感而赋诗三首。

据我所考，此时商隐为柳枝所写的诗有《赠柳》《谑柳》《韩翃舍人即事》三首五律，风格与前之诸五律涉柳诗完全一致，不可能意指他人。

《赠柳》诗：章台从掩映，郢路更参差。见说风流极，来当婀娜时。桥回行欲断，堤远意相随。忍放花如雪，青楼扑酒旗？诗因柳枝作。风格同前向晚、俳谐、柳三首，皆五律，咏同一人也。诗首句章台点长安，时柳枝来京，得重相见也。二句郢路，不能泥于江陵。盖用桓司马感旧迁延、攀条泫然之典，重在少时所种几字，意谓柳枝是己旧时所爱者也。此二句犹云今日京师相遇，而思当年洛下初会。三句用移入灵和典，言柳枝被东诸侯取去后依然风流可爱，秀美之极；四句言今来京师时，见其婀娜多姿，犹正当芳年。五句言几经曲折，形迹将断；六句言堤障远隔，而心相连。七、八句言忍看汝放如雪之花，向青楼酒旗扑来，点染人衣，借喻柳枝于我亦旧情不忘，眷恋向人。

《谑柳》诗：已带黄金缕，仍飞白玉花。长时须拂马，密处少藏鸦。眉细从他敛，腰轻莫自斜。玳梁谁道好，偏拟映卢家。诗仍属柳枝。首句重在黄金二字，谓其已身在富贵场中。二句即赠柳诗结联之意，谓其仍有余情，如絮之飘荡，糁人春衣。三句拂马之马自喻，言须伴我于走马之时，惜乎不成；四句藏鸦之鸦指东诸侯，言少充彼之藏鸦之地，可叹难免！五句言心中有愁，愁眉随他长敛；六句言一身善舞，舞腰莫自多斜。眉敛者，因商隐而愁，故从之；腰斜者，为东诸侯而舞，故止之（莫自）。释冶态、卖弄，非是。七八谁道好，意谓柳枝之阿母说东诸侯好，偏将柳枝许彼取去；映卢家即有喻柳枝为卢家少妇之意。此诗确含谑意，不特谑在三四句，亦非仅在密处一句而已。商隐前有俳谐，后有谑柳，殆柳枝乃好相与戏谑者，唯此时之谑，已饱含辛酸矣。诗亦作于开成四年，暮春之时，柳絮飞处，适与柳枝相见于京师也，与赠柳为一时之作。

《韩翃舍人即事》诗：萱草含丹粉，荷花抱绿房。鸟应悲蜀帝，蝉是怨齐王。通内藏珠府，应官解玉坊。桥南荀令过，十里送衣香。

韩翃字君平，南阳人。侯希逸表佐淄青幕府。李勉在宣武，复辟之。俄以驾部郎中知制诰，终中书舍人。翃，天宝十三年进士，诗兴致繁富，朝野重之。其姬柳氏。翃擢上第，省家于清池。盗覆二京，士女奔骇，柳氏寄迹法灵寺。是时侯希逸节度淄青，请翃为书记。翃遣使间行求柳氏，以练囊盛麸金。题之曰：章台柳，章台柳，颜色青青今在否？纵使长条似旧垂，也应攀折他人手。柳氏捧金呜咽，答曰：杨柳枝，芳菲节，可恨年年赠离别。一叶随风忽报秋，纵使君来岂堪折！无何，有蕃将沙吒利者劫以归第，宠之专房。及希逸除左仆射，入觐，翃得从至京。偶于龙首岗见辎軿，翃偶随之。自车中问曰：得非韩员外乎？某乃柳氏也。使女奴窃言失身沙吒利，请诘旦相待于道政里门。及期，以轻素结玉合，实以香膏，自车中授之，曰：当遂永诀，愿寘诚念。乃回车，以手挥之。翃大不胜情。会淄青诸将合乐酒楼，请翃，翃意色皆丧，音韵凄咽。有虞侯许俊者，抚剑言曰：必有故，愿一效用。翃具告之。俊曰：请足下数字，当立致之。乃径造沙吒利之第，候其出行里余，乃被衽执辔犯关排闼，急趋而呼曰：将军中恶，使召夫人。遂升堂。出翃札示柳氏，挟之跨鞍，倏忽乃至，四座惊叹。翃、俊惧祸，乃诣希逸，希逸大惊，遂献状言之。寻有诏，柳氏宜还韩翃。

诗以《韩翃舍人即事》为题，盖借题发挥，发抒己意，盖取韩所爱柳氏为人强夺之事耳。章台柳，亦正切柳枝之姓，章台言其来京师，“章台从掩映”也。柳氏被沙吒利所占，柳枝遭东诸侯所夺，事正相类也。章台柳传云柳氏善谈谑，善讴咏，柳枝固亦如是也。诗成于《赠柳》《谑柳》之稍后，观“荷花抱绿房”句，其时当在开成四年之夏。

首联写柳枝。一句取宜男之意，二句取莲房结子之意。当括柳枝时已怀子。二联分写二人。三句喻己心之悲痛，如杜宇之泣血，望帝自谓。四句言柳枝之怨恨，齐王指东诸侯，据《左传》注东诸侯在齐鲁之地，正切一“齐”字。五句言柳枝如珠之被深藏于内室。六句言己之应官兰台，解玉坊比秘书省。白帖：兰台、金马、天禄、石梁……上帝群玉之府。刘孝绰《校书秘书省咏怀》诗：“终朝守玉署”。杜甫《赠故相张九龄》诗：“上看白玉堂”。注曾为秘省郎也。玉府、玉署、玉堂，比秘省之清华，当时习用之语也。“坊”字亦非无意。盖“秘书望虽清雅，实非要剧，权贵子弟及好利夸侈者率不好此职，以此为病坊也”（《类要》）。又，长安城内多手工作坊，应官兰台，或真过解玉之坊，语含双关，亦未可知。此联亦分写二人：五句顶上四句，六句顶上三句。七、八句两人合写，言我来过桥南，汝亦远闻衣香否？衣熏浓香而过，柳枝即出而视，两人先有默契，以通消息乎？商隐两入秘省，一在开成四年，一在会昌二年，观诗意似属开成四年事。十里衣香，时商隐风华正茂也（二十八岁）。

取柳枝之东诸侯指谁？张氏曾疑属镇魏博者，非也。东诸侯辖地在齐鲁境内，非魏博。有一人予颇疑是。旧纪载：开成元年七月甲午以金吾大将军陈尹赏为平卢节度使。开成四年秋七月以韦长为平卢节度使，相交接也。册府元龟：开成四年十一月，诏以前青州刺史陈君赏为右金吾大将军、知卫事，璪封驳，遂除右羽林统军。君赏在青州（平卢首府）贪残不理。平卢节度使辖青齐诸州，地与东诸侯境合，开成元年七月赴任，广求丽姝，以实后房，柳枝不幸，适在其内。开成元年冬柳枝被东诸侯取去，正其时也，正此事也。《旧唐书·职官志》："凡诸军镇使、副使以上，皆四年一替。"君赏于开成元年赴镇，开成四年因运动内调入朝，入朝未几，七月，平卢节度使即易人矣。若柳枝果被其所取，则开成四年季夏陈入朝时柳枝被携同至京师，亦正与此诗之"荷花抱绿房"时正相合也。巧合之处如此之多，或可聊备一说？

商隐假他人之酒杯，浇自己之块垒，感慨良深！诗之三、四句直道两人悲怨，字字含泪矣！美人已归沙吒利，义士今无许押衙。柳枝诚似章台柳氏，陈君赏亦沙吒利式人物，唯今无如许俊之义士焉。

会昌五年（845 年），时间又过去六年，几年中商隐变故不少：老母去世，哀毁莫名，丁忧罢职，移居永乐，朝廷大有作为，徒悲己身之闲。是年正月新春赴郑州为从叔作启上宰相。过郑州时，过洛阳小憩，重访柳枝故居。伊人一去，红楼已空。昔年隔雨相望，飘灯独归。此情此景，历历在目；今青春畹晚，残梦依稀，并一书札亦无由达，恨不得平，怅何能已！作《春雨》诗以志感：

怅卧新春白袷衣，白门寥落意多违。
红楼隔雨相望冷，珠箔飘灯独自归。
远路应悲春畹晚，残宵犹得梦依稀。
玉珰缄札何由达，云里云罗一雁飞。

白门柳，此诗盖怀念柳枝也。首句言春时之怅卧，新春指正月，又是一年新来之春之意，正月而穿夹衣，此白袷当为内衣，卧时犹穿也。次句之白门，暗贴柳枝之姓，非真白门怅卧之谓。寥落意久违，音书寥落，意绪多违，暌离久矣。第二联追忆往事。红楼句，言当年初会之前，红楼隔雨而望，两心已通矣。柳枝诗序中春曾阴约三日后湔裙节相见。红楼相望殆为此三日内之事，时由春阴而春雨矣。题曰春雨，即由今时之春雨回思昔日之春雨。商隐所凭之楼殆为让山家之楼，让山家与柳枝家正相挨近也。珠箔句，言望至夜晚，已难见其人，始掀帘提灯离让山家而独自归至寓所。灯为灯笼，随风飘动，故曰飘灯。两句描写极生动细致。第三联回至目前。远路句，其人远去；春晼晚，伤己年华老大，而柳枝亦青春暗逝矣。残宵句，言唯于梦中犹依稀得见柳枝，笑貌可接也。结联，欲托鸿雁传书寄意，而不知何处可达。伤哉！如上释可通，则此诗作于会昌五年之春。因是年元宵节后应从叔郑州李舍人邀，赴郑小住，途中，先过洛阳，过洛阳而重访柳枝之故居，必也。伊人一去，红楼已空。当年隔雨相望，飘灯独归，此情此景，历历在目。感慨万千，乃有此诗之作。是年，商隐年三十四，柳枝已二十有五，故有春晼晚之感。除会昌五年以外，无春时在洛阳之迹（开成五年春在弘农，会昌元、二、三年春在长安，四年移家永乐），故诗必作于是年。商隐与柳枝有关之诗，至此止。

冯氏谓白门指柳枝，又谓玉珰缄札指燕台，遂疑二或为一。予以为决非属燕台。商隐与燕台无楼可凭以相望，而诗曰"红楼隔雨相望冷"，此不合一也。燕台故居在怀州（河内），商隐日后过燕台故居，时在会昌四年之秋，河内诗即写秋景，而诗曰"怅卧新春白袷衣"，春秋季异，此不合二也。至于玉珰缄札，侑缄之物，亦非燕台专有，商隐与柳枝便不能有通书侑缄之事？

张氏以白门释为金陵，从而指作石城，以与《燕台》诗之石城相联，大误。《燕台》诗之石城指郢州，而非金陵，燕台流转至关中，非闻先于金陵。是与误将莫愁之石城解作金陵之石城同出一辙。

本诗属商隐为柳枝所作，在集中仅存的、唯一的七言律诗。论者谓其"婉转有致""蕴藉浑厚"；"红楼一联纯用白描"，"奥妙"；"末句暗透希望之渺茫，亦富余味"……好评不少。晼晚、依稀，叠韵相对，格亦工巧。

商隐与柳枝这一段凄婉的恋情，真实的故事，捧读之下，回肠荡气，低迴不已。品其味，真是年越久而思越深，境越困而心越贞。诗人至情至性，不禁使人产生敬重之意，付以同情之心。前有燕台，后有柳枝，这是商隐两次噙泪叠书的伤心事。婚前求偶，两情相悦，不离不弃，不能说是有违礼教家规；被人强夺，苦思追寻，不休不止，不能说是有伤人品诗格。对商隐与柳枝、燕台这种恋情爱意都不妨作如是观。横加浪子之号、薄倖之名，未免乖违事实，有失公允。

## （七）从进士及第到行次西郊

现在回头再叙商隐与柳枝分离后之事。开成元年，商隐在洛阳与柳枝相恋，秋，赴河南府试，与柳枝依依惜别，赋《拟意》诗，以记其欢踪离情。冬，雪中让山至，告以柳枝为东诸侯取去之讯。商隐之所爱为富者贵者所夺，已一而再，打击连连，莫此为甚！开春，让山东还，商隐送之，相别于戏水之上，《柳枝》诗五首并序即写于此时。“同时不同类，那复更相思?”既难谐于低户，遂转乞于高门。商隐颇思改弦易辙：一旦应试得中，便向官宦之家去乞婚。主意就这样拿定了。

所幸第二年（开成二年，837 年），商隐赴长安应进士试，真的及第登科，从此他的婚姻生活就开辟了另一条不同的道路。

是年正月，商隐上书崔龟从，言己屡试不中之经过。是月，应礼部试，始登进士第。盖令狐子直（绹）雅善主考高锴，于商隐奖誉甚力，故得售。八郎延誉，亦其父（令狐楚）之授意。“进士大抵千人，得第者百一二”，“年不过取三十名左右，名额少于明经（百人）”，难度确是很大的。商隐依令狐门馆十年，为乡贡五年，为岁贡三试，才沾下第，始忝一名，寒士之得进，亦难矣哉！此科榜元（状元）为李肱，诗试题为霓裳羽衣曲。

当时极重推荐，进士于主司（座主）称门生，主司视门生为庄田。荐导者以举之得第而有德色，以为受己赏拔之私思，理望终身之报效。尤以李宗闵、牛僧孺、杨汝士与弟汉公、虞卿（三杨）等，即以进士为重，汲引举子为厚植奥援之计，比附朋党，成胶结莫拔之势，时人语曰：欲趋举场，问苏、张、三杨。一时人士大都右宗闵、僧孺之党。商隐得第既藉令狐父子（牛党）之力，由是即入其彀中，而难以解脱了。

三月中，令狐楚开化坊宅牡丹盛开，商隐往观赏，书《牡丹》七律一首，寄楚，感谢他授章奏之学。末联：*我是梦中传彩笔，欲书花叶寄朝云*。师生之谊，梦寐难忘。这是诗人早期颇为出色的咏物诗，全用比体，已见商隐诗法之一斑。

京师繁华，销金有窟，膏粱子弟，竞逐声色。商隐应试来此，随友朋如子直辈，酒筵亦赴，歌场偶涉，指点烟花，平章风月。于是有和人戏赠乃至赠伎之作。调笑谑浪，应酬难脱。诗不足以言格，逢场竿木，游戏笔墨，当时风气使然耳。

四月二十七日，得第后之商隐离京东归省母，行次灞桥，作诗以赠同年：灞陵柳色无离恨，莫枉长条赠所思。正深致惜别之意。五月抵济上。为燕台事，其家由怀迁济已有年矣。六月下旬，返京，过昭应县，经骊山、华清内厩门，并及于长安城内兴庆宫之龙池，不禁有感，叹今昔盛衰之变，揭唐宫中篝之丑，冷峻之刺，而委婉出之。盖是时太子择妃，文宗纳宠，进名甚广，士庶不安，新台之恶固不至玄宗止。文宗父子由是反目，其后庄恪（太子）即由是废。商隐于宫中秘事有所闻诸，于是形之于诗：平明每幸长生殿，不从金舆惟寿王。（《骊山有感》）夜半宴归宫漏永，薛王沈醉寿王醒。（《龙池》）其中即隐含一段近事，以为仅史咏明皇浅矣。然自后人视之，此即为史。商隐以七绝短篇咏史，寥寥数语，而含意深长，亦见其诗之颇具特色处。……又闻曲江离宫，夜有宫嫔由水路潜出，与人私会，吴王宴罢满宫醉，日暮水漂花出城，作《吴宫》诗以讥之。

七月，在京时值杨虞卿、萧澣归葬，商隐代京兆尹作祭萧文，并赋哭萧、杨诗。诗中斥训、注之窃弄威权，倾陷异己，叹萧、杨之受贬负冤，客死他乡。萧、杨皆牛党，商隐在进士团中受两人知遇，故为之深致悼念。

中元节为道家之日，长安空城而出，士女塞路，得遇女冠宋华阳，因思与彼相识而相背之旧事，赋《中元作》《水天闲话旧事》二首七律以记之。

滞长安时，作近地游，经思贤顿（玄宗之望贤宫），作五律一首：内殿张弦管，中原绝鼓鼙。舞成青海马，斗杀汝南鸡。不见华胥梦，空闻下蔡迷。宸襟他日泪，薄暮望贤西。诗讥宫廷之寻欢作乐，不理国事，致酿乱象。

又，过马嵬，成一七绝：冀马燕犀动地来，自埋红粉自成灰。君王若道能倾国，玉辇何由过马嵬？直责玄宗，其见高出女祸论一筹。此诗词似浅而意实深，语似直而旨实曲，佳作也。本年前后所作的七绝咏史诗，合而视之，亦成一种风格。

令狐楚于兴元迭来示邀商隐入幕，商隐曾答中秋往候起居。省亲还京师后又有小留，未即启程。时楚已病，商隐闻讯，急驰赴兴元。绝崖飞梁，山行一千。冬十一月至兴元，令狐楚病革，临终前一日，命代草遗表（《代彭阳公遗表》）。旋随丧车还长安。

自梁归秦，已十二月，行次西郊（凤翔），作五言古体长篇，洋洋千言，煌煌百韵。巨构罕见，奇文不朽，宜特别加以重视。兹照录全文，以睹其全貌，细予笺释，而探其深旨。

## 行次西郊作一百韵

蛇年建丑月，我自梁还秦。南下大散岭，北济渭之滨。
草木半舒坼，不类冰霜晨。又若夏苦热，燋卷无芳津。
高田长檞枥，下田长荆榛。农具弃道旁，饥牛死空墩。
依依过村落，十室无一存。存者皆面啼，无衣可迎宾。
始若畏人问，及门还具陈。右辅田畴薄，斯民尝苦贫。
伊昔称乐土，所赖牧伯仁。官清若冰玉，吏善如六亲。
生儿不远征，生女事四邻。浊酒盈瓦缶，烂谷堆荆囷。
健儿庇旁妇，衰翁舐童孙。况自贞观后，命官多儒臣。
例以贤牧伯，征入司陶钧。降及开元中，奸邪挠经纶。
晋公忌此事，多录边将勋。因令猛毅辈，杂牧升平民。
中原遂多故，除授非至尊。或出幸臣辈，或由帝戚恩。
中原困屠解，奴隶厌肥豚。皇子弃不乳，椒房抱羌浑。
重赐竭中国，强兵临北边。控弦二十万，长臂皆如猿。
皇都三千里，来往同雕鸢。五里一换马，十里一开筵。
指顾动白日，暖热回苍旻。公卿辱嘲叱，唾弃如粪丸。
大朝会万方，天子正临轩。彩旂转初旭，玉座当祥烟。
金障既特设，珠帘亦高褰。捋须蹇不顾，坐在御榻前。
忤者死跟履，附之升顶巅。华侈矜遞衒，豪俊相并吞。
因失生惠养，渐见征求频。奚寇西北来，挥霍如天翻。
是时正忘战，重兵多在边。列城遶长河，平明插旗幡。
但闻虏骑入，不见汉兵屯。大妇抱儿哭，小妇攀车轓。
生小太平年，不识夜闭门。少壮尽点行，疲老守空村。
生分作死誓，挥泪连秋云。廷臣例獐怯，诸将如羸奔。
为贼扫上阳，捉人送潼关。玉辇望南斗，未知何日旋。
诚知开辟久，遘此云雷屯。送者问鼎大，存者要高官。
抢攘互间谍，孰辨枭与鸾？千马无返辔，万车无还辕。
城空雀鼠死，人去豺狼喧。南资竭吴越，西费失河源。
因令右藏库，摧毁惟空垣。如人当一身，有左无右边。
筋体半痿痹，肘腋生臊膻。列圣蒙此耻，含怀不能宣。
谋臣拱手立，相戒无敢先。万国困杼轴，内库无金钱。

健儿立霜雪，腹歉衣裳单。馈饷多过时，高估铜与铅。
山东望河北，爨烟犹相联。朝廷不暇给，辛苦无半年。
行人榷行资，居者税屋椽。中间遂作梗，狼藉用戈铤。
临门送节制，以锡通天班。破者以族灭，存者尚迁延。
礼数异君父，羁縻如羌零。直求输赤诚，所望大体全。
巍巍政事堂，宰相厌八珍。敢问下执事，今谁掌其权？
疮疽几十载，不敢抉其根。国蹙赋更重，人稀役弥繁。
近年牛医儿，城社更攀缘。盲目把大旆，处此京西藩。
乐祸忘怨敌，树党多狂狷。生为人所惮，死非人所怜。
快刀断其头，列若猪牛悬。凤翔三百里，兵马如黄巾。
夜半军牒来，屯兵万五千。乡里骇供亿，老少相扳牵。
儿孙生未孩，弃之无惨颜。不复议所适，但欲死山间。
尔来又三岁，甘泽不及春。盗贼亭午起，问谁多穷民。
节使杀亭吏，捕之恐无因。咫尺不相见，旱久多黄尘。
官健佩腰弓，自言为官巡。常恐值荒迥，此辈还射人。
愧客问本末，愿客无因循。郿坞抵陈仓，此地忌黄昏。
我听此言罢，冤愤如相焚。昔闻举一会，群盗为之奔。
又闻理与乱，系人不系天。我愿为此事，君前剖心肝。
叩额出鲜血，滂沱污紫宸。九重黯已隔，涕泗空沾唇。
使典作尚书，厮养为将军。慎勿道此言，此言未忍闻！

西郊，凤翔为长安之西郊。开成二年冬商隐随令狐之丧由兴元回京，行次长安之西郊，而有是诗之作。

蛇年建丑月：开成二年岁在丁巳，为蛇年，建丑月乃十二月。令狐楚薨于十一月十二日，兴元去长安取骆谷路六百五十二里，商隐随丧回至长安西郊已十二月。梁，梁州汉中郡。大散岭，宝鸡县西南有大散关。渭滨，渭河在宝鸡县治南。诗开头点明了时间地点，以下就作深入的展开。

此诗属赋体，直书其事，并无隐曲，参以史实，即易会其真义。全诗二百句，首四句点时点地，接以十二句极写西郊农村之凋敝。始若畏人问，及门还具陈以下十六句先追溯贞观至开元中生民之安乐，再以一百五十句具述开天以来之动乱。此一百五十句又分几层：一层十二句，写林甫揽权，乱源之伏；二层二十八句，写禄山跋扈，阴谋夺国；三层三十二句，写渔阳兵来，玄宗奔蜀；四层四十二句，写唐室半痹，河朔难复；五层二十句，写郑注镇凤，祸事相续；六层十六句，写右辅盗起，官健肆虐。上皆借乡人之口具陈，具陈听毕，抒论作结。结语用十六句，语虽促而意则深。涕泗沾唇，忧心欲焚，其人若见，其声如闻焉。

此诗追述开元天宝事达七十二句，孟亭冯氏谓可为龟鉴，不嫌习闻，良是。安史之乱乃唐由盛至衰之大转折。诗着力赋之，非铺陈往事，实推源祸源也。盖李林甫为相，实治乱之分。君臣合计，改召募以代府兵，设节度以统军政，是皆供武夫割据之资。玄宗之宠任宦官，更开日后阉寺干政之风。商隐之所谓抉其根者，意在斯乎？然诗非仅咏史，讽喻当世亦为所致意。比郑注为城狐社鼠、列猪悬牛，鄙之甚也。彼视训、注为奇士者，将何以处之？京西之地，黄昏忌留，冷箭射人，行者危愁。时世如此，乌足以望国之中兴、言民之小休？

诗中两语，闪烁有光，堪称灼见。一曰："盗贼亭午起，问谁多穷民。"此语唯杜公之"盗贼本王臣"，应可相媲。二曰："又闻理与乱，系人不系天。"此诗与柳子（宗元）之"天不预人"，实异曲而同工。天宝以来，国事日非、民生日困者，谁之过欤？《有感》诗中尚"未免怨洪炉"，至此诗遂由怨天转而尤人矣。

理乱系人，何者足尤？冯曰：牧令失人，致乱之本。予谓区区牧令安足当之。此诗盖直揭其君，触其痛处。开天之世，固李林甫挟私心（忌文臣为牧伯之常入知政事）、紊朝政（献策用蕃族寒微武人为节使），致启乱阶，然用之者、信之者实由玄宗（"蕃人善战有勇，寒族即无党援，帝以为然"）。明皇不明，偏信黠胡，赏其邀功生事，许以持节调度，遂滋问鼎之异心，竟召失鹿之奇祸。民亡国破，其责最大，其咎难补！孟亭之见，不亦隘乎？

此诗既非专慨牧伯非人（张氏之说），又非"宰相不选牧伯，是发愤之大旨"（何氏之说），然则其意安指？我以为诗之主旨在反强藩之割据。全诗二百句，一百十二句皆在直接揭示藩镇割据之前因后果，主题不在于此，更将何求？节使权重，尾大不掉，终起安史之乱，乱平而河朔擅独，因乱而河湟没蕃，唐室经此而转衰。南资竭吴越，高估铜与铅，皆为平强藩军费匮乏所出之下策也。国蹙赋更重，人稀役弥繁，二语道出安史乱后唐室之困境，欲抉其根，即在强藩割据之未能遽平也。赋税不入于朝廷，国更蹙而人更稀矣。平时养兵，战时用兵，所费不赀，役更繁而赋更重矣。全国之势皆然，郑注镇凤，三载而民更穷更困，特雪上加霜耳。

唐室日衰，宰相之咎若何？或（何氏）咎宰相不用儒臣以行仁政，曰：（以此）盗何由弭，右辅且然，况议河北！我以为若李林甫、杨国忠等奸相固无论矣，安史乱后，宰相之咎，原不在其未知选贤牧伯以临民，而在其莫能抑藩镇以奉君，致河北复而又失，直求输赤诚，所望大体全，羁縻而已，岂王臣哉！巍巍政事堂，宰相厌八珍。李逢吉、萧俛、段文昌、崔植、杜元颖、牛僧孺诸相，唯务姑息，而求苟且。纵强藩之悖逆，推统一于渺邈，饱食无事，何所用心。非唯不材，抑且失职！国遂难兴，良有以也。

宰相之所以不能扭强藩割据之局，根非仅在宰相，其后犹有人焉。若裴度，良相也，穆敬之世亦卒难挽大局，盖黄门干政，日甚一日。此辈宦竖，实沮坏统一、助长分裂之幕后人物。李逢吉、元稹、牛僧孺诸相与权阉魏弘简、王守澄等内外一气，狼狈为奸，排摈与己政见不同之削藩论者。朋党交哄，竟占上风，是以河朔事体，相沿成风，而终不能复为唐有也。理乱系人，无拨乱返治之人也。实在于穆敬之世与宦官相结之宰相，而尤在于操纵此等宰辅之黄门也。诗中固已刺及黄门矣。唯因时忌，婉语出之："敢问下执事，今谁掌其权？"宰相名曰执政，实权操于黄门。以时事言之，开成二年，掌权者无他，代王守澄而于甘露之变中崛起、杀人无算之仇士良也。是时之宰相仅行文书，国家大事系于权阉，此商隐之所以欲在君前叩头出血、而不惜鲜血滂沱也。

结语"使典作尚书，厮养为将军。慎勿道此言，此言未忍闻"。使典、厮养二句，愚以为有微意，盖是皆宦官所使也。自穆宗时王守澄专权以来此风日炽。长庆二年诏：神策六军及南牙常参武官，具由历、功绩，牒送中书，量加奖擢。其诸道大将久次有功者，悉奏闻与除官。应天下诸军，各委本道，据守旧额，不得辄有减省。于是商贾胥吏，争赂藩镇，牒补引将而荐之，即升朝籍。奏章委积，士大夫皆扼腕叹息。甘露之后，仇士良专横更甚于前：开成以来，神策军将吏迁官，多不闻奏，直牒中书，令复奏施行，迁改殆无虚日（通鉴）。诗中此二句得非影射商贾胥吏争赂神策诸军及藩镇（多出禁军）以取朝籍之事乎？商隐特揭此事。正当时士大夫之扼腕叹息者，汲引此类进入仕途，根在黄门也，结语若此，其意当仍在斥黄门。程氏（程午桥）谓作尚书、为将军特指仇士良一人，似隘。冯氏谓"此二句虚说尤合，皆不必泥实事"，亦皮相之见耳。虚说宁有沉痛至不忍再闻之地乎？此二句诚实有所指，参以史实，可见商隐之语不苟设。

午桥有云："诗须有为而作也。义山于风云月露之外，大有事在。故其于本朝之治忽理乱，往往三致意焉。”我读行次西郊诗，觉程氏之言信然。义山忧时爱国之心与杜子美相先后（亦程氏语）。此诗与杜之《北征》亦何多让焉。此等杰作自可当作诗史。“少陵而后，此为嗣音，当与《韩碑》诗两大。”（管世铭之语）

## （八）婚于王氏，初受朋党打击

商隐于开成二年春及第后，离京省亲，又回京逗留很久，至冬急赴兴安奔令狐之丧，再返长安，行次西郊，为什么中间逗留时间如此之长？原来，他办了自己一生中的大事：进行议婚活动。现在需回过头来，说说这件婚姻大事了。

唐时，进士及第，名送吏部，由吏部员外于南省试判两节，谓之关试。关试以后，进士宴集于曲江，谓之关宴。宴后同年各有所之，故亦谓之离筵。进士宴曲江日，公卿家倾城纵观，中东床选者十之八九。决意转乞高门的商隐也想趁此机会得一佳偶。对象属谁？泾原节度使王茂元之季女（王多子女，五男七女）。商隐于王氏季女之钟情，即始于曲江宴后之几次觌面中。（泾原节度使管泾、原、渭、武四州，在京师北四百九十三里。）

王茂元，李德裕所重者，曾为广州节度使，今迁泾原。京中无家，其女即依舅氏李执方。金吾将军李执方有才名德望，知经义儒学，于新科进士商隐青眼有加，商隐与王家季女之事，由执方为之道地。玳筵高敞，画舸徐牵，引之从游，寄以风兴，于一次曲江宴集中安排了商隐与王氏季女见面的机会。七律《曲池》一诗，即为曲池宴饮既罢有所不能忘情之作。诗曰：日下繁香不自持，月中流艳与谁期？迎忧急鼓疏钟断，分隔休灯灭烛时。张盖敏判江滟滟，回头更望柳丝丝。从来此地黄昏散，未信河梁是别离。诗谓：白日喜近花香，情已不能自持。月夜空对光影，良会更与谁期？传来急鼓疏钟，逗起无限心思。惊见休灯灭烛，华堂送客之时。滟滟江上清波，依依堤边柳丝。黄昏人虽分手，同心未为别离。一往情深，诚非寻常艳情之什也。

众中翘楚王家女，非特貌艳，亦且才隽，时时弄笔，雅好吟咏。商隐此时所作《效齐梁体》三首，即其于王氏女艳羡倾慕之最初表露，投其所好，以诗为媒也。于商隐集中，此种体裁，尚属首用，足见其对彼姝特别倾倒之良苦用心。

《效齐梁体》三首录之并简释如下：

## 齐梁晴云（戊籤题有效字）

缓逐烟波起，如妬柳绵飘。故临飞阁度，欲入迴陂销。
萦歌怜画扇，敞景弄柔条。更耐天南位，牛渚宿残宵。

## 效徐陵体更衣

密帐真珠络，温帏翡翠装。楚腰知便宠，宫眉正斗强。
结带悬梔子，绣领刺鸳鸯。轻寒衣省夜，金斗熨沉香。

## 又效江南曲

郎船安两桨，侬舸动双桡。扫黛开宫额，裁裙约楚腰。
乖期方积思，临酒欲拚娇。莫以采菱唱，欲羡秦台箫。

首章晴云，盖相见之始，以云自喻，状己心之飘荡。晴云者，无雨之云，犹未敢望巫山之云也。首句以喻初见伊人，情思萌起。次句以柳絮比云之飘忽。其曰妬，盖柳絮因风而起，犹得近伊人，为其所咏也。三句借云之故故飞度高阁，喻己之此番有意依傍高门议婚矣。四句欲入迴陂销，犹言欲往求之，途尚迂回也。五句云绕歌声而飞，羡画扇之在伊人之握，喻稍稍得近，有缘得侧听其歌声矣。六句柔条依依，见其婀娜而多姿也。七、八句言可奈犹隔星河，残宵唯独宿于牵牛之渚，微云未接，过来不知何日也。此诗柳絮以喻云之飘荡，必作于春暮之时。扇为仕女障面掩羞之物，诗用扇字，非必夏时。江淹诗："纨扇如圆月，出自机中素。画作秦王女，乘鸾入烟雾。"怜画眉，或更有心羡团圆、欲求秦女之意在内。程曰：此首目成之景近之。

次章更衣，盖亦如陶潜闲情之赋，愿为裳而得亲芳泽也。首二句想象闺房密帐温帏，深不得近也。三、四句想象伊人腰纤眉长，可爱之极也。五、六句想象正当芳年亦思结同心而羡鸳鸯也。七、八句借更衣一事，而言人不如衣，不得经佳人之手细意熨贴也。题曰更衣，或相见之日见其新换春衣，而想象其昨夜先事料理之景。程曰此首定情之景，未必。帐帏字想其居处耳，非写定情时之景也。愚意此诗当成于早春二月（轻寒），正议婚之际，其作犹先于晴云诗，尚不足以言定情也。

三章江南曲，盖纪泛舟水上之事，时两情已许矣。诗由对方（女方）立言。首二句言各自泛舟，水上相遇。三、四句言其装束。五句乖期，其指芳年未嫁（或有父母允婚之期犹乖之意在内），中心蓄怨积思乎？六句席间又见，情态娇憨。七、八句欲羡弄玉之与萧史，吹箫引凤也。采菱唱，采菱女子之情歌，秦台箫，则竟成眷属矣。莫以云云，反言之耳。中心已难自持，亦欲羡秦台之箫声和鸣矣，其曰莫以，非拒之，故作矜持之态，发乎情而犹自止乎礼义也。姚说感郎千金意，回身就郎抱，而又唯恐其不得当，近之。程说怅别之景，则非。三诗大意如此。

齐梁体诗又称格诗。李瑛《诗法易简录》曰：齐梁体为唐律所自出，乃由古入律之间，既异古调，又未成律，故别为一格。其诗有平仄而乏粘联，其句中调协平仄，亦在疏密之间。赵氏声调谱论齐梁之格：下句押仄韵时，上句末字仄，且不粘上句。若上句末字平，及下联与上联相粘，便是仄韵律诗也。综诸家所述，齐梁格诗具如是特色：一、五言诗；二、平仄近律，除第三字不拘平仄外，其余平仄与律句同；三、前联与后联往往不粘，本联之中二下句有时平仄亦不对；四、仄韵诗上句用仄声。

就此三诗而论，晴云诗首联上下句不对（句中第二字皆仄）；次联本身对（临字平，入字仄），然故临句与上如妬句不粘；迴陂销三平调，第三字迴不拘。三联本身对，但其上句（萦歌）与次联之下句（欲入）亦不粘。末联上下句平仄不对。更衣诗，前三句律句，至第四句宫眉即与楚腰不粘矣。结带、绣领，本联平仄不对。轻寒句与绣领句不粘。末联上下句平仄对，律句也。又效江南曲，前七句皆律句（平仄对，上下粘），末句欲羡与莫以不对，且秦台箫为三平调，由此可与五律相别矣。三诗皆平声。晴云押萧韵，更衣押阳韵，江南曲押萧韵。秋谷所云仄韵诗上句用仄声，于此处无从验证。

七月，李执方已调镇河阳，议婚之事即由李十将军操持。茂元季女遂寓于招国坊李十将军家，距曲江甚迩。曲江有芙蓉苑，夏秋荷花盛开，柳荫四合，碧波红蕖，湛然可爱，诚傍晚纳凉佳处。乃作《荷花》诗以记与王氏之相见，借花以喻人。

《荷花》：都无色可并，不奈此香何。瑶席乘凉设，金羁落晚过。回衾灯照绮，渡袜水沾罗。预想前秋别，离居梦棹歌。诗属议婚时为王氏女所写。盖商隐春时与王氏相见于曲江（见上曲池诗），四月东归省亲，六月下旬回京师，再于曲江芙蓉池畔得见伊人。时曲江荷花正开，故借花以比芙蓉如面之佳人。或王氏之名中有“莲”字，语含双关？此次相见乃于傍晚乘凉之时，王氏亦至曲江园赏荷纳凉。其时李执方已调河阳，王氏乃随李十将军来游曲江。李氏住昭国坊，固与曲江相近。

诗一、二句盛言彼姝之美。不奈此香何，与日下繁香不自持同意。三句写李家乘凉设席，四句写己乘马来游曲江。五句写曲江归来之夜，睹绣衾之芙蓉而如见伊人之面。六句追思此次曲江相遇之景，凌波微步，罗袜生尘，不啻惊逢洛神也。七、八句言王氏将于立秋之前（是年七月三日立秋）返泾原，者番分手，不知何日重逢？预想别后，唯能于梦里棹歌声中得见其倩影也。

观商隐婚后所写之《漫成》诗之“雾久咏芙蕖”，《无题》诗之“出水旧知名”，皆以荷花比王氏。前后相贯，益知《荷花》诗之作，非出于偶然，盖意早有所属矣。“旧知名”，其双关语乎？一谓往日早知其美名，一谓其名有“莲”字欤？

同时所作尚有《代赠》诗：杨柳路尽处，芙蓉湖上头。虽同锦步障，独映钿箜篌。鸳鸯可羡头俱白，飞去飞来烟雨秋。此章亦为王氏所作，与前诗《荷花》为一时情事，本诗之芙蓉即前诗之荷花。芙蓉湖即指柳荫四合、红蕖满池之曲江。同在步障之内，得以相见，盖独倚箜篌，而娇羞不语，深情犹未得通。立秋之前，人即将离去，从此更不得见，真可羡池中鸳鸯，白头相偕，于烟雨秋水之中飞去飞来之自由。题曰《代赠》，代女方着笔，以赠同游之人。商隐于王氏有求婚意，不直接言之，而故作曲折，以代赠为诗，具见其风格之委婉。

未几（七月），所思归泾原，相见无由，相思成疾。一日，至招国里（坊）访李十将军探问消息，会将军全家去游曲江，作诗两首（《病中早访招国李十将军遇挈家游曲江》）留赠：十顷平波溢岸清，病来惟梦此中行。相如未是真消渴，犹放沱江过锦城。家近红蕖曲水滨，全家罗袜起秋尘。莫将越客千丝网，网得西施别赠人。极表己对婚事之渴忘，乞李之速于作合。

九月，商隐为王茂元书《贺丁学士启》，茂元赏其才情。

是秋，同年韩瞻（畏之）议婚王氏（季女之姊）事成。王茂元为新婿起朱楼于京师。韩西往泾原迎娶，商隐作诗送韩：籍籍征西万户侯，新缘贵婿起朱楼。一名我漫居先甲，千骑君翻在上头。云路招邀回彩凤，天河迢递笑牵牛。南朝禁脔无人近，瘦尽琼枝咏四愁。艳羡之心见于言表。

唐制，登进士第谓之及第，然未能便释褐为官，尚有试吏部一关，应他科而中，谓之登科，乃得授官。开成三年（838年）正月，商隐应博学宏词试，已取中于吏部，并已铨拟注官。是年李回充宏词考官，为东铨，周墀权判西铨。二人，商隐称之为“座主”。

同月，为王茂元代拟《上杨相公状》（杨嗣复）。茂元季女已随其姊（韩瞻之妻）住京师。商隐作《寄恼韩同年二首，时韩住萧洞》，诗云：帘外辛夷定已开，开时莫放艳阳回！年华若到经风雨，便是胡僧话劫灰。龙山晴雪凤楼霞，洞里迷人有几家？我为伤春心自醉，不劳君劝石榴花。辛夷暗指畏之小姨，萧洞，萧史之洞房。次首三、四句伤己犹未得偶，急盼畏之玉成其事。

未几（宏词试后），茂元允婚。二月，二十七岁之商隐与茂元季女成婚，借居于李氏之昭国南园。雾夕咏芙蕖，何郎得意初。此时谁最赏，沈范两尚书。（《漫成》之一）诗即追述己之新婚与同时举宏博事。

商隐之婚于王氏，大触朋党之忌。盖王茂元素与李德裕善，于牛党为分门别户之人。令狐子直辈诋　商隐背恩，以“诡薄无行”谮之于中书（令狐辈相厚之人）。商隐中宏词之名遂被中书驳下。这是党人排笮商隐的开始。《漫成》诗：沈约怜何逊，延年毁谢庄。清新俱有得，名誉底相伤？即记谗言之相伤。

新婚弥月，王氏按习归宁返泾原，远知宏词驳下事，来一长书深表不平，并代其父致诚邀商隐入幕意。商隐随即登程赴泾。至则出所作之《无题》诗，面示小别重逢之闺人：照梁初有情，出水旧知名。裙衩芙蓉小，钗茸翡翠轻。锦长书珍重，眉细恨分明。莫近弹棋局，中心最不平。诗首用何逊句“雾夕莲出水，霞朝日照梁”，以言己之新婚燕尔与婚前之闻名向慕已久，继言闺人之服饰，及来书相嘱、愁眉莫解之状，结则以休为宏词不中事不平相劝慰。弹棋局暗喻党局。商隐所写之人非王氏夫人莫属，此诗为集中首见之示内（非寄内）之作，洵“幽细婉娈”“巧于言愁”者（钟惺、王鸣盛语）。

商隐至泾原时已春暮，一日登安定城楼（安定为泾原治所），即景成诗一律：迢递高城百尺楼，绿杨枝外尽汀洲。贾生年少虚垂涕，王粲春来更远游。永忆江湖归白发，欲迴天地入扁舟。不知腐鼠成滋味，猜意鹓雏竟未休！回旋天地，归隐江湖，平生志趣远大，多财显势，如腐鼠之滋味耳。诋毁者逐臭成性，原于此深嗜，却以此恶名横加于我（羡茂元势、艳茂元财），真不知其何所居心。商隐笔趣多样，此诗五六句逼近少陵，是其学杜而更有进，宜其极为后人（如王安石）所称道。

商隐宏词被斥，心情落寞，所幸琴瑟得谐，情深如海，乃有《牡丹》（压径复缘沟）、《蝶》（飞来绣户阴）之作（五律），佳偶如仙，令人忘忧。

《牡丹》诗：终销一国破，不啻万金求。鸾凤戏三岛，神仙居十洲。意谓其妻求之不易，绝色倾国，得似鸾凤和鸣，真成神仙眷属。《蝶》诗：重傅秦台粉，轻涂汉殿金。相兼惟柳絮，所得是花心。意谓已喜成王氏之婿，非慕王氏之财；妻乃咏絮之才，得其倾心相爱。

又成《东南》一绝：东南一望日中乌，欲逐羲和去得无？且向秦楼棠树下，每朝先觅照罗敷。更见眷恋室人，乐闺房之乐，是所可慰者。

泾原牡丹有名，盛开时固当窗映楼，香艳动人，然未几即遭风雨，一时萎落，对此商隐枨触满怀，为赋《回中牡丹为雨所败二首》，上首追念上苑花开与京师同袍同赏、今同为失意者（不具录）；下首专咏西州（回中）牡丹，借寓身世零落之感：浪笑榴花不及春，先期零落更愁人。玉盘迸泪伤心数，锦瑟惊弦破梦频。万里重阴非旧圃，一年生意属流尘。前溪舞罢君回顾，并觉今朝粉态新。恨愤之音，哀感殆绝，王氏夫人雅善锦瑟，故借锦瑟惊弦以喻闺人之为己梦魂难安。一年生意顿尽，盖借以喻吏部试斥，今年已成蹉跎。仕途崄巇，来日大难，应觉今朝安居使府，犹未为可怜，而倍须珍惜。纯乎唱叹，不失气格，兼多神致。托物寄怀，隐而能显，分而又合，物我简直一体了。

在泾原时作《赠荷花》诗，与议婚时之《荷花》诗前后相应，诗曰：世间花叶不相伦，花入金盆叶作尘。惟有绿荷红菡萏，卷舒开合任天真。此花此叶长相映，翠减红衰愁杀人。花叶均喻人。诗曰不相伦、一入金盆一作尘，则当非寻常之姊妹行。二人尊卑殊伦，上下有别，其指世间贵家闺阁之主婢？此家主婢，相处甚洽，如荷之红花绿叶相扶相映，卷舒开合，任其天真。红菡萏者新妇王夫人也，即前荷花诗中所咏之人，绿叶者其侍婢，陪嫁而为妾媵者，商隐坐对红花绿叶，颇觉怡情，但愿花叶长荣长相映、青春长留人长健，一旦翠减红衰，能不愁杀人也。开成三年商隐新婚，绿荷红菡萏乃盛夏之景，诗即作于是年夏时泾原幕，王夫人能诗，赠以格诗、律诗，此诗明白如话，主赠"荷叶"，为使之能诵易晓。商隐一生奔波，长年游幕，王夫人婉弱多病，芳年早逝，持家抚儿，端赖此"绿叶"之相扶，与商隐关系至深。

商隐于泾原幕，为王茂元充记室之任，是年所作表笺甚多。文集云：往在泾川，始受殊遇，绸缪之迹，岂无他人。樽空花朝，灯尽夜室，忘名器于贵贱，去形迹于尊卑。语皇王致理之文，考圣哲行藏之旨，每有论次，必蒙褒称。日后所作的《重祭外舅司徒公文》即指在泾幕时翁婿相处甚欢之事。

是年六月二十九日，令狐楚葬于京郊周栖原，商隐特还京送葬哭奠，以弟子玉溪商隐之名义，作《奠相国令狐公文》。故山峨峨，玉溪在中。送公而归，一世蒿蓬。伤故知之已逝，望前路而欲迷。词短哀深，商隐诔文朴实真挚，并世无出其后。

送葬正夏时，往来京泾途中，九成宫为其必经地（在麟游县，距长安西北近三百里），赋七律一首以咏史事：荔枝卢橘沾恩幸，鸾鹊天书湿紫泥。（末二句）皇家避暑离宫，远方例献珍果，为邀恩宠，急足递送，不知几多人马蹶死道中！诗之讽意岂在一骑红尘妃子笑，无人知是荔枝来之下！

初，商隐于党局尚无所萦心，交游两方之间，恩怨之情未起，优劣之见未生。文宗四相，二牛、二李，每议政，是非峰起，帝不能决。开成三年春（宏词被抹之前），商隐有所风闻，作《判春》诗一首：一桃复一李，井上占年芳。笑处如临镜，窥时不隐墙。敢言西子短？谁觉宓妃长？珠玉终相类，同名作夜光。此盖假艳情以评价牛、李两方，自商隐观之，难分高下，俱为宝也。

诗人涉世不深，钩党之害犹未亲受。萧澣、杨虞卿牛党，商隐皆受其知遇，于二人之死哭之甚哀。令狐楚亦牛党，商隐为其传衣弟子，至受命撰写墓志。崔戎，裴度镇河东时之僚佐，与牛党不属同一门户之人，商隐应约入幕，其卒，作长诗以悼之。王茂元，李德裕之所善者，商隐又议婚于其女。交游两方之间，恩怨之情未起，优劣之见未生。此时犹不敢论长说短，而曰“珠玉终相类，同名作夜光”也。诗之旨盖在此欤？

此诗作于开成三年之春，应宏词被斥之前。其时（正月）杨嗣复、李珏入相，两人属牛党；前此之相有郑覃、陈夷行，二人亲于李德裕。史称：陈夷行性介直，恶杨嗣复为人；杨嗣复与李珏善，排摈郑、陈，每议政之际，是非锋起，帝不能决。其争执何在，据《唐语林》载：陈夷行、郑覃请经术孤立者进用，李珏与杨嗣复论地胄词采者居先，每延英议政多异同，卒无成效，但寄之颊舌而已。地胄词采，乃高宗武后以来，由进士科出身而转成世家名族者，相互援引，已结成朋党，斥寒素于仕途之外；经术孤立，则指两晋、北朝以来之山东旧士族，向以经术礼法为家风，高自标置，经唐初之重关中而抑山东、武周之重词采而轻经术，已转成孤寒之族。郑、陈二相即以奖拔孤寒中之有才具者为己任。商隐此诗似隐含四相二派交哄之史实，不明史事，即难晓诗意。

宏词被抹赴泾原后，商隐觉党人排摈之压力渐重，遂于是年秋复作《霜月》一诗：初闻征雁已无蝉，百尺楼高水接天。青女素娥俱耐冷，月中霜里斗婵娟。青女当令，牛党二相（杨、李）已占上风，介直清俭之对方二相

（陈、郑）尚耐争吵，未甘退让。然其势剧于作《判春》时矣，肃杀之气已阵阵袭来。

诗写二美之斗妍，实与前列《判春》诗同意，一作于春，一作于秋。雁来蝉歇，暖尽寒生，借季节之改喻政局之变。百尺之楼，高欲接天，非政事堂莫属。双含霜月，则喻执事之四相："青女"喻牛党之杨嗣复、李珏；"素娥"为与之对立、而亲李德裕之郑覃，陈夷行也。雁来霜降，青女当令，暗喻杨、李之已占上风，然性介直之陈夷行与性清俭之郑覃，此时尚耐争吵，与杨、李二人仍是非峰起，未甘退让。月中霜里斗婵娟，即喻牛、李双方之相斗，较之春时"一桃复一李，井上占年芳"，其势更剧。唯牛、李究有是非正邪之分，一例以佥壬小人目之，亦非允当。诗中之闻雁、无蝉、霜飞，盖开成三年深秋一时先后之作。

是年十月，庄恪太子薨，商隐作《四皓庙》诗以慨之。

是年，商隐再试于吏部，以判入等，释褐为秘书省校书郎。

唐时内外官从调者不限已仕未仕，均自十一月选至明年三月毕（然据《行次西郊》诗，十二月至京师亦不误选期）。唐因隋制，以吏部典试。主者将视其人，覈以吏事。始取州、县、府、寺疑狱，课其断决，而观其能否，此判之始。后日月淹久选人滋多，案牍浅近不足为准，乃采经籍古义以为问目。其后官员不充，选人益多，乃征僻书隐义以试之，唯惧选人之能知也。遒丽者号曰高等，拙弱者号曰蓝罗。试判之内容盖如此。

凡选始于孟冬，终于季春。其择人四事：身、言、书、判。始集而试，观其书判，已试而铨，察其身言。六品以下计资量劳而授官；五品以上不试，列名上中书门下听制处分（六品以下每集选必试判）。试判入等方得授官：进士出身登科甲等从九品上，乙等从九品下；明经上上第从八品下，上中第正九品上，上下第正九品下，中上第从九品下。校书郎正九品上阶，试判优异也。至此，商隐"三选于天官，方阶九品"。三选：及第年之关试，开成三年之宏博试，开成四年之试判。

秘书郎与著作郎，江左以来多为贵游起家之选。唐时职官有清浊之分，秘书省乃清资、清贵之地，校书郎八人掌雠校典籍，为文士起家之良选。（弘文崇文馆著作司经局并有著作郎，诸著作郎皆美职，而秘省为最。）秘书省为入翰林之初阶。翰林学士掌内制，起草拜免将相、号令征伐等制文，厥任更重于掌外制之中书舍人（隶中书省，六员，正五品上）。德宗后礼遇益隆，时人号曰"内相"。宪宗时始选学士中年深望重者一人为承旨，宰相之任用多出其间。学士非官职，乃差遣，无定员，不拘资历，无一定之品秩，上自诸曹尚书，下迄校书郎皆得充（其阶未至或高于中书舍人者，往往加“知制诰”之衔）。以是，校书郎品秩虽不高，人实重之。商隐之得入秘书省，殆有陈、郑二相之助？

商隐在秘省时，柳枝适随东诸侯来京师，见面作诗以赠，此事前已述及。

商隐应官兰台未半年，即调补宏农尉，盖亦令狐辈之所为（时郑、陈已罢相）。这是所受的又一次沉重打击。《蝶》诗（初来小苑中）即此时借物托意之作：初来小苑中，稍与琐闱通。远恐芳尘断，轻忧艳雪融。只知防浩露，不觉逆尖风。回首双飞燕，乘时入绮栊。初入秘省，藉力二相，已怀忧恐，好景不常，露侵风袭，防不胜防，彼乘时幸进者，直踩己而上也。

始至官，即以活狱忤观察使孙简，将罢去，会姚合代简（八月），喻使还官。有诗：黄昏封印点刑徒，愧负荆山人座偶。却羡卞和双刖足，一生无复没阶趋。（《献州刺史乞假归京》）愤郁之情可见。

宏农上县，县尉从九品上阶，低于校书郎之正九品上阶。尉职，唐时视为俗吏。“参军与簿尉，尘土惊劻勷。一语不中治，鞭箠身满疮。”（杜牧诗）如有过失，动受上官鞭笞。“拜迎长官心欲碎，鞭挞黎庶令人悲。”（高适诗）簿尉本身亦辄鞭笞黎民。商隐由清资出为俗吏，实非始愿所及。

商隐还官宏农，虽非其志，然姚合颇加善待，以是亦暂安之。虢地有山水，薪菜贱，秋时遂迎母与弟妹来官舍同住。仲弟羲叟夫妇、侄女寄寄等，则留守济上，其家固未迁徙。（寄寄生四岁，始随其父母来居济原，数月即殁，时开成四年之冬。）

冬，赴泾原，迎妻室王氏来宏农。途中作《十一月中旬至扶风界见梅花》诗，诗中素娥惟与月，青女不饶霜，谓婚于王氏后，牛党中人不轻饶己；为谁成早秀？不待作年芳，谓早秀由其父，早落由其子，得意失意，都不出令狐一家。

在泾原日，为其岳王茂元代拟《陈情表》。方镇四年一替，此表亦循例而已。

回虢后，正腊月梅雪交映之时，作《晓坐》诗：后阁罢朝眠，前墀思黯然。梅应未假雪，柳自不胜烟。泪续浅深绠，肠危高下弦。红颜无定所，得失在当年。言己一身洁白，未藉妻家财势，而党人之步步逼我，实难以胜哉！又作《晓起》诗：拟杯当晓起，呵镜可微寒。隔箔山樱发，褰帷桂烛残。书长为报晚，梦好更寻难。影响输双蝶，偏过旧畹兰。言令狐书来，微露转圜之意，旧梦虽好，如欲重温，恐不容易。两诗均假一小女子之情态，以喻己身当日之心境。

假日作诗：素琴弦断酒瓶空，倚坐欹眠日已中。谁向刘灵天幕内，更当陶令北窗风。（《假日》）并有诗自况：陶令弃官后，仰眠书屋中。谁将五斗米，拟换北窗风？《日日》诗则表达了不安情意与无名惆怅：日日春光斗日光，山城斜路杏花香。几时心绪浑无事，得及游丝百尺长？

商隐心有不甘，如何摆脱此职？无日不能忘之！

是年十月，杨贤妃请立安王溶为嗣，事殊不伦，颇招物议。文宗遂立陈王。禁中流言外传，商隐过长安时闻之，作《可叹》《代魏宫私赠》《代元如何摆脱此职城吴令暗为答》诸诗，以记宫闱之秘。

史载：开成五年（840 年），正月帝疾甚。知枢密（二人，宦官，传达口命）刘弘逸、薛季棱引杨嗣复、李珏至禁中，欲奉太子监国。中尉（二人，宦官之掌禁兵者，与枢密使合称四贵）仇士良、鱼弘志，以立太子功不在己，乃言太子幼，且有疾，更议所立。李珏曰太子之位已定，岂得中变。仇、鱼矫诏立颖王瀍为皇太弟，迎至少阳院，太子成美复为陈王。帝崩。以杨嗣复摄冢宰。仇士良说太弟赐杨贤妃、安王溶、成王美死。太弟即位，是为武宗。追尊母韦妃为皇太后，二月，谥曰宣懿。

五月，门下侍郎同平章事杨嗣复罢为吏部尚书，八月出为潭州刺史充湖南团练观察使。

八月，葬文宗于章陵。门下侍郎同平章事李珏坐为山陵使龙辅（载柩车）陷，罢为太常卿，旋即出为桂管观察使。

葬文宗日（八月十七），刘弘逸、薛季棱护灵驾至陵所，二人素为文宗奖遇，欲倒戈诛仇、鱼。卤簿使兵部尚书王起、山陵使崔棱觉其谋，密奏至帝。是日刘、薛伏诛。仇士良等言于帝：二人尝附杨嗣复、李珏，不利于陛下。帝性刚急，即贬杨、李于湖南、桂管（旋又再贬杨嗣复为潮州刺史，李珏为昭州刺史。时杨、李抵任所未久）。

七月，自华州召回陈夷行，为御史大夫。同月，召淮南节度使李德裕入朝，九月朔，至京师，即以德裕为吏部尚书同中书门下平章事，兼门下侍郎。同日，以宣武节度使检校吏部尚书汴州刺史李绅代李德裕为淮南刺史。

是年令狐绹服阕为左补阙史馆修撰；周墀出为华州刺史镇国军潼关防御等使；韦温为陕虢观察使；高元裕为京兆尹；王茂元于武宗即位之初自泾原入为朝官（御史中丞、太常少卿、将作监转司农卿）。

是年杜牧转膳部、比部员外郎，仍兼史职。

萧太后（文宗母）徙居兴庆宫积庆殿，号积庆太后。

从这年纷纭的时事可看出唐王朝的政局、党局已发生极大的转折，那么，李商隐的状况又将如何呢？

春回大地，商隐在宏农尉任上，听莺声呖呖，念京华日丽，上林千树，尚未借予一枝，乃作《流莺》诗以见意：流莺漂荡复参差，度陌临流不自持。巧转岂能无本意，良辰未必有佳期。风朝露夜阴晴里，万户千门开闭时。曾苦伤春不忍听，凤城何处有花枝？一心思回京师，显然。

以才人外斥，抢攘风尘，终非得已。按制，任职逾年，经考功过，便可候选请调，改授他官。商隐决于年内奔忙此事，并拟先移家京师，移家即为便于从调。

唐制：每岁五月，颁格于州县。选人应格，列其罢免善恶之状，以十月会于省。过其时不叙。其以时至者，乃考其功过。同流者五五为联，京官五人保之，一人识之。商隐之候选，于是年五月以后当已列名上报。

为筹移家事，是年夏乞假赴京师。谒其妇翁王茂元，并晤令狐绹。时绹意有转圜，复予笼络，欲使商隐重为其党所用。经绹之绍介，得识舍人彭城公、河东公，以旧文献之（冯笺彭城公为刘瑑、河东公为柳仲郢）。

风云变幻，朝局动荡。文宗已崩，商隐来长安，有所感，乃作七律《咏史》诗，以隐时事：历览前贤国与家，成由勤俭败由奢。何须琥珀方为枕，岂得珍珠始是车。运去不逢青海马，力穷难拔蜀山蛇。几人曾预南薰曲，终古苍梧哭翠华。诗慨文宗之虽崇俭德，求治心切，然小善无补，中兴难及。驱驶者英才未逢，盘结者凶焰仍炽。孱主悲深，赧献同耻，故君恩重，舜韶犹忆。力穷运去，诚足痛已！

仇士良向武宗擿杨贤妃议立安王事，谮而杀之。对此，商隐再作七律《曲江》《与同年李定言曲水闲话戏作》，以记杨贤妃死于非命之秘闻：前诗曰：天荒地变心虽折，若比伤春意未多；后诗曰：莫惊五胜埋香骨，地下伤春亦白头。两诗隐指杨贤妃之横死，其事惨酷有难以言者。五胜，殆指戮之以刃（金）、乘之以薪（木）、焚之以火、合之以土、囊而沉之于水，此宦者

“厌胜”之术，于唐宫固非仅见。惨死若是，埋于地下之文宗，亦当哀伤欲绝（伤春）而头尽白矣。

## （九）中路因循，江乡空归

开成五年，仲夏，商隐离长安，赴怀州，谒河阳节度使李执方，告以移家事。执方假以乘骑，予以厚赐。六月下旬，全家筹备自济源（母、妻、弟、妹已先在济）迁往关中事。七月六日，立秋甫过，路经洛阳。岳家迎宴于崇让宅之东亭。因病小留，病起复取道洛水、商於路，八月十日抵长安，安家在樊南。樊南在东郊，商隐自号樊南生，其文集以樊南甲乙集命名，即以此。

是年八月，杨嗣复出为湖南观察使。在此人事纷争之际，以呼朋引类为务的令狐绹，力劝商隐去杨嗣复幕。商隐旧交犹恋，人情难却，遂遽尔改从调之初计，而应邀作江乡之远行。时商隐受牛、李两方之交嗤，乃作《代越公房妓嘲徐公主》及《代贵公主》二诗以寓意：笑啼俱不敢，几欲是吞声。遽遣离琴怨，都由半镜明。应防啼与笑，微露浅深情。　芳条得意红，飘落忽西东。分逐东风去，风回得故丛。明朝金井露，始看忆春风。处身牛李之间，方信做人之难。

夏日，商隐为移家关中，先至京筹措，得见令狐，将赴济源，与之言别，呈以《酬别令狐补阙》一诗：惜别夏仍半，回途秋已期。那修直谏草，更赋赠行诗。锦段知无报，青萍肯见疑？人生有通塞，公等系安危。警露蝉辞侣，吸风蝉抱枝。弹冠如不问，又到扫门时。诗作于九月四日之前，意在修好，结祝其升迁，希其援助。

九月四日，离长安东下，经华州，赴宏农，去辞尉职。

辞尉后，由宏农东去，经洛阳，而后涉洛川，折向南行，取道安陆、鄂州，以抵湘中。在洛阳曾小憩，住岳家崇让宅。临发作《紫薇》诗：一树秾姿独看来，秋庭暮雨类轻埃。不先摇落应有待，已欲别离休更开。桃绶含情依露井，柳绵相忆隔章台。天涯地角同荣谢，岂要移根上苑栽？深恨别京，兼忆家室，又强作排解。

商隐自小爱读李贺诗，善仿长吉体。长吉姊嫁王参元，茂元之季弟也。商隐过洛时闻王家人述长吉甚详，爰作《李贺小传》以记其轶事。

过洛川时，作《东阿王》《涉洛川》二绝句，借古以讽时：君王不得为天子，半为当时赋洛神，指安王溶因碍于与杨贤妃有私之流言而不得立为储君；宓妃漫结无穷恨，不为君王杀灌均，惜杨贤妃之不能为安王杀仇士良。

经安陆时，作《过伊仆射旧宅》一律，诗中有幽泪欲干残菊露，余香犹入败荷风之句，盖时序已深秋。

冬日（十月上旬），至湘中，入杨嗣复幕。

唐制，陆日行三程：马日七十里，步及驴五十里，车三十里。水行三程：舟，重者溯河日三十里，江四十里，余水四十五里；空舟溯河四十里，江五十里，余水六十里。沿流之舟则轻重同制，河日一百五十里，江一百里，余水七十里。长沙距长安约二千五百里，据此计算，知十月上旬当已至湘中。

甫至潭，旋即奉使南陵。盖唐时地方官之间年末例有方物交流（名为相互馈赠，实是变相贸易），商隐少时曾从事贩舂之类贸易活动，与当时任南陵之地方长官宣歙观察使崔龟从又有旧，奉使通商，适膺其任。于十月十二日立冬节前夕，将赴南陵，天已凉未寒（长沙地暖），蝉声已歇，白露初零，作《凉思》诗以抒情怀：客去波平槛，蝉休露满枝。永怀当此节，小立自移时。北斗兼春远，南陵寓使迟。天涯占梦数，疑误有新知。北斗远，望长安，思闺人；占梦数，闺人思我，恐于己不无疑误。

于南陵，得识求古翁李远。远于商隐分尊年长，时在宣州幕，有文武才，卓荦不群，脱略世事，二人相见甚欢。会昌二年，商隐作诗以怀之：谢朓真堪忆，多才不忌前，盖慨乎此种品格于当世为难得。

杨嗣复再贬潮州，远去岭南以前（见前述时事），因中人屡谮，已难安其位。商隐有察于此，觉幕职势难久居，不如早作归计。时落叶萧条，风雨凄楚，而青楼管弦之声时作，喧寂对勘，感深而作《风雨》诗一律：凄凉宝剑篇，羁泊欲穷年。黄叶仍风雨，青楼自管弦。新知遭薄俗，旧好隔良缘。心断新丰酒，销愁斗几千。宝剑篇而曰凄凉，见文章之欲达无由，江乡羁泊，年将尽矣。已婚于王氏，得此新知，即遭朋党之忌，今来入杨幕，欲修旧好，奈幕主危殆，良缘又阻。昔马周流落新丰客店，终逢机缘，遽获大用，我叹未遇，唯以酒销愁耳！

在潭州日，得见南来之刘蕡。蕡因于太和时上书，忤宦官，被黜。开成四年，牛僧孺节度山南东道，辟为从事，而阉人犹深嫉之，诬以罪，贬柳州司户参军。时正贬司户之际，来谒其座主杨嗣复。蕡曾在令狐楚兴元幕（开成二年），商隐与之素识，对其为人，商隐素所敬慕，客地相逢，悲欢交集，作诗赠蕡：江风吹浪动云根，重碇危樯白日昏。已断燕鸿初起势，更惊骚客后归魂。汉廷急诏谁先入，楚路高歌自欲翻。万里相逢欢复泣，凤巢远隔九重门。腐竖得势，贤才失路，世道如此，直欲呼天叫阍！

《玉泉子》：刘蕡，杨嗣复之门生也。既直言忤旨，中官尤所嫉恶。中尉仇士良谓嗣复曰：奈何国家科第放此疯汉？嗣复惧，答曰：嗣复昔与蕡及第时犹未疯耳。《新书传》载：昭宗诛韩全晦等，左拾遗罗衮讼蕡曰：身死异土，六十余年。《全唐文》罗衮请褒赠刘蕡疏云：遂遭退黜，实负冤欺。其后竟陷侵诬，终罹谴逐。沉沦绝世，六十余年。是岁天复三年癸亥，上距会昌四年甲子得六十年，据此，蕡当卒于会昌四年以前，方能得六十余年。商隐本人《哭刘司户二首》云：离居星岁易，失望死生分，可证开成五年冬别后一年多，刘即去世，时间并未相隔很久。究竟死于会昌一年，还是二年？按：商隐代人作《哭刘司户蕡》诗中有去年相送地，春雪满黄陵之句，去年春雪当指其人于会昌元年早春正月下雪时与刘蕡相逢相别之事。黄陵别后春涛隔，湓浦书来秋雨翻（代人作《哭刘蕡》），于下一年秋其人即接来自江西之讣告（刘何事去江西，难考），是刘蕡卒年为会昌二年之秋；会昌元年春雪之时则尚在湖南也。《水经注》湘水又北经黄陵亭，而又合黄陵水口，西流，经二妃庙南，世谓之黄陵庙。黄陵可借指湘中。

商隐为参杨幕，湘中远赴，岁月迁延，从调期误。东隅既失，桑榆难补，真追悔莫及，谋拙计左也。爰作《有感》诗以志慨：中路因循我所长，古来才命两相妨。劝君莫强安蛇足，一盏芳醪不得尝。武宗登位，牛党倒霉（是年九月商隐起程赴湘之时，正李德裕内召为相之际），而已昧于形势，尚欲与太牢之党修旧好，捐近嫌，奈命运弄人，南来之愿卒成空忙。秘省清资，平生志在，候调之机，蹉跎一载，因循自误，此行犹如强安蛇足，实多此一举！

腊月中（上旬），离湘北归。仍循原路，经洛阳，而向陕华，拟由函潼大道返至长安。

史载：其明年，武宗（李瀍）祀于南郊，礼毕，改元会昌。会昌元年（841 年），商隐三十岁。

三月甲戌，以御史大夫陈夷行为门下侍郎同平章事，与李德裕同掌相权。

初，帝以己之立非由李珏、杨嗣复，甚恶二人，故罢之。及刘、薛事败，再贬二人为刺史。至是有再以其事动帝者，帝赫怒，遂欲杀之。李德裕见二中使发，不知其故，问于枢密始悉。德裕亟与崔郸、崔珙、陈夷行请开延英殿赐对，于帝前泣涕极谏。久之，帝乃舍之，叹曰：李珏季棱志在陈王，嗣复弘逸志在安王。陈王犹是文宗遗意，安王者专附杨妃。嗣复与妃书云：姑何不效则天临朝。向使安王得志，朕那复有今日？乃追还二使，更贬杨嗣复为潮州司马，李珏为瑞州司马。此会昌二年三月二十四五日事。

是年二月，回鹘十三部近牙帐者立乌希特勒为乌介可汗，嗢没斯与之不相隶属，皆屯兵于天德军境上。天德军使田牟欲击回鹘以求功，李德裕独排众议，力主安抚。诏田牟约勒将士及杂虏，毋先犯回鹘，唯严兵保境以备之。闰九月，请以谷二万斛赈嗢没斯部。黠戛斯奉太和公主归唐，乌介邀击之，得公主以为质，欲借振武城以居，诏不许。十二月遣使慰问，以赈米二万斛。

闰九月，以前山南东道节度使同平章事牛僧孺为太子少师（后改太子少保），以汉水溢，坏襄州民居，坐不谨防，故迁之散地。

卢龙军复乱，陈行泰逐史元忠，求节钺。军中又杀陈行太，立牙将张绛，请封号。李德裕皆不理，以观其变。十月，雄武军使幽州旧将张仲武奉表称绛惨虐，请以本军为朝廷讨乱。德裕以其慕顺，遂请以仲武知卢龙留后，张仲武寻克幽州。明年正月，以张仲武为卢龙节度使。

十一月，以中书侍郎同平章事崔郸充西川节度使。

是年，王茂元为忠武军节度使，陈许观察使。

就在李德裕、陈夷行掌权的第一年（会昌元年），正月上旬（十日前后），商隐辞幕而归，抵陕州，为陕虢观察使韦温代草贺南郊赦表。旋即赴华州，在周墀幕下小留，亦为草拟南郊贺赦表。周墀，商隐试宏词时主西铨者。商隐于上周墀状中感受知之恩，表入幕之望。商隐江乡失意倦归，亟望得有栖止之所，然周墀以礼相待，实未拟辟聘。商隐饮席赋诗，有不慊之意焉。

《华州周大夫宴席》：郡斋何用酒如泉，饮德先时已醉眠。若共门生推礼分，戴崇争得及彭宣？盖周墀属牛党，虽有师生之谊，终阻门户之限，其于商隐亦如张禹之于戴崇，唯厚供酒食而已。商隐另还写有《破镜》一诗：玉匣清光不复持，菱花散乱月轮亏。秦台一照山鸡后，便是孤鸾罢舞时。以孤鸾与山鸡对衬，亦戴崇与彭宣相比之类，此诗殆非面呈周墀者，故用语即怨以怒矣。

二月，离华州，还至长安。未几，帝遣中使欲杀杨嗣复，牛党中人大惊失色。不祥之祸果临，商隐闻之作长吉体诗《射鱼曲》，暗记其事，诗中兼及安王溶之死，隐指嗣复祸起之原由。

僚婿张审礼卒。四月二十日，王茂元婿六人——李、郑、李、张、韩

（瞻）与商隐联署致祭，商隐撰文《祭张书记文》，自署樊南李某，盖时居长安之樊南也。祭文中有一则归从回雁之峰，即言已方自湖南归来。

所居樊南近处有南亭，去官家居者裴明府（县令）止焉。茅屋临水，其地幽，试墨书竹，其艺精，张琴和松，其韵逸，自清晨闻鸟至向晚听钟，并约明日对酒，其相交之足欢。难得悠闲，诗以记之。

是年初秋，王茂元为节度使出镇陈许。商隐应邀赴镇。过洛阳，小留。七月二十八日与王、郑二秀才听雨夜话，后背灯独眠，有梦，作诗一首。诗假梦境之变幻，喻身世之遭逢，只涉宦迹，非述艳情，句句合律，且用今韵（平声，六韵，一韵到底），唯不粘不对，又异于律诗，此诗人集中仅见之别体。诗中有雨打湘灵五十弦之句，与李贺诗清弦五十为君弹、五十弦瑟海上闻相合，由此亦可见五十弦之说实不足怪。

二十九日复宴于崇让宅，题诗：露如微霰下前池，风过回塘万竹悲。浮世本来多聚散，红蕖何事亦离披？悠扬归梦唯灯见，濩落生涯独酒知。岂到白头长只尔，嵩阳松雪有心期。平平道去，情致深婉，既有思家室之意，亦有伤身世之感。频年碌碌，离别偏多，然岂得长只如此，终期少壮能有作为，白头之时，与闺人同去嵩阳归隐，此平生之素愿也。

八月，抵许下（许昌）为王茂元作《陈许谢上表》。在幕暂掌笺表事（段环被奏辟为掌书记），所作表、状、牒、启、文颇多。

商隐文集中有云：公在东藩，愚当再调，赍帛资费，衔书见召。水槛几醉，风亭一笑。（补编《祭外舅赠司徒公文》）是年（会昌元年）冬，商隐本拟候选从调，因妇翁赴镇之初距从调尚有时日（是年有闰九月），可暂往陈许勾留。东藩，即陈许；再调，即待年终选期。商隐家住樊南，茂元以书召之。许昌城西有西湖，湖中有展江亭，故文中用“水槛”“风亭”之词。

商隐客居许昌，眷恋一千二百里外在京师之闺人，稠叠成诗，思绪万千。五律《细雨》前六句写细雨入神：潇洒傍回汀，依微过短亭。气凉先动竹，点细未开萍。稍促高高燕，微疏的的萤。故园烟草色，仍近五门青。结联始露其怀念在长安之家室，即去岁移家、家近五门而草已再青之樊南。七绝《端居》：远书归梦两悠悠，只有空床敌素秋。阶下青苔与红树，雨中寥落月中愁。书来梦去，道路悠悠，秋气悲凉，客心牢愁。此陈许之寄内诗。《月夕》绝句亦然：草上阴虫叶上霜，朱栏迢递压湖光。兔寒蟾冷桂花白，此夜姮娥应断肠。不言已之怅望，而转忆对方之凄冷孤寂，最得用笔之妙。湖光之湖，即指许州之西湖。

深秋，为赴陈州，东南行，过淮阳境，荒村废垒，触目萧然，有感于自李希烈至吴少诚、吴元济割据之史事，咏《淮阳路》一诗以致慨：荒村倚废营，投宿旅魂惊。断雁高仍急，寒溪晓更清。昔年尝聚盗，此日颇分兵。猜贰谁先致，三朝事始平。陈蔡乱事，历德、顺、宪三朝，讨平实非容易。推原祸本，德宗之猜忌实难辞其咎。此诗气脉既大，意境亦深，沉着圆劲，不减少陵。

冬，辞陈许幕，回京赴调。十一月中，路经华州，复小留。为周墀作《以妖星见贺德音表》。

## （十）秘省重入，长才待展，艇引石城，花开吴苑

史载：会昌二年（842年）二月，淮南节度使李绅入朝，以李绅为中书侍郎同平章事，判度支，监修国史。

帝信任李德裕，仇士良恶之。会帝将受尊号，御丹凤楼宣赦。或告士良：宰相与度支议减禁军衣粮及马刍粟。士良扬言于众曰：如此，至日军士必于楼前喧哗。德裕稳之，四月乙酉，乞开延英自诉。帝怒，宣喻两军：赦书初无此事，且赦书皆出朕意，非由宰相，尔安得此言！仇士良乃惶愧称谢。丁亥（二十三日）群臣上尊号曰“仁圣文武至神大孝皇帝”。

七月，尚书左丞兼御史中丞李让夷为中书侍郎同中书门下平章事。门下侍郎同平章事陈夷行罢为左仆射。

是年三月，回鹘嗢没斯诱杀赤心、仆固。那颉啜挟赤心之众七千帐东走自振武大同，东因室韦黑沙，南趋雄武军，犯幽州。五月，卢龙节度使张仲武遣兵三万迎击大破之。那颉啜走为乌介所杀。四月，嗢没斯率众来降；五月，以嗢没斯为左金吾大将军、怀化郡王，赐本部众米绢。嗢没斯入朝，请置家太原，与诸弟竭力捍边，诏存抚其家，赐姓李。

时乌介可汗尚有众十万，往来天德振武间，又屯把头峰北，表求粮食牛羊，且请执送嗢没斯等，又请借兵复国，借天德城。诏不许。粮食，许以马价于振武籴三千石。

八月，乌介率众过把头峰（包头）南，突入大同川，驱掠河东杂虏牛马数万，转至云州城门。云州刺史关城自守，吐谷浑党项皆挈家入山避之。回鹘过横水时大掠，杀戮至多。帝令公卿集议。少师牛僧孺等议固守关防。李德裕以回鹘所恃嗢没斯、赤心，今已离叛，击之为便。诏发陈许、徐汝、襄

阳等兵，屯太原及振武天德，伺机驱逐回鹘。九月，以河东节度使刘沔为南面招讨使、卢龙节度使张仲武为东面招讨使、李思忠（嗢没斯赐名）为河西党项都将西南面招讨使，皆会军于太原，由刘沔指挥，屯雁门关。以银川刺史何清潮、蔚州刺史契苾通领沙陀吐谷浑六千骑趋天德，受李思忠指挥。思忠率师屯保大栅。十二月，振武军节度使李忠顺请与李思忠俱进，击回鹘破之。

是年四月，李德裕奏：石雄善战无敌，请以为天德都团练副使。初石雄为武宁节度使王智兴捉生兵马使，勇敢，爱士卒。智兴残虐，忌之，奏雄动摇军情，请诛。诏流白州（太和三年事）。后河西党项扰边，文宗召还石雄，隶振武军为裨将，屡立战功，以王智兴故，未甚进擢。至是李德裕举用之。

史又载：帝闻太子少傅白居易名，欲相之，以问李德裕。德裕曰：白居易衰病（年七十一，有风痺之疾），不任朝谒，其从父弟左司员外郎敏中，辞学不减居易，且有器识。遂以白敏中为翰林学士。德裕于缙绅间多所延誉，以其资用不充，无以祇奉僚友，特遗钱十万，俾为酒肴之备。

十月，吐蕃普赞暴卒，十二月，遣使论普热入朝告哀。诏命将作少监李璟入蕃吊祭。

是年，令狐绹为户部员外郎（从六品上）；卢简辞入为刑部侍郎转户部；杜牧出为黄州刺史；李褒由中书舍人出为绛州刺史（五月）。

是年夏，黠戛斯遣使至，献马百匹。

在李德裕主政大有作为的第二年——会昌二年，对三十一岁的李商隐来说，将带来什么好的机遇呢？

正月初，商隐在华州为周墀拟贺彗星不见复正殿表及贺元日御正殿受朝贺表等文。曾预三千弟子之列，旋登百二关河之程，为文既毕，即离华州，匆匆行色，还抵长安之樊南。

是时正是雪飞六出，梅开万枝，春意方动，佳讯将至。作《莫愁》诗，借梅雪以寓意：雪中梅下与谁期，梅雪相兼一万枝。若是石城无艇子，莫愁还自有愁时。石城艇子，以喻接引。若非朝中有人接引，此日又将愁溢。欲与谁相期？其李相及所善之词臣乎？与之相连，又有五绝《蝶》一首：孤蝶小徘徊，翩翾粉翅开。并应伤皎洁，频近雪中来。粉蝶白雪，色成一片，因频与雪近，故与雪相俱而可并称皎洁。然皦皦者易污，妒之者污词随至，斯可伤也！盖商隐稍经踌躇，即靠近李相，不再徘徊，牛党中人遂对之啧有烦言了。

李相当政，阻力自减，是年春，商隐果又以书判拔萃得授秘书省正字（正九品下阶）。书阁春夜，卧枕芸香。商隐再入秘省，恣展古集，章奏之学益见精进。

唐人既为内外官，从调试判与拔萃者甚多，其以尉而试判者亦时见。秘书正字与校书同，亦为美职。《唐语林》云：仕宦自进士而历清贵，有八俊者，校书正字即为其中之一，不需历叙诸官，而可直跻卿相。

《樊南甲集序》：后又两为秘省房中官，恣展古集，往往咽噱于任、范、徐、庾之间，有请作文，或时得好对切事，声势物景，哀上（?）浮壮，能感动人。秘省之职大有助于文章之进也。

商隐在秘省正字之日，值卫公得君方盛之时。出入内苑，与令狐绹相遇，亦昂然有自得之意。令狐因商隐依对方援引，重猎清资，再背家恩，旧憾又起了。

《赠子直花下》：池光忽隐墙，花气乱侵房。屏缘蝶留粉，窗油蜂印黄。官书推小吏，侍史从清郎。并马更吟去，寻思有底忙？诗作寻常投赠语，令狐时为户部员外郎，商隐直平视之矣。“屏缘”与“窗油”为借对（油借为由），颇见技巧。

上巳公宴，商隐以茂元之婿，亦应邀参加。盖其岳之亲善者（如陈夷行等）有意汲引，携之赴宴，忝居末座。席间得见李相德裕。往时云泥相隔，远若天涯，今夜欢聚一堂，近同咫尺。秘书正字，文士起家之选，中书掌诰，固所奢期，不知何日始得由走马兰台转而视草槐厅也。翌日作《无题》二首，以记昨夜难得之机遇，并寓歆羡内省之意向。其一为七律：昨夜星辰昨夜风，画楼西畔桂堂东。身无彩凤双飞翼，心有灵犀一点通。隔座送钩春酒暖，分曹射覆蜡灯红。嗟余听鼓应官去，走马兰台类转蓬。三四为集中名句，言己与李相高下悬殊，秘阁与内省地亦相隔，不得插翅而入，然心与卫公相通，望终能给以提携，得近禁近。（张采田曰：此初官正字，歆羡内省之寓言也。身无二句，分隔情通。）其二为七绝：闻道阊门萼绿华，昔年相望抵天涯。岂知一夜秦楼客，偷看吴王苑内花。阊门指扬州之阊门；萼绿华，以比来自淮南节度使之李相；秦楼客，已为王茂元之婿；吴王苑内花自指卫公，以武宗比吴王，身份自合。虽未亲謦咳，亦瞻仰丰采，故喜极而赋此二诗。二诗合而参之，当可悉其本意。因事涉党局，故晦其迹，借艳情为诗，并以“无题”为题。商隐之别创一格，以无题诗写个人之政治遇合，其大者盖自此始。

回鹘乌介可汗掠云、朔、北川，八月，发许、蔡、汴、滑等六镇之师会于太原。商隐作《灞岸》诗：山东今岁点行频，几处冤魂哭虏尘。灞水桥边倚华表，平时二月有东巡。外侮几时能平，征戍何日能已，而今上仍一如平时方措游幸之举，是弗宜也。诗人于武宗之好巡幸，托之微词，致以婉讽，与上二句中所表露之爱国忧民、伤时念乱之心，前后映衬，更具深意。

九月，蔚州刺史契苾领兵赴边，以备回鹘，商隐作诗送别壮行：何年部落到阴陵？弈世勤王国史称。夜卷牙旗前帐雪，朝飞羽骑一河冰。蕃儿襁负来青冢，狄女壶浆出白登。日晚鸊鹈泉畔猎，路人遥识郅都鹰。诗典丽工雅极矣，声调清遒，壮而不纤，晚唐诗中义山独擅其胜。

用兵之际，倍思知用兵之人。开成末于宣州相晤之李远（求古翁）时在京任郎中，李性疏放，爱棋喜钓，有退隐意。回鹘寇边，正须壮士奋起，立功当世，“关山犹传箭，江湖莫系船”，商隐勉其辞“粉署”而赴“戎旃”，此《怀求古翁》诗之所由作也。于宗室中之少年将军，平时“烟波别墅醉，花月后门归”，及至“青海闻传箭，天山报合围”，顿见其“一朝携剑起，上马即如飞”，商隐亦作《少将》诗以表赞许之意。

是年秋，刘蕡卒。商隐作诗以哭之；并代人作哭刘司户之诗三首。

座主高锴镇鄂岳，卒于武昌任所，本年同年独孤云去武昌，诗以送之。中有句：武昌若有山头石，为拂苍苔检泪痕。商隐三试进士，始为高锴所取，师生谊在，终生难忘，哀悼至深。

商隐之悲哀还不仅止于此。家门不幸，母卒岳故，事故接连袭来。这使商隐的前途又笼上一重暗淡的阴影。而会昌之世却是唐后期国家难得昌盛的好年月。

## （十一）　母丧岳薨，邱园坐困，良时蹉失，匡国无分

会昌二年十一月，商隐母卒。丁忧罢职。因居丧病复加剧（瘵疾）。

商隐丁母忧，秘省清资乃不得久处，当卫公得君方盛之日，而己邱园枯守，进身之阶遂蹉失，是可喟然长叹！是年岁尽，作《幽居冬暮》诗以寄慨：羽翼摧残日，郊园寂寞时。晓鸡惊树雪，寒鹜守冰池。急景倏云暮，颓年侵已衰。入何匡国分，不与夙心期。大好时机，年齿徒增，壮志未遂，心情自然十分抑郁。郊园，就是那近处有南亭、由自号樊南生的商隐在前寸于长安城南郊外定居之樊南。

商隐之家于樊南，虽已得官，但官小禄薄（校书郎俸钱万六千钱），赡养口众（老母、商隐夫妇、弟夫妇、三弟未婚、一妹处室，等等），家境甚感拮据。所幸王氏夫人，出身大家而荆钗布裙，自甘寒素，梁孟高义，两情弥笃。丁忧罢职，俸禄告绝，食贫京师，家徒屡空。在居丧中，遁迹丘园，前耕后饷，并食易衣，夫妻相随。因丧病加，虚羸、瘦瘠、鬓白，遂生未老先衰之感；王氏夫人病亦迁延数载。丧病交迫，贫亦随之，于是有上述《幽居冬暮》之作。十年京师寒且饿，寒饿穷冻，此时更甚。

会昌三年癸亥（843 年），商隐三十二岁。

史载：帝问讨回鹘之计，李德裕请遣石雄斫营取公主、擒可汗，从之，遂令石雄审候事势。正月，天德行营副使石雄至振武，登城，谍知公主帐所，引兵夜出，直攻可汗牙帐。至帐下，乌介乃觉，大惊，弃辎重走。雄进击之；大破回鹘于黑山，可汗被创，与数百骑遁去。雄迎太和公主以归。

二月，黠戛斯遣使来献良马，诏太仆卿赵蕃饮劳之。帝引对时，位在渤海使之上。随后，以赵蕃为安抚使，持节往议加册命事。用李德裕等言：原安西、北庭地任其所居，唐不复求，以免遣兵馈饷之劳，唯叙同姓以亲之。既与回鹘为怨，约索其散投山谷之残兵，须尽歼夷，不留余烬焉。

二月，中书侍郎同平章事崔珙罢为右仆射，四月戊申，以翰林学士承旨、中书舍人崔铉（牛党）为中书侍郎同平章事。

李德裕追论太和五年维州悉怛谋事云：维州（清称理蕃厅，故城在今四川理县西十里）据高山绝顶，三面临江，在戎虏平川之冲，是汉地入兵之路。初河陇并没，唯此独存。吐蕃潜以妇人嫁此州门者，二十年后两男长成，窃开垒门，引兵夜入，遂为所陷，号曰无忧城。从此得并力于西边，更无虞于南路。凭陵近甸，旰食累朝。贞元中韦皋欲经略河湟，须自此城为始，万旅尽锐，急攻数年，城坚卒不可克。臣初到西蜀，外扬国威，内缉边备。其维州熟臣信令，空壁来归。臣始受其降，南蛮震慑，山西八国皆愿内属。其吐蕃合水、栖鸡等城，既失险厄，自须抽归，可减八处镇兵，坐收千余里地。且维州未降前一年，吐蕃犹围鲁州，岂顾盟约！臣受降之初，指天为誓，面许奏闻，各加酬赏。当时不与臣者（指牛僧孺）望风疾臣，诏臣执送悉怛谋等，令彼自戮。臣宁令三百余人命弃信偷安！累表陈论，乞垂矜舍，答诏严切，竟令执还。体备三木，舆于竹畚，及将就路，冤叫呜呜，对臣无不陨涕。其部送者更为蕃帅讥诮，云既已降彼，何用送来！复以此降人戮于汉境之上，恣行残忍，至乃掷其婴孩，承以枪槊。绝忠款之路，快凶虐之情，从古以来，未有此事。虽时更一纪，而运属千年，乞追奖忠魂，各加褒赠。诏赠悉怛谋右卫将军。（大中时，杜悰镇蜀，维州首领复内附。）维州旧案，为牛李争讼之一大事。于一城之取舍，见两造之是非。太牢之在位，朋党连结，力斥异己，本无远图，务事姑息，其太和之政类如此。力不可拔，燻灼权势。甚矣，庸儒误国之可鄙也！

四月辛未，李德裕乞退闲局。帝曰：卿每辞位，使我旬日不得所。今大事皆未就，岂得求去！

四月乙丑（七日），昭义节度使刘从谏卒，军中拥立其侄（以侄为嗣）刘稹，逼监军奏称从谏病，请命稹为留后。帝以此谋于宰相。多以回鹘余烬未灭，边境犹须警备，讨泽潞，国力不支。李德裕独曰：敬宗不恤国务，宰相又无远略，刘悟死，因循以授从谏。今复于垂死之际以兵权擅付竖子。若因而授之，则四方诸镇无不思效其所为。帝问何术制之，对曰：稹所恃河朔三镇，但得镇（成德）魏（魏博）不与同心，则稹无能为也。请喻王元逵、何弘敬：泽潞一镇与河朔事体不同；勿为子孙之计，欲存辅车之势。山东三州隶昭义者（邢、洺、磁）委两镇攻之，贼平之日，厚加官赏。苟两镇听命，则稹必成擒。帝曰：吾与德裕同之，保无后悔。命德裕制示二镇。

四月辛巳（二十三日），始为刘从谏辍朝，诏稹护丧，归东都，稹不从。是月诏百僚会议刘稹可诛可宥之状以闻。

四月丁亥（二十九日），以忠武节度使王茂元兼领河阳节度使；河阳节度使李执方改易定节度使；后以邠宁节度使王宰（王智兴子）为忠武节度使，王茂元专镇河阳。

四月丁丑（十九日），帝曾曰：东都李宗闵比与从谏交通。今泽潞事如何？可别与一官，不要令在东都。李德裕曰：臣等续商量。帝又云不可与方镇，只与一远郡。德裕又奏云须与郡。五月戊戌，以李宗闵为湖州刺史。出刺湖州（上好之郡），美职也。德裕宽和为怀，与牛党之“奋私昵党，排击所憎”（《新唐书·牛僧孺传》）不同。

六月辛酉，李德裕为司徒（太尉、司空、司徒为三公，并正一品）。丙子（十七日），诏东面招讨使何弘敬、北面招讨使王元逵、西南招讨使李彦佐（原徐泗节度使）、河阳节度使王茂元、太原节度使刘沔，于七月中旬五道齐进，刘稹求降，皆不得受。

七月，以山南东道节度使卢钧为昭义节度招抚使，钧在襄阳宽厚有惠政，得众心，故使领昭义以招怀之。

七月，遣刑部侍郎兼御史中丞李回宣慰河北三镇，令幽州乘秋早平回鹘，令镇魏早平泽潞。

李彦佐自发徐州，逗留观望，李德裕请诏切责之，以天德防御使石雄为彦佐之副（晋绛行营副使）；王元逵奏拔宣务栅，击尧山，败刘稹援兵，诏加元逵同平章事。皆七月事。

八月昭义大将李丕来降，议者疑之。李德裕请厚赏以劝将来，用为忻州刺史。驸马都尉王元逵前锋入邢州境逾月，何弘敬犹持二端未出师。李德裕进言：请诏示何宏敬：河阳河东皆关山险，未能进军，今遣王宰将忠武全军径魏博直抵磁州，以分贼势。弘敬必惧，此攻心伐谋之术也。从之。

王茂元以本军屯万善（河内县万善镇），遣大将马继守天井关南科斗店（天井关在泽州晋城南，亦名太行关，屯此以杜潞兵之窥怀洛）。魏博迁延不进，河阳兵力单薄，八月甲戌（十八日）刘稹将薛茂卿破科斗寨，擒马继等，火十七栅，距怀州才十余里。议者鼎沸，谓从谏养精兵十万，粮支十年，如何可取？帝亦疑之，以问李德裕。对曰：小小进退，兵家之常，愿勿听外议，则成功必矣。帝曰：为我谓朝士，有上疏沮议者斩。议者乃止。

何弘敬闻王宰将至，恐忠武兵入魏境，军中有变，八月丙子（二十日）始出师趋磁州。

八月庚辰（二十四日）李德裕上言：河阳败后人情危怯，王茂元复有疾。望诏王宰更不之磁，亟以忠务军合义成兵，应援河阳，以捍蔽东都兼可临制魏博。甲申（二十八日）敕王宰以全军速进。

八月乙酉（二十九日）刘稹遣张巨、刘公直等围万善。公直潜师先过万善南五里，焚雍店。巨继之，攻万善。会日暮，公直等不至，巨引兵退，始登山，微雨晦黑，自相惊曰追兵至矣！皆走。人马相践，坠压谷死者甚众。

九月辛卯（五日），以王宰充泽潞南面招讨使，兼河阳行营诸军攻讨使。王茂元病愈后止令镇河阳。

李德裕奏：河阳节度使旧领怀州刺史，常以判官摄事，割河南五县租赋隶河阳。不若遂以河阳置孟州，怀州别置刺史。戊申（二十三），授李璟为怀州刺史。

九月庚戌（二十四日），以石雄代李彦佐为晋绛行营节度使，令自冀氏取潞州。次日，石雄即引兵逾乌岭，破五寨。时诸将皆顾望未进，帝得雄捷书，喜甚，曰雄真良将。诏赐帛。雄悉置军门，自依将士例先取一匹，余悉分将士。

十月辛未（十六日），河东节度使刘沔充义成军（郑滑）节度使；荆南节度使李石为河东节度使。

十一月，党项寇邠宁，以兖王岐为灵夏六道元帅、安抚党项大师，御史中丞李回副之，史馆修撰郑亚为元帅判官。先是，党项分隶诸道镇，剽掠于此，则亡归于彼，节度使各利驼马，不为擒还，以此无由禁缉。至是李德裕以皇子兼统诸道，庶得其宜。

十二月，王宰克天井关，复失。刘稹将薛茂卿入泽州，密与王宰通，谋为内应，宰疑不敢进。稹诱茂卿至潞，杀之，并其族。

李褎转郑州刺史。

同在这风云激荡的一年，商隐的情况又如何呢？是春，商隐居长安，住樊南。某日就所见所思作《即日》诗一首：小苑试春衣，高楼倚暮晖。夭桃唯是笑，舞蝶不空飞。赤岭久无耗，鸿门犹合围。几家缘锦字，含泪坐鸳机。赤岭，汉蕃界，鸿门县，汉置，属西河郡，与雁门相接。诗言御吐蕃者戍久，逐回鹘者战苦。干戈世路，思妇贫户，鸳机锦成，书寄何处？而彼富家少女，试衣、登楼，花颤、蝶舞，憨态足欢，乐事多趣。几家笑，几家泪，何人间之冷暖相悬如许！诗用对比之笔，与《灞岸》诗章法同。

再回过头来表述其岳王茂元的事。

五月，商隐遄赴王茂元幕。王茂元于四月底以陈许节度使兼领河阳，为讨刘稹也。军中书檄须大手笔，故邀其婿赴镇。此去，暂捉刀操觚，亦墨绖从戎。居母之丧，固已历时日；分岳之劳，实难违人情。

出潼关，宿盘豆馆，对丛芦有感而成一律：芦叶梢梢夏景深，邮亭暂欲洒尘襟。昔年曾是江南客，此日初为关外心。思子台边风自急，玉孃湖上月应沉。清声不远行人去，一世荒城伴夜砧。开成五年游江乡时，芦丛遍地，今又见芦叶梢梢，对景牵情，百端交集：湘潭空还，风急宦海，再入秘省，难得机会，遽丁母忧，又出关外。此身漂泊，正不知何日方止！

六月，至幕，为王茂元作《与刘稹书》，喻以利病祸福之宜，虽系上受庙谟之作，亦由商隐的大手笔所具体操持。

王茂元奉诏于七月中旬进兵，商隐不谙戎事，离幕。赴郑州，谒刺史从叔李褎。有诗献之（七律，起句为“蓬岛烟霞阆苑钟”，褎固好求仙学道者），并为作祷雨之文。

七月中，几路兵集，王元逵首击尧山，战事已起。刘稹兵亦有窥天井、下雍店之势，怀州已为兵争之地。商隐虑仲姊裴氏寓殡获嘉（怀州属县），或罹焚发之灾，因思为改葬于郑州坛山之祖茔，并同时葬母（卜于明年正月），意既决，遂赴长安，主奉母柩回郑州事。

在长安日，作状文请卢简辞为曾祖妣、仲姊裴氏夫人、叔父李处士预撰墓志。

李、卢为世亲，商隐称简辞为三兄。简辞善文辞，会昌二年入为户部侍郎。

八月中，归郑州，王茂元屯万善，兵寡，而宣喻河北三镇后，何弘敬仍迟不出师，河阳势危正缘魏博迁延。卫公宣喻时，商隐曾作《赋得鸡》诗以刺之：稻粱犹足活诸雏，妒敌专场好自娱。可要五更惊稳梦，不辞风雪为阳乌？此等藩镇，唯谋自固，为子孙利，欲为犄角之势，尚持首鼠之疑。望其能如金鸡之报晓唤梦，风雪不辞，忠于厥职，善其终始，岂可得之？先时隐忧，竟不幸言中！

九月，在郑州。王茂元病不起，薨于怀州，即史所载：九月丙午（二十日），河阳奏王茂元薨，赠司徒。商隐急奔丧至怀州。"属纩之夕，不闻启手之言"，至则其岳已溘逝，终年七十。商隐为之代作《濮阳公遗表》。后（十月）于宣吊日又为妻兄王瓘作《谢宣吊并赠赙表》。诏赐布帛三百匹，米粟二百石，谥曰威，赠司徒，加仆射。

上列两表中云：今月某日疾生腹脏，弊及筋骸，药剂之攻击愈深，神祇之祷祠无益。传餐失时，峪血成疾，奄至凋落，长违盛时。可约窥见茂元之病情。《重祭外舅司徒公文》中云：七十之年人谁不及，三公之位人谁不登。可知其享年约七十。

王茂元本将家子（父王栖曜），少好学，德宗时上书自荐，擢为校书郎。又有勇略，元和中为右神策将军；太和中为广州刺史岭南节度使，蛮落安之。南中多异货，积聚家财巨万计。后为泾原节度使。李训之败，中官利其财，掎摭其事，言其因训、注见用，茂元惧，罄家财以赂两军，得不究（据两唐书本传）。王家原未广置田产，素又仗义疏财（遗表中云：良田五顷，虑莫及于子孙，厚禄万钟，惠颇霑于宾客），自为中官所构，"家有积财"徒为虚名。商隐婚后，并无大力沾沔婿家之贫乏，而耿介如商隐者亦不奢求其妻族。故于毁之者艳财企婚之说，商隐愤懑之极。

十月，茂元子扶其父之柩至东都。宾客亲友赴吊者如流水，商隐亦随之往洛阳。

奔丧在怀日，适李璟来刺该州。为璟作表状多件。

十月中旬，在洛阳时为马懿公郡夫人王氏作黄箓斋文（共三文）。王氏，马总（户部尚书，长庆三年卒，赠右仆射，谥曰懿）之妻；黄箓斋，道家所为谢过忏拔、禳灾致福之法事（道场）。商隐少年曾学道，故善为此等文字。

十一月在郑州，为其母周年祥忌，朝夕二奠，不敢违离，遂遣仵弟羲叟一人往获嘉收拾裴氏仲姊遗骨，易棺运郑，以备改葬。徐氏姊夫于是年卒，商隐亦因祥忌云近，未克前赴亳州，躬预徐氏姊与姊丈合葬之礼，作祭文以寄奠之。

母氏祥忌既过，仲姊遗骨又返，葬前之事就绪，而距葬期（下年正月二十几）尚有时日，商隐遂赴太原，作短暂之游。盖李石于十月移镇河东。石，令狐楚太原幕之节度副使，与商隐为旧交。商隐原困家累，复窘葬事，正当居丧落职之时，颇思为文沾润之计，故李石见招，欣然往焉。十一月下旬，离郑州北上。过永乐时，得晤同年韦潘。韦出示夜泊池州之作，商隐和诗，以正时澄江如练处，玄晖应喜见诗人之语美之。过稷山，诗赠老于风尘、有道术之绛郡驿吏王全。过交城，作《过故府中武威公交城旧庄感事》诗，交城属太原，故府乃令狐楚旧时幕府所在，武威公指元和时之名将李光颜，其旧庄在此，故云，商隐系旧地重游。自南而北，行程历历，十二月抵太原。在太原日，得识李石幕中之崔侍御；又接永乐订交之刘评事所寄永乐闲居之作，诗以和之。

王茂元之葬卜于明年新春（正月）。十二月中，商隐作《祭外舅赠司徒公文》，遣家童赍往洛阳致奠。文中历记乃岳之家世、才能、功业，与对己知遇之恩、允婚之谊。京西当日，辇下当时，中堂评赋，后榭言诗，翁婿二人，原有文字之契。日中则昃，月盈则蚀。改颍水之辞违，成洛阳之赴吊，抱痛酸骨，衔悲没齿。潘杨之好，琴瑟之美，庶有奉于明哲，既无亏于仁旨。……有尽词，无穷泪，情深意挚，读文中之可屈首指。

是年除夕，在太原得与晋阳宫守岁宴乐之邀，作《隋宫守岁》诗，由太原而想望京师宫阙今夕，并进以借讽武宗求仙女宠事，“昭阳第一倾城客”，其指会昌中进号才人、宠极一时之王才人乎？

会昌四年（844 年），商隐三十三岁。

史载：是年正月乙酉朔，河东将杨弁作乱，剽掠城市，杀都头梁季叶，李石奔汾州，弁据军府，使人诣刘稹约为兄弟。初，李石使杨弁率戍卒益榆社兵。十二月壬午戍卒至太原。军士原出征，人给绢二匹，刘沔之去，竭府库自随，石初至，军用乏，人才得一匹。时已岁尽，军士求过正旦后行，监军促之。杨弁因众之怒，知城中空虚，遂作乱。

刘稹之叛未平，太原之乱又起，帝心颇忧之。李德裕请令王逢悉留太原兵守榆社，以易定、宣武、兖海兵讨杨弁，又令王元逵兵自土门入，会于太原。河东兵戍榆社者闻客军取太原，恐妻孥为所屠灭，乃拥监军使吕忠义自取太原。壬子，克之。擒杨弁，尽斩乱卒。二月辛酉（七日），太原送杨弁及其同恶五十四人来献，斩于独柳。

二月，以李石为太子太傅分司东都；以河中节度使崔元式为河东节度使；石雄为河中节度使，仍晋绛行营诸军招讨使。三月，汾州刺史李丕授晋州刺史充冀代行营攻讨副使。

三月，黠戛斯再遣使入贡，献白马二百匹。

王宰以有子在磁州为刺史，为刘稹所质，顾望不敢进。李德裕请徙义成节度使刘沔镇河阳，仍令义成精兵抵万善，处宰肘腋之下，以示取代之意。三月丁酉，诏以刘沔为河阳节度使。王宰果惧，四月即进攻泽州，天井关经往返争夺，终为王宰收复。

闰七月，丙子，邢州刺史崔嘏请降于王元逵；王钊继以洺州降于何弘敬；磁州闻二州降，随之亦降。八月辛卯，镇魏两帅奏邢、洺、磁三州降。李德裕曰：昭义根本尽在山东，三州降，则上党不日有变矣。潞（今山西长治）人闻三州降，大恐。郭谊、王协谋诛刘稹以自赎，收稹宗族至襁褓中子皆杀之。又，杀刘从谏父子所厚善者张谷、陈扬庭、李仲京、郭台、王羽、韩茂章、韩茂实、王渥、贾庠等凡十二家（李训、王涯等亲属，甘露事变后匿于潞府者）。凡军中有小嫌者，谊日有所杀，流血成泥。乃函稹首，降于王宰，日望旌节。八月乙未，王宰以状闻。丙申，李德裕奏遣卢弘正宣慰三州及魏镇二道。帝曰：郭谊如何处之？德裕曰：刘稹呆孺子耳！阻兵拒命皆谊为之，谊实为谋主。及势孤力屈，又卖稹以求赏，此而不诛，何以惩恶？宜及诸军在境时，并谊等诛之。帝以为然。乃诏石雄将七千人入潞州。雄至潞州，执郭谊及诸将之桀黠拒官军者送京师。

初，李德裕拟惩首恶，以儆效尤，其列名宣示中外者，仅郭谊、王协、刘公直等八人处斩，连同张谷、陈扬庭等于甘露事变后潜匿潞府之十二家，以及刘稹之弟、姊、堂兄弟、门客、术人，均已在昭义被郭谊所杀者，计数共五十余人。而中官意犹未足（仇士良新卒，其党势尚盛炽），有所求于帝，请尽诛昭义将士之从逆者。盖开成之末，刘从谏屡上表为训、注申雪，力抨仇士良，中官为之切齿，怀多年之积愤，欲报复于一朝，至是固持其请。帝亦不能不曲顺其意。株连遂广，实纵枉滥。八月戊戌，王宰传稹首与大将郭谊等一百五十人，露布献于京师（《旧唐书·纪》）。叛将叛属与刘从谏妻裴氏并斩于独柳。死者甚众。此非出于德裕本意。

《资治通鉴》引《献替记》云：诛刘稹同恶仅五十余人，除去将官不计，每家不过三人。可见李德裕本意并非诛戮过宽，且多数死者乃已先为郭谊所杀之十二家。《献替记》又云：上信任宰臣，无不先访问，无独断之事，唯诛讨泽潞、不肯舍振武官健，及诛蓟党项此二事，并禁中发诏处分，更不顾问。可见杀至一百五十人系中官唆武宗而出于"宸断"，宰臣不预也。

《诛郭谊等敕》《诛张谷等告示中外敕》，载《会昌一品集》卷九。

八月戊申，加李德裕太尉、卫国公，德裕固辞，不从。初，将帅出师屡败，此监军掣肘，将帅不得专进退之故。德裕与枢密使约，敕监使不得预监军政，自御回鹘至泽潞用兵，皆守此制。将帅得施其谋略，故所向成功。泽潞之役，李德裕更以一相而制御三镇，如运之掌，料事明决，号令整齐，指挥若定，其才真不在诸葛之下。

前山南东道节度使卢钧，素宽厚爱人，刘稹未平，钧已领昭义节度使。九月丁巳，钧赴潞州，入天井关，昭义散卒归之者，钧皆厚抚之，人情大洽，昭义遂安。

是年，闰七月甲辰，淮南节度使杜悰入朝，同平章事，兼度支、盐铁转运使。悰初为驸马（元和九年），累迁司农卿、京兆尹、凤翔陇右节度使、忠武节度使。开成初入为工部尚书，三年改户部，判度支。会昌初为淮南节度使，镇扬州。帝闻扬州倡女善为酒令，敕监军选十七人献之。监军请杜悰同选，且更欲择良家美女。悰不从。监军怒，具表其状。帝览表曰：杜悰不徇监军意，得大臣体，真宰相才。由是召悰入相，以魏征期之。及郭谊请降时，杜悰以馈运不继，谓谊等可赦。上熟视不应，大失所望。悰，牛党之巨子。

十月，以太子太傅东都留守牛僧孺为太子少保分司东都，李宗闵为彰州刺史；戊子再贬牛僧孺为汀州刺史，李宗闵为漳州长史；十一月，复贬牛僧孺为循州长史，李宗闵长流封州。以二人素与刘从谏交通，河南少尹吕述言：稹破，报至，牛僧孺出声叹恨。迨石雄入潞，军吏得从谏与僧孺交结状，证据具在，难获宽容，致遭严谴，而一贬再贬。

帝好神仙，道士赵归阵得幸。李德裕谏之，不听。

是年六月，仇士良卒。帝外尊士良，内实恶之。上年六月癸酉，仇以老病求散秩，乃以左上将军内侍监致仕，送归私第。后有宦者发仇士良俗恶，于其家得兵仗数千。诏削其官爵，籍没家赀，寻卒。

是年，柳仲郢为吏部郎中。李德裕奏州县佐官太冗，请简冗员。六月，仲郢奏减一千二百十四员。凡罢郡县吏二千余员。衣冠在者皆怒德裕。

七月卢贞为河南尹；十一月中书侍郎李绅以同平章事充淮南节度使；十二月，以忠武（陈许）节度使王宰充河东节度使，义成节度使刘沔充忠武节度使。

周墀迁洪州刺史，江西观察使；令狐绹为右司郎中（从五品上）；九月，杜牧迁池州刺史。

会昌四年，这年商隐的情况是：正月初逢杨弁之乱，只身脱险，遽离太原。

《大卤平后移家永乐书怀》诗有甑破宁回顾，舟沉岂暇看？脱身离虎口，移疾就猪肝之语，即指太原遇变之事。

自太原回郑州，正月中，途经洛阳，作《重祭外舅文》，致奠于王茂元之灵筵前。“下马先啼，登堂辄哭”，翁婿之情至深。太原离洛阳八百里，祭文中“千里归途，东门故第”即由太原归至洛阳之谓。“昔公爱女，今愚病妻”，商隐之于婉弱多病之夫人，尤不胜其怜惜之情。

归至郑州，时羲叟已自济源运回寄寄遗骨，遂筹于正月二十五日前改葬仲姊、寄寄于荥阳之坛山，同时葬其母。

叔父李处士之墓，忽罹风水，寿堂圮坏，宰树凋倾。其子幼小，商隐愿襄改葬之礼。葬日，商隐以哀伤过度（葬母葬姊），并素有瘵疾，未克亲操移骨之事，仍由羲叟任厥职。重具棺衾，再立封树，葬于裴氏仲姊新墓之左次。时亦在会昌四年之正月。

原拟曾祖母卢氏之灵亦与正月自郑归祔于怀州雍店之东原，与安阳君合葬，至期未果。因时正用兵，雍店寇逼，故又改期。“潞寇朝弭，则此礼夕行”，俟之于刘稹平后。杨弁之乱既平，改葬诸事既妥，商隐即谋移家之计。李石虽离太原，因其相助，犹得往向所欣羡之永乐寓居。永乐属河东道河中府之永乐县（今山西芮城县），莲耸碧峰，荷翻翠盖，有山有水，风物宜人，暂居幽闲，足供赏心娱目焉。

《北梦琐言》：唐相国李公福，河中永乐有宅，庭槐一本抽三枝，直过当舍屋脊，一枝不及。相国同堂昆弟三人，曰石、曰程，皆登宰执，唯福一人历镇使相而已。是李石在永乐有大宅，有产业，商隐移家永乐，或即因依东道主李石欤？

## （十二）赏菊咏雪，永乐闲居一年多

会昌四年（844 年），三十三岁的商隐携同全家正式移家永乐居住。

去岁王氏奔丧，羲叟营葬，固已先后离京至洛。本年二月，偕妻、弟先至永乐安顿，旋即北赴太原，以取岁首避杨弁之乱时所遗之行李诸物。自太原南返，寒食节始行次汾州孝义县之冷泉驿。“归途仍近节，旅宿倍思家”，三月初，归抵永乐。时樊南尚有家口待商隐往迎，家中长物亦须往运之，为此商隐又离永乐，仆仆风尘于长安道上。

行次昭应县（即长安附近之会昌县），遇户部李郎中充昭义招讨，诗以送之：将军大旆扫狂童，诏选名贤赞武功。暂逐虎牙临故绛，远含鸡舌过新丰。鱼游鼎沸知无日，鸟覆危巢岂待风？早勒勋庸燕石上，伫光纶綍汉廷中。壮丽浑雅，声出金石（钱良择语），落句尤有开宝风气（何义门语），结联亦成对仗，七律中一种作法。

户部李郎中，冯注以为李丕，岑仲勉以为丕系昭义新降大将，本一武人，今诗云云，明是文人，且非检校官，当日赞助军幕带攻讨衔者当不止李丕，不得因同是李姓而遽行附会也。按：岑说诚是。诗中固云“远含鸡舌”，实为郎中无疑；李丕已为刺史，加衔御史中丞，与郎中不合，李郎中应是另一人。愚揣此人殆即李远，因李远实是郎中（《何时粉署仙》），亦能用兵者。《怀求古翁》诗曾以“傲兀赴戎旃”望之，至是果参戎幕矣。将军盖指李彦佐，统晋绛行营，屯翼城，其地固亦名故绛也。

暮春，移家永乐县事毕，书怀十韵。刘、韦二公去岁曾寓于此，时韦潘已赴郓州，刘亦他往，爰寄以此诗。

**大卤平后移家到永乐县居书怀十韵**
**寄刘韦二前辈，二公尝于此县寄居**

驱马绕河干，家山照露寒。依然五柳在，况复百花残。
昔去惊投笔，今来分挂冠。不忧悬罄乏，乍喜覆盂安。

甑破宁回顾？舟沉岂暇看？脱身离虎口，移疾就猪肝。
鬓入新年白，颜无旧日丹。自悲秋获少，谁惧夏畦难！
逸志忘鸿鹄，清香披蕙兰。还持一杯酒，坐想二公欢。

首四句家山、五柳，写二公之旧居，百花残，商隐来此，正值暮春。甑破、脱身，喻杨弁作乱、脱身幸离；移疾就猪肝，用闵仲叔由太原至安邑之典，甚切。末四句逸志忘鸿鹄，清香披蕙兰。还持一杯酒，坐想二公欢（对句），结语归到寄二公，首尾相应，自成章法。

移家永乐，喜所居得地，作《自喜》诗志之：自喜蜗牛舍，兼容燕子巢。绿筠遗粉箨，红药绽香苞。虎过遥知阱，鱼来且佐庖。慢行成酩酊，邻壁有松醪。全诗平易，无多寓意。

永乐闲居日，过县内姚孝子庐，题诗鱼因感姜出，鹤为吊陶来。商隐丧母犹在服内，触绪成篇，有风木之痛。永乐县之道靖院、河中任中丞新创之河亭，皆蒲州胜境，商隐往游，并题以诗。《河亭》诗云：左右名山穷远目，东西大道锁轻舟。独留巧思传千古，长与蒲津作胜游。写景切题，取境阔大。登县内灵仙阁，晚眺，作诗，再寄郓州韦评事：潘游全璧散，郭去半舟闲。定笑幽人迹，鸿轩不可攀。故人已去，未必能再返旧居矣。

在永乐，喜闻当日太原李石幕之同院崔侍御今台拜即真，诗以贺之，兼寄在台二三同年：鹏鱼何事遇屯同，云水升沉一会中。刘放未归鸡树老，邹阳新去兔园空。寂寥我对先生柳，赫奕君乘御史骢。若向南台见莺友，为传垂翅度春风。遇屯，即同遇杨弁之乱。刘放未归，李石遂居散地。邹阳新去，府中诸子离并未久。先生柳，言己闲居；御史骢，贺崔台拜。结则兼寄二三同年。同遭险难，而俄判升沉，既堪羡之，又足慨焉。

闲居非闲，商隐身在永乐，于朝政党局并非无所萦心。是年夏，受李贻孙之托，代作书启上李德裕。贻孙，李德裕之从侄，因病求医，居于洛阳，时疾已痊，复思出仕，倩商隐为文申意。商隐于启中就已收回鹘之众，速定杨弁之乱，将平刘稹之叛，盛赞李相庙战之功。“陈曲逆（平）之六奇，翻成屑屑；葛武侯之八阵，更觉区区。”运古极精，语非虚设。昔商隐受知于令狐，见重于崔戎，皆适然之遇，无与党局；及成王氏之佳婿，八郎相怨，得李党之援引，秘省再入，遂去牛日远，就李日近。尤以李相攘外安内，勋业辉煌，更令商隐高山仰止，歆慕不已。择木之智，涣邱之公，盖已始矣。此文实亦商隐自致瓣香之诚，故倾全力以赴之。

暑去秋来，出永乐作近境之游，至霍邑，赋《登霍山驿楼》诗：庙列前峰迥，楼开四望穷。岭巉岚色外，陂雁夕阳中。弱柳千条露，衰荷一向风。壶关有狂孽，速继老生功。时泽潞之役未竟，祈霍山神佑唐军，以速奏肤功。

八月上旬，刘稹之乱平，商隐为曾祖母合葬事，即暂离永乐，往来于郑怀间。

在郑州日，为从叔李褒作启，分别上李德裕、李绅，盖褒欲别刺他郡，望二相优容也。

自郑州启曾祖母之榇，归祔于怀之东原，合葬礼成，"五服之内，更无流寓之魂，一门之中，悉共归全之地"，至此，商隐庶几心安。

在怀州日，曾重过燕台旧居。"低楼小径城南道，犹自金鞍对芳草"，余情未已，低徊久之。作《河内诗》二章。诗之一《楼上》，记二人欢会之初及深盟重誓之嫁娶约；诗之二《湖中》，已知燕台流落吴中之确讯，为其境况日非而深忧。诗用长吉体，与《燕台诗》《河阳诗》同一风格。

### 湖　中

阊门日下吴歌远，陂路绿菱香满满。
后溪暗起鲤鱼风，船旗闪断芙蓉干。
倾身奉君畏身轻，双桡两桨樽酒清。
莫因风雨罢团扇，此曲肠断惟北声。

起二句点明地在吴中，下写其侑酒歌舞，饱受催残，并恐风雨之来而如团扇之遭弃捐。北声，燕台北人，虽至吴中有年，乡音未改也。

归至永乐，与水部马郎中有诗往来。马自京师暂归永乐，未几又去京师，以题兴德驿诗见示，商隐和诗以寄。时昭义已平，故诗有鹢鸟时往复，鸥鸟恣浮沉。更想逢归马，悠悠岳树阴之句，一派时平景象。马郎中又以移白菊诗见示，商隐亦和之：陶诗只采黄金实，郢曲新传白雪英。素色不同篱下发，繁花疑自月中生。浮杯小摘开云母，带露旋移缀水精。偏称含香五字客，从兹得地始芳荣。白菊见咏于新诗，允为佳构。

芳菊绽葩，秋光又老。篱边流连，低吟得句：暗暗淡淡紫，融融冶冶黄。陶令篱边色，罗含宅里香。几时禁重露，实是怯斜阳。愿泛金鹦鹉，升君白玉堂。罗含、陶令，喻己罢官闲居，然心则无时不在"升君白玉堂"，切望服阕能再入朝。

秋日晚思，亦有所作：桐槿日零落，雨余方寂寥。枕寒庄蝶去，窗冷胤萤销。取适琴将酒，忘名牧与樵。平生有游旧，一一在烟霄。诗云忘名，实则未能忘诸，往日之交友，已各自腾骛，不平之气，于此微露。

是年冬，以退居永乐，渴然有农夫望岁之志，遂作《忆雪》《残雪》诗两首，各一百言（五言排律各十韵）。二诗排比刻画，主在写景，唯于结联稍见寓意：上天恩泽所及者唯此雪为均平也。又作《喜雪》十韵。第三诗结云：粉署闱全隔，霜台路渐赊。此时倾贺酒，相望在京华。道出身不得在长安为憾之本意。于此诗中又可看出有王氏夫人在：洛水妃虚妒，姑山客漫夸，夫人之貌，令人又妒又夸；联辞虽许谢，和曲本惭巴，夫人有咏絮才，而己自惭不如。三诗各洋洋百言，用事稠叠、精切，殆为夫妇唱和联吟之作。

昭义之事予商隐触动极大。昔刘从谏累表暴仇士良恶，士流重之，商隐曾亦有望于刘；今其后人为逆，事难预料，全家被诛，咎由自取。以长吉体作《无愁果有愁北齐曲》，借北齐之国倾，寓刘氏之族灭，其以北齐为言者，泽潞为河东道，与北齐之晋阳正相邻接也。诗之后半句云：推烟唾月抛千里，十番红桐一行死。白杨别屋鬼迷人，空留暗记如蚕纸。日暮向风牵短丝，血凝血散今谁是？此段摹写甚细，盖隐指刘氏家属被押至长安推问，为人所唾，并斩于独柳，草草收瘗，唯留暗记，荒冢累累，如点点蚕子之在蚕纸之上。昔北齐高氏子孙，诛夷殆尽，今谁复如是？刘氏也。李贺喜用“鬼”“血”字，商隐效其体，故以写得鬼气逼人。此事诛杀甚众出于阉寺，其势熏天，未敢明斥其非，用长吉体故晦其意。

牛党诸公竟暗中与刘氏交通，助人之恶，自招其祸，不可宽宥。作《明神》诗以刺之：明神司过岂令冤？暗室由来有祸门。莫为无人欺一物，他时须虑石能言。“石能言”三字用《左传》石言于晋魏榆之典，与石雄之姓、率军入泽潞、其将吏得牛（僧孺）、李（宗闵）勾连刘氏之状均极贴合，隶事精切，名手高技。此诗正指明牛李之迭贬，宜也，非冤之也。商隐之去牛就李（德裕），其心事可豁然洞见。

会昌五年（845 年），商隐三十四岁。

史载：是年正月乙酉朔，敕造望仙台于南郊坛，宰臣李德裕、杜悰、李让夷、崔铉、太常卿孙简等率文武百僚上尊号曰“仁圣文武章天成一功神德明道大考皇帝”。礼成后，李德裕乞退，不许。

淮南节度使李绅按江都令吴湘盗用程粮钱，强娶所部百姓颜悦女，罪当死。谏官请覆按。诏遣监察御史崔元藻、李稠覆之。还言：盗程粮钱有实，颜悦本衢州人，尝为青州牙推，妻亦士族，与前狱异。李德裕以为无与夺。二月，贬崔元藻端州司马，稠汀州司户，不复更推，即如绅奏，处湘死。谏议大夫柳仲郢上疏争之，不纳。李德裕以柳仲郢无私，举为京兆尹。柳素与牛僧孺善，谢德裕曰：不意太尉恩奖及此，仰报厚德，敢不如奇章公门馆。德裕不以为嫌。

是年二月回鹘衰微、吐蕃内乱，诏复河湟四镇十八州，任给事中刘濛为巡边使，使之先备器械糗粮，及侦吐蕃守兵众寡。又令天德、振武、河东，训卒厉兵，潜为战备。

三月崔铉罢知政事，出为陕虢观察使；五月乙丑，户部侍郎李回为中书侍郎同中书门下平章事，判户部如故。

五月杜悰罢知政事，出为剑南东川节度使；七月山南东道节度使郑肃检校尚书右仆射同平章事。

七月，敕：上都、东都两街各留二寺，每寺留三十人（东都后改为二十人），天下节度观察使治所及同华商汝各留一寺，分等三者：上等留僧二十人，中等留十人，下等留五人。余僧及尼皆勒归俗。寺非应留者立期毁撤，财货田产并没官，寺材以葺公廨驿舍，铜像钟磬以铸钱。八月壬午，诏陈释教之弊，宣告中外。凡天下所毁寺四千六百余区（官为题额者）、归俗僧尼二十六万五百人；毁招提兰若四万余区（私造者）。

是年忠武度使刘沔以疾除太子少保，以易定节度使李执方为忠武（陈许）节度使。

帝饵方士金丹，自秋冬以来，觉有疾，而道士以为换骨。

冬，今狐绹为湖州刺史。

是年正月十五夜，商隐在永乐闻京有灯，恨不得观，有诗：月色灯光满帝都，香车宝辇塞通衢。有闲不睹中兴盛，羞逐乡人赛紫姑。丁忧蛰处，不克躬预庆典，明慨灯期之误，实悲己身之闲。

元宵节后，应从叔李褒（称十二叔）之招赴郑州。经洛阳，为河南尹卢贞拟贺上尊号表，大书前时逐回鹘、诛杨弁、平泽潞之功业。至郑，复为从叔作启，上宰相与崔铉。启中以旧疴加甚，不耐烦剧为词，希在吴楚偏乡给以一郡。

正月新春商隐赴郑州，曾过洛阳小憩，重访柳枝故居。伊人一去，红楼已空。七律《春雨》即于此时作以志感。

时至二月下旬，自郑州归永乐。去岁自栽花木，今春悉已茁茂。闲居无事，颇以花草自娱。

有诗《永乐县所居一草一木无非自栽今春悉已芳茂因书即事一章》以记，诗云：手种悲陈事，心期玩物华。柳飞彭泽雪，桃散武陵霞。枳嫩栖鸾叶，桐香待凤花。绶藤萦弱蔓，袍草展新芽。学殖功虽倍，成蹊迹尚赊。芳年谁共玩，终老召平瓜。春来满园芳菲：柳飞絮，桃灼花，枳初叶，桐始华，藤引蔓，草展芽……然己身困守乡里，得无将以默默无闻而没世乎？

小园独酌，县中饮席，桃李应候，成蹊寂默，花下沉醉，夜深送客，渐遗尘事，悠然自适，闲实难遣，岂真超脱？无聊之极，一一形诸笔墨。

刘评事寄赐饧粥，走笔为答：粥香饧白杏花天，省对流莺坐绮筵。今日寄来春已老，凤城迢递忆秋千。身居田间，心系京国，见于言外。

暮春花落，作《落花》诗以伤之：高阁客竟去，小园花乱飞。参差连曲陌，迢递送斜晖。肠断未忍扫，眼穿仍欲归。芳心向春尽，所得是沾衣。好花易落，好景易逝，身世感深，不胜悲欷！纤媚题材，高雅乃尔，起结之妙，尤非他人所及。

自会昌二年丁母忧，至是闲居已跨四年。春日有诗寄怀：世间荣落重逡巡，我独丘园坐四春。纵使有花兼有月，可堪无酒又无人。青袍似草年年定，白发如丝日日新。欲逐风波千万里，未知何路到龙津？此几年中正文武立功之日，而己枯坐丘园，无与匡国之分；乘风破浪，直跃龙门之愿，岂能就此轻言放弃？

夏，再自永乐移居洛阳。夏秋以来，商隐与妻王氏病恙相继。七夕双星相会之节，题诗寄慨：宝婺摇珠佩，常娥照玉轮。灵归天上匹，巧遗世间人。花果香千户，笙竽溢四邻。明朝晒犊鼻，方信阮家贫。诗言己之清贫，贫而又病，真足忧煎！

秋风秋雨之时，自洛阳寄诗答在京之令狐绹：嵩云秦树久离居，双鲤迢迢一纸书。休问梁园旧宾客，茂陵秋雨病相如。其词甚悲，意在修好。两人虽有书往来，然因商隐得李党之力再入秘省，子直之憾又起，隔阂终难消除。

商隐移居洛阳，与令狐诗之“嵩云”是一证。唯其确证当为补编《上韦舍人状》。状中云：“某淹滞洛下，贫病相仍。去年专使家僮起居，今春亦凭令狐郎中附状。……某疏愚成性，采和难移……无田可耕，有累未遣，席门昼永，或旷日方餐，蓬户夜寒，则通宵罢寐。”所云淹滞洛下，固非往返小住，其属移家必矣。补编《上李舍人狀》二三：“其自还京洛，常抱忧煎，骨肉之间，病恙相继。”亦证全家困居洛下，非只身途次东都也。奉从叔李舍人指命，选纪紫极宫功绩，旬日始获；得厚赐缣缯。皆在洛阳时发生之事。

前诗意犹未已，商隐复作《独居有怀》一诗（五言排律）以寓意令狐。诗中有柔情终不远，遥妒已先深。蜡花长递泪，筝柱镇移心等语。集中借男女分离相思以寄托子直之作颇多，此其开端，后即多以《无题》七律出之。

座主李回入相，书以贺之。

移居东洛后，至河清（今孟津）作近境之游，与赵氏昆季宴集。作诗，拟杜工部体：胜概殊江右，佳名逼渭川。虹收青嶂雨，鸟没夕阳天。岁月行如此，江湖坐渺然。此中真得地，漂荡钓鱼船。里中久蛰，流年虚掷，身在江湖，心系魏阙。诗三、四句清而丽，五、六句浑而安，是学杜而得其神。

母服将阕，待入朝补官。青雀西飞竟未回，君王长在集灵台。侍臣最有相如渴，不赐金茎露一杯？（《汉宫词》）渴望能重官秘省，得居内职。原拟十月初赴京，后改于二十一日启程。临行前作书呈十二叔李舍人，以仲弟羲叟托之。

服阕入京，重官秘书省正字。

时王氏夫人产子留洛。商隐独自至长安，卜居于永崇里。昔年应举，僦居于华阳观，即在里内，此地固商隐素稔处。

是年，商隐子衮师生于洛阳。

商隐之所以由永乐移家洛阳，因王氏待产，且有病须治，为产褥安全、病躯康复，均待母族照顾，细心调护。固不仅因京洛之间交通较畅，信息较灵，为便于服阕补官计也。

## （十三）政潮有起伏，党争无是非

会昌六年（846 年），真可说是多事之秋，可这种种大事却都叫三十五岁的李商隐摊上了。

史载：帝自正月乙卯不视朝，宰臣请见不许。中外忧惧。三月壬寅，帝不豫。帝重方士，服食修摄，亲受法箓，至是药躁，喜怒失常。

初，宪宗纳李锜妾郑氏，生光王怡。怡，幼时宫中皆以为不慧。太和以后益自韬匿，群居游处，未尝发言。文宗幸十六宅宴集，好诱其言以为戏笑，帝性豪迈，尤所不礼。及上病笃，左神策军中尉马元贽等密于禁中定策，辛酉，矫诏立光王叔，更名忱，见百官。三月甲子（二十四日），帝崩。以李德裕摄冢宰。丁卯（二十七日），宣宗即位。夏四月辛未朔，帝始听政。尊母郑氏为皇太后。太后不肯别处，上奉养大明宫，朝夕躬省候焉。

宣宗深恨武宗，李德裕为武宗朝用事大臣，自不能相容。四月壬申，即以李德裕检校太尉、同平章事江陵尹荆南节度使。

五月乙巳，以兵部侍郎、翰林学士承旨白敏中守本官，同平章事兼集贤史馆大学士。并敕：上京两街先听留两寺外，更各增置八寺，僧尼依前隶功德使，不隶主客，所度僧尼仍令祠部给牒。

七月壬寅淮南节度使李绅卒，李让夷罢为淮南节度使。让夷，李德裕之佐也。

八月壬申，葬武宗于端陵。初，武宗疾困，顾王才人曰：我死，汝当如何？对曰：愿从于九泉。武宗以巾授之。武宗崩，才人即自缢，葬于端陵之柏城。

八月以循州司马牛僧孺为衡州长史，封州流人李宗闵为郴州司马，恩州司马崔珙为安州长史，潮州司马杨嗣复为江州刺史，昭州刺史李珏为郴州刺史。僧孺等五相皆武宗所逐，至是同日北迁。李宗闵未离封州而卒，杨嗣复至岳州卒。

九月，以荆南节度使李德裕为东都留守，解平章事；中书侍郎同平章事郑肃罢为荆南节度使，以肃亦素与李德裕亲厚故也。

是年，翰林学士孙谷为兵部员外郎充职；忠武节度使李执方内召为盐铁使；户部侍郎卢简辞检校工部尚书许州刺史充忠武军节度使；以右散骑常侍李景让为浙西观察使；裴休为宣歙观察使；崔铉迁河中尹河中晋绛节度使。

柳仲郢为郑州刺史；郑州刺史李褒罢居洛阳。

致仕刑部尚书白居易于八月卒，赠尚书右仆射，享年七十五。

是年九月，杜牧移睦州刺史。

这一年商隐在秘书省任秘书正字。妻儿至京师，赁居于永崇里。

二月，孙谷为兵部员外郎，商隐以秘阁事繁，未获趋承，作状贺之。有书寄郑州刺史李褒。

会昌六年为商隐一生之转折关头。服阕补官，原期借卫公等人之力，得近内省，渐跻显达；讵意武宗病重，正月不视朝，三月即晏驾，四月卫公外斥，美梦突成泡影。会昌期间正卫公得君之时，其所厚诸公皆祥麟威凤，一时之选，诸相契合无间，故能弼成中兴之业。然己以丁忧，三载丘园枯坐，未获躬逢其盛。俟除服再来，日西春尽，好景已过。遇合之不偶，实堪自伤！嗟叹之余，作《相思》诗自遣：相思树上合欢枝，紫凤青鸾并羽仪。肠断秦台吹管客，日西春尽到来迟。

意犹未尽，复作七绝《樱桃花下》：流莺舞蝶两相欺，不取花芳正结时。他日未开今日谢，嘉辰长短是参差。莺蝶无赖，亦嘲我来不逢时。相思枝头、樱桃树上，一借艳情寄慨，一以咏物寓意，其意深微，其词婉曲，商隐七绝（部分），已别创一种风格。

武宗之崩于卫公辈影响至巨，商隐甚惜武宗之享年不永，并痛其因求长生，服方士药致死。作《昭肃皇帝挽歌辞三首》于武宗之葬时（八月）。以唐武大有武功，笃信仙佛，绝类汉武，故用典大半取之。诗华瞻中殊含凄清。

九县怀雄武，三灵仰睿文。周王传叔父，汉后重神君。
玉律朝惊露，金茎夜切云。笳箫凄欲断，无复咏横汾。
玉塞惊宵柝，金桥罢举烽。始巢阿阁凤，旋驾鼎湖龙。
门咽通神鼓，楼凝警夜钟。小臣观吉从，犹误欲东封。
莫验昭华琯，虚传甲帐神。海迷求药使，雪隔献桃人。
桂寝青云断，松扉白露新。万方同象鸟，举恸满秋尘。

唐室方喜得良相，将致太平，何遽游鼎湖，遂弃人间？真攀髯无及，唯号泣向天。悼武宗亦兼伤卫公，亦兼以自伤，故不觉致哀之深。

武宗既葬端陵，商隐作《茂陵》诗：汉家天马出蒲梢，苜蓿榴花遍近郊。内苑只知留凤觜，属车无复插鸡翘。玉桃偷得怜方朔，金屋修成贮阿娇。谁料苏卿老归国，茂陵松柏雨萧萧。苏卿自谓，茂陵松柏亦“日西春尽到来迟”之意。

复作《汉宫》《瑶池》诗，以讽求仙餐药之无用有害：王母西归方朔去，更须重见李夫人。（《汉宫》）八骏日行三万里，穆王何事不重来？（《瑶池》）《华岳下题西王母庙》：莫恨名姬中夜没，君王犹自不长生，则暗咏三才人之死。《瑶池》诗更是传世名篇。

途次景陵（宪宗陵寝），作《过景陵》诗：武皇精魄久仙升，帐殿凄凉烟雾凝。俱是苍生留不得，鼎湖何异魏西陵。假景陵（一、二句）以咏端陵

(鼎湖)，又追慨章陵（文宗，即诗中之魏西陵）。宪宗与武宗皆饵金丹致死，武宗与文宗身死，均不能庇一爱姬（杨贤妃被杀，王才人自尽），贵如君王宠妃俱不得免于一死，求仙徒自误耳。

宪宗景陵在奉先县（蒲城）金炽山；文宗章陵在富平县西北二十里；武宗端陵在京北三原县东十里。由景陵西南行可至章陵，章陵西南行可至端陵，端陵南行回长安。商隐行经三陵，故在诗中兼及之。至于华岳西王母庙则在华阴县南，当因别事赴华阴而借题发挥者。

武宗有子多人皆不得立，遂由光王入居大统，一改会昌之政。盖废立之权，尽操中人之手，宰相无有是非之说。商隐再以《四皓庙》为题，作诗以寄慨：本为留侯慕赤松，汉廷方识紫芝翁。萧何只解追韩信，岂得虚当第一功？会昌时卫公始终秉钧，独未能建国本、扶冲人，非不欲为也，实不能为也。言外自见北寺掌兵，权重焰高，外大臣不得预禁中之事。时马元贽当道，直书其事，将触忌讳，故举汉事而宛转出之。四皓庙在咸阳县东二十五里(《长安志》)。

大中之初，政潮起伏，宣宗独亲牛党，旧贬者迭回，新进者纷起，上林春色几欲被其占尽，真春风得意，不可一世。商隐连作五绝三首以刺之。其一《早起》云：风露淡清晨，帘间独起人。莺啼花又笑，毕竟是谁春？牛党之人乘势复起，奔走呼叫，笑逐颜开，己独早醒而起，对景凄清，潜忧政局之变。其二《高花》云：花将人共笑，篱外露繁枝。宋玉临江宅，墙低不拟窥。出头露脸者实繁有徒，居高位者正得意而笑，虽多素识，至是亦不我顾了。其三《嘲桃》云：无赖夭桃面，平明露井东。春风为开了，却拟笑春风。得意者却是负心者，浑似轻薄桃花，得春风吹煦，反讪笑春风。其隐射得卫公厚待而翻排摈卫公之新贵白敏中乎？三诗前后相接，一唱三叹，诗中有史，正可见商隐于大中初之朝政观及党局观。

武宗时卫公辅政，运筹帷幄，厥功甚伟，而宣宗独憎使其毛发洒淅之李太尉，始则猜忌之，继则黜斥之，此为服膺卫公之商隐所大不平者。方李德裕之离朝赴荆南（四月）也，商隐从卫公之所厚者，祖饯于长安之东门，挥泪送别于灞水桥边。日后追写之《泪》诗：朝来灞水桥边问，未抵青袍送玉珂，即暗记此事。青袍，商隐自谓，时九品，尚衣青；玉珂，指卫公，时犹为荆南使相。

《唐摭言》云：李太尉德裕颇为寒俊开路，及谪官南去，或有诗曰：八百孤寒齐下泪，一时南望李崖州。《云溪友议》亦云：赞皇削祸乱之阶，辟孤寒之路，结怨豪门，取尤群彦，后之文场困辱者若周人之思乡焉。孤寒下泪之典本此。故卫公之南贬，寒士颇多为之挥泪者。商隐亦下泪寒士中之人，唯下泪固不待德裕贬崖始也。商隐七律诗法往往于结联中见本意，此诗亦其一例。

七月，李让夷外放至淮南。德裕、让夷二李先后罢相，卫公所厚在朝者所剩无几。商隐借先皇烧香宫人闭入陵园之事，为卫公辈之被斥，致以深慨，乃以长吉体作《烧香曲》。此诗商隐之《陵园妾》也（白居易先有此诗题），托幽闭陵园之宫人，喻被谗遭黜之逐臣，寓意良深。为免触时忌，其词故作隐晦。蜀殿琼人伴夜深，金銮不问残灯事，白敏中为相，正宠任有加，再无人问卫公之功业了。

永崇里之所居，邻近华阳观。秋夜，闻观中女冠吹笙，勾起旧时回忆。晨起，作《银河吹笙》诗：怅望银河吹玉笙，楼寒院冷接平明。重衾幽梦他年断，别树羁雌昨夜惊。月榭故香因雨发，风帘残烛隔霜清。不须浪作缑山意，湘瑟秦箫自有情。少时学道，曾与此辈交往，今伉俪情笃，不能再作他想了。

是年，李执方内召，商隐作书以迎之。

李褒罢郑州刺史，归洛阳，拟卜江南隐居。商隐作书以尼之。书中言："古之贞栖，固有肥遁"，宜"更驻岁华，稍优俸入，然后拂衣求去，抗疏乞罢"，庶几"衣食不求于外，药物自有其资"（词见补编《上李舍人状》六）。

李褒居洛阳时，商隐仲弟羲叟曾因依彼处。冬，羲叟以乡贡进士赴京师，以应明年礼部之试。

其明年，宣宗（李忱）改元大中元年丁卯（847年），时商隐三十六岁。

史载：二月丁卯（一日）以东都留守李德裕为太子少保（从二品）分司东都。初，李德裕执政，引白敏中为翰林学士，特以国器重之，资赍不薄。及武宗崩，德裕失势，敏中乘上下之怨，竭力排之，使其党李咸诬德裕罪。德裕由是自东都留守以太子少保、分司。

同日，给事中郑亚出为桂州刺史、御史中丞、桂管防御观察使。亚，元和进士，文章秀发；李德裕在翰林时，亚以文干谒，德裕深知之，出镇浙西，辟为从事；会昌初，入朝为监察御史，累迁刑部郎中、中丞、谏议大夫、给事中。白敏中辈忌其在朝，故出之。

同月，昭义节度使卢钧检校尚书右仆射充汴州刺史宣武军节度使；李执方出为昭义节度使。

白敏中秉政，凡李德裕所薄者皆不次用之。二月，以马植为刑部侍郎充盐铁使；刑部尚书判度支崔元式为门下侍郎；翰林学士、户部侍郎韦琮为中书侍郎，并同平章事。

三月丁酉（一日），礼部侍郎魏扶奏放进士及第三十三人。

闰三月敕：应会昌五年所废寺，有僧能营葺者，听自居之，有司毋得禁止。是时君相务反会昌之政，故僧尼之弊，皆复其旧。

四月己酉（十五日），积庆太后萧氏崩（文宗母），谥曰贞献。

回鹘余众依奚部。五月，幽州节度使张仲武与奚北部落战，败之。吐蕃论恐热乘武宗之丧，诱党项及回鹘余众寇河西。诏河东节度使王宰，将代北诸军，与之战于盐州，攻克之。

六月，以义成军节度使周墀为兵部侍郎判度支；户部侍郎判度支充盐铁转运使卢弘正出为义成军节度使。

同月，牛僧孺移汝州长史，迁太子少保少师。八月丙申，门下侍郎李回罢为同平章事充剑南西川节度使，原西川节度使崔郸以守尚书右仆射内召。李回亦李德裕所厚者。

是月，葬贞献皇后于光陵之侧。

九月丁卯，以金吾大将军郑光为平卢节度使，光，太后之弟。

史又载：九月乙酉，前永宁尉吴汝讷，讼其弟湘罪不至死：李绅与李德裕相表里，欺罔武宗，枉杀臣弟，乞召江州司户崔元藻等对办。丁亥，敕御史台鞫实以闻。元藻既恨李德裕，阴为白敏中、崔铉所利诱，即言湘虽坐赃，罪不至死。冬十二月庚戌，御史台奏：据崔元藻所列吴湘冤状，如吴汝讷之言。刑部侍郎马植、御史中丞魏扶、大理寺卿卢言（鞫狱时之三司）亦言李绅杀无罪，李德裕循成其冤，至为黜御史，罔上不道。十二月戊午，贬太子少保分司东都李德裕为潮州司马（员外置同正员）。而吴汝讷、崔元藻即予晋升，数年之内并至显宦。

吏部奏：会昌四年所减州县内复增三百八十三员。

帝谓白敏中曰：昔从宪宗之丧，道遇风雨，百官四散避走，惟山陵使长而多髯，攀灵驾不去，谁也？对曰：令狐楚。帝曰：有子乎？对曰：长子绪，少病风痹，今为随州刺史；次子绹，湖州刺史，有才器。帝即有擢用意。

是年，忠武节度使卢简辞迁检校刑部尚书襄州刺史、山南东道节度使；山南东道节度使高铢出为忠武节度使。郑朗为浙西观察使。原桂管观察使杨汉公迁浙东观察使（郑亚代杨）。

是年二月因旱放宫人出宫。温庭筠在京应进士试，不第。

仲弟羲叟进士及第，商隐赋诗作启，呈礼部侍郎魏扶。

会昌之政，至大中之世，可说是已全然翻盘。复兴佛寺，再纳尼僧；重用外戚，斥退贤臣；庸才是举，弊端丛生……以复辟为务的牛党主政，唐室中兴难道还能有新的希望么？

## （十四）不惮牵牛妒，应郑亚桂管之辟

宣宗大中元年（847 年），李商隐三十六岁。

时白敏中当政，百计排陷李相所重之人，商隐欲入翰苑视草制诰之径遂窒。而郑亚固卫公所厚者，商隐亦拳拳于卫公者，与其依心地险辟之牛党诸子为活，不如随郑亚远征南天，主宾相洽，犹大有可为也。乃赋《海客》之篇，以示从行之决：海客乘槎上紫氛，星娥罢织一相闻。只应不惮牵牛妒，聊用支机石赠君。愿以斐然文彩，献于郑亚之幕，令狐遥妒，且亦任之。

将赴桂林，适朝中举庆贺大典，郑亚朝谢，言其盛况，商隐闻之，代作诗以咏其事。

三月，随郑亚离京赴桂，亲友送行，商隐与弟羲叟相别于长安之东郊（明年赴辟下昭桂，东郊恸哭辞兄弟）。作《离席》诗：出宿金樽掩，从公玉帐新。依依向余照，远远隔芳尘。细草翻惊雁，残花伴醉人。杨朱不用劝，只是更沾巾。此行道路自择，不再徘徊岐路（牛李间），前途如何，已拼之矣。途中见有郊游者，少年得意，与己之诗意颇含牢愁正成对比。同时所作之《春游》诗，句云：徙倚三层阁，摩娑七宝刀。庾郎年最少，青草妒春袍，即指此辈意气风发之人。

经蓝田驿，过韩公堆，发商州，出武关，循商於新开路，至内乡、襄阳、荆南，再赴湘中。过商於路时题诗：六百商於路，崎岖古共闻。蜂房春欲暮，虎阱日初曛。路向泉间辨。人从树杪分。更谁开捷径？速拟上青云。新开路回山取途，蓝田至内乡七百里，行旅便之。彼营营者亦思大开捷径，得以速上青云，可笑也！

《宝刻类编》有“商於驿路”：韦琮撰、柳公权书、李商隐篆额，大中元年正月立。

郑亚一行过襄阳时，山南东道节度使卢简辞亲自迎送，接待甚周。有状

与卢。

商隐与卢世亲，曾祖妣卢氏，商隐称简辞三兄，先时曾祖母、叔父、仲姊之墓志即请简辞撰写。

过江陵，荆南节度使郑肃设宴款接，行时又馈以银器、绫纱、茶、药等物。肃与郑亚谱叙叔侄，皆李德裕所最善者。

年少诗人崔珏，素服膺商隐，时寓荆州，两人相遇，崔方欲作西川游，商隐以诗送之：年少因何有旅愁？欲为东下更西游。一条雪浪吼巫峡，千里火云烧益州。卜肆至今多寂寞，酒垆从古擅风流。浣花笺纸桃花色，好好题诗咏玉钩。勉其写出更多佳作。

由江陵入洞庭，往潭州（不经武昌）。经岳阳时登岳阳楼，作诗：汉水方城带百蛮，四邻谁道乱周班？如何一梦高唐雨，自此无心入武关！去牛就李之志既坚，宁置身蛮荒之地，而无心入居京职，彼白敏中辈岂可附丽为死党乎？此诗与《海客》同一气概。

四月二十八日抵潭州，因连雨积水道路为阻，滞留旬时，遂过端午。五月八日在湖南接积庆太后讣告。为郑亚作奉敕书慰谕表、贺听政表。五月中始离湘赴桂。

在潭州日，闻敕重建僧寺，乃假《贾生》为题，作诗：宣室求贤访逐臣，贾生才调更无伦。可怜夜半虚前席，不问苍士问鬼神！宣宗征用会昌朝被抑之牛党（贾生正词反用，取其逐臣一点），不问苍生疾苦，拯济其民，唯解复兴佛寺，媚事鬼神，竭十户之力，以养一髡，衮衮诸公不亦逢君之恶乎？

“问鬼神”三字有出处，《周礼·大司徒》：以荒政十有二聚万民，十一曰索鬼神，求废祀而修之也。重修佛寺，用典何其贴切！

以道家语作寓怀诗，曲折抒发当日心怀。

六月七日抵桂，九日上任讫。商隐被奏当支使兼掌书记，所带京衔为检校水部员外郎。在幕所作表笺甚多。

《樊南甲集序》：大中元年被奏入岭当表记，所为亦多。补编《为荥阴阳公上荆南郑相公状》：李支使商隐虽非上介，曾受殊恩。抒其投迹之心，遂委行人之任。是商隐实为支使兼掌书记，支使高于掌书记。《新唐记·百官志》：观察使副使支使判官掌书记推官巡官衙推随军要籍进奏官各一人。则支使地位仅次于副使下，观察使下确也有掌书记之设。

检校水部员外部见于《旧唐书》本传，当有所据。员外郎从六品上阶，商隐原只正九品下阶（秘书正字），表奏为员外郎确属升迁。何以大中三年回京仍授九品之尉？盖任职未及一年，不能依资（从六品上阶）改转也。《唐会要》：元和十五年中书门下奏内外官六品以下正员官、诸道诸使奏充掌职，比限两考及授官经二年以上方许奏请，即与依资改转，有才下位者不免留滞，请今后诸道诸使应奏请正员官充掌职经一周年，即与依资改转，未一周年与同类试官，从之。商隐之时虽依资改转由二年减为一年，然具从六品上阶之员外郎实未满一周年，故仅能依原资历（正九品下阶）就选。

张仲武大破奚部，在为郑亚所作表中专为词贺之。

桂林山水，甲于天下。商隐一入斯乡，风光扑眼，兴到诗成。《桂林》诗云：城窄山将压，江宽地欲浮。东南通绝域，西北有高楼。神护青枫岸，龙移白石湫。殊乡竟何祷？箫鼓不曾休。此初至桂林所作。《桂林道》中诗云：地暖无秋色，江晴有暮晖。空余蝉嘒嘒，犹向客依依。村小犬相护，沙平僧独归。欲成西北望，又见鹧鸪飞。此近游还桂林道中所作。其后尚有《访秋》《即日》诸作，记不同时令桂林之景色、风物。前诗云：酒薄吹还醒，楼危望已穷。江皋当落日，帆席见归风。烟带龙潭白，霞分鸟道红。殷勤报秋意，只是有丹枫。后诗（作于稍后）云：桂林旧闻说，曾不异殊方。山响匡床语，花飘度腊香。几时逢雁足，著处断猿肠。独抚青青桂，临城忆雪霜。两诗俱见桂林特色，非他处所有。商隐在桂林之作喜用五律，格调气韵均胜。其中佳句，评者（纪氏）曰：字字精炼，直逼老杜（桂林诗）；意境既阔，气脉亦厚，此亦得杜之藩篱者。商隐学杜有成，于其五律亦可见之。

桂管地处西南边部，屯边兵甲，连年未解，商隐亦时关心戎事。登城楼，作《城上》诗：有客虚投笔，无聊独上城。沙禽失侣远，江树著阴轻。边遽稽天讨，军须竭地征。贾生游刃极，作赋又论兵。以贾生游刃自许（此处贾生是正用），抱负仍是不小。唯牛党当道，中心无聊，府主身处危疑之境，相随万里，诚恐又虚此行，抱负难展。同时又作《听鼓》五绝：城头叠鼓声，城下暮江清。欲问渔阳掺，时无祢正平。愤激之极，直欲冲彼等之面而辱之！

商隐又觉桂林一时尚称安稳之地，有如纤草得以滋蔓，应属叨天之幸，云开日漏，虽晚犹及，晚晴宜倍珍惜也。见越燕巢干，体轻而飞，不禁精神一爽。于是有《晚晴》诗之作：深居俯夹城，春去夏犹清。天意怜幽草，人间重晚晴。并添高阁迥，微注小窗明。越鸟巢干后，归飞体更轻。天意怜幽草，人间重晚晴。名篇警句，既富诗意，又含哲理，故历来为人传诵。

仲夏，于深树见一颗樱桃尚在，作诗志感：高桃留晚实，寻得小庭南。矮堕绿云髻，欹危红玉簪。惜堪充凤食，痛已被莺含。越鸟夸香荔，齐名亦未甘。诗是咏物，却饶深意，盖借樱桃以喻郑亚。赞皇辈遭贬斥，而郑亚硕果尚存，犹膺方面之任，郑大有文名，虽为越人所欢，与岭南最受尊重之人物（香荔）相侔，然彼实系台阁之才，留滞南天，岂令人心甘耶？

李德裕以其在武宗一朝所撰册命典诰、军机羽檄，勒成十五卷，名曰《会昌一品集》，自东都寄书请郑亚作序。商隐奉郑亚命拟《一品集》序初稿，华赡庄重，于卫公之相业文章，推崇极至。经郑亚点窜，典严正大，更为得体，与《一品集》相得而益彰焉。是时卫公已迭贬，而郑亚、商隐不以其失势遽改初衷，斯亦君子人欤？

为卫公作序后，形势日变，愁逼人来，避之无地。作《海上谣》，自伤在桂管之遇合，诗用长吉体，十二句，三韵。首句桂水寒于江，点明作于桂海，次句玉兔秋冷咽，点明时当寒秋。以下海底觅仙人，香桃如瘦骨，喻己所求难遂，身唯骨立；紫鸾不肯舞，满翅蓬山雪，则喻郑亚身处危疑，心忧发白。借得龙堂宽，晓出揲云发，言己栖身桂管幕中，晓起梳理亦渐多华发。武宗之崩、卫公之随而失势，实此生之又一转折，诗亦转韵：刘郎旧香炷，立见茂陵树，即惜昭肃之弃世太遽也。再转韵：云孙帖帖卧秋烟，上元细字如蚕眠。我虽系本王孙，亦从此冷落，势难再起；蚕眠细字，喻近时为卫公作《一品集》序，重记君相之功业焉。事涉党局，故晦其词，然细绎之，通首自可解读。

商隐远客桂海，思念王氏夫人及家中儿女之情日深。《寓目》诗（五律）即忆内之作。诗云：园桂悬心碧，池莲饫眼红。此身真远客，几别成衰翁。小幌风烟入，高窗雾雨通。新知他日好，锦瑟傍朱栊。桂，点桂林，莲，点莲幕。中写客中之情之景，结则追思往日（他日）夫妇琴瑟之乐。新知，与《风雨》诗中之“新知遭薄俗”用法同，锦瑟为王氏夫人所喜操者，诗中屡由锦瑟思及夫人。

《夜意》诗（五绝）：帘垂幕半卷，枕冷被仍香。如何为相忆，魂梦过潇湘？夜深孤寂，梦中北越潇湘与闺人相会，见相忆之深也。

《题鹅》诗（七绝）系借物寓意，思念家人之作：眠沙卧水自成群，曲岸残阳极浦云。那解将心怜孔翠，羁雌长共故雄分。群鹅喻同舍之无愁自适者，彼等哪知将心比心，怜我之天末羁孤也。或曰此为题画之诗。其忆内之情固无处不在。

秋，思乡之念觉更难遣，作《念远》五排一首：

日月淹秦甸，江湖动越吟。苍梧应露下，白阁自云深。皎皎非鸾扇，翘翘失凤簪。床空鄂君被，杵冷女媭砧。北思惊沙雁，南情属海禽。关山已摇落，天地共登临。诗雄壮排宕，健笔固不可测（冯氏语）。观诗中秦甸、白阁，知是年秋王氏固在长安，非在洛下。诗南北夹写，既写己思内，又代内人念己，北思南情，两地含愁，虽远隔关山，南北却共登临，相望相忆，迹阻万里，而心拴一处。

令狐出刺湖州，寄诗来，大有责备之意。盖商隐随郑亚赴桂，八郎不仅诮其背恩，抑且恶其无行，旧憾新嫌，芥蒂更难消释。商隐作诗以酬之：

### 酬令狐郎中见寄

望郎临古郡，佳句洒丹青。应自丘迟宅，仍过柳恽汀。
封来江渺渺，信去雨溟溟。句曲闻仙诀，临川得佛经。
朝吟搘客枕，夜读漱僧瓶。不见衔芦雁，空流腐草萤。
土宜悲坎井，天怒识雷霆。象卉分疆近，蛟涎浸岸腥。
补羸贪紫桂，负气托清萍。万里悬离抱，危于讼阁铃。

由“不惮牵牛妬”至“危于讼阁铃”，仅隔数月，党局越见恶化，其语调亦越趋低沉。踪迹辽远，忐忑疑虑。诗中预感令狐又将于己有所不利也。

冬，奉使赴南郡（江陵府本荆州南郡）。行人使命之一乃携带方物，异地交易，南郡奉使犹昔年之南陵奉使。唯此番更多以桂海之珍奇，上江陵之商市，故更费时日。

十月中抵长沙，于舟行途中编定《樊南甲集》二十卷。

《樊南甲集序》：冬如南郡，舟中忽复括其所藏，火燹墨污，半有坠落，因削笔衡山，洗砚湘江，以类相等色，得四百三十三件，作二十卷，唤曰樊南四六。……十月十二日夜月明序。

舣舟登岸，在一江村小留，作诗题壁：沙岸竹森森，维舟听越禽。数家同老寿，一径自幽深。喜客尝留橘，应客说采金。倾壶真得地，爱日静霜砧。民风淳朴，诗情画意，写出冬日可爱之景。

过湖南日，作诗《寄成都高苗二从事》：红莲幕下紫梨新，命断湘南病渴人。今日问君能寄否？二江风水接天津。时高苗二从事在商隐座主李回西川幕，诗借渴思紫梨，羡二人之得居成都（时成都繁华并于扬州），祝二人之更上霄汉。

过洞庭，作《洞庭鱼》诗：洞庭鱼可拾，不假更垂罾。闹若雨前蚁，多于秋后蝇。岂思鳞作篳，仍计腹为灯。浩荡天池路，翱翔欲化鹏。冬令水枯鱼出，借以刺卫公贬后牛党中之幸进者。

奉使江陵途中，作感怀诗三十韵寄郑亚。诗中有云：社内容周续，乡中保展禽，盖言洁身自好，并非风流放佚之徒；又云：彼美回清镜，其谁受曲针，请座主明鉴，己非不分曲直，而受牛党之招诱者；人皆向燕路，无乃费黄金，余子纷纷改换门庭，彼当政者亦不惜多费黄金，广揽党羽，此皆无动于吾衷也。淡云轻雨拂高唐，玉殿秋来夜正长。料得也应怜宋玉，一生惟事楚襄王。(《席上作》）皎然初心，一再向府主剖白。

桂幕有李处士者，十一月初离桂林来南郡，小留，即转使宣州，商隐代作启致宣歙观察使裴休。

至江陵见过郑肃，因事冗杂，留荆度岁。正如《宋玉》诗中所云：落日渚宫供观阁，开年云梦送烟花，开春始得还桂林。

是年为郑亚代撰状文多篇，与白敏中、崔铉、牛僧孺等牛党巨子。亚诚与之分门别户，政见不同，然场面通书讯候固未尝尽绝。

是年八月李回出为西川节度使，连上年李让夷、郑肃之先后罢相，卫公相善之人为宰臣者朝中已空。十二月，卫公复贬潮州，其势更不可再振。商隐深有感触，作《代应》二首：一、沟水分流西复东，九秋霜月五更风。离鸾别凤今何在？十二玉楼空更空。二、昨夜双钩败，今朝百草输。关西狂小吏，惟喝绕床卢。一惜卫公辈因谪居而远分东西（三李在东，郑肃在西）；二刺牛党如赌徒得胜而忘形狂呼（白敏中家渭南，正合关西，小吏出身）。

宣宗之世，牛党对李德裕辈的打击，并未稍稍放松，而正是步步加紧。

史载：大中二年（848 年，时商隐三十七岁）正月，白敏中兼刑部尚书，韦琮兼礼部尚书；二月，令狐绹内召，拜考功郎中，寻知制诰，充翰林学士。

白敏中辈欲借吴湘案尽陷李德裕所厚者，使崔元藻言：此狱是郑亚首唱，元寿协李绅织成，李回便奏。遂下三司详鞫。正月乙酉（二十四日）制：西川节度使李回、桂管观察使郑亚，坐前不能直吴湘冤，皆贬。回，责授湖南观察使；亚，左迁循州刺史。李绅已故，亦追夺三任告身。东川节度使杜悰徙西川节度使，暂兼领东川。

三月，以兵部侍郎判度支周墀同平章事。

五月己未朔，门下侍郎同平章事崔元式罢为户部尚书；刑部侍郎盐铁转运使马植同平章事。

是月己卯，太皇太后郭氏（穆宗母，宪宗妃）崩于兴庆宫，谥曰懿安。初宪宗之崩，帝疑郭太后预其谋，又，郑太后本郭太后侍儿，有宿怨，故帝即位，待之殊薄。郭意怏怏，一日登楼欲自陨。帝闻之大怒。是夕暴崩，外界颇有异论。十一月壬申，葬懿安于景陵之侧。

史又载：秋九月甲子（八日），以朝命再贬李德裕为崖州司户参军员外置同正员（员外官不得治事）。初，德裕贬潮，大中元年十二月自洛阳水路经江淮赴粤，二年冬至潮阳（见《旧唐书》，又文集可证。五月至谪仙岭，寒梅开日，始到恶溪，夜泊芦岛）。乃牛党工于罗织，不一年再贬崖州（今三亚）。道路流离，百口嗷然，大海之南，块独穷悴。甚矣，牛党之迫人不舍！

九月又贬湖南观察使李回为贺州刺史。

李德裕分司东都时，前凤翔节度使石雄诣政事堂自陈黑山乌岭之劳，求一镇以终老。执政以雄为李德裕所荐，仅除左龙武统军，雄怏怏而卒。

十月，太子太师分司东都牛僧孺卒，赠太尉。十一月以中书侍郎同平章事韦琮为太子宾客分司东都，以户部侍郎判度支崔龟从本官同平章事。

是年八月，杜牧自睦州内召，为司勋员外郎，九月取道金陵，十二月至长安。

会昌中，回鹘大败，余众仰给于奚。张仲武破奚，回鹘依室韦。黠戛斯破室韦，收回鹘余众归碛北。犹有小股潜山林，抄盗诸胡。其别部庞勒，先在安西，亦自称可汗，居甘州总碛西诸城。

在这期间，郑亚承受的压力越来越大，商隐的日子也越来越不好过。

正月自南郡归，奉郑亚命摄守昭平郡事，因前刺史贪虐被黜，特遣商隐来处其善后。

昭州在桂林之南，其北即阳朔，后称平乐。商隐初到此地即写下《昭郡》一诗：桂水春犹早，昭郡日正西。虎当官路斗，猿上驿楼啼。绳烂金沙井，松干乳洞梯。乡音吁可骇，仍有醉如泥。地陌人生，乡音不通，事难措手也。《异俗》二首亦作于昭州：鬼疟朝朝避，春寒夜夜添。未惊雷破柱，不报水齐檐。虎箭侵肤毒，鱼钩刺骨铦。鸟言成谍诉，多是恨彤襜。　户尽悬秦网，家多事越巫。未曾容祭獭，只是纵猪都。点对连鳌饵，搜求缚虎符。贾生兼事鬼，不信有洪炉。前诗言乡人讼前任长官，虎箭之毒、鱼钩之利，即喻官之贪酷。后诗言法网之密拟于秦时，鬼巫之风遍于越地，官原乐以迷信愚民。去虐政、蠲巫俗，为治民之要。借写异俗而兼刺弊政，是其高明处，唯在昭日暂，尚不能诲民化俗。

异地新春，倍思家人，作《凤》诗寄意：万里峰峦归路迷，未枡容彩借山鸡。新春定有将雏乐，阿阁华池两处栖。山鸡喻牛党，鄙之也；阿阁指京师；华池殆指桂府之凤凰山或府城之西湖，诗言与王氏夫人两地分处，不得共享将雏之乐，伤已。

此《凤》诗乃大中二年正月江陵初返，在桂管寄内诗。诗当书于昭郡诗之稍前，与后《北楼》《思归》为一时先后之作。以凤为题，原雄者曰凤，雌者为凰，在本诗中凤为凤凰之通称、简称，兼指分栖两地之雄（凤）雌（凰）双方而言。首二句皆谓己。桂管去京师峰峦万里，归去亦将迷路，犹云归不得。其所以不辞万里，来至南天，未甘以己之文彩为彼（牛党）所用耳。山鸡即指牛党，鄙之也。商隐甘随郑亚远赴桂管，而出秘省，正如凤之文彩不假与山鸡也。时郑亚犹未贬，桂府未罢，故云然。三句转至凤之匹——凰，即喻妻王氏，新春定有将雏之乐，时衮师已近三岁。四句合写凤与凰，言己与妻两处分栖，不得共享将雏之乐也。题中特拈出一“凤”字，似不为无因。颇疑王氏夫人芳名中含有“凤”字，结合前列商隐诗中好用荷、莲、芙蓉等字，后列诗中称其子衮师为龙种、凤雏，“凤”字殊堪注目。据此，王氏夫人之名得非为凤莲乎？

诗中阿阁指王氏所居。明堂有四阿，阁有四阿，谓之阿阁。然则阿阁自指京师，仅言家居长安耳。华池，则非指曲池。华池乃离京万里远方山上之天池，桂林府灵川县、永宁州皆有凤凰山，华池殆指该处之水曲。又，桂林府城西有西湖，环浸隐山六洞，广七百余亩，胜概甲于一郡。华池亦有可能并凤凰山与此西湖而言之。阿阁、华池，分处两地，始与“两处栖”之语相合。

是年二月，令狐绹为翰林学士。商隐出于礼数，诗以贺之：秘殿崔嵬拂彩霓，曹司今在殿东西。赓歌太液翻黄鹄，从猎陈仓获碧鸡。晓饮岂知金掌迥，夜吟应讶玉绳低。钧天虽许人间乐，阊阖多梦自迷。词华美，句雄杰，集中上驷。而另一《钧天》为题之诗则云：上帝钧天会众灵，昔人因梦到青冥。伶伦吹裂孤生竹，却为知音不得听。暗诮子直短于文词，得入翰苑，而已长于笺奏，以党人排笮，不能供职内廷，中心愤郁，颇含不平。

郑亚贬循（是年正月），桂幕遂罢。商隐于闻此恶耗之日，作《即日》诗一律以记：一岁林花即日休，江间亭下怅淹留。重吟细把真无奈，已落犹开未放愁。山色正来衔小苑，春阴只欲傍高楼。金鞍忽散银壶滴，更醉谁家白玉钩？幕府既散，何处可傍？依恋不舍，不胜惆怅！

已落犹开，暂留昭郡，盖摄守事尚须待人交接。于此期间连作《北楼》《思归》两首五律。前首曰：春物岂相干？人生只强欢。花犹曾敛夕，酒竟不知寒。异域东风湿，中华上象宽。此楼堪北望，轻命倚危栏。北楼，昭州北城之门楼，由此北望中原，非思君，乃忆内。花指槿花，夜则花合，犹如往日曾共闺人两情好合也。今唯借酒销愁耳。后首曰：固有楼堪倚，能无酒可倾？岭云春沮洳，江月夜晴明。鱼乱书何托？猿哀梦易惊。旧居连上苑，时节正迁莺。诗言一度尝有思归、与闺人团聚之意。然内心颇乱，衷犹莫决，党局之变，梦魂屡惊，真是可哀！旧居，指长安所居之永崇里。二月上苑，正听莺时节，传来令狐迁官充翰林学士之讯，此辈当道，如何与之周旋？未判容彩借山鸡，思归之心且休。宁从相知于外郡，勿附权门而入朝。归期难定，闺人当能谅我苦衷。

二月杏花盛开，咏物寓感，作《杏花》诗五言排律，十韵，二十句。上国昔相值，亭亭如欲言。异乡今暂赏，脉脉岂无恩？以扇对（隔句对）起，亦是一法。起四句盖言昔在京师，杏花开处，及第谁赏，身受恩遇。今在异乡，此花又睹，含情脉脉，如有所吐。身亦如此，无人可诉？中十二句：援少风多力，墙高月有痕。为含无限思，遂到不胜繁。仙子玉京路，主人金谷园。几时辞碧落，谁伴过黄昏？镜拂铅华腻，炉藏桂烬温。终应催竹叶，先拟咏桃根。历述已及第以来之境况，婚媾、党局、才华、官秩，诸事不脱不粘，均以杏花之故实借喻之。概言已如此花援少风多，零落受摧，至今唯与此花孤栖相对，不尽落寞难耐之情，余烬尚温之意。结四句云：莫学鹃啼血，从教梦寄魂。吴王采香径，失路入烟村。此自宽之词，犹言莫作悲啼，且寄好梦。好梦何寄？盖座主李回于是年二月责授湖南观察使，师生之谊、同气之分，颇有希冀入幕之意。昔曾出入于吴王采香之径（上国），今则失路迷入烟村（异乡），穷途失意，舍座主谁能予以援手？

入夜无寐，续作《灯》诗，五言排律。八韵十六句，乃《杏花》诗之姊妹篇。诗以灯自喻，写桂府初罢时之心情。首二句：皎洁终无倦，煎熬亦自求。领起通篇，借灯光之长明，喻己始终拳拳于卫公，心不稍渝；虽受党局之煎熬，原亦自求，心所甘愿。三、四句：花时随酒远，雨夜背窗休。喻去春随郑亚赴桂，而今幕罢人休，背离京华，滞留客馆。五、六句：冷暗黄茅驿，暄明紫桂楼。点明从事桂管之地；七、八句：锦囊名画掩，玉局败棋收。

喻卫公辈被贬，以至全败，桂幕即罢。下半首：何处无佳梦，谁人不隐忧？影随帘押转，光信簟光流。客自胜潘岳，侬今定莫愁。固应留半焰，回照下帏羞。另转一意：何处可去，心怀隐忧。佳梦唯托之湘中，座主李回由节度左迁观察，尚有辟署之权，两美终合，定有半焰余光之照焉。评者以此诗为例谓商隐之咏物诗，力厚色浓，意曲语炼，无一懈句，无一衬字，上下古今，未见其偶（钱曰）。亦有谓此诗意象辞采，皆极细美，篇末尤为婉约幽怨，虽为诗体，而论其意境及作法，则极近于词（缪钺之说）。

郑亚之子郑畋南觐省亲，至桂，亚已于三月二十三日离桂南去，谪赴循州（广东海丰），商隐送别郑大于黎辟滩边，有诗赠之（《送郑大台文南觐》）：黎辟滩声五月寒，南风无处附平安。君怀一匹胡威绢，争拭报恩泪得干？诗中明言送别台文之时在五月，地在昭桂，黎辟滩在昭州平乐江中。

## （十五） 逡巡湘荆，留滞巴蜀，归路风急，何处托足？

五月初，送走郑大后，商隐旋即离桂，浮湘北上，往依座主李回。过衡阳时，作《失猿》诗，追思郑亚贬循事：祝融南去万重云，清啸无因更一闻。莫遣碧江通箭道，不教肠断忆同群。失猿，失援也。通箭道则人得而取之，恐其或遭意外之伤，非特肠断，抑且气绝，盖为亚之处境深忧。

端午日于湘江舟中，作《楚宫》诗：湘波如泪色漻漻，楚厉迷魂逐恨遥。枫树夜猿愁自断，女萝山鬼语相邀。空归腐败犹难复，更困腥臊岂易招？但使故乡三户在，彩丝谁惜惧长蛟。诗借屈原之沉江，伤卫公辈之被谗逐，结句犹以东山再起之望自慰。

五月中至长沙，李回在途尚未到任，引领而望，作《潭州》诗：潭州官舍暮楼空，今古无端入望中。湘泪浅深滋竹色，楚歌重叠怨兰丛。陶公战舰空滩雨，贾傅承尘破庙风。目断故园人不至，松醪一醉与谁同？诗借古喻今，悼武宗，伤卫公，慨郑亚，兼以自况。商隐与李回同出陇西，同歆卫公，故以“故园人”称之。

不数日，李回抵潭。商隐为撰《贺马相公登庸启》。时李回正以吴湘案被黜，忧谗畏讥，顾忌重重，卒未敢再奏辟来自郑亚手下如李商隐者入幕。商隐杏花之梦难温，不得已遂离湖南。

风帆北指，又过岳阳楼下，感赋一绝：欲为平生一散愁，洞庭湖上岳阳楼。可怜万里堪乘兴，枉是蛟龙解覆舟。全以反语出之，倍见心情沉痛。

六月，由洞庭过荆江，破帆坏桨，颇涉风波之险。于荆门少留，即鼓舟西向，拟穿峡入蜀，别求遇合。作《荆门西下》诗：一夕南风一叶危，荆门回望夏云时。人生岂得轻离别，天意何曾忌崄巇。骨肉书题安绝徼，蕙兰蹊径失佳期。洞庭湖阔蛟龙恶，却羡杨朱泣路歧。诗前半易解；五句言家中来书约寄于蜀中（西南谓之“徼”），六句言在湘中求幕不成。结联“蛟龙恶”喻牛党，昔杨朱歧路而泣，犹在平陆，并无风波，今饱惊宦海风浪，反觉歧路之泣、穷途之哭，亦不足伤，强自排遣，字字含泪。

又作《无题》诗一首：万里风波一叶舟，忆归初罢更夷犹。碧江地脉原相引，黄鹤沙边亦少留。益德冤魂终报主，阿童高义镇横秋。人生岂得长无谓，怀古思乡共白头。桂府初罢，曾思北归，今又夷犹，少留荆楚，盖碧江相引，心注巴蜀也。益德、阿童，均蜀中故事，怀古思今也。入蜀何为？盖欲依节度两川权重一时之杜悰也。

时杜悰以西川节度使兼领东川。悰，商隐之外兄，牛党之巨子。商隐拟借姻娅之谊，往登幕府之阶。至梓州（今四川三台），悰已赴成都。商隐折而南行，在中途思先往访一旧交，央为谒杜之先导，然后再去成都。仆仆道途，至其地又遭其人之泼以冷水，此时遂决然变计，并成都亦不思去。《梓潼望长卿山至巴西复怀谯秀》诗即记此行踪：梓潼不见马相如，更欲南行问酒垆。行到巴西觅谯秀，巴西惟是有寒芜。一片寒芜，满眼凄冷，不胜落寞之感！

商隐之终于不去成都者，盖至东川后闻知杜正排击所谓李德裕之党人；己与郑亚善，亦有遭矰缴之虞。且闻杜之为人，未尝延接寒素，亲戚贫困亦一无沾遗。当时穷途失意，急不暇择，匆匆而来，诚悔初计之左。

杜有秃角犀之号。《北梦琐言》云：杜不恤亲戚，其诸院姊妹寄寓贫困者，未尝拯济，节腊一无沾遗，有乘舆至衙门诟骂者。

当时所作之《北禽》诗云：为恋巴江暖，无辞瘴雾蒸。纵能朝杜宇，可得值苍鹰！石小虚填海，芦铦未破矰。知来有干鹊，何不向雕陵。北禽自喻，杜宇指其外兄，纵得见其颜色，亦惧苍鹰之击，雕陵之鹊，诩知未来，实见其利而忘其害，安能昧于知几，何不就此归去！《蜀桐》诗云：玉垒高桐拂玉绳，上含非雾下含冰。枉教紫凤无栖处，斫作秋琴弹坏陵。我来不得栖处，因彼正使弹人之坏招也。此二诗系商隐一时之作，以寓不能去西川之意。

又一首《寄蜀客》诗，则云：君到临邛问酒垆，近来还有长卿无？金徽却是无情物，不许文君忆故夫。（金徽，琴面识点。）杜悰欲使商隐幡然易帜，背弃卫公，谄事牛党，而此正乃商隐耿耿初心之所不能变易者。是篇更进一步表明了商隐决然离蜀折回之根本原因所在。

座主周墀入相（五月），曾去书贺，如石沉海，了无信息，亦不能望其援手矣。作《离思》诗：气尽前溪舞，心酸子夜歌。峡云寻不得，沟水欲如何？朔雁传书绝，湘篁染泪多。无由见颜色，还自托微波。往日周、李二学士厚我，今一则朔雁书绝，一则湘篁泪多，峡云飞散，沟水分流，遇合无方，真使人气尽心酸！

将出峡，于夔州刺史李贻孙处小留。时已入秋，登白帝城，作《摇落》诗一首（五言排律），悲秋思远，怀念在京之王氏夫人。诗曰：摇落伤年日，羁留念远心。水亭吟断续，月幌梦飞沉。古木含风久，疏萤怯露深。人闲始遥夜，地迥更清砧。结爱曾伤晚，端忧复至今。未谙沧海路，何处玉山岑？滩激黄牛暮，云屯白帝阴。遥知沾洒意，不减欲分襟。“结爱”句言夫人相见恨晚，婚后受累，怀忧至今。入海无路，上山何径，失路无依，落职无聊，留滞夔府，遥知闺人思我，不减初别时之清泪满襟。

于李贻孙处接获托其收转之家中来书，以《因书》为题成诗一律：绝徼南通栈，孤城北枕江。猿声连月槛，鸟影落天窗。海石分棋子，郫筒当酒缸。生归话辛苦，别夜对凝釭。西南谓之“徼”，书寄夔州也。中四句即写山城景物及小住生涯，结言待归故里，夜灯相对，话此旅途之辛苦。

闺人书中问及归期，作《夜雨寄北》一七绝：君问归期未有期，巴山夜雨涨秋池。何当共剪西窗烛，却话巴山夜雨时。诗三、四句与上诗“生归话辛苦”两句意同。眼前景却作日后怀想，白描写来，纸短情长。含蓄不露，却只似一气说完，故为高唱（纪氏诗说）。此千古妙绝之寄内诗，何相疑之不休？

此三诗为一时之作。王鸣盛曰：如无《摇落》等三首，则竟可删抹此段（大中二年蜀游），尽徙之东川矣，今不能也。

三峡一线，古迹颇多，商隐所经之地，辄留以诗，于此可见其行踪，知其心怀。奉节山城，山上有楚离宫遗址，时当秋雨，作《楚吟》诗：山上离宫宫上楼，楼前宫畔暮江流。楚天长短黄昏雨，宋玉无愁亦自愁。蜀中空归，无愁亦将起愁，况有愁乎！巫山县古城内有阳台，昔襄王所游地，作《过楚宫》诗：巫峡迢迢旧楚宫，至今云雨暗丹枫。微生尽恋人间乐，只有襄王忆梦中。人生无味，不如梦中之可得片刻安乐，词极哀痛，不堪卒读！

八月，归舟出峡，如来天末。风劲浪阔，燕高雁急；下牢夷音，西塞楚色；再过荆州，复经楚泽；归途阻修，怀刺漫灭。莫更淹留，思归心切。桂管天暖，白袷卷之经年，今西来早寒，应加秋衣矣。

### 风

回拂来鸿急，斜催别燕高。已寒休惨淡，更远尚呼号。
楚色分西塞，夷音接下牢。归舟天外有，一为戒波涛。

### 江　上

万里风来地，清江北望楼。云通梁苑路，月带楚城秋。
刺字从漫灭，归途尚阻修。前程更烟水，吾道岂淹留！

### 楚　泽

夕阳归路后，霜野物声干。集鸟翻鱼艇，残虹拂马鞍。
刘桢原抱病，虞寄数辞官。白袷经年卷，西来及早寒。

至襄阳，以诗文呈节度使卢简辞，蒙赠以衣服、段匹、漆器等物，作启以谢。

时闻讨党项，连年无功，戍饷不已。于襄阳作《汉南书事》诗，中云：几时拓土成王道，自古穷兵是祸胎。盖党项之反，因边帅欺夺其羊马，数妄杀而起，战非正义，故诗以刺之。

诗云：西帅万众几时回，哀痛天书近已裁。文吏何曾重刀笔，将军犹自舞轮台。几时拓土成王道，自古穷兵是祸胎。陛下好生千万寿，玉楼长御白云杯。陛下为大中皇帝，宣宗精于听断，以察为明，殊寡仁恩，望其真以宽为怀，加恩四海。

至邓州，刺史周敬复赠以腰褥靴等物。作启谢之。

陆行，见道中石塞，以《乱石》为题咏一绝：虎踞龙蹲纵复横，星光渐减雨痕生。不须并碍东西路，哭杀厨头阮步兵！当道者力斥异己，固结私党，己跬步才蹈，乱石已阻，真堪一哭！

路见槿花，亦成一绝：风露凄凄秋景繁，可怜荣落在朝昏。未央宫里三千女，但保红颜莫保恩。郑亚坐与卫公善而遽贬，荣落无常，伤哉！

经新开路，至商洛。时已秋深，商芝遍紫，邓橘半黄，坞猿收果，岩麝退香，归路朝霁，满眼秋光。由此沿洛河而东，旬日可抵东都，故山归梦喜，已先入读书堂矣。王氏夫人归宁在洛暂居，商隐往东都，以携眷共赴长安。

**陆发荆南始至商洛**

昔去真无奈，今还岂自知。青辞木奴橘，紫见地仙芝。
四海秋风阔，千岩暮景迟。向来忧际会，犹有五湖期。

**商　於**

商於朝雨霁，归路有秋光。背坞猿收果，投岩麝退香。
建瓴真得势，横戟岂能当。割地张仪诈，谋身绮季长。
清渠州外月，黄叶庙前霜。今日看云意，依依入帝乡。

**归　墅**

行李逾南极，旬时到旧乡。楚芝应遍紫，邓橘未全黄。
渠浊村春急，旗高社酒香。故山归梦喜，先入读书堂。

东都为商隐昔年旧居，固可曰故山曰旧乡（东都亦可谓帝乡）。

八月底（前后），还抵东都。小憩，一家喜得团聚。与诸道友会静，《戊辰会静中出贻同志二十韵》以示。

时已过重阳，菊花正开。怀念最爱菊花之恩师令狐楚，至其洛阳故宅，触物思人，已成隔世，作《九日》诗：曾共山翁把酒时，霜天白菊绕阶墀。十年泉下无消息，九日樽前有所思。不学汉臣栽苜蓿，空教楚客咏江蓠。郎君官贵施行马，东阁无因得再窥。诗憾其子不能如其父之栽培于己，此番进京，恐不许再窥向时之东阁了。

九月下旬，挈妇携子，赴京候选。是年早寒，九月於东即逢飞雪。举家忻共报，秋雪堕前峰。岭外他年忆，於东此日逢。粒轻还自乱，花薄未成重。岂是惊离鬓，应来洗病容。此去从调，举家同行，雪来为洗病容，已不伤离别而惊鬓边之如雪添白了。

雪夜，梦令狐子直：山驿荒凉白竹扉，残灯向晓梦清晖。右银台路雪三尺，凤诏裁成当直归。己身世苍凉，彼仕宦清贵，正成对照。前时（是年春）令狐方充翰林学士，曾有诗贺之，然心窃诮之，尚无求助之意。至今，湘楚无遇，巴蜀空劳，地方使幕已乏托足之所。今唯心注京师，以求进身。而欲重入秘阁，得近内省，自不能绕过子直此关，再与之周旋。己以笺奏著称，翰苑之地，固梦寐以求之素愿，未知彼能消释旧嫌，惠然相携否？作《玉山》诗以见意：玉山高与阆风齐，玉水清流不贮泥。何处更求回日驭，此中兼有上天梯。珠容百斛龙休睡，桐拂千寻凤要栖。闻道神仙有才子，赤箫吹罢好相携。玉山即群玉山，比翰林院。商隐歆羡内省，转而希冀令狐之援，实由别无他途可走之故。由诗可知，商隐陈情之意，于此始萌。尔后，延颈长望，回肠欲断（《哀筝》诗），几多心事，托之于稠叠陈情之篇章之中。

卫公迭贬，商隐深致不平。是年七月，续图功臣于凌烟阁，而卫公远谪潮阳，不得与焉。商隐作《旧将军》诗：云台高议过纷纷，谁定当时荡寇勋？日暮灞陵原上猎，李将军是旧将军。假李广之姓，以暗指卫公。卫公居太尉，固“掌武”者也。后虽出于无奈，将向令狐陈情，然始终钦仰卫公之初心未改，闻崖州之贬而重伤之。追思卫公初出荆南，尝随诸人送别灞桥，泪掩不止，其景尚浮眼前，今贬更远，挥泪更多矣。乃作《泪》诗：永巷长年怨绮罗，离情终日思风波。湘江竹上痕无限，岘首碑前洒几多。人去紫台秋入塞，兵残楚帐夜闻歌。朝来灞水桥边问，未抵青袍送玉珂。泪有种种，然其悲岂能抵商隐向日送卫公出京离别之泪，岂能抵八百孤寒失路无依之泪！感受深切，无限沈痛。

冬，抵长安。过郑广文旧居，题诗：宋玉平生恨有余，远循三楚吊三闾。可怜留着临江宅，异代应教庾信居。以郑比宋玉，以庾信自比，文人沦落，后先相望。

时宣宗母郑太后独尊，颇作威福。商隐连作《百果嘲樱桃》《樱桃答》二诗以刺之。众果莫相诮，天生名品高。何因古乐府，惟有郑樱桃。（《樱桃答》）郑后本李锜侍儿，名品高，反言之耳。郑樱桃谮杀其主之正妻郭氏，正暗喻懿安（郭太后）之崩实由孝明。

懿安死，太常王皞请合葬于景陵（宪宗陵），帝不悦，贬其官。十一月，称葬于景陵之外园。实则仅一空棺，已焚骨而扬灰矣，较杨贤妃之死更为惨酷（日僧人圆仁记郭太后被毒死）。商隐闻其秘事，作《景阳井》一诗以悲之：景阳宫井剩堪悲，不尽龙鸾誓死期。肠断吴王宫外水，浊泥犹得葬西施。诗言郭后与宪宗两情深挚，誓共生死，岂得预弑逆之谋？而其死尚不如杨贤妃之水葬犹得沉于清波。此无他，盖出宣宗及郑氏之志，欲去懿安而以郑氏他日取代郭后在景陵之地位也。诗之题用“景阳井”，犹言景陵之事；懿安，景陵生前之正妃也。（懿宗咸通中冤案始雪，诏祔于庙。）

大中三年（849 年，商隐三十八岁），这年的事仍然不少。

史载：正月丙寅，泾原节度使康季荣奏：吐蕃国乱，秦、原、安乐州及石门等七关来降。以太仆卿陆耽为宣谕使，诏泾原、灵武、凤翔、邠宁、振武皆出兵应接。

是月，诏司勋员外郎兼史馆修撰杜牧撰故江西观察使韦丹遗爱碑。后杜牧转吏部员外郎，秋授湖州刺史。

二月，翰林学士考功郎中（从五品上）知制诰令狐绹拜中书舍人（正五品上），依前仍充翰林学士，五月迁御史中丞（正四品下），九月充翰林学士承旨。

唐制：六品以下京官二十五个月始迁转。宣宗于他人亦守此常法（见《唐语林二·政事下》）。令狐由考功郎中擢为中书，仅及周年，盖五品以上自不受二十五个月之限。然其本年内而迁御史中丞，则为宣宗于令狐之恩礼特异也。

四月，周墀以谏帝开边忤旨，出为东川节度使；以御史大夫崔铉为中书侍郎同平章事；兵部侍郎判户部魏扶同中书门下平章事。

五月，徐州军乱，逐节度使李廓，以义成节度使卢弘正为武宁军节度使。武宁卒素骄，有银刀都尤甚，屡逐主帅。弘正至镇，都虞侯胡庆方复谋作乱，弘正诛之，循抚其余，军府由是获安。

是月十九日，葬太尉牛僧孺。

六月，康季荣取原州及石门、驿藏、木峡、制胜、六磐、石峡六关。七月丁巳，灵武节度使朱叔明取长乐州；甲子，邠宁节度使张君绪取萧关；甲戌，凤翔节度使李玭取秦州。诏邠宁节度权移军于宁州，以应接河西。八月乙酉，改长乐州为威州。河陇长幼数千人诣阙。己丑，上御延喜门见之。欢呼舞跃，解胡服，袭冠带，观者皆呼万岁。

冬十月，西川节度使杜悰奏取维州。李德裕镇西川时曾收维州，牛僧孺与德裕不协，遽勒还其城，至是复收回，亦不因兵刃，乃人情所归。

闰十一月丁酉，宰相以克服河湟，请上尊号。上曰：今乃克成先志耳，其议加顺宪二庙尊谥以昭功烈。

李德裕甫抵潮阳，即闻贬崖之命，旋即起程，是年正月到达崖郡。

这年，商隐还京后，选为周至尉（畿县尉正九品上阶）。手封狴牢屯制囚，直厅印锁黄昏愁（转韵诗），重操簿尉生涯。

然而一时得势，骤得美职，藏娇金屋者，实繁其徒。对此作《为有》诗以刺之：多有云屏无限娇，凤城寒尽怕春宵。无端嫁得金龟婿，辜负香衾事早朝。

春初，见人之出入宫禁，顾已之欲进无门，作《深宫》诗以记怨闷：金殿销香闭绮拢，玉壶传点咽铜龙。狂飙不惜萝阴薄，清露偏知桂叶浓。斑竹岭边无限泪，景阳宫里及时钟。岂知为雨为云处，只有高唐十二峰！今后唯有向令狐之门求援，虽岂初心所愿，然亦别无他途。陈情之意自是而定，陈情之作自是纷至而叠来。

元宵节商隐至开化坊令狐宅，谒令狐绹，接谈未深，绹又匆匆外出。候一晚未归，次日落寞而归，作《谒山》《昨日》诗以记其事。

《谒山》：从来系日乏长绳，水去云回恨不胜。欲就麻姑买沧海，一杯春露冷如冰。谒山之“山”即群玉山，喻翰林，三、四句言所求甚大，所得甚小。此陈情之首作也。

《昨日》：昨日紫姑神去也，今朝青鸟使来赊。未容言语还分散，少得团圆足怨嗟。二八月轮蟾影破，十三弦柱雁行斜。平明钟后更何事？笑倚墙边梅树花。元宵节赛紫姑神，此诗必作于元宵之次日。元夕去谒，未作深谈，彼即匆匆外出，空等一夜，至天明，诗即为谒山之解。

二月二十一日，令狐官拜中书舍人，是时正木兰花发（开化坊令狐宅木兰素盛），商隐作《木兰》以寄意。二月二十二，木兰开坼初，此言令狐之升迁也。初当新病酒，复自久离居。元宵谒后至今月余，可谓睽违久矣。愁绝更倾国，惊新闻远书。愁绝言己，倾国指彼，远书谓虽在周至而邈若山河，闻此升迁新讯而惊奇。以下：紫丝何日障，油壁几时车？不知几时发迹？与人云泥障隔。弄粉知伤重，调红或有余。则借花之抹粉太重涂脂过甚，以喻令狐之力自修饰。波痕空映袜，烟态不胜裾。言其昂然空架，难胜重任。下转至：桂岭含芳远，莲塘属意疏。瑶姬与神女，长短定何如？言桂府待我之善，子直遇己之疏，两人长短自可知矣。

据翰苑群书重修承旨学士壁记：令狐于大中二年二月十日自考功郎中知知制诰充翰林学士，三年二月二十一日更拜中书舍人，依前充。二月二十二日即指其官拜舍人之下一日。又据《书肆说铨》：春分三候（五日为一候，三候为一气）于大中三年为二月二十三日至二十七日，与木兰开放时合，二十二日可谓开坼初（一本作二十五）。可见此诗必为令狐而发。

令狐升官即换新居，于城南晋昌里之莲塘（即南塘）别起一新宅，自此欲晤其人，即须至莲塘。不多日（二月底之后），令狐召商隐至新居南塘，为其代草章奏。乃作《碧瓦》《肠》两首五排，以记留宿代笔之事。前诗云：碧瓦衔珠树，红轮结绮寮。无双汉殿鬓，第一楚宫腰。首四句言其新居之华美，新贵之尊荣。雾唾香难尽，珠啼冷易销。言己之陈情，费尽唾沫，饱含涕泪。“钿辕开道入，金管隔邻调。”言其身御钿车开道而入，属己代笔送入小斋。梦到飞魂急，书成即席遥。言飞梦翰苑，文彩欲用；书成递交，即席仍遥。诗中柳暗将翻巷，荷欹正抱桥（荷上年残荷之梗），写莲塘风物，点明时令。后诗云：有怀非惜恨，不奈寸肠何！即席回弥久，前时断固多。首四句言怀有余望，不惜前恨，无可奈何，不得不尔。即席相见，回肠者久，向时遭逢，断肠者多。故念飞书及，新欢借梦过。交情再续，端赖笔下（代作书），希望新燃，且待梦中。染筼休伴泪，绕雪莫追歌。拟问阳台事，年深楚语讹。泪，湘竹洒染之泪（湘桂失意），歌，白菊绕墀之歌（令狐恩遇）。便欲再提彭阳旧事，八郎已不承乃父之志矣。诗中之隔树澌澌雨，通池点点荷，亦点时，新荷露尖，春时也，点点，微见端倪也。《碧瓦》与《肠》两诗为一时之作，一记事，一抒情，似自我排遣，而非示人者。语意显豁，以面呈令狐者，则有《促漏》与《一片》二首七律。此时心态复杂，固亦恨之，无奈而不能不为之回肠而有余望焉，盖自令狐口中似有转圜之意也。两首七律中之归去岂知还向月，梦来何处更为云？南塘渐暖蒲堪结，两两鸳鸯护水纹（《促漏》），即深表望之促其实现之意。榆荚散来星斗转，桂花寻去月轮移。人间桑海朝朝变，莫遣佳期更后期！（《一片》）则盼令狐之急予援手也。

令狐旧憾难释，于商隐其人本不欲便援引之，然知其才固有足可用者，使其就范，以为我就近用之，计亦诚得。乃再招商隐来南塘，为之书致京兆尹韦博。韦亦牛党中人，留商隐假（兼摄）参军事，令掌表奏。商隐从此又入令狐之羁绁矣。

京兆掾曹有功、仓、户、兵、法、士六曹，参军事各二人，正七品下阶，俸钱四五万，禄二百石。此曰假，固不拘品秩俸给。

《樊南乙集序》：二月府贬，选为周至尉。与班县令武功刘官人同见尹，尹即留假参军事，专章奏。属天子事边，康季荣首得七关，李玭得秦州，月余朱叔明又得长乐州，而益丞相亦寻取维州，联为章贺。时同僚有京兆韦观文、河南房鲁、乐安孙朴、京兆韦峤、天水赵璜、长乐冯颛、彭城刘允章，是数辈者皆能文字，每著一篇则取本去。《转韵》诗平明赤帖使修表，上贺嫖姚取贼州，即言联为章贺之事。集中有《和孙朴韦蟾孔雀咏》一诗，孙朴即京兆府中之同僚。

商隐再至南塘时，见眼前景物，即目成诗（《即目》）：小鼎煎茶面曲池，白须道士竹间棋。何人书破蒲葵扇，记着南塘移树时。曲池为园中之池，煎茶、下棋，见令狐假日之悠闲；书扇用王羲之书扇、扇身价陡增之典，喻令狐修书荐商隐于京兆尹韦博之事。移树，宜在清明，是年清明为三月九日。商隐之入京兆府应在春三月；至于其联为章贺，则时在夏秋。

复作《木兰花》诗：洞庭波冷晚侵云，日日征帆送远人。几度木兰舟上望，不知元是此花身。木兰舟喻京兆府；元是此花身，犹言元是牛党之牢笼。回思往日所作"从再此无心入武关"之豪语，亦足自伤自惭！

仕途可慨，家室可乐。时衮师已近四岁，美秀聪颖，活泼可爱。春日作《骄儿诗》以宠之：

**骄儿诗**

衮师我骄儿，美秀乃无匹。文葆未周晬，固已知六七。
四岁知姓名，眼不视梨栗。交朋颇窥观，谓是丹穴物。
前朝尚器貌，流品方第一。不然神仙姿，不尔燕鹤骨。
安得此相谓，欲慰衰朽质。青春妍和月，朋戏浑甥侄。
绕堂复穿林，沸若金鼎溢。门有长者来，造次请先出。
客前问所须，含意不吐实。归来学客面，闳败秉爷笏。
或谑张飞胡，或笑邓艾吃。豪鹰毛崱屴，猛马气佶傈。
截得青筼筜，骑走恣唐突。忽复学参军，按声唤苍鹘。
又复纱灯旁，稽首礼夜佛。仰鞭罥蛛网，俯首饮花蜜。
欲争蛱蝶轻，未谢柳絮疾。阶前逢阿姊，六甲颇输失。
凝走弄香奁，拔脱金屈戌。抱持多反倒，威怒不可律。
曲躬牵窗网，衉唾拭琴漆。有时看临书，挺立不动漆。
古锦请裁衣，玉轴亦欲乞。请爷书春胜，春胜宜春日。
芭蕉斜卷笺，辛夷低过笔。爷昔好读书，恳苦自著述。
憔悴欲四十，无肉畏蚤虱。儿慎勿学爷，读书求甲乙。
穰苴司马法，张良黄石术。便为帝王师，不假更纤悉。
况今西与北，羌戎正狂悖。诛赦两未成，将养如痼疾。
儿当速成大，探雏入虎窟。当为万户侯，勿守一经帙。

诗写四五岁孩童嬉戏情状，活色生态，如在人眼前。大中三年，商隐失意在京，深感仕途之可慨，且喜家室之可乐。时衮师美秀聪颖，活泼可爱，《骄儿诗》即由此而作。然虽有骄儿在膝，己身失意之事，究仍难忘之，故又回至自己，大呼读书之无用，蚤虱之苦人，而聊寄未来之希望于其幼子。诗人固借端发叹，愤郁有不可平抑者。

与杜牧相晤，赠诗：高楼风雨感斯文，短翼差池不及群。刻意伤春复伤别，人间惟有杜司勋。杜牧内召前过金陵，曾作《杜秋诗》，借杜仲阳（杜秋娘）事，阐穷通之理，兼自寓其天涯迟暮之感。商隐亦作《景阳宫井双桐》诗，以追感杜秋，此商隐之杜秋诗也。诗并隐刺郑后，杜郑同为李锜妾，又同有宠于宪宗，而二人结局穷通迥异。今日繁红樱，抛人占长簟，郑氏独尊，母仪天下，而杜秋穷老无依，闻者足叹。寒灰劫尽问方知，石羊不去谁相绊？盖昔日入宫相妒，后又余憾不止，沉冤不为昭雪，致令仲阳如石羊僵伏于灵台之上，不得仙去，是谁相绊之，孝明也。由双桐可见人生际遇真有幸不幸之别！己之与令狐一荣一瘁，亦何其相似乃尔！

商隐赠杜牧七律诗中有杜牧司勋字牧之，清秋一首杜秋诗之句，长吉体咏杜秋之双桐诗与七律殆作于同时。

商隐与牧之惺惺相惜，文字契深，然二人于党局于政见却有大相异趣者。商隐初受令狐提携，继遭党人排笮，是非渐明，去就遂定，其于卫公钦佩之诚，始终未渝。而牧之则不然，始受奇章厚恩（于淮南幕，冶游浪迹，纵情声色，僧孺不责，反加潜护，举为监察御史，八品），杜泣拜致谢，终生感焉。开成三年，李德裕镇淮南，有望入朝为相，牧之献书以示：忝迹门墙，不胜忭跃。德裕秉政，牧之由左补阙、史馆修撰转膳部比部员外郎（从六品上）出守黄州，后改池州，刺史品高（下州正四品上），跃升两级；是时卫公平泽潞、讨回纥，牧之均上书论兵献策，卫公称善，亦有所采。卫公功成，牧之誉之为睿算英略，借箸深谋，比之前修，一何远出！出任刺史，阅历中外，循序以进，原为将膺大任者之多共经，然牧之自视过高，所望过奢，欲求过速，总觉困踬官场，难展抱负，愤悱忧愠，溢于言表。及会昌之末卫公被斥，牧之即一变而依托牛党周墀，谴责“会昌之政，柄者为谁？忿忍阴污，多逐良善。牧实忝幸，亦在遣中。黄冈大泽，葭苇之场，继来池阳，西在孤岛”。周墀入相，牧之更建言：故宰相德裕重定元和实录，窜寄他事，以广父功，凡人君尚不改史，取必信也。周墀以此上奏，遂削新书，仍行旧本。其前后出入翻覆，竟一至于此！此不唯不同于商隐之从一，且亦不同于其弟杜觊之正直——其弟原在德裕幕，为亲信，后德裕贬，牛僧孺欲辟为吏，不受。论者谓牧之未蒙援引，可责德裕之褊心，实为党争之牺牲，殆不确。柳仲郢曾预奇章门馆，卫公用之不疑；于牧之亦何尝亏待之？大中之世，牛党掌权，牧之亦未获大用，由池州转刺睦州，入朝，官亦仅至中书舍人，复乞外放，改刺湖州，终其一生，朝官、外官，常不安其位。牛李两造均未授以所期之方面大任。其为人也，论交、论政似无定守，固不必为贤者讳。

李卫公贬崖州，商隐以《李卫公》为题作诗伤之：绛纱弟子音尘绝，鸾镜佳人旧会稀。今日致身歌舞地，木棉花暖鹧鸪飞。老大宰臣，万里投荒，哀在言外。弟子忘恩，佳人无情，慨世人之势利者；歌舞地指当地黎人之能歌善舞，非尚寄情于歌舞也。

此诗直以《李卫公》为题，赋体也。观"木棉花暖"句，当作于大中三年春卫公迭贬抵崖之后。大中之世，宣宗正惑于党人卫公无君之谮，而深恶逐臣不已，商隐迳以"卫公"为题赋诗，自不能直表哀伤之意，以致文字贾祸，故语反折而委婉，貌似讽之，实则伤之。集中直书其名之诗甚少，何以此诗竟以卫公之名为题？予揣：此诗殆屡启陈情时，令狐命题之作，盖八郎欲藉此以难商隐，特试之耳。此等题目，既不得不作，又不可浪作，似嘲实悲，似讽实伤，即由此而来。

诗首二句，似有子弟忘恩、佳人寡情之慨。文饶集《途中感愤诗》有"十五余年车马客，无人相送到崖州"之句；又，《与姚谏议书》中云："天地穷人，物情所弃，无复音书，平生旧知，无复吊问"等语，是首句确实有所指也。三句，非指歌舞旧地，而实指南荒崖州（今海南三亚）。南荒而曰歌舞地者，盖崖州黎人雅善歌舞，称此地为歌舞地，自无不可。然此地之歌舞，不同于旧地之歌舞，今日致身歌舞地，正点出致身于崖州矣。不言南荒，而言歌舞地，亦是反语迂词，若云蛮荒地、瘴疠地之类，便直致无味矣。第三句歌舞地先扬，第四句后抑之：此歌舞之地，唯有木棉开落、鹧鸪乱飞而已。而昔日之绛纱第子、鸾镜佳人皆不见矣。卫公威服中外，决策论兵，举无遗悔，以身扞难，功流社稷，以三朝一品之身，竟贬至"鸟飞犹是半年程"之南荒，下场如此，伤之宜也！

《唐鉴》称："李德裕、裴度俱为贤相，而李以报怨，故致窜死海上，不如裴之善终。"然则卫公之贬崖州，特怨怨相报耳。庸何伤？予曰：李之攻牛，出于无私，据之公理，恶不仁也，非报怨也，亦非"以燕伐燕"也。况僧孺、宗闵之贬，决于武宗，非能以门户相轧目之。而牛党之陷卫公，则朋党之恶习、佥壬之报怨也。岂可同日语！“嘻吁绝域，寤寐西周……其心若水，其死若休。”（《祭韦执谊文》）是不可伤，孰可伤？商隐去牛就李，服膺卫公，于卫公之贬南陬，自多伤之之意；而不能如祖禹所称，视卫公之窜海上为报怨所致也。第因此诗题名《李卫公》，故言婉意晦，若《旧将军》诸篇，则伤之之意更显露矣。

商隐此诗，主党牛说者（如徐氏），以为讽卫公；主党李说者（如张氏、刘氏）及无党论者（如冯氏），以为伤卫公。此正见其成功处。于牛党权势灼天之际，能以《李卫公》为诗题，而公然流传于世，予不禁为诗人用心之苦、运笔之妙，而抚掌叫好！

予读此诗，既恨白敏中以怨报德，更恨唐宣宗之自坏长城。袁子才曰：“宣宗居藩，受武宗狎侮。故登极后，复僧寺，贬石雄，专改旧章。不用毛发淅洒之李太尉，自有汗透重裘之令狐绹至矣。然一则威服三镇，一乃郊迎庞勋，舍骐骥而策驽骀，其效不彰彰可睹乎！”善乎斯言，先得吾心矣。牛、李二者，一碌碌无为，一大有作为，其是非优劣，原灼然可断之事。而司马君实因挠新法而恼荆公，于通鉴中借古讽时，评德裕父子，持论并非公允。

与《李卫公》诗作于同时者，尚有《人欲》一诗亦与卫公之贬崖相连。

诗曰：人欲天从竟不疑，莫言圆盖便无私。秦中已久乌头白，却是君王未备知。此诗与《李卫公》诗首后相连，合而观之，可见商隐服膺卫公，怀其功，伤其贬，于其不公之遇，中心正深抱无比之不平！

予谓诗之首句即指宣宗之贬卫公，以从下民（如吴汝纳）、诸臣（吴为牛党）之请为词，时人不察，亦以赞皇之谪为天从人愿而快之，其间有冤，竟不之疑也。次句谓莫道人欲天从，应知天非无私。牛党之倾陷卫公固出于私怨，宣宗曲从其私矣；而宣宗之决于贬卫公，己亦有私，因深恨武宗，欲改旧章，卫公前朝用事大臣自不能不先去之也。圆盖，天之代词，直指宣宗。三四句言禽鸟亦知卫公之冤，而为之头白，望其还朝，唯备知其情之宣宗却佯作不知，忍令卫公终老荒陬。挥笔至此，沉痛已极！

此诗与《明神》诸篇格调相类，皆以拙朴之笔，写深微之意。七言绝句中之一体也。唯玉溪七绝，有典有朴，亦丽亦素，多姿纷呈，大家数也。

座主周墀罢相（是年四月），出镇东川。盖宣宗刚愎忌刻，不容异见，周虽为牛党中人，终以谏开边事忤旨被黜。商隐乃作《宫辞》诗以纪之。诗云：

君恩如水向东流，得宠忧移失宠愁。莫向樽前奏花落，凉风吹在殿西头。得失无定，宠辱旋移，伴君实难，良可慨已。

仲弟羲叟释褐，为秘书省校书郎，知宗正表疏。未旬日，改授河南府参军（正八品下阶，高于校书郎之正九品上阶）。商隐代弟作启，谢座主魏扶，并谢宗卿之兼尹河南府者。

春去夏来，令狐复召商隐至南塘新居，令代笔作表笺，并留宿。作《槿花》诗二首（五律）。其一云：燕体伤风力，鸡香积露文。殷鲜一相杂，啼笑两难分。月里宁无姊，云中亦有君。三情与仙岛，何事每离群？风，喻外力之摧残，燕体，喻己身之孤弱；鸡香，纵有文采，亦自枉然。下喻一入嫌疑之局，便苦周旋不易，啼笑两难。月里云中喻翰苑内省，此中皆有人入居，何事独令我离群于此，不得居于内职耶？言外于令狐之不予荐引，深有憾焉。其二云：珠馆薰燃久，玉房梳扫余。烧兰才作烛，襞锦不成书。本以亭亭远，翻嫌脉脉疏。回头问残照，残照更空虚。珠馆、玉房留宿之处，烧兰作烛，夜间作书，不成书即“书被催成墨未浓”之意，四句皆指留宿代笔事。下言云泥相隔，相距本远，岂能反嫌我与其迹疏？代书事毕，已至翌日（或第三日）之向晚，归途中回头残照，满怀空虚落寞之感。木槿仲夏方荣，南塘多花木，槿花正开，诗借咏花，以喻己之遭逢。上次至南塘时在清明，今番奉召已至仲夏，疏于登门，似于子直之仅书荐京兆有不怿之意。

五月，牛僧孺葬。牛党为之设祭者甚众。杜牧作志，商隐作奠文。哀诔之文，商隐堪称巨擘，莲塘留宿，奠太牢之文亦其中一事？此等诔文系奉命之作，应酬笔墨，集中不载，牛党誉之，特商隐之名望耳。

《樊南乙集序》：是岁葬牛太尉，天下设祭者百数。他日尹（京兆尹韦博）言吾太尉之薨，有杜司勋之志与予之奠文二事为不朽。

秋（八月十六），再晤令狐，应招与谈诗。令狐与商隐说昨夜（中秋）西掖赏月之事。商隐写诗以和：昨夜月轮明，传闻近太清。凉波冲碧瓦，晓晕落金茎。露索秦宫井，风弦汉殿筝。几时绵竹颂，拟荐子虚名？题为戏赠，实望荐达。然内心亦已稔知八郎为人短才而忌人之胜己者，自去京兆，已近半载，再无动静，望其荐子虚之名，不亦戛戛乎难哉！乃暗作《昨夜》诗以志慨：不辞鶗鴂妒年芳，但惜流尘暗烛房。昨夜西池凉露满，桂花吹断月中香。党人之排击嫉妒，在所不辞，但惜君阍为其所蔽耳。昨夜西池露冷与西掖月满，真不啻有人间天上之别！

某日，重过开化坊令狐楚老宅，题《白云夫旧居》诗：平生误识白云夫，再到仙檐忆酒垆。墙柳万株人绝迹，夕阳惟照欲栖乌。风景萧疏，己亦颇有未得安栖之感。追思其父，深憾其子。令狐楚表奏十卷，自号《白云孺子表奏集》，夫乃尊称。误识，即"早知今日系人心，悔不当初不相识"之意。

令狐承旨夜对，更深，禁中以金莲宝炬送还。《无题》（紫府仙人）七绝：紫府仙人号宝灯，云浆未饮结成冰。如何雪月交光夜，更在瑶台十二层？即记是夜商隐空候良久，始见其归之事。诗点出子直受宠逾于常格。

俯仰平生，感触万端，仿杜老之体，作《漫成五章》。

其一：沈宋裁辞矜变律，王杨落笔得良朋。当时自谓宗师妙，今日唯观对属能。沈宋、王杨，谓己由为古文而从彭阳习业，转攻骈体，讲究声病属对，自诩得宗师之授，今日唯以好对切事之技，厕身于记室中耳。

其二：李杜操持事略齐，三才万象共端倪。集仙殿与金銮殿，可是苍蝇惑曙鸡？李杜当日齐名四海，而皆不能翱翔华省，反任庸才亲君登殿，直如苍蝇乱鸣，盖有所刺也。

其三：生儿古有孙征虏，嫁女今无王右军。借问琴书终一世，何如旗盖仰三分？此代妻致慨。两世节钺，不取将种，竟赘寒士，已文武两失，末由为妻族增光，深有愧焉。

其四：代北偏师衔使节，关东裨将建行台。不妨常日饶轻薄，且喜临戎用草莱。代北、关东，指破乌介、平泽潞，卫公擢用石雄而建此奇功。任教卫公平日于进士中浮华之辈，颇多轻而薄之之词，又何妨？临战时能选拔出身寒微之良将，是可喜也。抑退浮薄与奖拔孤寒并施，具见卫公知人之明与用人之善。

其五：郭令素心非黩武，韩公本意在和戎。两都耆旧偏垂泪，临老中原见朔风。此首赞卫公收维州为恢复河湟所作之深谋远图。当年维州吐蕃守将请降，卫公受之，人情所向，实自感化而来，非由黩武得之，预为绸缪，此城可为略河陇之始。乃太牢出于私怨，毁其功于将成之际。此牛李两造争执之一大事。今七关先复，二州随得，河陇长幼诣阙称贺，牛党宰臣至欲为宣宗上尊号。而诗人却曰"偏垂泪"，是为卫公先收维州之被沮而深致慨，为维州河陇没蕃之久、迟十数年而未能早为光复深致痛惜。中原耆宿虽及见此与华夏冠带不同、身被北方土风之边人入朝，讴歌欢舞，亦恨盼到之日已头白人老矣。

五诗两言令狐父子，一言婚于王氏，两言卫公之功业。用寒畯、收维州，是非本诸公论，臧否岂出私谊，商隐固深知卫公者。

诗作于大中三年之秋，因七关二州之复是在本年之六、七、八月，时益丞相尚未取维州。河陇遗民诣阙欢呼舞跃，史记事在八月，商隐于此时即可成诗之第五首，不须待冬十月维州收复乃有诗作。

范摅《云溪友议》八云：或问赞皇之秉钧衡也，毁誉如何？削祸乱之阶，辟孤寒之路，好奇而不奢，好学而不倦，勋业素高，瑕疵不顾，是以结怨侯门，取尤群彦。《玉泉子》云：李相德裕抑退浮薄，奖拔孤寒，于朝贵朋党，德裕破之。由是结怨而绝于附会，门无宾客。裴庭裕（牛党李珏是其亲外叔祖）《东观奏记》上云：武宗朝任宰相李德裕，虽丞相子，文学过人，性孤峭，疾朋党如仇雠。宋孙甫《唐史论断》卷下云：德裕所与者多才德之人，几于不党。近人岑仲勉更云：牛诚有党，李则非也。《新唐书 174 传赞》云：僧孺宗闵以方正敢言进，既当国，反奋私昵党，排斥所憎，是时权震天下，人指云牛李，非盗谓何？史中所言牛李本指牛党之二头领。然则唐之朋党，牛（僧孺）李（德裕）实不能相并而言党。谓商隐终属李党，为去牛而党李者，似未必相宜。

## （十六）主宾欢洽，东行徐海许扬眉

大中三年（849 年）冬十月，商隐时年三十八岁。卢弘正镇徐州后，举奏商隐为判官，始带侍御史衔。卢，会昌时为李德裕所重，简辞之弟，亦商隐之世亲；然与牛党亦有旧（令狐楚镇华时，卢诣华应举），本人为一干才，宣宗立而未被斥。卢心向李相，故能引商隐为同道，而虚以右席。卢之迹又未乖牛党，故商隐之赴徐辟而不为子直所太恶。

《樊南乙集序》：“十月尚书范阳公以徐戎凶悍，节度阙判官，奏入幕。”按：判官掌军中事，高于掌书记。侍御史从六品下阶，幕僚带侍御史衔者谓之寄禄官，又曰宪官，便于持法临民也。“莲幕望高秦御史”，自此人即称商隐为李侍御矣。

征辟书来，商隐欣然应召，作启答谢。厚赉足以安家，驷骑遂尔登程。行前大雪，作《对雪》诗二首，以慰闺人。龙山万里无多路，留待行人二月归，终期还朝，归期相约不远。关河冻合东西路，肠断斑骓送陆郎，仆仆道途，闺人为我肠断。至诗中所云又入卢家妒玉堂，即借点辟赴卢幕。

《上尚书范阳公启》一：去年远从桂海，来返玉京。无文通半顷之田，乏元亮数间之屋，隘佣蜗舍，危托燕巢。春畹将游则蕙兰绝径，秋庭欲扫则霜露沾衣。勉调天官，获升甸壤。归惟却扫，出则卑趋。仰燕路以长怀，望梁园而结虑。仰蒙仁恩，俯赐手笔，将虚右席，以召知所喻。三启言应辟事綦详。下材，承命恐惶，不知所措。……便当焚游赵之簦，毁入秦之屩，束书投笔，仰副嘉招。

《上尚书范阳公启》二：猥以谀闻，仰承嘉命，处囊引喻，未施下客之能，在握称珍，遂忝上卿之列。……手足分荣，里闾交庆，行吟花幕，卧想金台，未离紫陌之尘，已梦清淮之月。

《上尚书范阳公启》三：绢若干右特蒙仁恩，赐备行李，谨依数捧领讫。嘉命猥临，厚赉仍及，捉襟见肘，免类于前哲，裂裳裹踵，无取于昔人。感佩恩私，不知所喻。三启言应辟事綦详。

离京，过华山王母祠，题诗：莲华峰下锁雕梁，此去瑶池地共长。好为麻姑到东海，劝栽黄竹莫栽桑。王母喻令狐（令狐华原人），陈情不省，与彼相距甚远矣。麻姑喻弘正，东海喻徐州，此去徐幕，但愿久安长守，如黄竹之四时不改，勿随桑田之又变为海也。

东下三旬，马上苦于风土。腊月过汴梁，逢大雪。有诗为证：

**东下三旬苦于风土马上戏作**

路绕函关东复东，身骑征马逐惊蓬。
天池辽阔谁相待，日日虚乘九万风。

**偶成转韵**

诘旦天门传奏章，高车大马来煌煌。
路逢邹枚不暇揖，腊月大雪过大梁。

是年在京师时，应白秀才之请，为白居易撰写碑铭。

大中四年（850 年，商隐三十九岁）二月己未，李德裕卒于崖州任所，终年六十三岁。

史载：是年二月，职方郎中兼侍御史知杂事毕諴充翰林学士。諴，盐商子，属牛党，赂太医李玄伯乃进于帝，嬖幸冠后宫。

四月，以中书侍郎同平章事马植为天平节度使。帝之立，左军中尉马元贽与有力焉，由是恩遇冠诸宦者，马植与之叙宗姓，元贽以帝赐宝带遗植，植服之以朝，帝识之，明日罢相。行次华州，收植亲吏董侔，下御史台鞫之，尽得植与元贽交通之状，再贬常州刺史。植，长于吏术，会昌中入为大理卿，李德裕不重之，心怀怨望。大中初为刑部侍郎，亦以吴湘事陷李德裕，至是失宠而贬。

六月，兵部侍郎同平章事魏扶薨，以户部尚书判度支崔龟从同平章事。

是年令狐绹转户部侍郎判本司事，旋又改兵部侍郎（正四品下），十月辛未（二十七日），以翰林学士承旨兵部侍郎令狐绹同平章事。

是年封敖出为兴元尹山南西道节度使（代郑涯）。

李珏召为吏部尚书。

杜牧转吏部员外郎，秋，授湖州刺史。

党项为边患，发诸道兵讨之，连年无功，戍馈不已。右补阙孔温裕上疏切谏，帝怒，贬柳州司马。

是年初，商隐正在赴徐途中。过曹州界，郓曹濮，当年令狐楚天平幕所在地也。旧地重过，借题托意，作《青陵台》诗：青陵台畔日光斜，万古贞魂倚暮霞。莫讶韩凭为蛱蝶，等闲飞上别枝花。令狐楚之旧恩固永感之，唯其子不承父志，因寻常婚宦而于我大加排笮，使我不得不别依门户，岂能怪我？

春，过沛县汉高祖庙，题诗：乘运应须宅八荒，男儿安在恋池隍。君王自起新丰后，项羽何曾在故乡？

抵卢弘正幕，为判官。记室之事，有时亦兼为之。

《樊南乙集序》：故事：军中移檄牒刺，皆不关决记室，判官专掌之。其关记室者，记室假，故余亦参杂应用。

在幕中，主宾相洽，同僚亦相能。作《偶成转韵七十二句赠同舍》，诗中历叙前时经历及与弘正旧谊：

沛国东风吹大泽，蒲青柳碧春一色。
我来不见隆准人，沥酒空余庙中客。
征东同舍鸳与鸾，酒酣劝我悬征鞍。

蓝山宝肆不可入，玉中仍是青琅玕。
武威将军使中侠，少年箭道惊杨叶。
战功高后数文章，怜我秋斋梦蝴蝶。
诘旦天门传奏章，高车大马来煌煌。
路逢邹枚不暇揖，腊月大雪过大梁。
忆昔公为会昌宰，我时入谒虚怀待。
众中赏我赋高唐，回看屈宋由年辈。
公事武皇为铁冠，历厅请我相所难。
我时憔悴在书阁，卧枕芸香春夜阑。
明年赴辟下昭桂，东郊恸哭辞兄弟。
韩公堆上跋马时，回望秦川树如荠。
依稀南指阳台云，鲤鱼食钩猿失群。
湘妃庙下已春尽，虞帝城前初日曛。
谢游桥上澄江馆，下望山城如一弹。
鹧鸪声苦晓惊眠，朱槿花娇晚相伴。
顷之失职辞南风，破帆坏桨荆江中。
斩蛟断璧不无意，平生自许非匆匆。
归来寂寞灵台下，著破蓝衫出无马。
天官补吏府中趋，玉骨瘦来无一把。
手封狴牢屯制囚，直厅印锁黄昏愁。
平明赤帖使修表，上贺嫖姚收贼州。

接云应邀入幕：

旧山万仞青霞外，望见扶桑出东海。
爱君忧国去未能，白道青松了然在。
此时闻有燕昭台，挺身东望心眼开。
且吟王粲从军乐，不赋渊明归去来。
彭门十万皆雄勇，首戴公恩若山重。
廷评日下握灵蛇，书记眠时吞彩凤。
之子夫君郑与裴，何甥谢舅当世才。
青袍白简风流极，碧沼红莲顷倒开。

我生麄疏不足数，梁父哀吟鸲鹆舞。
横行阔视倚公怜，狂来笔力如牛弩。
借酒祝公千万年，吾徒礼分常周旋。
收旗卧鼓相天子，相门出相光青史。

傲岸激昂，儒酸尽洗，音节殊类高岑，歌行体之佳制也。

又作五言古体《戏题枢言草阁三十二》，述在徐幕中事：

政静筹画简，退食多相携。
扫掠走马路，整顿射雉翳。
春风三二月，柳密莺正啼。
清河在门外，上与浮云齐。
欹冠调玉琴，弹作松风哀。
又弹明妃怨，一去怨不回。
感激坐者泣，起视雁行低。

走马、射雉、弹琴、听曲，心事稍宽矣。

作《献寄旧府开封公》诗，以寄远在循州之郑亚：幕府三年远，春秋一字褒。书论秦逐客，赋续楚离骚。地理南溟阔，天文北极高。酬恩抚身世，未觉胜鸿毛。桂府一别，至今三年，逐臣流离，党局猜嫌。地远长隔，天高难问，往日恩重，末由报于万一。

是年春末，商隐奉使由徐幕入关，过汴，会晤即将离汴赴吴之汴幕幕僚李郢。郢亦诗人，赠诗送商隐西行，即《送李商隐侍御奉使入关》及《板桥重送》两七律。前诗云：梁园相遇管弦中，君踏仙梯我转蓬。白雪咏歌人似玉，青云头角马生风。相逢几日虚怀待，宾幕连期醉蝶同。如有扁舟棹歌思，题诗长寄五湖东。

后诗云：梁苑城西蘸水头，玉鞭公子醉风流。几多红粉低鬟恨，一部清商驻拍留。王事有程须仃仃，客身如梦正悠悠。洛阳津畔逢神女，莫坠金楼醉石榴。二诗记下了商隐徐幕奉使入京道汴之行踪（诗载童养年据《秘殿珠林石渠宝笈续编》所辑之《全唐诗续补遗》卷十二中）。

李郢即将由汴幕转至苏州幕府，商隐与之相晤后于板桥（汴州西，有客店，行旅多归之）话别，赠以诗：人高诗苦滞夷门，万里梁王有旧园。烟幌自应怜白纻，月楼谁伴咏黄昏。露桃涂颊依苔井，风柳夸腰住水村。苏小小坟今在否？紫兰香迳与招魂。因郢赴苏，商隐重牵旧情，回思往日之恋人燕台，流落吴中，业已物故，商隐托郢前往凭吊。郢年虽少，而为商隐从叔，于燕台事固知其底蕴。

在京公干小留，因有所闻，作《宫妓》七绝一首，见其托寓之深。诗云：珠箔轻明拂玉墀，披香新殿斗腰支。不须看尽鱼龙戏，终遣君王怒偃师。盖刺牛党中夤缘幸进而终遭怒黜者，其指玩弄机巧自召其祸之马植之流乎？马植于四月罢相，时正合。

返徐已盛夏，听蝉声咏诗抒怀：本以高难饱，徒劳恨费声。五更疏欲断，一树碧无情。薄宦梗犹泛，故园芜已平。烦君最相警，我亦举家清。诗以蝉之清高纯洁自喻，正因此，困顿至今，家道长贫。“一树碧无情”刺令狐之于己陈情不省；梗泛，随流东漂至海，喻指徐海也。诗“绝不描写、用古，诚为杰作”（吴乔语）。

秋，在徐幕，取燕巢于幕之义，作《越燕》诗二首寄意。诗之一云：上国社方见，此乡秋不归。拂水斜纹乱，衔花片影微。为矜皇后舞，犹著羽人衣。卢家文杏好，试近莫愁飞。诗喻己文章合致身内省，岂知犹为使府僚佐；结借点弘正之姓。

诗之二云：将泥红蓼岸，得草绿杨村。命侣添新意，安巢复旧痕。去应逢阿母，来莫害王孙。记取丹山凤，今为百鸟尊。来徐幕结识新侣，然依旧笔札生涯。欲随飞去，见我闺人；犹忆遭害，心有余悸。结谓令狐今日尊贵，为翰林之首（承旨），更睥睨众人了。

商隐之去徐幕也，令狐尝以甘言挽之，商隐亦稍犹疑。后终去子直而就子强（弘正）。在幕，作《追代卢家人嘲堂内》及《代应》二诗以自嘲。卢家亦切府主之姓。前诗云：道却横波字，人前莫谩羞。只应同楚水，长短入淮流。言应心注徐方（徐近淮），不作他想。楚水取令狐之父名。后诗云：本来银汉是红墙，隔得卢家白玉堂。谁与王昌报消息，尽知三十六鸳鸯。入徐幕，与令狐如有银汉之隔；既决意与子强相合，已人尽知之，岂得与子直再通消息？

冬，十一月闻令狐初入相，作《读任彦升碑》诗，借任昉自况，以寄慨：任昉当年有美名，可怜才调最纵横。梁台初建应惆怅，不得萧公作骑兵。“中书堂里坐将军”，真奈何他不得！

《南史》：武帝与昉遇竟陵王西邸，从容谓昉曰：“我登三府，当以卿为记室。”昉亦戏帝曰：“我若登三事，当以卿为骑兵。”以帝善射也。至是引昉，符昔日言焉。

是年秋，商隐妻王氏夫人病故于长安。家中人为恐商隐哀痛难持，特予隐瞒，未将噩耗告之。

《樊南乙集序》：于“七月（大中五年）尚书河东公守蜀东川，奏为记室”后接云：十月……改判上军……明年（大中六年），记室请如京师，复摄其事。……三年已来，丧失家道，平居忽忽不乐。……十月（大中七年）宏农杨本胜始来军中。本胜贤而文，尤乐收聚笺刺，因恳索其所有，会前四六置京师，不可取者，乃强联桂林至是所可取者，以时以类亦为二十编，名之曰四六乙。是夕是大中七年十一月十日。据此，至大中七年十一月十日悼亡已历三年，上溯三年，悼亡之时当为大中四年，非为大中五年。

商隐诗：兹辰聊属疾（以悼亡托疾），何日免殊方。秋蝶无端丽，寒香更不香，以及柿叶翻时独悼亡之句，可知王氏之卒在大中四年之深秋。

《房中曲》：忆得前年春，未语含悲辛。归来已不见，锦瑟长于人。是自徐幕归来方知其妻已故之证。商隐于大中五年春回京师，如是时王氏尚在（至大中五年秋始亡故），则何以有归来已不见之语？

大中五年（851 年），商隐四十岁，在徐幕。

史载：正月，以兵部侍郎裴休为盐铁转运使。

三月，以白敏中为司空同平章事，充招讨党项行营都统处置等使，南北二路供军使，兼邠宁节度使。是年秋，南山党项请降。帝以用兵岁久，国用颇乏，诏许之，使之安乐。

四月乙卯，同平章事令狐绹为中书侍郎；七月，以中书侍郎崔龟从同平章事，充宣武节度使。

七月，河南尹柳仲郢为梓州刺史东川节度使。

是年春，卢弘正卒于镇；郑亚卒于贬所。

秋，杜牧内升为考功郎中知制诰。

商隐在本年四十岁。正月，梅花犹发，因思八郎相位日崇，已不能达遂成定局，作《忆梅》诗慨之：定定住天涯，依依向物华。寒梅最堪恨，长作去年花。梅取盐梅之义，令狐于去年十月入相，早梅始发，今为去年之正花盛开之期。

春初，卢弘正卒。商隐在徐幕，子强相待不薄，既辟军判，又得台衔，甚感惬意。故于府主之死倍伤之。作《海上》诗以悼卢之遽逝：石桥东望海连天，徐福空来不得仙。直遣麻姑与搔背，可能留命待桑田。徐州，唐人称徐海，诗用徐字决非无意；“直遣”句，言纵使朝廷能更赐府主恩宠，亦年命不永、待之不及矣。

徐府既罢，别无依傍，决回京再谒令狐。《天涯》诗可闻其心声：春日在天涯，天涯日又斜。莺啼如有泪，为湿最高花。无可奈何，字字含泪。日又斜，喻弘正又卒；最高花，自喻正处于巅峰状态之令狐。

伶仃末路，如失巢之孤蜂。所喜者青陵粉蝶长定相逢二月之中，与闺人相约觌面之日不远。归心似箭，遄飞长安。

路上作《蜂》诗：小苑华池烂熳通，后门前槛思无穷。宓妃腰细才胜露，赵后身轻欲倚风。红壁寂寥崖蜜尽，碧檐迢递雾巢空。青陵粉蝶休离恨，长定相逢二月中。诗言曾居京职，后转徙各地，身原孤弱，欲求依傍。崖蜜尽，喻卫公辈覆亡殆尽。崖，指崖州；巢，指幕府，卢家白玉堂檐下之巢空，指卢弘正之卒。结言原定二月回京团聚，即《对雪》诗中所云的留待行人二月归也。

“长定相逢二月中”，“留待行人二月归”，二语可细究。按：商隐于开成四年冬赴泾迎眷，安家弘农，开成五年二月与王氏夫人暂得团聚。是年秋，辞家赴湘，作江乡游，返京再晤闺人，时在次年（会昌元年）之二月也。至会昌元年秋，赴陈许王茂元幕，再次小别，冬，旋即启程回京候调，其次年（会昌二年）之二月已在家中矣。是年丁母忧，秘省不得久处，偕妻蛰居长安之樊南。会昌三年，一度赴王茂元河阳幕，未几乃岳病故，离幕。十一月游太原李石幕。会昌四年正月因杨弁之乱，返郑州营改葬事，二月偕妻移家至永乐闲居。会昌五年二月，自郑、洛归至永乐，与王氏小别重逢，夏移居洛阳。会昌六年，服阕赴京补官，重入秘阁，妻留洛待产。大中元年政局倏变，三月随郑亚赴桂；二年，郑亚贬循，府罢，北返，浪迹于湘蜀荆襄，八月底还抵东都。九月，挈妇携子，赴京候选。大中三年二月与妻赁居于永崇里。十月大雪过大梁，应卢弘正徐幕之辟也。细考商隐行年，除入幕、出游夫妇相离外，各年二月多数与妻欢聚一室，“长定相逢二月中”之“长定”二字，本非虚设。前笺无题五律（照梁初有情）中曾谓商隐于开成三年正月末二月初成婚，今更疑婚期便在二月，长定二月归家，得非有缅怀结褵喜日之意在？不似全出于巧合。大中五年二月正为两人成婚之十三年纪念，诗曰二月相逢，正践原约归期，岂知闺人已于上年之秋谢世，噩耗瞒人，故商隐于诗中犹作团圆之好梦也。青陵粉蝶用韩凭妻化蝶事，寓夫妇之意在内。

## （十七）锦瑟年华，花醉蝶狂；柿叶翻时，痛赋悼亡

二月初（大中五年），抵家，方知夫人已于去秋病故。灵前恸哭，泪若泉倾。夫人生前，好弹锦瑟，妙擅丝声，锦瑟蒙尘，其长如人，物是人非，哀莫能禁！作《锦瑟》诗，追思年时忧乐之相依、甘苦之与共：锦瑟无端五十弦，一弦一柱思华年。庄生晓梦迷蝴蝶，望帝春心托杜鹃。沧海月明珠有泪，蓝田日暖玉生烟。此情可待成追忆，只是当时已惘然。此诗悼亡之旨豁然，思深、情挚、调哀、词婉、句炼、色艳，在悼亡诗中自足独步千古。

瑟之弦有五弦、二十三弦、二十五弦、五十弦，其说各异。东坡引《古今乐志》云：锦瑟之为器也，其弦五十，其柱如之。《隋志》：十五弦小瑟也，二十五弦中瑟也，五十弦大瑟也。古瑟确有五十弦之制，商隐诗中用五十弦者并非一处，雨打湘灵五十弦亦是其例。观商隐诗，锦瑟长于人、锦瑟傍朱栊，竖立而且长之锦瑟得非大瑟乎？

诗题用“锦瑟”，取琴瑟友之以喻夫妻之义，不特因王氏夫人擅弄锦瑟而由此起兴。无端者，何端、何缘也，喜得佳耦，有幸之词也。华年倏过，十三年而赋悼亡，影事历历，如浮眼前。以蝶写婚事，商隐诗中常用。此诗亦借蝴蝶之迷恋花枝，喻新婚之如醉如迷，然好景不长，恍如晓梦乍醒，今则如庄生之作鼓盆之歌矣。下句借望帝之失位亡去，喻己之失职无依。盖以婚于王氏而遭党人之忌，宏词被抹，秘省旋出，从此中心愁怨，常如杜鹃之啼恨。今则既叹沉沦，更赋悼伤，婚宦两事，俱足深悲。诗接写其妻：沧海月明，喻妻美容如月，明眸如珠，然婚后泪常不断，此泪为穷愁之泪、别离之泪、同受党局牵累之泪也。蓝田玉，喻妻之人品莹洁，性情温润，一如晶玉。盖用杨雍伯种石生玉，求妻得偶之典（出自《搜神记》，其种玉处称玉田，蓝田，取玉之所出地耳，非指葬地），然玉今安在，已化烟而去矣，悲夫！结联言此情岂待如今追忆始足伤痛，即便当时相守之时，已有惘然若失之感，唯恐彩云之易散、琉璃之易碎、好物之不坚牢也。因王氏婉弱多病，商隐早心怀隐忧。

《房中曲》：忆得前年春，未语含悲辛。前年春指大中三年之春，商隐在京师，一家且得团聚，唯当时闺人已久病，己口虽未语，内心实含悲辛。盖虑其不能与己长久相守也。与《锦瑟》诗只是当时已惘然同意。

《锦瑟》诗为集中悼亡诗之首作。为二月初甫回家中睹物思人，挥泪而写。是时李花正发（下述二李花诗可证），可确定为二月之初。稍后，复有《房中曲》之作，为第二首悼亡诗，该诗作于蔷薇初开之时（此花开自惊蛰三候，是年为二月之中——十二至十七日，李花开于雨水三候，先蔷薇半月），为五言古诗，长吉体：蔷薇泣幽素，翠带花钱小。娇郎痴若云，抱日西帘晓。枕是龙宫石，割得秋波色。玉簟失柔肤，但见蒙罗碧。忆得前年春，未语含悲辛。归来已不见，锦瑟长于人。今日涧底松，明日山头檗。愁到天地翻，相看不相识。诗悼其妻又兼怜其女及子，房中之遗物，如枕席床被均有所写，并突出令人伤心之锦瑟。结言沉沦下僚，抑郁如涧底之松，况遭夫妇生死之分，苦心如山头之黄柏更随日长。中心唯一"愁"字，愁到天地翻时，地下人间纵得相见，亦难认旧时之容颜矣。全诗写来古朴而深挚，亦古今悼亡诗之杰构。

此亦悼亡诗，但非悼亡诗之首作。诗用蔷薇字，可知当作于仲春二月。然商隐实于大中五年之正月发自徐州，二月初即至京师，此可由归时所写之《晋昌李花》与《李花》二诗为证。李花开于雨水三候，先蔷薇半月。商隐归家，其时李花正开，尚为二月之初，而蔷薇固犹未开也。故予以为《房中曲》必作于《锦瑟》诗之后。初归时，悼亡不可无诗，而又非此诗，其始必《锦瑟》诗无疑。谓《房中曲》为悼亡诗之始，殆不可从。

首、二联写身边遗孤。蔷薇二句指女，女时已晓事，知失母而悲泣。泣幽素之幽者，背人暗泣；素者，穿白戴孝。花钱小，道其年犹幼小。娇郎二句指子。子时更幼，不知失母之哀，日高犹抱日而卧，娇痴之状可怜。三、四联写生前遗物。枕是句言枕，水晶宝枕，其色重明，如割得闺人一段泪波而成者。玉簟二句言席被。玉簟已失柔肤，但见碧罗蒙床。枕席床第之间所见，写得如此雅洁。忆得二句言前年相聚时之况。前年春，大中三年之春，时商隐在京师，为京兆尹专表奏，一家团聚，但当时室人病已有加，己口虽未语，内心实含悲辛，盖虑其不能与己长久相守也。此二语与《锦瑟》诗之只是当时已惘然同意。归来二句言今年自徐幕归来，只有锦瑟蒙尘，已不见其人。灵前号哭，倾河亦何能尽悼亡之泪！下四句言悼亡以后，已乏生趣。沉沦下僚，已如涧底之松，郁郁不能出头，况遭夫妇生死之分，苦心更随日长矣。今日抑郁，明日悲苦，中心唯一"愁"字，愁到天地翻时，地下与人间或得再见，然彼时纵得再见，恐相看已不复相识。盖地下人间伤春各自白头，浑非往日面貌矣。

续作五绝《细雨》：帷飘白玉堂，簟卷碧牙床。楚女当时意，萧萧发彩凉。悼亡之意，不尽于诗。（楚女，诗家常用，在本诗中取行雨之楚神之意。）

悼亡说始自长孺、竹垞、义门，钱、陆、程、姚、冯承之。原本通达，予从悼亡说，并考定王氏夫人卒年（见年谱所析）。诗之所以可证为悼亡者，盖《房中曲》有归来已不见，锦瑟长于人之句，可相印合。《寓目》诗有新知他日好，锦瑟傍朱栊之句；《回中牡丹》诗有锦瑟惊弦破梦频之句，锦瑟必王氏夫人生前所善弹弄者。商隐自徐州回京，始知其妻已故，锦瑟犹在，物是人非，能不一恸！对遗物而生哀，借锦瑟而起兴，发为悼亡之诗，此情理中事；木然无动，一见锦瑟而不思伊人，不赋诗悼念，反不能令人置信。予更定《锦瑟》诗为悼亡诗之首作，作于徐幕方还之时，《房中曲》则成于稍后。

冯浩氏于《锦瑟》之笺，合诸家之长，其言予亦多采之。所不同者为此诗之编年。冯氏断《房中曲》为悼亡诗之始，而《锦瑟》诗则作于大中七年东川幕中，“望帝”句谓身在蜀中，托物寓哀；予则以为此诗乃作于大中五年二月初徐幕方归之时（详《房中曲》笺）。按：杜鹃，非必指川中，即未闻鹃啼，亦可用望帝之词，以表情之哀苦，谓在蜀中托物，过泥。商隐在蜀中，眼前并无锦瑟，何必再以“锦瑟”为题，而赋悼亡之诗；徐幕初归，始知噩耗，锦瑟入眼，睹物思人，亟作《锦瑟》诗志哀，当比抠住杜鹃，归诸蜀中，说更融洽。悼亡诗不作于初归时之家中，而作于三年后之蜀中，有是理乎？望帝春心，非点地而点时，徐幕归时，正值春天，句中旁射悼亡泣血之义，正与春时相合也。

悼亡诗情挚意真，动人心弦，冯氏等立说，堪为不易之论，宜息诸家之喙，而自伤生平之说晚近又一军突起，骎骎乎似有欲定于一尊之势。予斟酌再三，深有疑焉。

汪师韩曰：锦瑟乃是以古瑟自况。……五十弦之古制，不为时尚。成此才学，有此文章，即已亦不解其故，故曰无端。自欲顾头胪老大，一弦一柱，盖已半百之年矣。追忆谓后世人追忆也。可待者，犹云必传于后无疑也。而即今沦落为可叹耳。

汪辟疆曰：此义山自道生平之诗也。思华年三字即一篇眼目。……其曰五十弦者，以瑟古为五十弦，而五十正合大衍之数。人生五十之年，又为由壮盛而衰老之界，借以追忆已往之华年，皆不可易。……余尝疑义山当生于元和四年，卒于大中十三年，得年五十有一，然则此诗即姑定为五十初度之作，亦无不可。其以“锦瑟”标题而不云“五十初度”者，盖以诗意甚明，不如取首二字为笼括一切也。

自伤说起自二汪，近时翕然相从者实繁有徒。二汪皆谓商隐年至半百、五十，自道生平，结集而以此诗为序，辟疆汪氏更将商隐生年提至元和四年、卒年延至大中十三年，以得年五十有一。如此立说，可叹观止矣。按：商隐生年冯谱定为元和八年，卒年为大中十二年；张谱定为元和七年，卒年同；予重订年谱，生卒年同于张谱。何能“或有先后”，自为增缩，谓商隐年“虽定犹未定”，得其“作诗时大致年岁”，或径“定为五十初度之作”？五十岁与五十弦既莫能挂钩，自伤身世之说，其前提自难确立，悼亡之说自不能贸然否之矣。或以宋本三卷集旧次以锦瑟诗为冠，属商隐自题其诗以开集首者，开宗明义，略同编集之自序（钱钟书说），不论行年是否五十，谓其自道生平、自伤身世，宜也。殊不知“义山诗三卷出于后人掇拾，非自定”，此说“固无据也”（何氏言）。盖由程湘衡之言以讹传讹耳。商隐悼亡年正四十，是年作锦瑟诗，而自伤说偏将锦瑟诗推后十年，谓是商隐五十岁时作。诗竟作于死后之三年。噫！自伤说亦已玄矣。

商隐伉俪情深，归来已不见，锦瑟长于人，消息瞒人，在始知妻已物故之际，中心悲恸，不能无诗。房中曲继作于稍后（见后笺），锦瑟应为悼亡诗之第一篇。如以锦瑟为自伤之作，而非悼亡之诗，则悼亡诗之首作，将以何诗实之？自伤论者请答之！方知妻亡，即诗以悼伤，常也，理也；默而无闻，不以诗留，怪也，悖也；有诗明置眼前，大笔一抹，无视其为悼亡之作，则悍矣，妄矣。

遗山诗云：望帝春心托杜鹃，佳人锦瑟怨华年。诗家总爱西昆好，独恨无人作郑笺。予切望诗家笺者：珍爱诗人，尊重历史，少务高论，多做实事，殚精竭虑，潜心沈气，则郑笺之作，其日可指也。愿与诸公共勉之。

秋时，先运王氏夫人之柩赴郑州归葬。过洛阳，宿于崇让宅，作《夜冷》《西亭》二绝句，以寄悼亡之痛：树绕池宽月影多，村砧坞笛隔风萝。西亭翠被余香薄，一夜将愁向败荷。　　此夜西亭月正圆，疏帘相伴宿风烟。梧桐莫更翻清露，孤鹤从来不得眠。诗中有“月正圆”三字，其作于九月十五之夜乎？

妻兄王十二与僚婿畏之来访，招小饮，因妻周年忌日近，不去，寄诗以示悼亡之意：谢傅门庭旧末行，今朝歌管属檀郎。更无人处帘垂地，欲拂尘时簟竟床。稽氏幼男犹可悯，左家娇女岂能忘？秋霖腹疾俱难遣，万里西风夜正长。

秋霖腹疾、万里西风，深秋之景，王氏之卒应在秋日，下诗柿叶翻时独悼亡及《属疾》诗之寒花更不香可互参。

郑亚灵榇归葬，至蓝田，商隐往驿凭吊，赋二十八字：饥乌翻树晚鸡啼，泣过秋原没马泥。二纪征南恩与旧，此时丹旐玉山西。亚与卫公廿年恩旧，诗悼郑亚亦兼悼卫公。

是年，商隐应柳仲郢之辟，将赴东川幕。畏之与商隐饯行，商隐为诗留赠。席间甥冬郎（即韩偓）赋诗送别，句清新，有老成风，时正十岁。次日商隐方追吟，冬郎又来，连宵侍坐，徘徊久之，而不忍离去。行日，畏之送至咸阳，作诗留别：佳兆联翩遇凤凰，雕文羽帐紫金床。桂花香处同高第，柿叶翻时独悼亡。乌鹊失栖常不定，鸳鸯何事自相将。京华庸蜀三千里，送到咸阳见夕阳。当日佳兆联翩，同为王家之婿，至今思之，真如一梦！

《南史・刘歊传》：歊未死之春，有人为其庭中栽柿，歊谓兄子曰：吾不及见此实，尔其勿言。及秋而亡。柿叶翻时独悼亡可为王氏亡在秋深之证，此时乃有柿叶飘摇欲坠于风中之景象，若春夏之交，柿树初长之新叶，固不足言翻也。

至大散关（在凤翔宝鸡城南，通褒斜大道），遇雪。剑外从军远，无家与寄衣。散关三尺雪，回梦旧鸳机。（《悼伤后赴东蜀辟至散关遇雪》）赴桂赴徐，闺人固在，今则失偶出行，倍感凄然。

## （十八）　书被催成，《无题》稠叠，望之恨之，陈情何益！

商隐于大中五年十二月冒雪赴蜀，应东川柳幕之辟，这是他长时期来陈情无益的结果。回思向令狐的反复陈情，真是受尽委曲，个中况味，不堪言说。

还是在这年之春，不幸徐幕府主卢弘正弃世，商隐失幕回京，不得不走上向令狐再启陈情的道路。

时在返京之初，李花始开之日，痛赋悼亡之后（二月初），谒令狐于晋昌里之南塘。园中李花方茂，异香闻先，幽径独来，愁情悬悬。除于席间与客分韵，赋《子直晋昌李花》外，又暗写《李花》一首以志感：李径独来数，愁情相与悬，此处常来，心仍不定。自明无月夜，强笑欲风天，标格自秀，强装笑容；减粉与园箨，分香沾渚莲，代人作嫁，翻被说成沾丐于人；徐妃久已嫁，犹自玉为钿，徐幕归来，复以文章干谒，真事非得已。

候多日，所求未得佳音，再访令狐不遇，留待于别馆。近两月中见面实属不易。《无题》诗“相见时难”即由此而作：相见时难别亦难，东风无力百花残。春蚕到死丝方尽，蜡炬成灰泪始干。晓镜但愁云鬓改，夜吟应觉月光寒。蓬山此去无多路，青鸟殷勤为探看。别亦难，舍之而去亦难，犹有余望，不得不求之。东风无力，嘘拂者不力也。己欲以才华为世大用之心，不到死时不肯罢休；己身世之愁苦，如烛泪长流，不到蜡残成灰愁不尽竭。清晓揽镜，忧年鬓之萧疏；静夜吟诗，觉月光之清冷。蓬山指内省，令狐所居；无多路，同在凤城；相见不易，唯留书向其探询意向。诗写陈情未通之落寞心意，时又逢悼亡，故毫端深染哀伤之色。

暮春三月，令狐招商隐至府，命书其父元和中寄张相公（宏靖）旧诗，以俟刻石。盖令狐素知商隐工于书法，“绝类黄庭”，有求于我，便于驱使，正好用其所长，成我之事。商隐穷一日之功，始书讫。

《上兵部相公启》：伏奉指命，令书元和中太清宫寄张相公旧诗上石者，昨一日书讫。唐时首相及宣武节度使兼亳州刺史皆为太清宫使，启中太清宫指令狐楚元和中为相时所带之衔。《宣和书谱》：“李商隐佐令狐楚，授以章奏之学，遂得名一时。盖其为人瑰迈奇古，不可企及。观四六藁草，方其刻意致思，排比声律，笔画虽真，亦本非用意。然字体妍媚，意气飞动，亦可尚也。”《渑水燕谈录》：“钱塘沈振蓄一琴，名冰清，腹有晋陵子铭，晋陵子杜牧之道号；篆法类李义山笔。”《玉堂嘉话》：“李阳冰篆二十八字后韦处厚李商隐题。商隐字体绝类黄庭经。”是当日商隐以善书称。

乃作《无题》四首，以记此一日之事及翌日之心情：

来是空言去绝踪，月斜楼上五更钟。
梦为远别啼难唤，书被催成墨未浓。
蜡照半笼金翡翠，麝熏微度绣芙蓉。
刘郎已恨蓬山远，更隔蓬山一万重。

飒飒东风细雨来，芙蓉塘外有轻雷。
金蟾啮锁烧香入，玉虎牵丝汲井回。
贾氏窥帘韩掾少，宓妃留枕魏王才。

春心莫共花争发，一寸相思一寸灰。

含情春晼晚，暂见夜阑干。
楼响将登怯，帘烘欲度难。
多羞钗上燕，真愧镜中鸾。
归去横塘晓，华星送宝鞍。

何处哀筝随急管？樱花永巷垂杨岸。
东家老女嫁不售，白日当天三月半。
溧阳公主年十四，清明暖后同墙看。
归来展转到五更，梁间燕子闻长叹。

诗首言命书留宿；次追叙白天；三言夜间暂见，翌晨即归；四言归去无聊，入夜失寐。白天指命代书，匆匆一见，空说再来，踪迹杳然，留候日夜，五更钟动，又近入朝时分。梦中之悲为远赴他乡，涌泪离别也。一日书讫，书被催成，墨犹未浓。留宿之地状极华贵，相府自非一般。前时令狐为翰林学士，已恨蓬山悬隔，今已入相，更隔蓬山万重矣。白天忙碌一日。东风飒飒，细雨荷尖，莲塘之景依旧。轻雷隐隐，疑是车走雷声，盼令狐之回宅也。己之陈情如烧香求神，不知感应如何。欲求汲引，彼已罢手回身，戋戋即止。侍女隔帘相窥此能诗善书之掾属模样，其主留我在第，用我之才耳。空言无补，不能不感心灰矣。直至夜已阑干，始于入朝之前，借捧书复命之机，暂得一见。中心有怯，举步觉难，再求令狐，愧对故知。天明遣骑送回，待以虚礼耳。己如无盐四十未嫁，而八郎早达，如日中天，相形大为见绌。夜间难眠，唯梁间燕子闻我长叹，更无人可与一吐心事。隔膜重重，希望欲绝，境遇自伤，干谒自耻，其词也哀，其心也怨！

商隐为令狐出力不少，然令狐终无真心荐达之意。第因商隐丧妻失幕，陈情再三，情不可却，才授博士之职，以酬代庖之劳。究其实，无非置之散地，使商隐得有啖饭之所，而乏进身之机。唯商隐于穷极无聊之际，得此一职，亦胜于无耳。

太学博士正六品上阶。《樊南乙集序》：明年府薨，选为博士，在国子监太学，始主事讲经，申诵古道，教太学生为文章。

作《当句有对》，记博士初除：密迩平阳接上兰，秦楼鸳瓦汉宫盘。池光不定花光乱，日气初涵露气干。但觉游蜂饶舞蝶，岂知孤凤忆离鸾。三星自转三山远，紫府程遥碧落宽。前时流转各地，无有定止，意绪甚乱；今日得官日下，初得沾溉，心力已瘁。旁人见我迁官如游蜂舞蝶之得意，未知我与彼仍貌合而神离。三山尚远，紫府仍遥，翰苑内省，仍未可期。

博士官衔，有如画饼；先生面貌，浑乏凝脂。为《咏怀》诗二十六韵(五言排律)，寄秘阁旧僚。诗中自嘲攻文枯若木，处世钝如槌，敢忘垂堂戒，宁将暗室欺，言己拙于谋身，而尚守正不阿。仆御嫌夫懦，孩童笑叔痴，小男方嗜栗，幼女漫忧葵。言家累沉重，悼亡后子小女幼，倍增咨嗟。懒沾襟上血，羞镊镜中丝，言年鬓之日益堪悲。乘轩宁见宠，巢幕更逢危，言为博士之并非身受宠幸而得安全之所。诉恨之词满纸，甚至云途穷方结舌，此人必为商隐同道，亦为当年李相之相与者？

令狐又以空言抚慰，佳讯许诸远期。作《辛未七夕》诗以寄意：恐是仙家好别离，故遣迢递作佳期。由来碧落银河畔，可要金风玉露时。清漏渐移相望久，微云未接过来迟。岂能无意酬乌鹊，惟与蜘蛛乞巧丝？相望已久，过来尚迟。填桥之劳最多，赐与反厚蜘蛛。平生拙于谋身，原不善于巧宦。

是年七月，河南尹柳仲郢移镇东川，辟商隐为节度书记。十月得见，改判上军，检校工部郎中，并赉钱三十五万安家。遂应仲郢之邀，拟作梓州之行。仲郢亦去牛而就李者，于商隐之遇深有同情，故辟为从事，加以恩礼。柳诚商隐之又一知己，较之子直伐异忌能，不可以道里计。故商隐亦乐于从之东川。

《献河东公启》一：伏奉手书，猥赐奏署……叨尘记室……承命知忝，抚怀自惊。终无喻蜀之能，但誓依刘之愿。《启》二：伏蒙示及赐钱三十五万以备行李，谨依荣示，捧领讫。……未草檄以愈风，不执鞭而获富，敢将润屋，且以腾装，戴荷之诚，寄喻无地。

《樊南乙集序》：七月尚书河东公守蜀东川，奏为记室，十月得见，吴郡张黯见代，改判上军。时公始陈兵新教作场，阅数军实。判官务检举条理，不暇笔砚。判官稍高于掌书记，商隐在徐幕已为判官，故旋改此职也。检校工部郎中从五品上阶，载于旧传。《新唐书》传作员外郎（从六品上阶），《北梦琐言》亦云商隐官止使下员外；然博士已正六品上阶，不应奏辟反降，故从旧书。其宪衔仍为侍御使。

行有日矣，往谒令狐告别。因仲郢旧为奇章门下，商隐入其幕中，令狐亦无可非议。今来辞，虚与委蛇，夜留宿于晋昌里邸所。是夜，商隐百绪纷纭，反侧难寐，作《宿晋昌亭闻惊禽》诗：羁绪鳏鳏夜景侵，高窗不掩见惊禽。飞来曲沼烟方合，过尽南塘树更深。胡马嘶和榆塞笛，楚猿吟杂橘村砧。失群挂木知何限，远隔天涯共此心。陈情之感，悼亡之痛，失意之悲，远行之恨，不可排遣，诗以比兴出之。

余情未尽，复作《无题》二律：

凤尾香罗薄几重，碧文圆顶夜深逢。
扇裁月魄羞难掩，车走雷声语未通。
曾是寂寥金烬暗，断无消息石榴红。
斑骓只系垂杨岸，何处西南待好风？

重帏深下莫愁堂，卧后清宵细细长。
神女生涯元是梦，小姑居处本无郎。
风波不信菱枝弱，月露谁教桂叶香？
直道相思了无益，未妨惆怅是清狂。

前诗言留宿于晋昌亭，为缝制衾帐之具；常时干谒，深心自耻，“多羞梁上燕”之“羞”字可与此同看。令狐车归，不暇细谈，彼此隔阂之深也。寂寞已久，希望成灰，由香烧入至金烬暗，已了无感应。石榴红喻京宦，今消息全无，翰苑之望，已渺茫难期。垂杨岸寓柳仲郢之姓，西南指东川，此去远赴梓幕，凭好风吹拂，能使我稍遂素志也欤？

后诗言静夜不寐，凝思转侧。往日事人，浑如一梦，素愿难遂，身将何托？菱枝虽弱，自信风波历劫，立身无亏于党局；桂叶曾香，岂是月露偏施，登第原借于他人？纵说希望无益，内职无分，亦已甘（未妨）失意时逢，惆怅不已，其所以然者，自是清狂不慧，终抱痴情耳。“菱枝”“桂叶”两句，大含不慊、不屈之意，此决绝时之愤词。

商隐以《无题》为题之陈情诸作，祖述美人香草之遗，以曲传不偶之感，情真调苦，足以感人（纪氏语）。无多典实，不求华藻，即景即事，几近白描。发自肺腑，故能宛转动情，撼人心扉。无题一格，诚创自玉溪之一绝。

翌日为令狐留下办事，向晚才离晋昌里归家，马上口吟一诗，以赠别友人（自东南入京来谒令狐，不礼而退）：……人岂无端别，猿应有意哀。征南予更远，吟断望乡台。自是陈情遂终，征途又始。

幼女小男，不暇提携，韩姨至亲，可倩照拂，既托之于人，遂只身赴幕，后顾忧释，于心始安。

《上河东公启》：眷言胤息，不暇提携，或小于叔夜之男（八岁），或幼于伯喈之女，检庾信荀娘之启，常有酸辛，咏陶潜通子之诗，每嗟漂泊。补编《献相国京兆公启》亦云：始荣攀奉，俄叹艰屯。以乐广之清羸，披扬雄之颠眩。……矧以游丁鳏子，不忍羁孤。期既迫于从公，力遂乖于携幼，安仁挥涕，奉倩神伤。男小于嵇康之男，女幼于蔡邕之女，每蒙顾问，必降咨嗟。

## （十九）斑骓只系垂杨岸，五年从事东川幕

斑骓只系垂杨岸，何处西南任好风？大中五年（851年）冬十二月，年已不惑的李商隐，决心应东川辟，离家作西南之行。

出大散关，至凤州境，经两当县。岩扉白石，藓苔碧滋，松篁台殿，龙窗凤扉，梦雨飘瓦，灵风动旗，神女寂寞，沦谪归迟：有名之圣女祠在焉，商隐数度经过之处，此次重过赋诗，中有玉郎会此通仙籍，忆向天阶问紫芝等语。盖慨由秘省清资而久外放，思重归内省不知何年得遂。圣女祠，赴令狐楚兴元幕所经，楚为其恩师，当时与令狐父子交谊正浓，今则父死子乖，往事何堪重忆！

圣女祠在何处，诸说歧异。予考乃在凤州之两当县，驿站所在，向东五十里至凤州，由此北行出斜谷，入大散关，折而向东，经陈仓，向长安，为入京大道。唐时兴元府汉中郡辖凤州，两当县属凤州，由兴元往返长安必经两当驿，可无疑。圣女祠为一祠宇，即在驿近处，依岩扉而建，松篁台殿，环境清幽，龙窗凤扉，刻镂精巧，但仍在往皇都之路旁（“此路向皇都”），顺道即可游瞻，与离两当六十里秦望山上之圣女崖并非一事。山高入云，悬崖之侧、列壁之上，有神像若图指，状妇女之容，上赤下白之秦望山上之圣女神，如非求神祈福，何必枉道而行，兢兢攀崖？以秦望山之圣女崖释圣女祠似非恰当。以圣女崖、圣女祠在陈仓县、大散关之间，地望更不合。两当驿北至长安，南入益州，入宋仍为蜀道上之一大驿站，由此过秦望山、入河池县（徽县）、兴州（略阳县），水（嘉陵江）陆两路均可达广元。唯不能以两当之入蜀而否定“此路向皇都”可由此往长安，而以为圣女祠诗（两首）遂与令狐无关。

入广元，至望驿台，作《望喜驿别嘉陵江水》二绝，水必朝宗，人弥背阙，望阙之心与东流无极也。此次入蜀，咏史咏怀，一路题诗。先后有《利州江潭作》《井络》《张恶子庙》诸作。江潭诗赞武后刚决果断又怜才用人，自叹生不逢时，有与后不同时之恨。由金牛道、剑门关入川，综揽全蜀形胜而作之井络诗，非独咏古，亦借古之割据者据险自守终归覆灭，以警当世之怀有野心之辈：将来为报奸雄辈，莫向金牛访旧踪。瞻梓潼张恶子庙，则专就一事立言，谓宣宗之立，如有神助。文宗曾以如意拊其背，许为他日英主，商隐以此传说为诗，意颇含感慨，如何铁如意，独自与姚苌？"如意"二字用典切合。

至东川梓幕后（梓州，今四川三台），见柳仲郢子柳璧所为《马嵬》诗，嘉之；亦和以诗，即集中有名之七律《马嵬》。空闻虎旅传宵柝，无复鸡人报晓筹。此日六军同驻马，当时七夕笑牵牛。二联属对精切，讽叹有味。

尘鞍才卸，霜蹄又奔。盖到职未几，即为决狱事受命往西川。十二月十八日离梓，下旬抵成都，二十四日，会见节度使杜悰。早岁曾乖投刺，今朝始告登门。上回入蜀，因党局嫌猜，虑有不测，中途折回，未晤；今以邻道宪衔，前来推狱，遵制，杜自当礼展郊迎，商隐借此联谊自可无虞。觌面时商隐专论风雅，不及政事，呈以《寓怀》《拟古》等旧作百篇，并作短启以献。

于成都推狱时，游武侯庙，以庙中古柏为题赋诗：蜀相阶前柏，龙蛇捧閟宫。阴成外江畔，老向惠陵东。大树思冯异，甘棠忆召公。叶凋湘燕雨，枝折海鹏风。玉垒经纶远，金刀历数终。谁将出师表，一为向昭融？
诗借咏蜀相武侯而慨故相卫公：将军一去，大树飘零，当日功业，能不追思？万里投荒，迭贬至死，枝（李回在湖南）叶（郑亚在循州）俱尽，能不哀伤！镇蜀之时，即收维州，经纶固甚远大，惜武宗享年不永，其祚遂绝，致秕政尽复，而长城自毁矣！

推狱事年内未毕，在成都过岁。

大中六年（852 年），商隐四十一岁。

史载：是年三月，敕赐元舅右卫大将军郑光云阳、户县两庄，皆令免税。

四月甲辰（十四日），西川节度使杜悰迁淮南节度使，邠宁节度使白敏中检校司徒为西川节度使。

六月以翰林学士毕諴为刑部尚书，未几，除邠宁节度使。

闰七月，太子少师卢钧检校司空，充太原尹北都留守河东节度使。卢钧为令狐绹所恶者。初李业镇河东，纵吏民侵掠杂虏，又妄杀降者，北边骚动；钧至，禁唐民毋得入虏境侵掠，犯者必死，由是遂安。

八月甲子，以礼部尚书裴休同平章事。

去年冬末，韩瞻出为果州刺史，是年春至任所。

杜牧拜中书舍人。

是年正月，商隐在成都忙于推狱事。二月二日，赋五言述德抒情诗一首四十韵（排律）呈杜悰，杜赏之，不数日，再上五言四十韵，并作启告别。前诗中有云：雕龙心已切，画虎竟何成？悼伤潘岳重，树立马迁轻。弱植叨华族，衰门倚外兄。欲陈劳者曲，未唱泪先倾。后诗中有云：故事曾尊隗，前修有荐雄。终须烦刻画，聊拟更磨砻。谊联中表，均示希冀杜悰将已荐达于朝之意。二诗中又云：恶草虽当路，寒松实挺生。人言真可畏，公意本无争。款款将除蠹，孜孜欲达聪。所求因渭浊，安肯与雷同？恶草与蠹与渭盖指宦官。杜之罢相实由其主受泽潞之降，而触宦者之怒，中人方力主广为诛杀，以泄刘从谏上表之积忿，遂嗾武宗罢而出之，非关卫公。当时杀降太滥，固非卫公之意，士论亦非之。商隐追述其事，直斥黄门（仇士良派宦官已被马元贽派翦灭，可不忌讳），非因觊荐达，而第为其外兄誉。

前诗有槛危春水暖，楼迥雪峰晴之句，不类正月二日之景（是年正月十一日才立春），后诗有岸柳兼池绿，园花映烛红之句，更不类正月之景。观此，诗题中之今月二日，今月必非正月，当已入二月。补编《献相公京兆公启》中云：前月二十四日误干英眄，此前月应是上年之十二月。商隐在西川推狱历时两月，盖十二月十八日离东川，二十四日见杜，一月推狱，二月上旬先后上五言排律二首，与此同时，“本府已有追符，即日径须上路”，遂又作此启以辞别。

按：诗中恶草应指黄门，无与李德裕事，前于会昌四年时事中已曾详加探索，此处无庸反致辞费。而笺家不察，辄谓恶草“实斥卫公，为投赠之故，冀耸尊听，不惜违心而弄舌”，“长篇叠赠，丑诋名臣，妄希汲引，可谓无聊谬算”。此说有伤诗人之人格与诗品，不可不予辨正，以免再传讹后世。既非无聊之算，违心之论，此二长篇排律实是力作，沉郁顿挫，大笔淋漓，化尽排偶之迹。真晚唐第一作手，得杜藩篱不虚也（纪评）。

离成都前，杜幕设宴送行，商隐仿杜工部体留诗一律：人生何处不离群，世路干戈惜暂分。雪岭未归天外使，松州犹驻殿前军。座中醉客延醒客，江上晴云杂雨云。美酒成都堪送老，当垆仍是卓文君。时杜悰已复维州，故唐军得驻于松州，结联似赞成都之美，以暗讽醉客之安于逸乐也。诗神似老杜，尤以起二句大开大合，极龙跳虎卧之观（纪评）。

二月中还梓州。韩瞻出为果州刺史，商隐先以诗迎寄。至韩行近梓州境，商隐又亲自往迎（果州，南充郡，在梓州东南，中路经梓州境）。回思去岁冬郎裁诗送别事，作二绝句寄冬郎，兼呈畏之：十岁裁诗走马成，冷灰残烛动离情。桐花万里丹山路，雏凤清于老凤声。　　剑栈风樯各苦辛，别时冬雪到时春。为凭何逊休联句，瘦尽东阳姓沈人。去年冬雪，畏之送行，旋亦奉命入蜀，风樯苦辛，今日相晤，又一年之春矣。

柳仲郢第二子珪为杜悰所辟，摄成都府参军，充安抚巡官。商隐为代作谢京兆公三启：谢辟为幕官，谢赐衣服缎及束绢，谢将马及行官延接。欲入卢家白玉堂，新春催破舞衣裳。蝶衔花蕊蜂衔粉，共助青楼一日忙。此《春日》诗之所由作。

在梓幕为判官，忙于军务，不暇笔砚。三月十日，至流杯亭一行，吟一绝：身属军中少得归，木兰花尽失春期。偷随柳絮到城外，行过水西闻子规。子规不如归去之声，正为少得归而苦，归去指军中归寓所，非归长安之意，诗见其事务缠身少得闲暇也。又，夜出西溪，成一律，中有柳好休伤别，松高莫出群。军书虽倚马，犹未当能文之句，谓府主厚待，可勿动伤别辞家之情，群彦毕处，宜不作出人一头之想，下笔千言虽倚马可待，然己之长才又岂在军书露布？

《樊南乙集序》：时公始陈兵新教作场，阅数军实，判官务检举条理，不暇笔砚。明年（七年）记室（张黯）请如京师，复摄其事。

西溪为梓州西门外胜景，假日专往一游，成《西溪》诗五言六韵。中有不惊春物少，只觉夕阳多。……人间从到海，天上莫为河。凤女弹瑶瑟，龙孙撼玉珂（非指在京子女）。京华他夜梦，好好寄云波等句。后半语意深婉：从到海，有朝宗之心在，莫为河，毋阻隔之势存。凤女，喻在朝之君子，其能知我之恋阙情、圆我之京华梦乎？此意好好托人寄达。诗非游览之顷率尔命笔。

《谢河东公和诗启》云：前因暇日，出次西溪，既能斜阳，聊裁短什。盖以徘徊胜境，顾慕佳辰，为芳草以怨王孙，借美人以喻君子。……斐然而作，曾无足观。不知谁何，仰达尊览，果烦屡和，弥复兢惶。仲郢所和之诗即西溪诗。按：《礼记》云：君子听琴瑟之声则思志义之臣。凤女弹瑟，或即如商隐在启中所谓之借美人以喻君子，冀在朝之君子能以志义之臣思己。晨趋北阙鸣珂玉（宋之问诗），龙孙撼珂，则思己能再乘马鸣珂于赴阙道上。今天上有河相隔，志不得遂，故对溪水而怅望，见夕阳而觉多，为芳草以怨王孙，意在斯乎？商隐之恋阙情、京华梦，即其入秘省、登翰苑之夙愿，柳仲郢亦深知之，初不以为非，有机缘亦将玉成之，不以别念别向、轻于去就目之。诗之主旨如仅为伤迟暮而思子女，则何以能使柳仲郢见诗而屡和之？诗后半寄托虽深，然亦非离题万里，如河、如海，仍与溪有关，末句之"波"字仍扣住溪水；即弹瑟、撼珂亦然：一喻西溪之声清，一喻西溪之波兴也。

是年春，柳仲郢怜商隐独居，赐以乐籍女张懿仙，以备纫补。商隐上启力辞。启中云：某悼伤已来，光阴未几，梧桐半死……早岁志在玄门，及到此都，更敦夙契，自安衰薄，微得端倪。至于南国妖姬、丛台妙妓，虽有涉于篇什，实不接于风流。……宁复河里飞星，云间堕月？……伏惟克从至愿，赐寝前言，使国人尽保展禽，酒肆不疑阮籍。于此可见商隐洁身自好，初非风流放诞之人。

本年四月杜悰奉诏再镇淮南，离西川时已五月重午。将过东川，柳仲郢命商隐至渝州界首供帐迎送。柳珪亦续被聘，随悰去淮南。商隐再晤悰，以表希悰汲引入朝，得遂染翰内省之愿。作绝句《巴江柳》：巴江可惜柳，柳色绿侵江。好向金銮殿，移阴入绮窗。冀入京居清职之想显然。

身在柳幕，多作柳诗。是年夏，复作七绝一首：柳映江潭底有情，望中频遣客心惊。巴雷隐隐千山外，更作章台走马声。走马章台乃官于京师者也，诗亦为思北归不得而发。

去岁（辛未）七夕，令狐曾许以佳讯，今岁（壬申）七夕，则佳讯盼诸杜悰。作《七夕》诗志感：已驾七香车，心心待晓霞。风轻惟响佩，月薄不嫣花。桂嫩传香远，榆高送影斜。成都过卜肆，曾妒识灵槎。风轻、月薄、香远、影斜，好音仍然未至。结联"成都"二字点出去年至成都推狱晤杜悰相托之事。

是年七月有闰，复作《壬申闰秋题赠乌鹊》：绕树无依月正高，邺城新泪溅云袍。几年始得逢秋闰，两度填河莫告劳。杜悰固已允说项（已驾七香车），但事犹未谐，希再次填桥，莫辞其劳。良机实属难得，能不心心望之？

李德裕灵榇自崖州归葬故里（洛阳），计时仲秋当过江陵。柳仲郢拳拳不忘故知，命商隐设奠于荆南。商隐代仲郢为文以吊之。

《东观奏记》载："令狐两次梦李德裕请许归葬故里，谓其子曰：'向见卫公精爽尚可畏，吾不言必掇祸。'乃言于同列，于帝前论奏，许其子蒙州立山尉晔护丧归葬。"李德裕自撰妻刘氏志子晔附记：壬申春暮三月，扶榇……发崖州。首涉之时，途经万里，其年十月，方还洛阳。据此，至江陵当在中秋已过。商隐祭文已佚。《东观奏记》引其断句云：恭承新渥，言还旧丘，身留蜀郡，路隔伊川。其后，咸通元年右拾遗刘邺上言：李德裕父子为相，有声迹功效，窜逐以来，血属将尽，生涯已空。宜赐哀闵，赠以一官。冬十月丁亥，敕复李德裕太子少保卫国公赠左仆射。

节届重阳，悼亡日至。以长吉体作《李夫人》三首，以寓力却张懿仙之意，更志悼亡之哀思。

诗一：一带不结心，两股方安髻。惭愧白茅人，月没教星替。

诗二：剩结茱萸枝，多擘秋莲的。独自有波光，彩囊盛不得。

诗三：蛮丝系条脱，妍眼和香屑。寿宫不惜铸南人，柔肠早被秋眸割。清澄有余幽素香，鳏鱼渴凤真珠房。不知瘦骨类冰井，更许夜帘通晓霜。土花漠漠云茫茫，黄河欲尽天苍苍！

题曰李夫人者，李商隐夫人之谓也。《封禅书》李夫人作王夫人，商隐夫人本王氏，语含双关。诗一追记谢却张懿仙之前事。一带不结同心，却之之词；白茅人借喻府主，既指白茅以供祭祀降神，又指取土苴白茅封建比藩镇身份之柳仲郢，亦双关语。诗二全为暗喻：茱萸佩之唯愿无灾，莲实，食之甚望身健，独珠露之波光不得盛于彩囊之中，借喻夫人独不能多寿，其明眸已不可再见，痛人死之不能复生。诗三以武帝命图画李夫人形于甘泉宫为比，言己亦睹夫人画像而思其生前音容。画像为悼亡日展之，以供祭奠者，诗中寿宫不惜铸南人，即不惜以南金铸像陈而供之（寿宫为供神处），以喻展王氏画像事。画中笑貌，栩栩如生，殊不知其瘦骨之已如冰冷，夜台之长任霜侵也。汉陵寝多用竹帘，夜帘通晓霜，陵墓之景，借指王氏墓地之凄凉。土花漠漠，接写墓地。黄河欲尽而此情难竭，苍天无垠而此恨同长。沉痛已极！

《西京杂记》载：贾佩兰言宫内九月九日佩茱萸、食莲饵、饮菊花酒，令人长寿。又，《初学记》载：太清草木方曰九月九日采莲实九分，阴干下蓰，服方寸匕，令人不老。而据武帝悼李夫人赋有桂枝落而销亡之句，可断李夫人之薨是在秋月，时正重阳时节。汉宫方佩茱萸以祈长寿、食莲实以期强身，独夫人早夭，如露华之易晞。李夫人之薨于秋月，其即喻王氏之卒于秋月乎？用重阳故事如此之多，其暗指王氏即卒于重阳或与重阳相近之日乎？《西京赋》中有消氛埃于中宸，集重阳之清澄之句，据此，诗中清澄有余幽素香，似即写重阳之景，言天气清澄，幽花香洁。清澄亦可解为画中人之心如秋水之清明。三诗细索之，字字可通，不必缺疑。

是年，卢钧充河东节度使，以其措置得宜，未几边鄙乃安。商隐书五言三十韵以寄，赞其功德品行，留守太原之闲雅风流。后言及己：幕中虽筹画，剑外且伶俜。俣俣行忘止，鳏鳏卧不瞑。身应瘠于鲁，泪欲溢为荥。盖卢钧近亲，羲叟之妇翁，无妨以客途抑塞之况干渎尊听。末四句：禹贡思金鼎，尧图忆土硎。公乎来入相，正欲驾云亭。祝颂之语，望其重入朝廷时能予援引。

大中七年（853 年），史载：帝事郑太后甚谨。元舅郑光历平卢、河中、凤翔节度使。帝与之论为政，光应对浅陋，仍留为右羽林军统军。太后数言其贫，辄厚赐金帛。

四月，以御史大夫郑朗为中书侍郎同平章事。

杜牧卒，终年五十一岁。

是年商隐四十二岁，在梓幕。踏青日，游于江上，作诗一首：二月二日江上行，东风日暖闻吹笙。柳须花蕊各无赖，紫蝶黄蜂俱有情。万里忆归元亮井，三年从事亚夫营。新滩莫悟游人意，更作风檐雨夜声。诗前幅用拗体，全篇用白描，笔致流走，清空如话，于七律中别具一格。

去岁曾托杜悰斡旋，盼至今年，消息阒如。作《初起》诗以寓余叹：想象咸池日欲光，五更钟后更回肠。三年苦雾巴江水，不为离人照屋梁。
京华暌隔，回朝无望，自是即不作此想了。

长安新进之年少辈，青春得意，风光尽占。后庭玉树承恩泽，不信年华有断肠（《柳》）。诗中大有自伤投老不遇之叹。

京师勋戚子弟骄肆荒淫，漠视贫士，作《少年》诗以刺之：外戚平羌第一功，生年二十有重封。直登宣室螭头上，横过甘泉豹尾中。别馆觉来云雨梦，后门归去蕙兰丛。灞陵夜猎随田窦，不识寒郊自转蓬。大中时有平羌事，宣宗宠舅家，郑光一门贵显（其子汉卿亦受恩，终义昌军节度使），商隐心窃非之。诗隐射所向，或在此乎？

商隐曾因病止酒，来梓幕后间亦于席间一醉，欲借以散愁，而实更愁。作《夜饮》诗以志感：卜夜容衰鬓，开筵属异方。烛分歌扇泪，雨送酒船香。江海三年客，乾坤百战场。谁能辞酩酊，淹卧剧清漳！诗似少陵，指事中兼含身世之感。百战场，似言党人之更相倾轧。有时宴集，有侑酒者，日烈忧花甚，风长奈柳何，于此等情事，意所不快。陈遵容易学，身世醉时多，唯学孟公一醉而置之于不顾。（《春深脱衣》）

商隐咏物能手，于咏柳外亦以雨为题，抒发身世之感。诗云：槭槭度瓜园，依依傍竹轩。秋池不自冷，风叶共成喧。窗迥有时见，檐高续相翻。侵宵送书雁，应为稻粱恩。
秋雨凄其，不待说雨，自然知是雨，仿佛形容，便见妙处。秋池句老杜笔力。结以雁自比，虽在萧条寂寞中仍复勤于其职，盖君子之不肯素餐如此。府主殊善待商隐，商隐常思有以报之。

秋望，作《写意》诗：燕雁迢迢隔上林，高秋望断正长吟。人间路有潼江险，天外山惟玉垒深。日向花间留返照，云从城上结层阴。三年已制思乡泪，更入新年恐不禁。思乡之情，迟暮之痛，宦途之慨，时世之悲，纷然而来。诗气韵沉雄，言有尽而意无穷，少陵后一人而已。

秋又深，夫人忌日又至，三年来每逢此辰必托病休沐，借以赋诗。今岁亦有《属疾》之作：许靖犹羁宦，安仁复悼亡。兹辰聊属疾，何日免殊方？秋蝶无端丽，寒花更不香。多情真命薄，容易即回肠。寒花指菊花，此诗足证王氏谢世是在秋月。

十月，杨本胜至东川幕，商隐应本胜之请，综理文稿，于十一月编成《樊南乙集》，并作自序（见前引《樊南乙集序》）。

杨本胜于长安见商隐之子衮师，商隐闻其所告，作诗：闻君来日下，见我最娇儿。渐大啼应数，长贫学恐迟。寄人龙种瘦，失母凤雏痴。语罢休边角，青灯两鬓丝。思其子而更伤其母，鬓边又将添几茎白发！

龙种、凤雏，均指衮师，非分指儿女；寄人，仍寄家关中也；渐大则知思父远游，伤母早背，故啼应数；长贫指来东川幕前家道贫困，七岁后（时已获梓幕安家费）始得就傅，已嫌学迟矣（衮师早慧，上学可提前），非指去梓幕后犹迟迟未予就学。入川前有三十五万钱赡家，且以后年有厚俸，何可再沾一贫字？至于曰瘦、曰痴，则因失母哀伤之故（瘦，或与体弱或染病有关），未必关乎监护者之照料不全也。

王鸣盛曰：义山子女皆王氏所生，杨本胜说于长安见小儿阿衮云寄人龙种瘦，失母凤雏痴，时已悼亡，故云尔。祭侄女文中云“别娶”，则知非初婚矣。按：王氏之说甚确，唯不知前所偶为谁，据我所考，乃燕台耳。商隐与燕台有嫁娶之约，为不负燕台，故称王氏为别娶。

是年，好佛之柳仲郢作四证堂于梓州长平山慧义精舍之南禅院，倩商隐为之作碑铭。商隐亦自出财俸，于精舍之经藏院内特创石壁五间，以金字勒妙法莲花经七卷，央仲郢为文。仲郢固精于释典者，瑜伽智度大论皆再抄，自手佛书多手记要义，故商隐启请仲郢撰记。

《赵明诚金石录》：唐四证台记一作四证堂碑，李商隐撰，正书无姓名，大中七年十一月。商隐于堂碑中云：七年，尚书河东公作四证堂于梓州慧义精舍之南禅院（见补编）。可证四证堂乃仲郢所建。文集《上河东公启》二首中详述商隐请府主撰金字法华经证之始末，中略云：伏惟尚书有夫子之文章，备如来之行愿……仰希一言，庶使鹅殿增辉，龙宫发色……正冠荐笏，跪捧伏读，听仪凤之箫管，只恐曲终，对仙客之棋枰，仍忧路尽……余不录。

商隐与仲郢于好佛之成同道，其来由以渐。初，商隐于桂管已礼佛参禅，盖喜禅悦之义理也。时虽于复兴佛寺有微词，亦手拂者僧迹，心折者佛理。后因受挫益多，意志益衰，益逃禅以求解脱。自大中五年，丧失家道（悼亡），平居忽忽不乐，始克意事佛，方愿打钟扫地，为清凉山行者（《樊南乙集序》），铭僧舍，交禅友、刻石壁、书佛经，此三年来之大略也。会昌灭佛，各宗一时消匿，独禅宗一枝独茂。南禅（南宗）者，释迦其表，老庄其实，魏晋玄学之再现。当时甚为失路士人所需，商隐所耽而致成缚者亦在此焉。妙法莲花经为天台宗所奉，天台宗所倡之止观亦即禅之一种。禅宗南宗一出，各宗为之风靡，天台宗之大师后亦有转入禅宗者。商隐涉猎法华经、刻石南禅院，两者自有兼容之处。佛氏之书其徒辄窃取老庄之旨为之，佛老虽异，其言则通（姜西溟二氏论）。后道家失传，反窃佛氏教义之肤浅者为经，是二氏无不可逾越之界限。天台宗尤与道教相近，其修习止观坐禅除病法以及谈不死药，皆类于道家。早岁学道之商隐，入川后深入于佛，好南禅之理，尤奉天台之经，其事岂偶然？

大中八年（854 年），史载：宣宗以甘露之变，唯李训、郑注当死，其余王涯、贾悚等无罪，诏皆雪其冤。

帝尝与令狐绹谋尽诛宦官，绹恐滥及无辜，密奏曰：但有罪勿舍，有缺勿补，自然渐耗，至于尽矣。

商隐四十三岁。是年在梓幕。西溪胜景，幕府时往饮宴，商隐有时亦随出游，有诗记之：近郭西溪好，谁堪共酒壶？苦吟防柳恽，多泪怯杨朱。野鹤随君子，寒松揖大夫。天涯长病意，岑寂胜欢娱。诗作于又是一年之春（言寒松当是早春）。防，音方，相比也，抵当也；防柳恽，言己之诗可与仲郢旗鼓相当也；多泪，自指，怯杨朱，即怕听杨本胜说长安事；结谓多病独处反胜于宴集之寻欢。此诗诗意萧瑟，迥异于前次京华他年梦之西溪诗了。又，于《江亭散集循柳路吟归官舍》诗中亦云：寡和真徒尔，殷忧动即来。从诗得何报，惟看二毛催。情味索然，作诗徒然催老，不作也罢。诗前半云已遭江映柳，更被雪藏梅，梅雪同时，是为早春正月（与西溪诗为同时先后之作），并以喻己之高洁；江映柳，与柳映江潭底有情同意，指府主之厚待于己也。稍后，有《寓兴》诗云：薄宦仍多病，从知竟远游。谈谐叨客礼，休浣接冥搜。树好频移榻，云奇不下楼。岂关无景物，自是有乡愁。府主以礼相待，晤谈甚谐，休沐无有公事，冥思可乐。树好云奇，景物堪赏，而薄宦、多病、远游，合成深沉之乡愁，故对一切只觉意兴阑珊。

仲郢三子柳璧（柳珪弟）将应举（大中九年），商隐代其作上萧翰林启，并作《柳下暗记》一小诗：无奈巴南柳，千条傍吹台。更将黄映白，拟作杏花媒。前二句自喻，依人幕下。黄映白，谓代作妃青俪白之文（骈体文），以为行卷之媒贽。

七夕又至，此双星一年一度之节，而已自悼亡以来（已及四年），竟是无期之别，并一年一度之会亦不可得矣。作七夕诗：鸾扇斜分凤幄开，星桥横过鹊飞回。争将世上无期别，换得年年一度来？

僧知玄来东川，商隐以弟子礼事玄。由不问鬼神至礼佛参禅，由作赋论兵至写经谈空，颓波已莫可挽。

宋赞宁《高僧传·悟达国师知玄传》云：有李商隐者一代文宗，谢无伦辈，常从事河东柳公梓潼幕，久慕玄之道学，后以弟子礼事玄。玄传又云：武宗御宇，玄即归巴岷旧山……宣宗龙飞，玄复归上国，帝以旧藩邸造法乾寺，诏玄居寺之玉虚亭，大中三年因奏天下废寺基各敕重建，八年上章乞归故山，大行利济，受益者多。玄，眉州洪雅人。

商隐耽佛成习，时与释者游，别后题诗寄之。题白石莲花寄楚公，即其一例，诗中鹫子、牛车，均《法华经》中语。过僧院，亦题诗于僧壁，舍生求道、乞脑剜身、大去便应欺粟颗。小来兼可隐针锋，佛家故事、偈语，随手入诗，其心已诚，佞佛无愧虚辞矣。

商隐之耽佛，亦因久不得志，心灰意冷，藉空空之说聊以排遣。此时有诗，反故作超脱之语、旷达之态，格调遂高。如《北青萝》：残阳西入崦，茅屋访孤僧。落叶人何在，寒云路几层？独敲初夜磬，闲倚一枝藤。世界微尘里，吾宁爱与憎？《楞严经》云：人在世间直微尘耳。我又何必拘于憎爱而苦此心。

大中九年（855 年），淮南饥，民多流亡，节度使杜悰荒于游宴，政事不给。七月，以门下侍郎同平章事崔铉同平章事充淮南节度使，杜悰为太子太傅分司。商隐于这位外兄再也寄不上希望了。

柳仲郢在镇美绩流闻，征为吏部侍郎，十一月内召入朝（次年入朝改兵部侍郎）。

是年三月，温庭筠试宏词，不第。

商隐四十四岁，在梓幕，因病别居。

春日，柳仲郢置酒乐营，商隐病中闻之，口占寄诗：刻烛当时忝，传杯此夕赊。可怜漳浦卧，愁绪独如麻。此卧疾未赴也。南潭胜景，幕府于上亭宴集。佳人启玉齿，上客颔朱颜。肯念沈痾士，俱期倒载还。商隐以疾后至，虽衰病而蒙召，期于尽醉而归也。

与温庭筠（飞卿）相唱酬，寄诗以示怀念：薄宦频移疾，当年久索居。哀同庾开府，瘦极沈尚书。城绿新阴远，江清返照虚。所思惟翰墨，从古待双鱼。前四言己，五六写梓州之景，结点出怀念之意。

史称温飞卿苦心研席，尤长于诗赋，初至京师，人士翕然推重，然士行尘杂，不修边幅。与商隐以文字相友善。世以温李并称，其实温不如李。温性傲岸，轻视令狐之短于文词，嘲之曰相公燮理之余，时宜览古。中书堂内坐将军，此语亦出诸温口。是以亦备受令狐压抑，不得进用。

秋日，访隐者不遇，遂成二绝：秋水悠悠浸野扉，梦中来数觉来稀。玄蝉去尽黄叶落，一树冬青人未归。城郭休过识者稀，哀猿啼处有柴扉。沧江白石樵渔路，日暮归来雨满衣。

诗格空灵，有神韵。商隐不胜尘嚣，于野扉秋水，渔樵归路此等隐逸生涯，已心向往之。

下榻于明禅师院，时已萌嫌世之想：贞吝嫌兹世，会心驰本原。人非四禅缚，地绝一尘喧。忆及从兄见寄之作，亦诗以酬之：霜露欹高木，星河堕故园。斯游倘为胜，九折幸回轩。讽其不如及早归欤。

冬，因府主内召，府罢，赋诗寄幕府同僚：不拣花朝与雪朝，五年从事霍嫖姚。君缘接座分珠履，我为分行近翠翘。楚雨含情皆有托，漳滨多病竟无聊。长吟远下燕台去，惟有衣香染未销。五年同事，无日不接席分行于珠履翠翘之间。首联是倒装法；次联是互文法。相聚既久，吟咏自多，虽有流连风景之作，无异离骚美人之思。老病侵寻，时时归卧漳滨，独自无聊。长吟远别，衣香未销，五年间朋游曲宴，恍如一梦。结语感叹不尽。

又于饮席作诗戏赠同舍，结云唱尽阳关无限叠，半杯松叶冻颇黎。盖同舍于饮席间有所恋之人，不忍分手，一旦别去也。梓幕罢在季冬，故有冻颇黎（玻璃）之语。于饮席并代官妓赠二从事：新人桥上著春衫，旧主江边侧帽檐。愿得化为长绶带，许教双凤一时衔。此调笑之作，亦笑啼两不敢，方信作人难之意。虽非雅言，亦未至亵甚。晚唐风气如此。于此亦见唐时送往迎来官妓生涯之可悲。

唐时官妓亦称营妓。地方官吏设以供应酬宴乐之需。源于汉武时之官奴。《尧山堂外记》云：唐宋间郡守新到，营妓皆出境而迎，既去，犹得以鳞鸿往返。其实狎官妓者，不但郡守，从事亦厕其间，不特来者相迎，去时亦相送。观商隐此诗可见其一斑。

原兵部侍郎、盐铁使韦有翼代仲郢镇东川（两人时调），新旧交接，代韦作乞留泸州刺史洗宗礼状。

因柳仲郢内召，商隐也将随同回长安。

大中十年（856年），在长安，发生了动人听闻的快事：五月，以翰林学士韦澳为京兆尹。澳，为人伉直，既视事，豪贵敛手。郑光庄吏恣横，积年租税不入，澳执而械，欲置于法。帝为郑光乞情。澳仗而系之，督租数百斛足，乃以吏归光。

春，柳仲郢入朝，以本官兼御史大夫充诸道盐铁转运使。

商隐在随同还京途次，过筹笔驿，作七律一首：鱼鸟犹疑畏简书，风云长为护储胥。徒令上将挥神笔，终见降王走传车。管乐有才真不忝，关张无命欲何如！他年锦里经祠庙，梁父吟成恨有余。诗沉郁顿挫，酷似少陵，盖学杜上乘力作。他年经祠庙，即指大中五年冬西川推狱时曾至武侯庙事，用梁父吟典，即叹卫公蕴文武之才而为人所斥。

至金牛驿，寄诗与兴元节度使封敖，诗中有楼上春云水底天，五云章色破巴笺之句，时已交春矣（大中九年十二月二十五日即立春）。

归近长安，作《鄠杜马上念汉书》诗：世上苍龙种，人间武帝孙。小来惟射猎，兴罢得乾坤。渭水天开苑，咸阳地献原。英灵殊未已，丁傅已华轩。诗咏汉宣之以外藩得位，皇其考，后其妣，渐开外戚专政之风，患贻厥后，借以暗讽当世。盖刺宣宗之厚宠母族，郑光之得势恣横。只有韦澳来治他一下。

回京后，柳仲郢出任盐铁使后，即表奏商隐充盐铁推官。是年因料理家事，并治宿疾，商隐未即之官，仲郢怜其衰病，令叨禄赡，给了一个休假。如此体恤下属，柳仲郢真乃君子人也。

## （二十）西风老树长安暮，秋雨枯荷曲水寒

大中十年（856年），商隐年已四十有五，得假居长安。特过访招国里李氏南园。昔年新婚曾假此处为洞房，旧地重来，不胜追昔抚今之感，口吟一绝：潘岳无妻客为愁，新人来坐旧妆楼。春风犹自疑联句，雪絮相和飞不休。当年新婚燕尔，于楼中唱酬为乐，王氏夫人固咏絮才。

在京日，仍居永崇里（坊）。时僧知玄亦返京师，居兴善寺，商隐往谒之。时商隐苦眼疾（或与糖尿病有关），虑婴昏瞽，知玄寄天眼偈三章，读终疾愈（《高僧传·知玄传》）。

商隐于《房君珊瑚散》诗中云：不见常娥影，清秋守月轮。月中闲杵臼，桂子捣成尘。盖美房君所制之眼药胜过月中仙药，眼疾之愈实应归功于房君。

春暮，自长安赴郑州为先人及亡妻扫墓，并筹子女日后返郑之居处。经洛阳，见依仁里有治井者，工人辇出泥土，积与树齐，遂用土益堤，植树绕池，鸟鸣草萋，蔚然成景。辞地脉、谢泉扉，冥寞去，雨露滋。井中之泥，竟不意升腾矣。茫茫此群品，不定轮与蹄。因思上自帝王，下至臣下，古今升沉变态，难以理断。诗自有所指焉。盖《易》云：井泥不食。因其污也，诗即以井泥起兴，深刺世之沉污下才而幸居高位者。猛虎角翼，小人乘权，凤凰鸡栖，君子失位，此所以三叹于浮云之不可梯也。揆诸当世，井泥实比会昌时被斥之牛党，大中时纷纷幸进，至窃居相位，其排笮卫公之酷，直如当道猛虎而副之以角以翅。不平之事诚难以理推。意有所触，成《井泥》四十韵（五古），不觉累累遍纸，怨愤深矣！诗附列于后：

皇都依仁里，西北有高斋。昨日主人氏，治井堂西陲。

工人三五辈，辇出土与泥。到水不数尺，积共庭树齐。
他日井甃毕，用土益作堤。曲随林掩映，缭以池周迴。
下去冥寞穴，上承雨露滋。寄辞别地脉，因言谢泉扉。
升腾不自意，畴昔忽已乖。伊余掉行鞅，行行来自西。
一日下马到，此时芳草萋。四面多好树，旦暮云霞姿。
晚落花满池，幽鸟鸣何枝？萝幄既已荐，山尊亦可开。
待得孤月上，如与佳人来。因之感物理，恻怆平生怀。
茫茫此群品，不定轮与蹄。喜得舜可禅，不以瞽瞍疑。
禹竟代舜立，其父吁咈哉。嬴氏并六合，所来因不韦。
汉祖把左契，自言一布衣。当途佩国玺，本乃黄门携。
长戟乱中原，何妨起戎氐。不独帝王尔，臣下亦如斯。
伊尹佐兴王，不藉汉父资。磻溪老钓叟，坐为周之师。
屠狗与贩缯，突起定倾危。长沙启封土，岂是出程姬？
帝问主人翁，有自卖珠儿。武昌昔男子，老苦为人妻。
蜀王有遗魄，今在林中啼。淮南鸡舐药，翻向云中飞。
大钧运群有，难以一理推。顾于冥冥内，为问秉者谁？
我恐更万世，此事愈云为。猛虎与双翅，更以角副之。
凤凰不五色，联翼上鸡栖。我欲秉钧者，朅来与我偕。
浮云不相顾，寥泬谁为梯？悒怏夜参半，但歌井中泥。

陈沆曰：前半杂陈古今升沉变态，皆为篇末张本。纯乎汉魏乐府之遗，于义山诗中亦为变格。（诗比兴笺）

贺裳曰：义山绮才艳骨，作古诗乃学少陵。如井泥、骄儿、行次西郊、戏题枢言草阁、李肱所遗画松，颇能质朴。（载酒园诗话中语）

张采田曰：此篇感念一生得丧而作。赞皇辈无端遭废，令狐辈无端秉钧，武宗无端而殂落，宣宗无端而得位，皆天时人事难以理推者。意有所触不觉累累满纸怨愤深矣。

愚按：诗诚为牛李之党而言之，盖伤赞皇辈之贬死，刺令狐辈之幸进。井泥不食，因其污也。以井泥比牛党，因目之为小人之党也。会昌朝牛党处压抑之态，犹沉滞滓秽之井泥；宣宗立而此辈登枢，门筑沙堤，犹井泥之辞井益堤。由此可断其意乃喻牛党中之时至运来窃居相业者。

在郑事毕，归京，途次，去偃师访郑畋（郑大台文）。时畋隐于缑山，居近王子晋憩鹤亭。商隐登山，以诗题其住处：结构何峰是？喧闲此地分。石梁高泻月，樵路细侵云。偃卧蛟螭室，希夷鸟兽群。近知西岭上，玉管有时闻。黎壁滩边一别，至是已八年矣。商隐五律酷学少陵，此首颔结俱有意。

归至长安，因病需将息，未即赴江东。病休时多暇。重游旧交裴衡故居。裴居称南亭，在京郊，商隐居樊南时常来此，境颇幽静，今裴游宦他方，唯余桂巷杉篱犹似当年。时已秋令，作诗以寄：别地萧条极，如何更独来。秋应为红叶，雨不厌青苔。沈约只能瘦，潘仁岂是才？离情堪底寄，惟有冷于灰。心冷如灰，情之萧瑟更甚于秋色。

西风断虹，老树残蝉，游乐游原遣怀，成诗二首，其五绝曰：向晚意不适，驱车登古原。夕阳无限好，只是近黄昏。唐家之业，寖已衰矣，回光返照，其能久乎！岂特为迟暮之感、沉沦之痛而吟此诗？

夫唐宣之为政也，贤臣斥死，庸懦在位，厚赋深刑，天下愁苦（宋祁语）；知人君之小节，而不知其大体（孙甫语）；抉摘细微以惊群臣，小过必罚而大纲不举，特一县令之才耳（范祖禹语）。当时臣工已云时事浸不佳；乱亦非难。大中之初华夷粗安而能收复河湟者，乃承武宗用德裕之后威令已盛而然也（孙甫语）。及私愤既快，长城已坏，所用宰臣皆闒茸无能之辈，唯事复兴佛寺，增设冗员，而不问苍生疾苦，政事遂日非矣。官逼民反，镇将跋扈，唐室渐告叛涣矣。唐之必亡，大中朝已现朕兆。商隐此诗忧唐室之已近黄昏，颇具政治预见、忧患意识，可称批鳞之作。与牛党中人昏昏然唯知歌颂升平真不可同日而语。

暮秋，独自重游曲江，写七绝一首：荷叶生时春恨生，荷叶枯时秋恨成。深知身在情长在，怅望江头江水声。调古情深，不尽悼亡伤逝之意。

此诗与荷花诗、赠荷花诗所指乃同一人：荷花诗婚前所作；赠荷花诗婚后所作；此则悼亡多年后之作也。首句荷叶生时，言春时荷叶方生，与王氏相识于曲江，春恨者，相思之恨也。二句荷叶枯时，是秋时荷叶干枯，王氏亦于是时而卒，“一夜将愁向败荷”（《夜冷》），可互证。秋恨者悼亡之恨也。三句，此身如在，此情总不能忘。四句，过旧地而怀旧情，其人已逝，唯怅望江头之江水而意如痴呆耳。此二句唯多年之结发夫妻始能有如此深挚之感情，艳情绮遇不致如此追恋不已。诗当作于东川归后，即大中十年之暮秋。身在情长在，悼亡年已渐久矣。

考商隐于大中五年暮秋亦在京师，王氏去世已周年，诗人哀痛莫名。孤鹤从来不得眠（《西亭》），秋霖腹疾俱难遣，万里西风夜正长（《畏之招饮不去》），悼亡句虽多，情味与此诗不类也。

诗点时令，暮秋之时，唯残荷之枯叶可见，故诗只能就荷叶言之，而不能及于荷花之“花”字。如泥于《赠荷花》诗“荷叶”一词，以为此诗为悼其妾媵之作，则失之。如此深情之悼亡，属其妻，方为得体，犹《夜雨寄北》诗应为寄内诗而非寄其妾诗也（岑仲勉之说）。

冬暮，整装待发，拟赴江东就任盐铁推官。临行，再去招国李氏南园。复题一绝：长亭岁尽雪如波，此去秦关路几多。惟有梦中相近分，卧来无睡欲如何！旧情恋恋，唯有托之梦中相近，但卧来无寐，并梦亦无，奈何！旧事已隔一十九年（借南园成婚），而于旧地如此关情，回时去时必求一过，亦见商隐伉俪情深，始终不能忘情于其已故之王氏夫人！

商隐赴江东前，正月途经洛阳，宿崇让宅，有诗：密锁重关掩绿苔，廊深阁迥此徘徊；先知风起月含晕，尚自露寒花未开。蝙拂帘旌终展转，鼠翻窗网小惊猜。背灯独共余香语，不觉犹歌夜起来。悼亡之作，哀伤已极。

## （二十一）　行吟江东，浮云一片；绝笔荥阳，遗风千古

大中十一年（857 年），四十六岁、身膺盐铁推官之任的李商隐来到了江东。至江东日，时已春深。作《江东》诗：惊鱼拨刺燕翩翻，独自江东上钓船。今日春光太飘荡，谢家轻絮沈郎钱。柳絮如盐，榆荚如钱，商隐去江东任盐铁推官，巡视东南各地，主管盐铁与铸钱事。

在江东日，商隐曾赴苏州，写有《和人题真娘墓》诗，纪念他已故的燕台。直到迟暮之年，对这位可爱可悲的初恋情侣始终念念不忘。

于推官巡视各地之际，在扬州、在金陵，作怀古咏史诗多篇：《隋宫》二首、《咏史》《齐宫词》《南朝》二首，自南朝齐、陈至隋，皆有诗咏之。尤以隋宫七绝与七律最为著称。其七绝云：乘兴南游不戒严，九重谁省谏书函。春风举国裁宫锦，半作障泥半作帆。借一事（裁宫锦）写出水陆纷骚民不堪命之状，运笔之妙，可称希有。七律云：紫泉宫殿锁烟霞，欲取芜城作帝家。玉玺不缘归日角，锦帆应是到天涯。于今腐草无萤火，终古垂杨有暮霞。地下若逢陈后主，岂宜重问后庭花。刺昏王任情游纵，抵死不悟。前半展拓得开，后半发挥得足，真大手笔。于少陵何多让焉？学杜至此，真得其神髓者。

还有一前七律《南朝》写得也十分出色：玄武湖中玉漏催，鸡鸣埭口绣襦回。谁言琼树朝朝见，不及金莲步步来？敌国军营漂木梯，前朝神庙锁烟煤。满宫学士皆颜色，江令当年只费才。诗咏陈之将亡，浓缩纷纭史事，表露旖旎风光，吐属温婉，句如行云流水，是玉溪力作。

东南盐官辖及福州（侯官设有盐监），商隐踪迹曾至武夷山，有诗。曰：只得流霞酒一杯，空中箫鼓当时回。武夷洞里生毛竹，老尽曾孙更不来。

在江东时，得识处士郑谠，甚投缘，赠以诗：浪迹江湖白发新，浮云一片是吾身。寒归山观随棋局，暖入汀州逐钓轮。越桂留烹张翰脍，蜀姜供煮陆机莼。相逢一笑怜疏放，他日扁舟有故人。商隐亦大有退隐之意。用莼鲈典，诗似作于秋深之时。

自侯官北归江东，经天台，访隐者。题诗：路到层峰断，门依老树开。月从平楚转，泉自上方来。薤白罗朝馔，松黄暖夜杯。相留笑孙绰，空解赋天台。杜甫诗：星垂平野阔，月涌大江流；李白诗：山随平野尽，江入大荒流。本诗三、四句可与方驾。

大中十二年（858 年），商隐已至四十七岁。

史载：是年二月，以兵部侍郎柳仲郢为刑部尚书，罢盐铁使；以守尚书户部侍郎夏侯孜为兵部侍郎充诸道盐铁转运使，四月戊申同平章事。

令狐绹执政岁久，忌胜己者，中外侧目，其子滈亦招权受贿，酷似乃父。绹自以单族，每欲繁其宗党，与崔卢抗衡，凡是富家率皆引进，有不得官者欲进状改姓令狐，时以此少之。诏：刺史毋得外徙，必令至京师，而察其能否，然后除之，令狐废格不用，擅徙其故人邻州，刺史便道之官。帝见谢上表，叹曰：宰相可畏有权！

仲郢罢盐铁使，商隐亦罢推官，二月自江东归，移家郑州，退休闲居。盖令狐位久权固，忌才更甚，商隐回京师入翰苑掌丝纶之艳想已断难实现，莫能力挽天地，不如早遁江湖，引退之意遂决。郑州为商隐“故园”，厥祖以来久徙荥阳，祖茔及妻墓均在焉。幼时家贫，内无强近，外乏因依，遂回祖籍怀州居住；今积有余俸，且有至交强宗可资依傍（如曾为郑州刺史之李褒），终老于郑州较得其宜也。

回郑州后，悠闲自在，频与农夫田父交往，有《赠田叟》一诗可以为证：荷蓧衰翁似有情，相逢携手绕村行。烧畬晓映远山色，伐树暝传深谷声。鸥鸟忘机翻浃洽，交亲得路昧平生。抚躬道直诚感激，在野无贤心自惊。诗写出淳朴之人与村野之景。逢忘机之田叟，翻感浃洽；忆得路之交亲，竟同陌路。抚躬自问，同为性方道直之人，诚感激忘身、欲奋发有为，今乃弃之田野，而彼妒贤嫉能如李林甫辈（暗指令狐），却妄谓野无遗贤，安得不令人心惊！

独处乡间，音问罕通。忆在朝郑、曹、李、独孤四同年，诗以寄之：昔岁陪游旧迹多，风光今日两蹉跎。不因醉本兰亭在，兼忘当年旧永和。不因诸同年犹在，当年进士得第、曲江游宴之风华，亦将忘之矣。“两蹉跎”之“两”字谓岁月、仕隐两归于空耳。

所居境幽临水，颇感惬意，唯暑热，病体烦燥，渴想秋江之清凉。作《水斋》诗：多病欣依有道邦，南塘晏起想秋江。卷帘飞燕还拂水，开户暗虫犹打窗。更阅前题已披卷，仍斟昨夜未开缸。谁人为报故交道：莫惜鲤鱼时一双。有道邦，褒美有所因依之父母之邦；想秋江，多病苦热而日盼秋爽；已披卷，病后健忘，书卷每须再阅；未开缸，病后量减，酒缸多有未开；结言独自无聊，有谁为报故交：时时书来，以慰我岑寂。老境颓唐，暮气萧瑟，无复当年之豪情逸兴矣。

以诗而论，此诗亦为学杜。诗之二联，系用拗句：以卷帘飞燕还拂水（第六字宜平声而用仄，是拗），与开户暗虫犹打窗相对（犹打窗之犹字宜仄而用平声，谓之拗救；暗字宜平而仄，谓之孤平，有犹字平声亦为拗救），此等句中有拗、拗而有救之句式，为商隐之创格；前列田叟诗之抚躬道直诚感激，在野无贤心自惊之诚感激与心自惊相对亦为拗句；至裴明府所居之求之流辈岂易得，行矣关山方独吟，更属开其先声。拗句之善用，见诗格之老健（后元遗山最喜用此句式，实学自商隐）。商隐稍后年月，诗格有变，不唯学杜诗沉郁顿挫、雄浑阔大之一面（如《隋宫》诗之七律），又拓展其瘦硬细健、峭拔朴实之另一面，如《水斋》《赠田叟》诗之拗句，即为学杜之瘦硬一路。学杜而二体兼备，其唯商隐？其诗路宽、家数大，岂能仅以俪偶繁缛、善作艳体之名手目之？

极可惋惜者，商隐所得退休闲适之日不多，是年秋后，年仅四十有七、饱尝人生苦味之诗坛巨匠李商隐，终以久病不愈，卒于郑州，《水斋》诗或竟为诗人晚年之绝笔！诗人崔珏有诗悼之（二首）：成纪星郎字义山，适归黄壤抱长叹。词林枝叶三春尽，学海波澜一夜干。风雨已吹灯烛灭，姓名长在齿牙寒。只应物外攀琪树，便著霓裳上绛坛。　虚负凌云万丈才，一生襟抱未曾开。鸟啼花落人何在？竹死桐枯凤不来。良马足因无主踠，旧交心为绝弦哀。九泉莫叹三光隔，又送文星入夜台。二诗沉痛表达友朋于已故诗人之怀念、崇敬与无限同情。

《东观奏记》云：“温庭筠字飞卿，词赋诗篇冠绝一时，与李商隐齐名，时号温李。……前一年商隐以盐铁推官死，商隐字义山，文学宏博，笺表尤著于人间。自开成二年升进士第，至上十二年竟不升于王廷。”可知商隐卒于大中十二年。

岑仲勉曰：“商隐两为秘省房中官，校书郎虽卑，亦朝籍，后补太学博士，六品清资，亦朝籍也。故谓商隐未跻显要则可，谓未升王廷或不挂朝籍则不可。”

商隐多病，于文集可见，曾患瘵疾（肺结核）、消渴（糖尿病）、颠眩(高血压?)，外疾有痔，唯致死之病为何，难考。

商隐卒于郑州，尚未及入土安葬于荥阳坛山之原，是年秋，黄河南北兴发大水，其后人即将其灵榇归葬于怀州。雍店东原原有李氏之祖茔，因雍店为刘稹叛军焚烧，村民遂建新村于雍店东北部，称新（雍）店。商隐族人则迁居怀州城东关，另在城东郊拢立新茔，商隐归葬即在怀州东郊新茔。其地在今城东三里许庙后村南、李家大坟“三冢洼”之中心地段。

康熙三十二年十二月二十一日《河内县志》卷一之河内县古迹图，绘有“李义山墓”之具体位置，在野王城（沁阳老城）城东。乾隆五十四年《怀庆府志》卷四《舆地古迹》竖排大字亦载：“唐李商隐墓在城东。”李墓之发现见沁阳市之《调查资料汇编》，并见1998年9月23日沁阳市人民政府重立之“唐故李商隐之墓”石碑。碑阳所记因大水遂归葬怀州，其说可以成立。按：史载大中十二年八月，河南、北淮南大水（《资治通鉴》)，魏博幽镇兖郓滑汴宋舒寿和润等州水害稼，徐泗等州水深五丈，漂没万家（《新唐书·五行志》)。职是之故，商隐死于荥阳而葬于怀州乃情理中事。商隐归葬，其后人（或族人）并筹坛山已葬坟茔之迁葬（至少王氏夫人之新墓)，一并归祔于怀州，为地下死者安全计，此举亦不无可能。荥阳新老县志均未提李氏祖茔，或与李氏已全部迁葬有关（李氏迁葬有其传统)?

我为商隐草拟评传既竟，亦不禁一洒怅望千秋之泪。商隐生于朋党相争之世，涉足良难，谋身常拙。其去牛就李，原“涣丘之公，择木之智”，乌可厚非？惜其才命相妨，宣宗立而卫公黜，善妒牵牛，不荐司马，八郎秉政十年，商隐遂不能振。偃蹇幕府，蹭蹬仕途，位卑年促，郁郁而殁，斯足伤已！而论者辄曰放利偷合，诡薄无行，不亦诬乎？今既详论其世，或可略知其人。心力交瘁，余意未尽，复成廿绝，附于传尾，聊当书后。盖欲以概括行迹、探究心曲，亦稍示商略訾议、澄汰浮论之意。

短襟初见在河阳，被夺南行闭后房。岂属风怀闲笔墨，寻春亦学牧之狂？

愿将冤魄锁天牢，始免背飞愁浪高。漫说四章辞隐僻，分明点点泪濡毫。

十载重来梦未残，依依芳草对吟鞍。低楼小径城南道，衣薄帘轻忍夜寒。

丫妆抱扇立风前，洛下相逢惊堕仙。不是燕台诗卓绝，哪能遽得柳枝怜。

雾夕芙蕖喜缔缘，鸿儒被抹赴泾原。春风雪絮曾联句，廿载难忘住李园。

濡沫江湖多别时，新春阿阁凤雏嬉。秋风摇曳西窗烛，夜雨巴山寄内诗。

婚宦平生系李牛，是非渐晓更何尤。重逢二月期相约，徐海东行岂漫游？

星争替月愧劳神，展画重阳又忌辰。忍见秋眸肠寸割，王夫人即李夫人。

水火私门斗正忙，漩涡卷入脱无方。向时敢便论长短，只道同名作夜光。

从一原宜奉赞皇，冬来何事去浮湘？旧交犹恋难轻绝，中路因循是所长。

择木良禽难锁笼，上林春去太匆匆。丁忧三载郊园坐，不及扬文佐武功。

桂北川东洽主宾，远游岂尽为疗贫？漫成隐附卫公后，心迹千秋原未湮。

使府沉沦十载中，长扃东阁梦难通。郎君别具牵牛妒，抑尽才人已独雄。

乱石纵横碍莫逾，逡巡恸哭惑穷途。嵩阳松柏青无改，何必陈情乞令狐！

花落方来辄抱愁，拙犹蛇足为身谋。如何躁进又偷合，轻薄为文嗤未休？

幕府春风恩遇殊，能云一误落歧途？义高梁孟情如海，岂悔何郎得意初？

窥人爱宠语违真，恶草何干老大臣？总是前修疏失处，偏于品节损诗人！

无奈望之实恨之，如迷如醉此何词？樊南心事谁能会，续作郑笺应毋辞。

哀怨音知锦瑟篇，无题谜解足功传。乾隆朝士飞梦断，寂寞人间三百年。

不是艳情非自伤，低徊掩卷几回肠。何当一扫层霾尽，诗派千秋现异光。

# 三

# 李商隐与宋华阳关系始末记实

李商隐一生的婚姻关系共有三次，一是故乡河内的燕台女与商隐由相恋而以身相许，结果为富商以重金取走，遗恨终生；二是洛阳的贾人女柳枝与商隐私相婚恋，同样因被贵人娶去而不得不惨然分手；三是难谐低户、转乞高门，“别娶”李党巨子王茂元之女，甘苦与共，哀乐相伴，十三载而赋悼亡，诗人从此孤身，郁郁以终。这是又一段可歌可泣的人生经历。除此之外，谈不上有什么婚姻关系。多年来为人不断炒作的李商隐与女道士宋华阳的关系如何如何，其实并非真事，更无实据。这里根据我笺释商隐全集之所得，作一番必要的梳理，以正读者之视听，而返历史之真面，对于了解诗人李商隐其人其事，也可算是不无裨益之举吧。

为求行文简洁，避免旁骛，于注、笺、评、校，但断以己意，择其可从者而从之。其余之各家各说，既未曲从，自无庸涉及之。如欲知我与诸多前贤商讨之详细由来，不妨参阅拙著《李商隐诗要注新笺》中之有关部分。

## （一）玉阳学道，京师初识

李商隐与宋华阳结识，得从他玉阳学道说起。而关于玉阳学道，就要回溯到他十七岁之时（唐文宗太和二年即828年）。商隐十五岁时居故里怀州之河内县（今河南沁阳），挟策佣书，亦时往来东洛，近游以资养母。从小就向从叔学习经学古文，并很早开始弄笔写诗。在学儒经时，曾著圣论，以古文出诸公间。但几年来，往返怀洛，迄无所得。为谋求出路，乃转而就近学道于王屋、玉阳。唐时（开元二十九年），京师置崇元馆，诸州置道学生，学道德等经，谓之道举，举送课试与明经同。学道亦进身之一条捷径。

商隐后来所作的《李肱所遗画松诗，书两纸得四十一韵》中云：忆昔谢四骑，学仙玉阳东。千株尽若此，路入琼瑶宫。口咏元云歌，手把金芙蓉。……悲哉堕世网，去之若遗弓。形魄天坛上，海日高曈曈。终期紫鸾归，持寄扶桑翁。如此云云，即追叙玉阳学道旧事。玉阳在济源县西三十里，为唐玉真公主（睿宗女）修道之所。天坛在王屋山绝顶。王屋山盘亘泽、绛、怀州之境，玉阳是其分支连接者。“非痴非狂谁氏子，去入王屋称道士。或曰欲学吹凤笙，所慕灵妃媲萧史。又云时俗轻寻常，力行险怪取贵仕。”（《谁氏子诗》）盖当时风尚如此。商隐于太和三年三月以后即入令狐幕，学道之始当在此前，不迟于太和二年。可以说，年至十八岁，商隐正是与道流交往之际。十八年来堕世间，瑶池归梦碧桃闲。如何汉殿穿针夜，又向窗中觑阿环。当时写下的《曼倩辞》即其明证。

但在这同年，商隐见知于东都（洛阳）留守令狐楚，事情便发生了一个明显的转折。是年春，商隐赴洛，以所业文干令狐楚，楚以其少俊，且奇其文，深礼之。是年十二月，楚调任天平军节度、郓曹濮观察使，商隐从往郓幕，为巡官。初擅古文的商隐，居令狐门下，始为骈体。楚悉以章奏之艺授之，从此，商隐“始通今体”，与过去的学古文、学道书就渐行渐远了。太和六年秋商隐赴京应举。这时，商隐不再去应“道举”而是转而去应“进士科”了。

商隐去应试之前，先上王屋山拜别学道时的前辈师尊“升元先生”、清都老道刘从政。热心的刘先生特地作书介绍商隐去找已在京师的玉阳女道士宋华阳姊妹。商隐与宋氏姊妹的相识，其由来盖始于此。

得识宋华阳的第一首诗是《赠华阳宋真人兼寄清都刘先生》。这是一首七律，内容很专，须详加解释。诗是这样写的：

**赠华阳宋真人兼寄清都刘先生**

沦谪千年别帝宸，至今犹识蕊珠人。
但惊茅许同仙籍，不道刘卢是世亲。
玉检赐书迷凤篆，金华归驾冷龙鳞。
不因杖屦逢周史，徐甲何曾有此身？

华阳乃长安永崇里之华阳观，观即华阳公主故宅，后为道者所居。应举士人亦多僦居华阳观内（白香山、欧阳詹均有诗可证）。宋真人，此真人乃女道士，即宋华阳姊妹之一。清都，在王屋，王屋山洞，名曰小有清虚之天（茅君内传）。刘先生，即上述的道士刘从政，升元先生。

诗中所说的沦谪，系商隐自谓。蕊珠人，冯浩引黄庭内景经注：蕊珠，上清境宫阙名。冯按：蕊珠人统指刘宋。茅许，朱长孺注洞仙传：茅蒙……师鬼谷先生，受长生之术，入华山修道，白日升天。集仙传：大茅君盈（按：蒙为盈之高祖），南至司曲之山（茅山）……天皇大帝……拜盈为东岳上卿司命真君太元真人。十二真君传：许逊，……世慕至道，师大洞君吴猛，传三清法要。太康二年八月一日于洪州西山拔宅上升。晋尚书郎迈……逊之族子，后俱得道。刘卢，朱注：刘琨卢谌也。琨妻即谌之从母。冯曰：宋与刘必亲串。不道，张相曰：犹云不知也。玉检，玉制书函盖。朱注：御览《三元玉检经》云：三玄台，玉检紫文九天真书在内。凤篆，朱注古今篆隶文体：凤篆，白帝朱宣氏有凤鸟之瑞，文字取以为象。冯注：道经中书体有八显一条，其二曰神书，云篆是也；其三曰地书，龙凤之象也。谓由于苍颉傍龙凤之势，采为古文。金华，朱氏补注曰云笈七签：六玄宫主会元真帝君于灵台观，龙车鹤骑，仙仗森列，金华玉女浮游至于帝前，为帝陈金丹之道。语讫，金华复位，众真冉冉而隐。冯注：龙驾、金华，道家习见语。略曰：茅蒙乘云驾龙白日升天，王方平乘羽车驾五龙，石庆安乘飚驾白龙，葛仙翁龙驾翳空迎，皆是。金华，庾子山入道士馆诗"金华开八馆，玉洞上三危"之类。冯曰上句指宋之入道，赐书年久故曰迷，下句指刘已归，故曰冷，正分醒赠、寄二字。愚按：赐书未必年久，因道家书体难认，故曰迷。周史，朱注神仙传：老子姓李名耳，字伯阳，楚国苦县赖乡人，周文王时为守藏史，至武王时为柱下史。徐甲，朱注神仙传：徐甲御老子青牛出关西升，中路乞雇值，求去。老子曰：汝年不长，吾以长生符与汝吞之，故能至此，汝欲去耶？甲不悟，必欲求去。老子以水噀之，便成白骨一具。众为甲哀求。老子复以水噀之，甲复形如故，随老子仙去。冯亦引神仙传，文字较详（见下）。冯曰：周史谓刘，徐甲自喻。

统观全篇，经注明道家故事后，不难断定此诗作于太和六年秋初至京华阳观时，为得识女冠宋华阳而命笔，商隐与宋华阳事可以此开端。华阳宋真人，朱、冯均谓指女冠宋华阳，是也。试观《太平御览》引《三元玉检经》云庚寅九月九日，元始天尊于上清宫告明三元玉检，使付学有玄名应为上清真人者，度为女道士（朱氏补注）。可知真人自可指女道士。赠宋诗而兼寄刘，因宋、刘原是世亲。

诗首句沦谪，我认为确系商隐自谓，自上天堕落人间也。二句蕊珠人，当指宋，非统指刘、宋。三、四句指刘、宋之具玄根仙质，又为世亲。五、六句可如冯解，言宋之入道赐书与刘之东还王屋。七、八句言不逢刘先生则已无今日，醒出寄刘之意。按：冯引《神仙传》云：徐甲少赁于老子，约日雇百钱，计欠甲七百二十万钱。甲见老子出关，乃倩人作辞，诣关令尹喜，以言老子。而为作辞者亦不知甲已随老子二百余年矣，惟计甲所应得值之多，许以女嫁甲。甲见女美，尤喜，遂通辞于尹喜，乃见老子。华阳为女冠，得非商隐见其"美"而"尤喜"，而有慕灵妃之意乎？用徐甲典，即暗逗此意。商隐与宋华阳的交往，可说这是个缘起，以后各诗就顺此一一展开。

## （二）三秋思念，空对明月

商隐于华阳观初识宋华阳后，接触虽少，思念却深，由此写下了一系列的诗作，稠迭地表示倾慕之意。就在前诗不久之后，即有《重寄》一首以赠：

**月夜重寄宋华阳姊妹**

偷桃窃药事难兼，十二城中锁彩蟾。
应共三笑同夜赏，玉楼仍是水晶帘。

偷桃窃药，朱注：用东方朔事、嫦娥事。彩蟾，传说月中有蟾蜍，故用为月之代称，此指宋华阳姊妹。十二城，另见碧城诗注。三英，朱注王勃启：叶契三英，尚隔黄衣之梦。冯注：郑风三英粲兮，诗意比三人，唐人每以三英称三人……此以指宋华阳姊妹。水晶帘，朱注宋之问《明河篇》：水精帘外转逶迤。

此诗作于前诗之稍后，亦太和六年秋季事。偷桃犹偷情，窃药犹入道；事难兼者，男女情爱与出家清修，事难兼顾也。十二城，指华阳观；锁彩蟾，言有清规束缚也。如此月色，应拟共赏，奈玉楼仍是晶帘一道悬隔，冷清清地，可望而不可接。

三英，诸家多谓宋华阳姊妹三人，愚谓两姊妹并己言之共为三人，由"应"字可知为虚拟之词。冯氏谓昔同赏月，已然之词，似未洽。

从诗中可见商隐于宋华阳颇生艳羡，语亦有暗逗之意。唐女道士回俗适人者甚多，商隐年方二十一岁，正青春求偶之时，言稍出格，无可厚非，前人（如纪氏）有些评论，未免有点过分。

接着又有一首题为《嫦娥》的七绝，于今传世，非常有名。

### 嫦　　娥

云母屏风烛影深，长河渐落晓星沉。
嫦娥应悔偷灵药，碧海青天夜夜心。

云母，矿石名，古人以为此石为云之根，故名。《本草纲目》《荆南志曰》：华容方台山出云母，土人候云所出处，于下掘之，无不大获。有长五六尺可为屏风者。长河，谓天河、银河。偷灵药，汉书天文志注：羿请无死之药于西王母，（妻）姮娥窃以奔月……遂托身之月。……碧海，冯注《十洲记》：东有碧海，与东海等，水不咸苦，正作碧色。

此诗非谓夜会晓离之情。既已夜会，至晓方离，又何来碧海青天夜夜心之叹？予谓长河渐落晓星沉为不耐孤寂、辗转永夜，至晓犹未合眼，而见晨星之落、秋月之沉也。诗意即偷桃窃药事难兼之谓，嫦娥又与十二城中锁彩蟾相合。予颇觉诗诚意在女冠，盖太和六年秋，亦为宋华阳而作。商隐思念华阳，却从对面写来，写对方之孤寂思凡，此诗人之巧笔。或谓（纪氏）是悼亡诗，非也。商隐悼亡诗首首沉痛，以嫦娥窃药奔月、索处广寒为比，情味全然不类。余如伤已、怀人，各抒已见耳，无足深议，还有《秋月》和《月》诗，两诗都是一时前后之作。

### 秋　　月①

楼上与池边，难忘复可怜。帘开最明夜，簟卷已凉天。
流处水花急，吐时云叶鲜。嫦娥无粉黛，只是逞婵娟。

可怜，张相曰：犹云可爱也。最明夜，中秋月明之夜。已凉天，已届秋凉，故竹簟卷起；何曰："簟卷"句谓方作竟夜之玩，不须睡也。愚按：不睡何须卷簟？此解于诗意不合。水花，水流时所成波纹之意。云叶，月出处所生云彩之意。姚注陆机《云赋》：金柯分，玉叶散。婵娟，美好貌。此处指月亮。程、冯引阮籍诗：秋月复婵娟。

---

① 旧本题均作月，冯本从《文苑英华》。

此诗以秋月喻所思。楼上池边，相望相遇之处；难忘可怜，日思夜想之情。帘开最明夜，点明秋月，应是中秋，月到中秋分外明也。簟卷已凉天，时已秋凉，冰簟已早卷矣。流处水花急，喻己心不平静，如波痕之激起；吐时云叶鲜，喻伊姿本娇秀，如云叶之呈鲜。结联以嫦娥作比，言其淡妆素裹，不倚粉黛，而自见婵娟也。诗为艳情，尚可索解。嫦娥，无粉黛之素娥，殆即常娥应悔偷灵药之常娥，十二城中锁彩蟾之彩蟾，其为宋华阳乎？欧阳詹有玩月于华阳观之诗，重寄宋华阳诗亦言月夜事，观中赏月，当时惯常之举，此诗以月为题，亦月下惊艳而作。玩诗意，似初与宋华阳通辞，当作于月夜重寄诗之后。由上诗之帘隔至本诗之帘开，似有进矣。商隐七月赴府试，旋即赴京，得识宋华阳，至此已中秋了。

更值得注意的是人所忽略的下面的那首《月》诗：

**月**

过水穿楼触处明，藏人带树远含清。
初生欲缺虚惆怅，未必圆时即有情。

触处，犹云到处、随处，白居易诗：思逐杨花触处飞。藏人带树，虞喜安天论：俗传月中有仙人桂树。初生，《白虎通》：三日成魄，八日成光。欲缺，礼：三五而盈，三五而缺。

冯曰：总是失意之语，不必定有所指。愚按：诗有所指。此月即上诗秋月之月、前诗三英同夜赏之月。首句意境同秋月。二句双关，人，既指月中仙人，又指帘内楼上所藏之人，似远离世间、意态清冷，其实不然。三四句意谓自中秋作秋月诗后，又见月缺矣。初见之日（初生）原欠美好，欲缺之时更非完满，尔时皆于我无意，令我徒抱惆怅；其实月圆之时（作秋月诗时）亦何尝于我有情也。一月空过，了无所得，奈何！于此诗可知商隐与宋华阳事未谐，亦难再继，一带不同心，两股方安髻，可以休矣。

最后，不妨再看一下饶有深意的《楚宫》诗：

**楚　宫**

十二峰前落照微，高唐宫暗坐迷归。
朝云暮雨长相接，犹自君王恨见稀。

冯曰：诸集本皆作楚宫二首，才调集选下首，题作水天闲话旧事。今玩七绝托意未明，要异于七律之用意。戊籤已从才调集分编，故亦从之。

十二峰，用巫山十二峰事。朱注天中记：巫山十二峰，曰望霞、曰翠屏、曰朝云、曰松峦、曰集仙、曰聚鹤、曰净坛、曰上升、曰起云、曰飞凤、曰登龙、曰圣泉。

高唐，宋玉高唐赋序：昔楚襄王与宋玉游于云梦之台，望高唐之观，其上独有云气。朝云暮雨，高唐赋序言楚怀王游高唐，梦一妇人荐枕，去而辞曰：妾在巫山之阳，高丘之阻，旦为朝云，暮为行雨，朝朝暮暮，阳台之下。旧因以喻男女幽合。

愚按：此诗以人之朝暮相接，对比己之睽隔难通。诗殆为华阳观中遭宋华阳冷落事而致慨欤？题曰楚宫，盖道观犹如阳台，女冠犹如神女也。诗中君王（楚王）以比与女冠相狎、迷而忘归之人。以人比己，惆怅何如！不言怅字，怅意自在言外。

原二楚宫诗前后连编，并非无意，细究，盖所咏为同一人：女冠宋华阳事也。唯七律为后来之作，编年为序，依才调集另题作水天闲话旧事亦可。由此首七律可知商隐与宋华阳之关系仅如此而已，不足以言深交。

张采田氏不详为何年所赋，予以为亦太和六年秋作，乃在华阳观为宋华阳所写之诗之终结。以后为宋华阳的诗作将转入另一阶段。

## （三）中元重逢，旧事怎说

岁月荏苒，几年过去，转眼已到开成二年（837 年），是年，诗人李商隐喜事连连：正月，应礼部试，登进士第；接着，议婚于王氏（王茂元之季女），已有眉目。可是就在同年秋天中元节，身在京城的商隐竟重逢久断消息的宋华阳，心中不禁又起一层波澜。

中元节（阴历七月十五日）为道家之节日，长安空城而出，士女塞途，道中得遇多年不见的女冠宋华阳。因思与其相识而相背之旧事，赋七律二首以记之。这两诗是《中元作》和《水天闲话旧事》。

### 中元作

绛节飘飖空国来，中元朝拜上清回。
羊权虽得金条脱，温峤终虚玉镜台。

曾省惊眠闻雨过，不知迷路为花开。

有娀未抵瀛洲远，青雀如何鸩鸟媒？

冯注岁时记：盂兰盆经云：目莲即鉢盛饭，饷其亡母，食未入口，化为火炭，遂不得食。佛言汝母罪重，当须十方众神威神之力，七月十五日，当具百味五果著盆中，供养十方大德佛。是时，目莲母得脱一切饿鬼之苦。故后人因此广为华饰，乃至刻木割竹饴蜡剪彩，模花叶之形，极工妙之巧。唐六典：中尚署七月十五日进盂兰盆。冯按：唐时中元日，大设道场，并有京城张灯之事。……倾城出游，冶容盈路。频见唐诗中。……愚按：修行记：七月中元乃大庆之月。道藏经：七月十五日太上老君同元始天尊会集福世界。道经：中元作玄都大醮于玉京山，采诸花果幢幢宝盖献诸圣众。是则中元为道家盛大节日，非仅为有盂兰盆会。

绛节，朱注梁邵陵王祀鲁山神文：绛节陈芋，满堂繁会。杜甫诗：上帝高居绛节朝。中元，朱注道经：七月十五，中元之日，地官校勾，搜选人间，分别善恶，诸天圣众，普诣宫中。金条脱，冯注真诰：萼绿华赠羊权诗一篇，火澣布手巾一条，金玉条脱各一枚。条脱似指环而大，异常精好。卢氏新记：唐文宗谓宰臣曰：古诗“轻衫衬条脱”，真诰言安妃有金条脱，即今之腕钏也。玉镜台，冯注世说：温公丧妇，从姑刘氏家值乱离散，惟一女甚有姿慧，属公觅婚。公密有自婚意。答曰：佳婿难得，但如峤比云何？姑云：丧败之余，乞粗存活，何敢希汝比？却后少日，公报姑云：已觅得壻处。因下玉镜台一枚，姑大喜。既婚，交礼，女以手披纱扇，抚掌大笑叹，曰：我固疑是老奴，果如所卜。玉镜台，公为刘越石长史，北征刘聪所得。曾省，张相曰：犹云曾记。惊眠迷路，徐曰：暗用高唐、天台二事。有娀，朱注离骚：望瑶台之偃蹇兮，见有娀之佚女。吕氏春秋：有娀氏有二佚女，为九层台，饮食必以鼓。愚按：偃蹇，高耸；佚女，美女。瀛洲，列子：渤海之东有大海。其中有山：一曰岱屿，二曰员峤，三曰方壶，四曰瀛洲，五曰蓬莱。青雀，洞冥记：惟有一女人爱悦于帝，名曰巨灵。帝傍有青珉唾壶，巨灵乍出入其中，或戏笑帝前。东方朔望见巨灵，乃目之，巨灵因而飞去，望见化成青雀。因其飞去，帝乃起青雀台。如何，如之奈何也。诗：子之不淑，云如之何？鸩鸟媒，朱注离骚：（接有娀佚女句）吾令鸩为媒兮，鸩告予以不好。注：鸩，恶鸟也，有毒杀人，以喻谗贼。

空，一作宫，难通，从冯本从戊籤、席本作空。空国，倾城而出也。须得，见朱本，冯本作虽得，愚按：须得有两解：一要得，一虽得，两解诗意不同。此处依“虽得”解之，与下句为一转折，虽字与终字相应。

纪曰：通首笔意浑劲，自是佳作。……措语虽工，衡以风雅之正，固无取焉。冯曰：此种殊伤诗品。愚按：诗感慨旧事，无所谓有伤诗品，正如张氏所说：刺女道士之淫佚也。唐时风俗如此，不必穿凿他解。

愚按：中元，道家之节日，空国而出，士女共游，冶容道塞，得有机缘，重逢旧时曾有交往之女冠宋华阳。乃以《中元》命题，而赋此诗。诗首二句即点明中元相遇。三、四句言昔日虽曾往来，而终未能合。羊权虽得金条脱之赠物，温峤终虚玉镜台之聘礼，盖仅有投桃报李之举，而究无调琴理瑟之分也。五句曾记暮雨自归，惊我眠梦，言彼有所好，已徒心惊也。六句不觉因花之开，令我迷路，言彼之明艳，已曾心倾也。七、八句言近在咫尺，可望难接。道观（瑶台可喻道观）非如瀛洲之远隔大海，两情之所以终未得谐者，盖有人间之耳。鸩鸟，名为作媒，实则作梗。青雀向人，其奈鸩鸟何！谗之反信，于是乎事败矣。由此可知宋华阳于商隐无情之原由所在。全诗大旨如此，与宋华阳事尽合。刺入道公主说，难通。至于中元许聘与中元悼亡云云，更难从。商隐婚于王氏在春二三月，非在中元；悼之在深秋，亦非七月十五。不考行年，浪作论断，谬矣。

此诗冯氏不编年。予由中元及京师二端可断其作于开成二年之七月。盖是年秋（包括中元）商隐适在长安，哭萧、杨诗之作亦在此时。舍此之外，如太和七、八、九年及开成元年、三年、五年、会昌元年之中元，商隐皆不在京师。开成四年之中元亦未在京，恐已赴弘农任上。以后唯会昌二年重入秘省、会昌六年服阕补官，大中三年、五年自桂、徐归来，中元始在长安，然或以婚后，或以丁忧，或以年久，恐无作此诗之余情矣。

商隐与宋华阳之关系不过尔尔。唐时诗人与女冠往来，诗不胜数。轻薄狎昵之词，司空见惯，盖亦一时风会所趋焉。商隐所作宋华阳诸诗，比之他人，尚为小巫，无足多怪，乱滋疑窦。

### 水天闲话旧事

月姊曾逢下彩蟾，倾城消息隔重帘。
已闻佩响知腰细，更辨弦声觉指纤。
暮雨自归山峭峭，秋河不动夜厌厌。
王昌且在墙东住，未必金堂得免嫌。

旧本题作楚宫之二（上首是“十二峰前”）。纪曰：前一首（十二峰前）借抒睽违之感，次首（月姊曾逢）乃他题误入此题下。才调集题曰水天闲话旧事，当有所本。又曰：直是无题之属，误列于楚宫下耳。何曰：统五，此首一本题作水天闲话旧事。竹垞曰：绝无题意（楚宫），岂因语意太显，故诡托之耶？此批本题作水天闲话旧事。冯本作水天闲话旧事，今从之。

月姊，何曰：嫦娥也。重帘，何注子夜歌：重帘持自隔，谁知许厚薄？峭峭，冯注刘蜕文冢铭序：峭峭为壁。谢灵运诗：威摧三山峭。厌厌，同恹恹，安静貌。诗·小雅·湛露：厌厌夜饮。毛传：厌厌，安也。王昌，朱注乐府：人生富贵何所望？恨不早嫁东家王。何注后汉书·逸民传：平原王君公侩牛自隐，时人谓之曰：避世墙东王君公。嵇康高士传曰：君公明易，为郎。数言事不用，乃自污与官婢通，免归。此必实有比儗之事，而不可考矣（冯注引）。何氏又曰：宋玉赋：东家之子登墙窥臣。唐人诗：王昌只在此墙东。冯按：谓近在墙东，嫌疑难免，不我肯即，徒枉然耳。与隔重帘紧应。何氏引王君公，以墙东字相牵耳。其实墙东犹东家，何可据以强合？王昌必非其人，总不如阙疑。金堂，道源注：后汉书：桓帝时童谣曰：以钱为室金为堂。陈启源曰：东家王为卢莫愁咏也，金堂疑指卢家郁金堂。

何曰：逗一逢字，却反接隔字，生二句。三四虚虚实实，五六起免嫌。又曰：暮雨句应隔字，王昌一句收出，未必句应逢字。查慎行（初白）曰：若不用暮字，安知为巫山之行雨？不用秋字，安知为牛女之渡河？作者尚恐晦，于暮雨衬山字，则巫山愈明；于秋河衬夜字，则银河不混。而于数虚字足消息相隔之意，可谓穷工极巧。

愚按：水天两字不解。或系池阁之在水中而名之者，未得其据，姑缺之。诗记于其地闲话之旧事，旧事者当年住华阳观时与女冠宋华阳交往之事也。首句即前编诸诗所云之嫦娥、姮娥、月、秋月；彩蟾即十二城中锁彩蟾之彩蟾，意谓宋华阳亦曾步出蟾宫，而下尘凡。次句隔重帘，即玉楼仍是水晶帘之意，谓宋与己终有隔阂，不能有好消息报我。三四句言唯能隔重帘而闻佩响弦声，可望而不可即。五句暮雨言为行雨之事，自归言其事毕自归，唯与他人非与商隐耳。山峭峭，言其于商隐神色之冷峻。六句秋河，言如星河之阻隔其间，不动，言于己之情愫无动于中。夜厌厌，言其夜间之和悦安静，盖已偷得仙桃，不再孤寂凄清，碧海青天，难耐夜夜之心矣。七句王昌自喻，且在墙东住，言且在华阳观中借住。非谓东家自有王昌为所属意，岂复有分及我也（纪氏所说非）。八句言所居密迩，嫌疑却未必能脱。王昌用东家王与卢家莫愁之事，不必求诸避世墙东之高士王君公。由诗足见商隐与宋华阳二人之间，落花有意，流水无情，未遂佳期，徒惹嫌疑而已。隔帘、隔墙，只是别家之事，何与商隐？或谓商隐与宋华阳有艳情、有深交，当知其非矣。

诗与中元作紧连而作，因中元见宋，而与素稔此事之友人于水天话旧而赋此。偶一重逢，又添诗篇。自此之后，宋华阳一事再告平静，往日的窈窕身影在诗人的印象中又渐淡出了。

## （四）夜闻吹笙，自恋箫瑟

时光流迁，又是九年过去，至唐武宗会昌六年（846 年），商隐已年届三十有五。经过仕宦、结褵（王氏夫人）、丁忧、赋闲、党争等人生风波、岁月沧桑，商隐的心境渐趋平静，作品也更趋老成。不意往日的一段旧事，却又一次触动了诗人的回忆。在不胜怅惘的心情下，于是有《银河吹笙》一诗吟成：

**银河吹笙**

怅望银河吹玉笙，楼寒院冷接平明。
重衾幽梦他年断，别树羁雌昨夜惊。
月榭故香因雨发，风帘残烛隔霜清。
不须浪作缑山意，湘瑟秦箫自有情。

玉笙，程注毕曜玉清歌：珠为裙，玉为缨，临春风，吹玉笙。别树，别，另外，别树，别院之树。羁雌，冯注枚乘七发：暮则羁雌迷鸟宿焉。愚按：古诗云：羁雌恋旧侣，迷鸟怀故林。缑山，朱注列仙传：王子晋善吹笙，七月七日乘白鹤于缑氏山头，举手谢时人而去。湘瑟秦箫，姚注楚辞・远游：使湘灵鼓瑟兮。刘学楷曰：秦箫用萧史弄玉事，屡见前。湘灵，湘夫人，传为舜妃。

程氏笺曰：此亦为女冠而作。银河为织女聚会之期，吹笙为子晋得仙之事，故以银河吹笙命题。……冯曰：上四句言重衾幽梦，徒隔他年，羁绪离情，难禁昨夜，是以未及平明而起，望银河吹笙遣闷也。总因不肯直叙，易令人迷。缑山专言仙境，湘瑟秦箫则兼有夫妻之缘者，与银河应。此必咏女冠，非悼亡矣。张曰：此在京闻女冠吹笙而枨触黄门之感也。首句破题。次句点在京中，二联正意，兼写彻夜无眠之景。结言伉俪情深，不须浪作仙情艳想也。刘曰：诗中用语及意境，颇似悼亡，故自吴乔以下颇多主此说者。然四句明言羁雌，诗中主人公显系单栖之女性，复参末联缑山意等语，诗咏女冠无疑矣。解作悼亡，第四句与末联均难以自圆。

愚按：此诗确为夜闻女冠吹笙而作。首句想象女冠吹笙时之情态。怅望银河，言其单栖，望牛女之未接而惆怅也。二句楼寒院冷，当为京师道观，殆即华阳观乎？接平明，由夜至晓，作诗之时，已为翌日之平明矣。三句自谓，非叙彼女冠怅望之事。句意云拥衾回思与华阳观女冠（宋华阳）交往之事，已浑如一梦，此梦已断尽不可再续。此际乃由闻女冠吹笙而惊梦失寐，勾起旧时回忆。四句乃指女冠。别树羁雌，喻彼姝与所欢已告分手，独居道观，长夜难寐，故起而吹笙，如羁雌之于夜间惊飞。昨夜者吹笙在昨夜，作诗则在平明之后。五、六句仍是闻吹笙而触动之怀旧情绪。月榭故香，旧情如寒花之犹有香存；因雨发，因闻吹笙而复被牵引。风帘残烛，陈事似孤檠之尚余泪滴；隔霜清，今已睽隔而独感凄清。两句皆写景以抒情，设喻而寄怀。七、八句秦箫用弄玉萧史事，湘瑟用琴瑟之义，皆指夫妇。缑山意，则指昔年学仙与女冠交往之旧情。意谓伉俪情深，不应牵惹旧情，浪作游仙之想。盖商隐于王氏夫人用情真挚，闻女冠吹笙怀旧之感乍起，旋觉所想非宜，即克制焉。

此诗倒真的与宋华阳有关，“他年梦”三字正隐伏了无限玄机。关心宋华阳者反于此有所忽略，粗心了。我特标而出之，以作为研究李宋关系的一个补充吧。

旧注家有视此诗为以悼亡之词，寄黄门之感者，殊牵强。湘瑟秦箫例用于夫妇好合之时，而非用于两人永诀之后。自有情，是伉俪同在之情深，非悼亡后独自之追念。悼亡之诗何与缑山意？何须插入女冠之流？况别树羁雌等字样更与人之已死不能相合。刘氏之笺庶得之。

此诗冯氏不编年。我以为当是会昌六年服阕补官后所作。是时商隐赁居长安城内之永崇里，里内有华阳观，故夜间得闻女冠之吹笙。（大中二年桂管归来，住永崇里，会昌六年必已住此处，详年谱。）至于会昌二年秋则住樊南，无由夜闻女冠吹笙；开成四年秋已出为弘农尉，不住京师；开成三年、会昌元年、三年、四年、五年亦皆不住京师，皆无作此诗之可能。大中三年秋虽在京师，住永崇里，然正陈情不省之际，俯仰平生，感慨良多，无此闲情而作此闲诗了。

此诗格律为仄起七律，押庚韵。纪氏曰：中二联平头。张氏曰：中联平头，是唐人旧法。愚按：平头终不足为法，然此诗平头尚不过显。

李商隐与宋华阳的交往，前前后后就是这么多。是我经过占有资料，详细研究诸家的注、笺、评，审慎地得出严肃的结论，别无附加、发挥。然而，有的论者却对两人的关系本身，另有不同的解读，有的较牵强，有的甚至很玄乎，因此，下面就不能不对之作些必要的剖析和鉴别，看来李宋这段“公案”如何裁决，还不宜就贸然画一句号。

## （五）纷然牵附，应非其实

提起李宋关系，有一种说法曾经喧嚣一时，风靡了许多少男少女。其始作俑者（苏雪林），认为李商隐与宋华阳之事属其恋爱史之大焉者，且断言宋乃入道宫人，商隐后又由道流之引，得入宫闱，与宫嫔相恋。……这种道流—宫嫔恋爱说，完全捕风捉影，向壁虚造。解诗如此，真走火入魔。为免谬种流传，再致扩散，不宜再翻出来晾晒于天日之下。

须引起正视的是，时至今日，还有不少浮词曲说，妨害人们对历史事实的正确认识，尚有待费推敲之力，收弃取之功。

有的论者认为，青年时代的李商隐曾在玉阳学道，与女道士宋华阳过从甚密，并发生恋情，是在柳枝之前的恋爱对象。如此云云，纰谬不少。

首先，据我如上论证，商隐与宋华阳不是在玉阳学道时的旧交，而经清都刘先生绍介在长安华阳观中才相识的（宋华阳之名即由此而来）。一开始的论断就不合乎事实。

论者认为，脍炙人口的《嫦娥》诗是商隐写给宋华阳姊妹的第一首爱情诗；《月夜重寄宋华阳姊妹》是第二首爱情诗。可事实是集中明明载有《赠华阳宋真人兼寄清都刘先生》一诗，说明了两人初次相识的来由（刘先生绍介），《月夜重寄宋华阳姊妹》确是第二首；至于《嫦娥》诗，则更是第三首了。在时序上是弄颠倒了，为什么这样重要的《赠华阳宋真人兼寄清都刘先生》一诗，竟未收入视线之内？令人纳闷。

论者把《秋月》诗与《嫦娥》诗连在一起解读，这是对的，但又把商隐其他作品中有涉及嫦娥之处，都说成“表达”了对宋华阳的“深切思念”。如此，则未免有泛化嫦娥（素娥、姮娥）形象之嫌。例如《霜月》诗中的青女素娥俱耐冷，月中霜里斗婵娟，据我对全集的笺释，乃与党争有关，与爱情诗全不相干。《房君珊瑚散》诗中的不见姮娥影，清秋守月轮。月中闲杵臼，桂子捣成尘。据我所笺，诗为商隐晚年患眼病（糖尿病所致）用珊瑚散赠房处士之作，意谓珊瑚散更贵于玉兔所捣之药，抑彼扬此，衬托之法，也与爱情诗无涉。

与爱情诗有关的倒是那首《月夕》。但论者断言“此诗是李商隐写给宋华阳的第三首爱情诗”。与《嫦娥》诗、《月夜重寄宋华阳姊妹》诗，“前后之情思一脉相承，三诗一体，都是诗人在月夜望月怀人，触景生情之作”。这样的说法却是大谬不然了。

《月夕》全诗如下：

## 月　夕

草下阴虫叶上霜，朱栏迢递压湖光。
兔寒蟾冷桂花白，此夜姮娥应断肠。

阴虫，草下秋虫。颜延之诗：阴虫先秋闻。迢递，高貌。王勃临高台曲：临高台，高台迢递绝浮埃。

程曰：此亦相思之词。不言己之怅望，转忆人之寂寥，最得用笔之妙。张曰：三句写景何等浑阔，压字亦炼得新颖，真佳句也。

刘曰：三、四以姮娥喻其人，谓秋夜凄寒，彼孤寂无伴，当为之断肠也。

愚按：此诗唯午桥（程）之说最为贴切，唯不知所思者为谁。我揣度此亦客中忆其王氏夫人之诗，月夜难寐，对景生情，而念闺人，非发悲秋之士之叹。冯于此诗亦不编年，窃谓殆作于会昌元年（841 年，时商隐三十岁）商隐岳父忠武军节度使、陈许观察使王茂元的幕中（暂掌笺表事）。商隐抵许下（许昌），时在八月，眷恋一千二百里外在京师的内人，思绪万千，乃有此作。诗中霜字说明时序入秋，秋气悲凉，叶已凝霜。三句湖光，谓所居临湖。陈许节度使驻许州，此湖当指许下之西湖。按许昌志：曲水园在府城北，有大竹二十余亩，潩水贯其中，以达西湖，最为佳处。又，展江亭在府城西西湖中，宋韩维建。均可证。（我旧时曾过许昌，尚见西湖遗迹。）商隐诗不苟作，必不无端着此湖字。

此诗为仄起七绝，押阳韵。首句草下阴虫与叶上霜，句内自对。三句桂花白之桂字仄，拗，四句应断肠之应字平声，救之。确是一首风姿绝佳的忆内诗，与女冠宋华阳有什么关系呢？观此，“第三首爱情诗”之说岂非不攻自破了吗？

综上所述，可以看出研究李商隐诗，研究宋华阳事，应该沉思深考，旁征博取，才能探明事实，洞悉真相。否则浅尝即止，挂偏漏全，仅止于浮光掠影，朦朦自赏，那就很不够了。

# 四

# 李商隐《燕台》诗释

燕台诗是诗人李商隐以长吉体表现的一组爱情诗，记录了他的一段不幸的恋爱故事。

以下试作一些诠释、考证和分析。

## （一）燕台四章，悲欢一年

燕台一诗，读者目迷，笺家众多，何者可依？我思量再三，断为艳情之作，非寄意于使府，寓感于家国。全诗由春、夏、秋、冬四章组成，盖记与所恋女子于一年四季之中悲欢离合情事。请许先释诗面，再究其本事。集注过繁，不录。

首章《春》言相见之初，未几其人即被强夺而去。本章二十句，首四句：风光冉冉东西陌，几日娇魂寻不得。蜜房羽客类芳心，冶叶倡条遍相识。此言己之青春求偶久而不得。芳心如蜂，倒装句。下二句：暖蔼辉迟桃树西，高鬟立共桃鬟齐。言惊见其人，心便倾倒，桃树云云点出相见之地。下二句：雄龙雌凤杳何许，絮乱丝繁天亦迷。此言咫尺之间远何如之，情愫未通，意乱心迷。雄龙自谓，雌凤谓其人。下四句：醉起微阳若初曙，映帘梦断闻残语。愁将铁网罥珊瑚，海阔天翻迷处所。此言梦中欢会觉来杳然。微阳映霞误为初曙，人影犹现且闻残语，极摹精神恍惚状。铁网云云言欲往寻之已迷处所，尚非为他人取去之意。欢会之迹托诸梦中，暗指二人自相会至相别，会时如梦，别时唯愁。以为两情未通，失之。下二句：衣带无情有宽窄，春烟自碧秋霜白。言相思之极，瘦尽腰围，春烟自碧视之如秋霜之白，真是满目凄凉。下二句：研丹擘石天不知，愿得天牢锁冤魄。言丹心一片，至诚可以破石，如此真情相恋而不为天所鉴；宁愿锁入天牢，两人相守永不相离，盖与其人相爱而受阻故有冤魄之词。下二句：夹罗委箧单绡起，香肌冷衬琤琤佩。此点明季节转换：初见时犹穿夹衫，今着单绡，已入夏令。末二句：今日东风自不胜，化作幽光入西海。假东风沉入西海春去夏来之景，暗示所思之不胜外力之掣引，而为人强取以去，如春光入海幽邃深窅，遂无重见天日之期。入西海之今日乃更换单绡之日，非前时相识之日，已在为人取去之后。

二章《夏》其人被挟转至石城，辛苦寻觅得与私会之事。首二句：前阁雨帘愁不卷，后堂芳树阴阴见。言夏雨愁闷之日其人被闭诸后房，前阁后堂指其主人之第宅，阴雨指五月梅雨。三句：石城景物类黄泉，点明地在石城，石城乃郢州之石城，释金陵之石城者误。雨天皆黑，伤心人视之直同身入黄泉。四句：夜半行郎空柘弹，言夜半潜行往寻，未遇，于树下穿过，空使宿鸟惊飞，柘弹乃柘起弹鸟之谓。此四句中一、二、三句皆指所思，四句始指自已。下四句：绫扇唤风阊阖天，轻帏翠幕波渊旋。蜀魂寂寞有伴未？几夜瘴花开木棉。此想见所思在帷幕之中寂寞无伴。几夜花开木棉点景物，亦以喻两情之终将好合。绫扇云云则似有借好风通消息之意。下四句：桂宫留影光难取，嫣薰兰破轻轻语。直教银汉堕怀中，未遣星妃镇来去。此言私会来去。桂宫影常流动，清光难取，喻相会之匆促无定。嫣薰云云喻喃喃私语吹气如兰。直教云云犹言直欲使银汉落入怀中无烦星娥过河来去，反衬私会难得往返不便。下四句：浊水清波何异源？济河水清黄河浑。安得薄雾起缃裙，手接云軿呼太君？此慨已与其人身份何不相同，婚事遂不得谐。济河自谓，商隐怀州人，济水在其近地；黄河指强取所思之主，今之分隔即由浑河之介于其间，点明两人相离之故。安得云云谓哪得明明而来，可接之呼之不再若前此之私会乎？（冯浩所云）盖不甘长此被分而终期得遂心愿。太君，仙女，指其人，缃裙谓其人举步下车长裙扬起之貌。薄雾喻有迷障望不清。本章共十六句，比前章略短（少四句）。

三章《秋》，其人转至湘中，书约湘川见面。本章二十句。首二句：月浪冲天天宇湿，凉蟾落尽疏星入。点明秋凉。三句：云屏不动掩孤嚬，言将远去而掩泣。四句：西楼一夜风筝急，言长夜愁极无寐，而西楼风急偏送铁马声声，闻此更添惆怅。按：风筝指檐前铁马，元稹诗“鸟啄风筝碎珠玉”即指此，非谓如风筝之为人牵之远去，岂有夜深放风筝之理？五、六句：欲织相思花寄远，终日相思却相怨。上句想见其人去后欲寄书与已以诉相思，实则正是自己盼其人之来书。下句言我知其终日相思，相思之极反成相怨，怨者，怨相思割不断连不得，徒令人憔悴愁损。此犹当时谚称所欢为冤家也，非怨昏旦之更易。七、八句：但闻北斗声回环，不见长河水清浅。则可解为晦明转换，良会难图，盖盼望其人来书，已历时日而未见约渡河之音。九十及十一十二四句：金鱼锁断红桂春，古时尘满鸳鸯茵。堪悲小苑作长道，玉树未怜亡国人。前两句言重门深闭，茵席生尘，其人已去久。时令为秋，红桂春之春字非春时之谓，盖状花之茂耳（宋诗：老枝横出数花新，谁寄茅斋雪夜春？春字用法同）。古时即昔时之意，故讳之，以示非言近事。堪悲句言旧时小苑已任人往来而成长道，今独来游，真不胜人去苑空之慨。金鱼锁断者为内室，小苑人固可得而至之。玉树句言所思之被逼远去，其境至惨至悲，红颜薄命，张孔之被掳而戕生犹未独为可怜。十三至十六四句：瑶琴愔愔藏楚弄，越罗冷薄金泥重。帘钩鹦鹉夜惊霜，唤起南云绕云梦。瑶琴二句想见所思以其幽怨谱入琴声。楚弄谓其在楚地，即下文之湘川。越罗金泥写其弹琴时之服饰。帘钩二句可解为琴响一传而禽为之惊，云为之动（冯说）。绕云梦即绕湘中。此四句应为接湘中来信后想象其人之情状，或即书中所言之状，与前欲织相思花寄远呼应，并起下文双珰尺素，非己至湘中，其人已去，唯回忆旧迹而已。下两句：双珰丁丁联尺素，内记湘川相识处。玉珰缄扎写其人来书约赴湘中，内记湘川相识处之“识”字乃认之之义，即书中记有于湘川如何识别私会处之嘱咐之语，并非于湘中开始相识，“识”应读志。末两句：歌唇一世衔雨看，可惜馨香手中故。歌唇，言见其书而想见其口泽犹存，盖封书多用口缄；一世衔雨看，则可解为已将终身衔泪对之（冯说）。可惜者言展玩书札惜其馨香渐故，因得其手书，距其封缄之际已多历时日。此诗非作于初秋，观“霜”字应已至霜降。

四章《冬》，言至湘中寻觅未得见其人，未几其人已去，空余愁怨。本章十六句。首句：天东日出天西下，状冬日之短，日才出即下，岁云暮矣。二句：雌凤孤飞女龙寡，言其人之孤独。三、四句：青溪白石不相望，堂中远甚苍梧野。言男女遥相乖隔（白石郎与青溪小姑），所居画堂甚于苍梧之野，生离甚于死别（刘余之解）。五、六句：冻壁霜华交隐起，芳根中断香心死。上句点时点景，交隐起，纵横交错隐隐而起；下句良缘已断，愁心欲死（冯说），正如芳树（桂）根断，香心（兰）枯死。七、八句：浪乘画舸忆蟾蜍，月娥未必婵娟子。见不得而自解嘲，言来寻其人多此一举，彼姝消瘦未必如当日之美好容颜。九至十二句：楚管蛮弦愁一概，空城舞罢腰肢在。当时欢向掌中销，桃叶桃根双姊妹。此言楚管蛮丝一律都作愁声，为人歌舞，腰肢尚在，唯已他属，无法再睹。当时云云，谓当日之欢已消，姊妹双双皆落入他人掌中，惜哉！十三、十四句：破鬟倭堕凌朝寒，白玉燕钗黄金蝉。想见其人之容饰而怜其愁恨（冯说）。末二句：风车雨马不持去，蜡烛啼红怨天曙。言其人又被挟匆匆远行。不持去，言车马不能携己而去，以随其人。蜡烛云云言冬夜漫漫，唯蜡烛似知人之怨，替人垂泪，直至天明。

四章大意大致如上，旧注家以幽忆怨乱释之，难得要领，无补实际。如果想编定诗作于何地何年，并窥知诗中所写女子的身份、遭遇、与诗人的关系及其后的踪迹和结局，则还须根据诗集文集中的其他诗篇和有关资料，作较细致的分析和考证。下面拟就这些问题寻找初步的答案，以就正于方家，提供于同好，或疏或凿之处定然不少，敬希不吝指教为幸。

## （二）燕台诗中女子的身份和遭遇

燕台一词，含义何在，是钩索燕台诗本事的关键所在。燕台有个典故："燕昭王作台，置千金于台上以延天下士。"目的是招揽人才，这个出于官府的虚怀若谷、求贤若渴的惊人举动，自古以来传为美谈。燕台诗是否即取意于此呢？看来不像。诚然，在唐代地方官的幕僚大多由长官征辟选用（经朝廷的认可），因此，唐人有侧重于延士之意，好将燕台比为使府，商隐诗中亦不乏其例。而燕台诗却是艳情之作，与使府无关。如侧重于黄金之义（燕台俗称黄金台）、于黄金聘人之义，则燕台二字自可他指。

诗题之所用燕台者，盖谓所思为台满黄金之大货主以千金聘去，亦有可能所思原为燕产或姓燕者，语含双关。此非全出于臆断，观《樊南文集·别令狐拾遗书》（作于开成元年），约略可见其端倪。书中论及当世之论婚，有云："今山东大姓……其羔骛在门，有不问贤不肖健病，而但论财货，恣求取为事。当其为女子时谁不恨，及为母妇则亦然。彼父子男女，天性岂有大于此者耶？今尚如此，况他舍外人、燕生越养，而相望相救、抵死不相贩卖哉？细而绎之，真令人不爱此世而欲狂走远飏耳！"如此感慨之语当非泛泛而发，定是有切身之感受。山东大姓于亲生之女，尚嫁娶必多取赀，实为卖婚，低门下户，于非亲生之女，恣意取索，形同贩卖，其事更无论矣。据此可揣，商隐与所恋卒未能成婚，盖由其家索重赀而力不胜，未几此女即为能出千金之外人强取而去。以千金聘名姝，黄金自能通神，诗以燕台为题意在斯乎？

由书中他舍外人、燕生越养诸字可知：此女为燕产，或燕姓，以下姑以燕台名之。燕台之母必非亲母，而是养女成人，转求厚赂之养母。其家定是低门下户，燕台诗中“浊水清波何异源”之浊水二字即指燕台之家庭出身——“杂类”之家。唐人惯以清流喻士族，以浊流喻工商杂类，商隐出身旧家，燕台出身杂户，故有异源之叹。杂户人家“论财货恣求取”更甚于山东大姓，不以贩卖女儿为耻，燕台身非自主，故两情相好而终不能相合。又，杂户人家往往养女学伎，以货高价，燕台诗中有“楚管蛮弦愁一概，空城舞罢腰肢在”之句，可揣燕台之家殆为工乐户中之“太常音乐人”（隶太常府，州县附籍，贱民中之最上者，婚同百姓），世代养女教曲，以备供奉，或货于达官富商为其家伎。燕台为人重金取去，即为其家之姬妾，以歌舞事人，殊非得已。

燕台会不会属平康北里中人？我看不像。良家女固亦有为人渔猎，误陷于北里无以自脱者，然既入烟花籍中即为人不齿，而当时狎妓成风，一旦所欢为人取去，亦如过眼云烟，寻常事耳。若燕台亦为此等女子，则区区一妓，商隐何能对之情深意挚，而至千里追寻，锲而不舍？

以重金夺燕台以去者为谁？像是个豪商。燕台诗有云：“济河水清黄河浑”，以黄河喻燕台之主，其人为工商杂类，为浊流，能出重金以聘名姝，必为一台满黄金之富商大贾。唯有富商大贾，始能在一年之内，时而石城，时而湘中，携带佳丽，四处流转，他人不能为此逍遥游。唐代贩运贸易发达，大行商是商人中的最有势力者。

商隐诗集中有一首《无题》：近知名阿侯，住处小江流。腰细不胜舞，眉长唯是愁。黄金堪作屋，何不起重楼！盖亦为燕台而发。短短四句，写出燕台其人，五句“黄金”二字更有所指。犹云所索黄金直堪作屋，尚嫌不足，何不更多求取，以起一黄金之重楼乎？愤懑时之反诘，讽其要价之高。商隐无如此多之黄金，其愿遂不得偿，而商人多财，能以黄金充台，且可起楼，燕台遂被挟之而去了。

## （三）事起于何地

燕台一事发生在李商隐的故乡怀州。李氏原籍怀州（今河南沁阳），祖父辈迁于郑州（寓居荥阳），父死奉母由浙回郑居住，父丧除后，因郑州居亦不易，乃迁回原籍怀州，重新报入怀州的户籍。怀州在东都洛阳之东北一百几十里，故云“占数东甸”。商隐初遇燕台即在怀州之河内县，所记即为其故里之事。为什么这样说呢？集中另有两首长吉体的《河阳》诗和《河内》诗，从中可以透露一些消息。

《河阳》诗最值得注意的是前八句：黄河摇溶天上来，玉楼影近中天台。龙头泻酒客寿杯，主人浅笑红玫瑰。梓泽东来七十里，长沟复堑埋云子。可惜秋眸一脔光，汉陵走马黄尘起。从河阳地势说起，河内县（怀州治所在河内）属河阳节度使所辖，其西北太行之阳，诸峰之顶有紫金坛，中天台或即指此。龙头铛为酒器，红玫瑰喻其（主人）笑口；梓泽，金谷园所在，有水名金谷涧；云子石，细白碎砾；一脔即一割之意；汉陵，帝王墓地，指洛阳；黄尘起，谓有远行。黄河即《燕台》诗黄河浑之黄河，暗喻强取燕台者乃一商人。摇溶而来，如自天上，状其财大气粗不可一世。三、四句言设法于饮席上得见燕台。梓泽金谷园为石崇别业，用典切合商人富豪身份。云子石深埋于沟堑之中，喻细白女子被闭置于重门深院之中。虽得预饮宴（此刻主人未知两人之关系），惜匆匆仅得一见，柔肠早为秋波所割。燕台为人携去后，旋即走马黄尘，离洛阳，南赴石城，再转至湘中了。如此云云，不正与燕台之事相扣合而有所补充（最后一见的地点与场合）吗？

诗题为《河阳》，又与燕台被商人取去之事相合，但诗里未见有“河内”字样，何以见得商隐初遇燕台是在其故乡呢？原来诗的第五句提供了线索：梓泽位于洛阳与怀州中间，在洛阳东北七十里（《寰宇记》），在河内西南七十里，洛阳至河内共一百四十里（《旧唐书》）。梓泽之东北七十里正是怀州（河内）之地，梓泽东来，实是由东而来至河内，非指梓泽向西而行七十里至洛阳（至洛阳虽然也是七十里，属巧合）。于此虽未言河内，实包含了河内的意思在内。《河阳》诗之《河阳》（具体指河内）两字决非没有着落，也正是燕台事起于商隐乡里的一个佐证。自怀州至洛阳为西向，而梓泽有水——金谷涧，燕台诗：今日东风不自胜，化作幽光入西海。西海其梓泽之谓乎？

《河阳》诗与燕台有关，尚非仅限于燕台取自七十里外的河内，并且在第八句之后许多地方同《燕台》诗相通。如九至十二句：南浦老鱼腥古涎，真珠密字芙蓉篇。湘中寄到梦不到，衰容自去抛凉天。即言燕台转至湘中，有书寄与商隐。《燕台》诗《秋》章：双珰丁丁联尺素，内记湘川相识处。两者不是正相契合？《燕台》诗中说于湘中接来书而未得见面，《河阳》诗中也说：湘中寄到梦不到；《河阳》诗末两句更说：百劳不识对月郎，湘竹千条为一索（如东飞百劳的东去的燕台，不知尚留在湘中的情郎泪痕之多，直染满湘竹一束了），仍离不开一个“湘”字。如此等等，难道还不足以说明燕台、河阳两诗指的是同一人同一事吗？旧注家颇有以《河阳》诗为悼亡之作，冯浩已驳其非，可毋庸赘述。

挟燕台而去的那个大商人在《河阳》诗中也有所描述。第九句南浦老鱼腥古涎，不止鱼书之意，鱼而曰老曰腥，疑即隐射所厌恶如仇敌的商人的形象。下面第二十七、二十八句：玉湾不钓三千年，莲房暗被蛟龙惜。此中大有寓意。《述异记》云：虎鱼老者为蛟，蛟千年化为龙。三千年不钓，去芳饵之诱，无沉钩之虞，年久则变，鱼已化为蛟为龙了。唐大商人结交官府，享有特权，无多干扰（不钓），恣所欲为，长期以来，其中固不乏为蛟为龙者。鱼戏莲叶东，尚恐翠盖受损，今为蛟为龙，玉湾被其所占，莲房为其所攫，情更何以堪哉！蛟龙其指燕台之主，老而淫恶；莲房指燕台，与六龙呵护玉莲房造意类同；惜，爱怜也，此处为反词，老蛟岂真解惜玉怜香者？从燕台到河阳二诗可以看出，取去燕台的商人家本石城（郢州）；经商至河内；以重金取走燕台，藏娇于梓泽；西行于东都洛阳，置酒宴客，出燕台侑饮，以示其豪；未几，离洛阳南下抵石城（或谓《河阳》诗“楚丝微觉竹枝高”之“楚”字点地，当指石城），再至湘中，东去。所到之处都是商业繁盛之地：郢州即楚都江陵，河内为汉之野王，商业发展均肇自先秦；洛阳唐时商业更盛于长安；湘中今湖南地，大有可交流之货。燕台之主南北周游，足迹甚广，唐代有很多这样的大行商，他们行商是常携带女子的。

于河阳诗外并有一河内诗可互参证。题曰河内更直接点地，道出是发生在商隐故里之事。诗分两曲，第一曲曰楼上，说明所思之人住在楼上，斯人正是燕台。诗前四句：鼍鼓沉沉虬水咽，秦丝不上蛮弦绝。嫦娥衣薄不禁寒，蟾蜍夜艳秋河月。一夜深漏永，二丝弦罢弄，燕台固娴于乐曲者。三、四言其艳若嫦娥，而不胜清冷孤孑，此想象与己未遇时独处凄凉之况，用秋字无妨（次年春两人即相遇相爱）。下四句：碧城冷落空蒙烟，帘轻幕重金钩栏。灵香不下两皇子，孤星直上相风竿。前二言寂寞楼居，帘幕深垂。后二言彼不能轻下，我欲升高就之（冯说），第四句分明设法攀登楼上之意。河阳诗有百尺相风插重屋之句，正与孤星直上相风竿相合。而前句两皇子又与河阳诗仙人不下双金茎之双金茎相合。燕台诗有桃根桃叶两姊妹之句，三诗同一口径，所说女子确是燕台，其证昭然，复何疑焉？由此又可知燕台姊妹二人，商隐所恋者是其姊（妹较幼）。

燕台再加河阳、河内，三诗合而观之，事起于故里，应该说是一个可信的答案了吧。

## （四）诗作于何年？

燕台诗事起于诗人的故里河内，那么，诗作于哪年呢？冯注此诗不编年，我以为大可编年。就燕台诗而论，此诗所述悲欢离合之事前后将及一年。据我重新编排李商隐年譜所作的考证，可以断定其决非太和四年五年六年七年八年之作。因为：太和四年五年商隐在天平幕。六年郓幕罢，居家备“夏课”；秋赴怀州府试；冬，以乡贡进士赴京，应明年正月礼部进士科试。七年，下第；夏，自长安赴太原再入令狐楚幕；太原府罢，秋，东归，途中经王屋玉阳，登山访学道时之旧师与道侣；往郑州谒刺史萧澣；冬，因病未赴府试，而谒崔戎于华州，崔送商隐习业于华山。八年，春，在华州幕；旋随崔赴兖海幕，六月，崔病卒，归怀州；秋，赴府试，再为乡贡进士；冬，再赴京应明年新正礼部试，复不取。行踪历历可数，并无他图。至于开成元年秋冬，亦赴府试并赴京应举，亦不能有秋冬在湘楚之事。唯太和九年秋未赴府试，冬亦未曾赴京应考，亦非因病，是年商隐之事迹缺如，或即为燕台事而奔忙去了。考太和八年冬商隐在京应试，候至次年（九年）正二月（正月下旬至二月上旬），发榜落第，未作羁留，即遄归故里，还怀州之日约在二月下旬，正“风光冉冉东西陌”之时也。与燕台相遇之处已如前述即在故乡怀州。其后，即随燕台至石城、湘中（夏、秋），冬，始由湘北归，在郑州度岁。是年秋时之所以未赴府试，冬时之所以未进京应举，舍为燕台事外，实更难作合理的解释。我在《年谱》中如此下笔：“二月，自长安经商洛，从洛水过洛阳抵怀州。是春三月，于故里河内与小家女燕台相识（不知其姓名，以诗篇名代之），两情相悦，私订嫁娶之约，未几，燕台逼于母命为富商以重金取去，置于后房。商隐悲不自胜，夏，至石城（郢州）寻觅燕台。秋燕台被转至湘中，书约商隐于湘川相见。冬，商隐至湘，燕台复为其主携往他方（后流落吴中），商隐嗒然而归。为赋《燕台》春、夏、秋、冬四章，与《河阳》等诗篇，以记其事。”“十二月自湘中北归，往郑州，送岁。时甘露事变，震惊朝野，为郑州天水公代拟《言甘露事表》。”看来上述处理是可能站得住脚的吧。时商隐二十四岁，正青春求偶之时，犹在与王氏论婚之三年之前；致令狐书谈及卖婚事，即在与燕台相离之次年，正有感而发。

近人笺评谓《柳枝》五首约作于开成二年登第前数年中，《燕台》四首，当更在此之前。虽未尽明确，亦已近之。

张采田在《玉溪生年谱》中断《燕台》四首作于开成五年，是年赴湖南杨嗣复之招，游江潭，诗为杨嗣复作，不属艳情。按：诚如余、刘所评：张氏“蹈袭冯氏早岁之谬说，而大肆扩充张扬之，穿凿附会，不必辩正。”“如张氏说为杨嗣复发，则柳枝之激赏直不可解，将谓一商贾女子能解此等微言大义乎?”为免繁琐，对这问题在此我亦不拟多谈，只需指出开成五年说不能成立的一个最主要的理由：

商隐开成五年春在弘农尉任上，夏秋，往返京师，移家关中，行踪均绝不相符（春遇伊人于怀州，夏寻伊人于石城）。是年八月，杨嗣复出为湖南观察使，商隐因令狐绹劝诱改从调之初计，而应邀作江乡之行；冬日杨再贬潮州，商隐亦遂作归计，是其留湘时间短暂。为入杨幕赴湘乃第二次江乡之行，与为燕台赴湘的第一次江乡之行根本不是一回事。把燕台诗与开成五年入杨幕搅在一起，实是吃了一次游湘论的亏。

双珰尺素寄相思，秋冷湘川寻觅时。岂有裁诗为人谪，情深一往竟如痴?（拙句）依我来看，燕台诗确属艳情之作，与党局并无瓜葛，其中找不出有什么深的政治意义。即使承认燕台诗事系艳情与杨嗣复无关，但把诗定为开成五年之作，这也是大不合情理的。因为商隐与王茂元之女成婚于开成三年，两人伉俪情深，其后，丛台妙伎，南国佳人，虽有涉于篇什，实不接于风流（悼亡后曾有力却东川乐妓张懿仙之事）。诗人并非一个滥搞婚外恋的浪子。如果把诗人说成结婚不到三年，又与燕台相混，才攀高门，便戏低户，千里跟踪，肆欲妄行，岂非大有损于诗人?商隐之于燕台，是初恋，是真情，不是寻花问柳，逢场作戏。短襟初见在河阳，被夺南行置后房。不是风怀闲笔墨，寻春亦学牧之狂（拙句）。一般的风怀之作是不能与《燕台诗》相提并论的。

与燕台诗可互参的河阳诗，写作年代应属同时——太和九年，其理甚明，无庸词费。与燕台诗相关联的柳枝诗，写作年代可考定为开成二年，而于柳枝相遇则在开成元年，由此也可证说燕台诗之作紧靠柳枝诗之前即太和九年是比较合适的。张氏所定年谱将商隐遇柳枝系于会昌五年，柳枝五首之作则系于会昌六年，比太和九年说推后了十一年，其理由无非会昌五年春商隐赴郑过洛时得遇柳枝。按：商隐过洛次数不少，怎能遽作为与柳枝相遇之编年?柳枝是李商隐的第二个知己，而张氏将她看成第二个婚外恋者，并且是年龄甚不相称的恋爱。柳枝诗序中云柳枝时年是十七，正妙龄少女，但按张氏说法，会昌五年商隐年已三十有四，谁能为此赏诗篇，洛下惊逢正少年。若系会昌过而立，何能遽得柳枝怜？（拙句）别的姑且不论，仅此一端，已足以说明张氏编年之失当。柳枝诗如此，燕台诗也何尝不是太偏离了实际？

当然，我也不是说在后来的日子里，如会昌年间有关燕台的诗在商隐的诗集中就再无出现。上面提到的河内诗便是日后的追思之作，而非事发当年所写。诗的前一曲楼上前已引了其大部分，此处值得注意的是其后一曲湖中。此诗一、二句；阊门日下吴歌远，陂路绿菱香满满。点明地在吴中，接着三至八句更进一步想象伊人在吴的境况（详下），结两句：低楼小径城南道，犹自金鞍对芳草，比燕台诗更具体写明燕台所居之楼非高楼而是小户人家的低楼，其地点在怀州的城南，由大道通向小径。另如前引的《无题》诗首两句：近知名阿侯，住处小江流，可知城南大道稍远处临一小江，又据七绝《城外》诗首两句：露寒风定不无情，临水当山又隔城。诗记商隐夜往寻燕台道中之景，其更远处有山，临水当山勾出了住处的大环境，隔城则点明是在城外——南门外。这些都可补充河内诗。（城外诗三、四句：未必明时胜蚌蛤，一生长共月亏盈。蚌月望则实，月晦则虚。诗言天明时之公然相处，其况味未必胜于夜间往来有离有合，有离有合则倍觉合之可贵，以月有圆缺喻人有离合。旧谚娶不如偷，诗即道出此意。意甚晦，格不高，非精华之作。）

《河内》诗成于何时？我揣殆作于会昌四年之秋。因开成初商隐已离河内而移家济上，其后未有回怀之迹。至会昌三年王茂元卒始还河内，然已秋末冬初，与“芳草”不合。唯会昌四年刘稹平后（八月），商隐自郑州扶曾祖母灵至怀州，归袝于雍店东原，与安阳君合葬（约在八九月），重过燕台故居之时可能在此刻吧？此时“芳草”二字用之尚可。再对旧迹，余情未已，低回久之，乃有《河内》二曲之作。正是：十载重来梦未残，依依芳草对吟鞍。低楼小径城南道，衣薄帘轻忍夜寒。（拙句）

## （五）有嫁娶之约，上追寻之路

商隐于太和九年春与燕台相识相恋，夏，伊人被夺南行，商隐也即起程，一路追寻，历夏、秋、冬三季奔波道中，事记于燕台四章之中。为什么这样放不下，舍不得，痴情不已？原来两人已有嫁娶之约，誓相厮守一生。燕台诗本身写得隐晦含蓄，只能窥其梗概。要具体落实并证明这一点，还需参照文集及其他诗篇所能收集到的资料。以诗（文）证诗，或不失为一种可行的方法。

据《樊南文集》《祭小姪女寄寄文》中云："况吾别娶以来，胤绪未立。"与别娶相对的原娶又是何人呢？看来非燕台莫属，王氏是别娶，家里人也都这样认为，故可形之祭文。与燕台嫁娶之约既定，商隐也有准备，只因出不起那么高的财礼，事未谐。诚然，唐时士子论婚以攀大族傍名门为尚，但也未可一概而论。如李德裕以淮南使相之公子，其夫人刘氏就非出自高门，不知其姓氏之所兴（"不生朱门"）。有了深挚的感情，不一定非得名门之女不可。商隐如此行事，也正表明他的不同流俗，表明他对燕台爱情的真诚。

《河内》诗之一"楼上"的九至十四句道出了两人相爱的深盟重誓：八桂林边九芝草，短襟小鬓相逢道。入门暗数一千春，愿去闰年留月小。栀子交加香蓼繁，停辛伫苦留待君。八桂九芝，仙境之物，与同诗的嫦娥、灵香、皇子皆以仙姝喻其人之高洁，倾心相慕之词。短襟小鬓，相逢时其人之装束：与高鬟立共桃鬟齐相比，应是第二次见面（在燕台家楼下小径上）。入门犹云过门，嫁入李家之门；暗数千春，须待时日较长之意；去闰年留小月，愿久待而期其少速，具见心情之急切、复杂；末两句谓誓永相守，纵历尽辛苦，亦矢志以待来娶，栀子味辛，香蓼味苦，以起停辛伫苦。相待之时何以要很长？可能是其家嫁女勒以重赀，商隐一时难以筹措，请徐图之，否则两情既好，速娶为盼，何须如此苦苦相待。可是其家等不及就将女儿（养女）以重金匆匆脱手了。

商隐与燕台不但如燕台、河内诗所示有欢会之迹，而且由河阳诗可寻味出燕台已有身孕之象：忆得鲛丝裁小卓，蛱蝶飞过木棉薄。绿绣笙囊不见人，一口红霞夜深嚼。这是说两情被阻后，再往寻之，唯见绿绣笙囊而不许见其人了。鲛绡裁桌，作欲绣之准备；蛱蝶飞回，取所绣之花样；木棉薄，薄薄衬以一层木棉絮。嚼红霞，固可理解为刺绣时的嚼烂红茸（穿线时），但我考虑可能还有深意。按：《神仙传》云李老君之母玉女，昼梦五色霞光入户，结如弹丸，流入口中，吞之有孕，生老君。嚼红霞，或为有娠在身的隐语吧？下接两句：幽兰泣露新香死，画图浅缥松溪水。幽兰，喻燕台之悲泣愁损，其用兰字非但说人之秀而馨香有如芳兰，而且以燕姞梦兰暗寓燕台之怀子；新香死，或兼指孕而不育，其家不许留胎吧？画图句，借指燕台画像，展而视之，如见其人；浅缥，画帛青白色，如松溪之水，明说画兰，暗喻画人。事至于此，其家仍悍然强令燕台与商隐绝，他舍外人，燕生越养，而相望不相贩卖，岂可得也？

正因为商隐与燕台两情这样的深，关系如此之密，所以燕台一旦为人所夺，被挟南行，商隐就锲而不舍，狂走远飏，踏上了千里追寻之路。目的倒并不是仅为谋求欢会，以续前缘，而主要是设法营救，援助燕台出脱于其主人之手。商隐的计划是携同私奔，转移到一个较安全的去处，那就是怀州正西相距约六十里的太行山麓的济源。商隐于太和二年（十七岁）曾学道于王屋山之分支玉阳山东，玉阳即在济源县西三十里，对这一带商隐比较熟悉（济水出王屋其地正相接）；与此同时，当日的济源属河南府（显庆二年以怀州之济源来隶，会昌三年还怀州，见旧唐书·地理志），不在怀州管辖范围内，对在怀州出过事的商隐来说，将携燕台同往，济源正是首选之地。移家济源始于何时？不可能在太和九年遇燕台之前，诗以河阳、河内为题，说明商隐这年是在怀州，而济源时属河南府，不属河阳；也不可能在开成元年始迁济源，因这年春在洛阳遇柳枝，无暇他顾。剩下只太和九年夏才有可能。此时与燕台事受挫，为了出脱燕台，未雨绸缪，先搬个家，想找个安居之地，全在情理之中。据上分析，我把移家济源与燕台相联，不致太离谱吧？

商隐踏上追寻燕台之路时，实已作好移家的安排，因此他一路南行，表现了十分坚定执著。从燕台、河阳诗中已看出其大致的踪迹，先是私会于石城，继则久候于湘中。而在其他各体诗篇中可补充不少细节，更加丰富其内容。下择主要且较明确者言之。

集中有一首七绝《无题》：白道萦回入暮霞，斑骓嘶断七香车。春风自共何人笑？枉破阳城十万家！冯曰别情，略窥其意，唯未道出本事。我以为此诗殆为燕台作，可与《河阳》诗的汉陵走马黄尘起相参看。一、二句目送伊人远去，白道几回，肠亦九转。斑骓嘶断，远行之情，惨别之声也。七香车所乘自为巾帼。三、四句言：此去春风之面将共何人而笑，虽有绝世之容、倾城之貌，亦岂非枉然！盖惜其所偶非人，视其登车，心如刀割。预想伊人从此笑面敛却唯有愁容，“怨语以唱叹出之，不露怨恨之态”（纪评）。此亦商隐七绝之“绞而婉”者。诗用“春”字，指笑面而言，无碍时已夏令。阳城楚地，其暗指下述的石城？

以《石城》为题，集中有一首五律：石城夸窈窕，花县更风流。簟冰将飘枕，帘烘不隐钩。玉童收夜钥，金狄守更筹。共笑鸳鸯绮，鸳鸯两白头。是诗盖亦为燕台作。《燕台》诗“夏”有云石城景物类黄泉，此即记赴石城寻觅燕台事。首句点地，言燕台被其主携至石城，仍被夸窈窕多姿；二言其在河阳日（庾信赋有“河阳一县花”之语，花县即河阳）较今更为风流，与《河阳》诗意暗合；三、四想象燕台静夜深居之况：簟冰指夏日所用之凉席冰冷，飘枕谓人卧其上，泪流之多足以将枕飘动；帘烘句则言帘内香烟缭绕，其人隐约可见；玉童二句言夜间防闲甚严，盖两人交往之事已为其主所察，故严加看管，不任外出，虽然如此，两人设法（或是买通）仍得乘间相会，故有结联所云之意。相会不易，见则会心而笑（共笑），亦得暂效绮上鸳鸯，是可喜也，但如鸳鸯之白头相守胡可得乎？燕台诗“夏”章所云银汉堕怀星娥来去，可见两人在石城私会得遂，“鸳鸯”二字并非虚设。

说到鸳鸯，集中尚有一首题为《鸳鸯》的七绝：雌去雄飞万里天，云罗满眼泪潸然。不须长结风波愿，锁向金笼始两全。诗承上《石城》，亦为燕台作。首句雌去指燕台之离河内而去，雄飞指己随之南下；二句伤离别，棒打鸳鸯两离分，故望云罗而潸泪；三、四句谓前时曾愿如水上鸳鸯之长相守，然观水上风波多多，今更愿锁向金笼之中，始免风波而始得两全。其意比《石城》诗结联更进一层。盖情海风波，处处险途，不如将冤魄同锁于天牢之中，庶不相分离。真乃无奈之词。燕台诗“春”的愿得天牢锁冤魄，造意即与此同。这首诗凄婉哀艳，实能动人心弦，决非浅露鄙俗之作（纪评）。

燕台被挟继续南行，由石城（郢、江陵）度洞庭，经巴陵（岳阳）而指长沙。一路防范更严，深闭后房。正如《河阳》诗所云：巴陵夜市红守宫，后房点臂斑斑红。其主竟以食丹砂之守宫捣烂点臂之法验之（如有房室之事，红斑即脱），以防疏失。堤南渴雁自飞久，芦花一夜吹西风。久俟不得相见，其时已至深秋。盖得燕台来书，约在湘中见面（《燕台》诗“秋”：双珰丁丁联尺素，内记湘川相识处），商隐一直苦候之。集中有诗几首表露了当时焦急而寂寞的心情。

七绝《到秋》：扇风淅沥簟流离，万里南云滞所思。守到清秋还寂寞，叶丹苔碧闭门时。首句夏景，寻燕台至石城犹是夏时；二句万里南云兼指石城与湘中，燕台诗亦有唤起南云绕云梦之语；滞所思谓所思之人远离北地，留滞南方；三句言守于客舍候其消息，独自寂寞；四句写秋景，由叶丹可知时已深秋。此诗冯氏之解近之。

又七绝《丹丘》：青女丁宁结夜霜，羲和辛苦送朝阳。丹丘万里无消息，几对梧桐忆凤凰。此诗乃盼燕台消息时所作。盼望消息，日日夜夜，已至深秋，观霜字可知（是年霜降在阴历九月二十八日）。但至今仍是消息杳然（约在湘中相见，未得见，故再等消息）。湖南丘陵红土，丹丘其暗指湘中乎？结言已忆之深，凤凰指燕台。

燕台之处境如何，商隐非常关心，深知歌舞事人，殊违素心。燕台诗楚宫蛮丝愁一概，空城罢舞腰肢在，即就此事而发。商隐追寻燕台，离石城，浮长江，过洞庭，作了一首有名的七绝《梦泽》，其实也是为燕台写照：梦泽悲风动白茅，楚王葬尽满城娇。未知歌舞能多少，虚减宫橱为细腰！当年楚灵王好细腰，侈歌舞，宫人有节食而饿死者，诗人即借此故事以讽今人。题名《梦泽》，因云梦泽跨江南北，梦泽在江之南，洞庭湖在焉。一、二句借言燕台之主占断多丽，佳人落入其手，等于葬送一生。三、四言徒令后房节食减肥，束细腰以为歌舞，然不知其歌舞能得多久，其乐事岂得长保？"歌舞""细腰"诸字不正与燕台诗的空城罢舞腰肢在相吻合吗？冯氏笺《河阳》诗写商隐曾滞湘中，谓"与《楚宫》《梦泽》等诗皆可互证"，其言良是，他也不认为《梦泽》只是单纯的咏史之作。

千里追寻，万分辛苦，可是由于防备甚严，联系已失，晤面难期。晓簾串断蜻蜓翼，罗屏但有空青色。河阳诗的这两句话说出了寻之而不可得见，自己的碰壁狼狈相及其人去后旧居空冷之象（冯解）。相思之泪已染满了湘竹千条。在湘苦苦守候，到冬天，卒无燕台的下落。既然再见无由，商隐不得不遂动归思。五排《夜思》这首诗就是在一种失望的心情下写成的。诗曰：银箭耿寒漏，金釭凝夜光。彩鸾空自舞，别燕不相将。寄恨一尺素，含情双玉珰。会前犹月在，去后始宵长。往事经春物，前期托报章。永令虚粲枕，长不掩兰房。觉动迎猜影，疑来浪认香。鹤应闻露警，蜂亦为花忙。古有阳台梦，近多下蔡倡。何为薄冰雪，消瘦滞非乡？诗首二句点夜思之境地；三句彩鸾自谓，空自舞，空来湘中；四句别燕指燕台，不相将，不得与共；五六句空凭尺素以寄恨，唯托双珰以传情，由石城至湘中皆有书扎往返，河阳诗的楚丝微觉竹枝高，半曲新词写绵纸，即指在石城时商隐怀念燕台所写的新词；七、八句夜间私会，指河内至石城情事，湘中则已被隔绝，观别燕不相将、永令虚粲枕句可知；九句溯旧情，顶上会前去后；十句谓借书札更订来兹相见之期；十一句其人不来，故枕长虚；十二句犹盼其来，故门不掩；十三、十四句见影闻香，疑其人之来，而往迎之；十五句闻露谓风闻有于己不利之消息，或可解为长夜难寐，如鹤之易警醒；十六句谓数月以来为燕台事奔忙，如蜂之为花而忙，两句是比；十七、十八句言阳台之事原是梦幻，世间美人亦不止燕台一人；十九、二十句接言何事再为之恋恋不舍，冒冰霜之侵，消瘦而留滞于他乡？已矣哉！胡不归？此实山穷水尽无可奈何自我解嘲之词。阳台、下蔡用楚事，暗指己之楚湘之行；倡为歌舞艺人之称，非谓娼妓，与燕台为歌舞艺人相合。冰雪，冬之景物，与燕台诗"冬"之章相合。

冯氏之笺可采，我但为之编年。《夜思》是商隐在湘中所作的最末一首诗，千里追寻的营救计划遗憾地以失败告终，第一次恋爱留下了伤心的回忆。

燕台这位清纯美好的小女子，得不到幸福的生活，是社会造成她的悲剧。她是森严等级制度（乐户专管）下的被压迫者，是不合理买卖婚姻的牺牲品。无法挣脱，无法抗争。愿得天牢锁冤魄，锁向金笼始两全”。受害另一方的诗人李商隐的这些诗句，是何等哀怨，悲怆！愿将冤魄锁天牢，始免分飞怯浪高。我读燕台心欲折，分明点点泪濡毫。（拙句）具有同情心和正义感者当不会以儇薄无行之子目之。

## （六）诗中所写女子后来的行踪和结局

商隐在湘中与燕台失掉联系，一时不知其下落。以后虽与柳枝相恋，与王氏成婚，但余情未已，创伤难平，仍不时想起不幸的第一位恋人燕台。

开成二年冬初，因恩师令狐楚病危，急赴兴元。途中经圣女祠（在陈仓县大散关之间），前后作《圣女祠》诗两首，在前的是七律：松篁台殿蕙香帏，龙护瑶窗凤掩扉。无质易迷三里雾，不寒长着五铢衣。人间定有崔罗什，天上应无刘武威。寄问钗头双白燕，每朝珠馆几时归？诗一、二句写神祠清华之境；三、四句写圣女像，迷离恍惚，可望而不可亲：下半写己意：五、六句谓己曾与燕台互留信物（如崔罗什），而燕台所偶非人，被挟而去，殊方应无如己之人可遇（以刘武威为喻）；七、八为全诗主旨（商隐七律往往如此，重在结联乃其诗法），以“燕”字借指燕台：燕台诗：白玉燕钗黄金蝉，桃根桃叶双姊妹，《夜思》诗别燕不相将，与此似不无联系。见玉钗双燕不禁发问：此去差池两地，恍同隔世，几时归来，始得重见？盖此时商隐犹未别娶，与燕台别仅两年，触绪致感，不足怪也。

会昌四年秋，商隐重返故里，寻燕台故居，赋《河内》诗两曲，上曲“楼上”，前已引，下曲“湖中”，首句之阊门日下吴歌远即指吴中，盖其时已知燕台流落吴中之确讯，故诗以咏之。诗三至八句：后溪暗起鲤鱼风，船旗闪断芙蓉干。倾身奉君畏身轻，双桡两桨樽酒清。莫因风雨罢团扇，此曲断肠惟北声。后溪二句写吴中水游，鲤鱼风（九月风）起芙蓉老（李贺诗），其年事已渐老大；船旗闪断芙蓉干，惜其人之饱受摧残。五、六句写燕台画舸伴游，为侑酒歌舞事：身轻暗用掌上舞，倾身奉君言其以色艺倾身事人。七句言其恐风雨之来而如团扇之遭弃捐，红颜何能长久，下场自堪忧虑。八句取白团扇，憔悴非昔容，羞与郎相见之意（冯说），言其沦落至此，已羞与己相见，唯有仍以北声作断肠曲耳。燕台固北人，虽至吴中，其音未改，故曰北声。此种情形，可能是至河内后闻之于其家家人，燕台境况日非，差距日远，玩诗意似燕台已被其主转卖于倡门，而为吴中名妓，不得北归，最后终于吴。张采田亦云，燕台自湘川远去后，疑流转吴地而没，细玩河内诗阊门一篇可悟。

时光流逝，距上次回故里又过了五年，距燕台离开怀州已经十六年，三十九岁的商隐得知燕台已于吴中物故，忍不住再一次于诗中表露其哀伤之情。诗的题目是《送李郢之苏州》，作于大中四年春，商隐从徐幕奉使关中，路过汴州，见到将离汴幕而转赴苏州游宦的李郢。李郢赠商隐诗（《送李商隐侍御奉使入关》与《板桥重送》），诗中有王事有程须仃仃，客身如梦正悠悠之句（重送诗）；商隐送李郢之苏诗则云：人高诗苦滞夷门，万里梁王有旧园。烟幌自应怜白纻，月楼谁伴咏黄昏。露桃涂颊依苔井，风柳夸腰住水村。苏小小坟今在否？紫兰香径与招魂！首句指李郢，言其原为镇汴者之从事；二句言远赴苏州往依旧日幕主，梁园例指幕府，“梁园宾客”唐人常语；三句白纻为吴舞，言应爱惜姑苏风物；四句言郢有诗名，至吴，谁与相伴相和于月楼之中？五、六顶上写吴中之佳丽；七、八句亦商隐重在结联，见其主旨之诗法，因郢之苏，而重牵旧情，回思燕台。苏小小，吴中名妓，晋时人，有墓在嘉兴，嘉兴时属苏州（见《吴地记》），故及之。苏小小坟喻燕台葬处，烦李郢代为扫祭，以招香魂。郢辈份虽高于商隐（从叔），而年则较少，于商隐与燕台事固所熟知，故可托李郢前往凭吊。观诗用苏小小字可知燕台流落吴中，已沦为歌妓，是可伤也！如非隐有所指，仅泛泛而谈苏小，不致这样语极沉痛，虽寥寥二句，已具见商隐拳拳不忘旧日恋人之真情。张氏谓此诗暗寓商隐往日所思之人，其人流转江乡，没于吴地。有河内诗及和人题真娘墓诗可证（见手批本）。说殊精辟。姚平山独谓此感知己之难遇，普天下负气人同声欲哭。我谓商隐此诗诚欲哭含泪之作，然其泪为伤逝悼往之泪，非负气人之泪也。

商隐有关燕台系列之作的最后一首诗是《和人题真娘墓》，诗作于前诗七年以后的大中十一年赴江东任盐铁推官过吴中之时。诗云：虎丘山下剑池边，长遣游人叹逝川。罥树断丝悲舞席，出云清梵想歌筵。柳眉空吐效颦叶，榆荚还飞买笑钱。一自香魂招不得，只应江上独婵娟。诗非为好色者作点化语，实借真娘事以悼燕台，盖真娘为吴中歌舞名妓，燕台流落吴中情况正相类似。

首句点出吴中，虎丘山在阊门外，与河内诗之阊门相合；二句叹逝川即伤逝悼往之谓；三、四句想象燕台流落吴中沦为真娘式人物之可悲景况：断丝，情丝已断，余情犹牵，舞席之间总感悲切，清梵，歌筵之上有厌世之念；五句，颦眉，蹙额锁眉不得已之状，兼有因愁致疾心头病痛之意；六句伤其靓装卖笑，为人之钱树子；七句言真如真娘之长逝，紫兰香径招魂已不可得；八句较难解，诸家之说似玄。我以为是指燕台逝后继起之吴中名妓，高树艳帜，于胥江之畔，独逞其婵娟之姿。此人是谁？颇疑乃燕台之妹。桃根桃叶双姊妹，当年燕台姊妹同被商人取去，后又同流落吴中，燕台卒，其妹尚在，故曰独婵娟。太和九年燕台之妹不过荳蔻年华（十三余），至大中十一年亦未满三十，婵娟二字犹堪当之。商隐来吴中，可能见到其人。商隐作诗意虽隐晦，而总有一处流露真消息，由双姊妹到独婵娟，可能是真消息的流露吧？题称“和人”，未必真和，踵前人题咏之迹耳，而故晦其意也。

诗作于大中十一年，时诗人四十六岁。其明年，柳仲郢罢盐铁使，随柳来江东的李商隐亦罢盐铁推官北归。因病赋闲，移家于郑州。郁郁怀抱莫能开，是年秋后，久病不愈的诗人溘然离开尘世，终年四十有七。他最后再也没有力量续写悼伤的篇章，衰竭的诗笔，在抱憾终身的心情下，给他的燕台系列诗画上了一个不圆满的句号。

## （七）不是窥人后房，犯人爱宠

前面的叙述已经明白地指出商隐与燕台是相爱在先，商人横插进来，取走燕台在其后。是被人夺爱，拆散婚姻，而不是窥人后房，犯人爱宠。两者性质不同，前者，男女两人处于被屈辱、受损害的地位；后者千里追踪，偷情不止，轻薄放荡，昭然可揭。这关乎诗人的品质、人格，大是大非，不可不辨。

窥人后房、犯人爱宠，其说来自大笺家冯孟亭与张孟劬。二位前贤注释李诗精采纷呈，足资后人启迪，于玉溪集厥功甚伟。然于商隐与燕台事所下之结论则实令人窃有所疑，无法苟同。

冯浩氏认定燕台原为玉阳女冠，被一达官取去，成为使府后房。他说：燕台唐人惯以言使府，必使府后房中人也。并考出其徒充后房，未尝专宠。由此，商隐与燕台就变成浪子对使府后房中人的觊觎，千里奔波，如醉如狂，其人品实是不堪。其说怎能使人接受？首先所谓玉阳女冠的前提，是不能成立的。

愚按：商隐学道玉阳始于太和三年十七岁时，师事清都刘先生；其明年从令狐楚于天平幕，其间与道者交游尚不多；太和六年冬至七年春入都应试，至下第，赁居于长安有名的华阳观内，因刘先生介绍，得识其亲戚、观中的女道士宋华阳姊妹，有诗赠之。时年二十一二岁的商隐对宋有所歆羡，然宋已另有所爱，且旁人从中作梗，致双方关系并未深入。日后商隐在《水天闲话旧事》一诗中提到宋华阳事，诗云：月姊曾逢下采蟾，倾城消息隔重帘。已闻佩响知腰细，更辨弦声觉指纤。暮雨自归山峭峭，秋河不动夜厌厌。王昌且在墙东住，未必金堂得免嫌。观诗意：隔重帘、闻佩、辨弦、山峭峭、夜厌厌，可见商隐与宋华阳存有隔膜，彼心不动，可望难接，未遂佳期，徒惹嫌疑，谈不上深交艳情。以为宋是商隐的恋爱对象，把女冠之恋作为商隐恋爱史的主要组成部分，实属臆断。既然如此，怎能像对待有三生之约的燕台那样，千里追寻，急得死去活来？

诚然商隐在燕台等诗中使用了不少有关仙家道家的语言，如手接云軿呼太君，月娥未必婵娟子，嫦娥衣薄不胜寒，碧城冷落空蒙烟，灵香不下两皇子，八桂林边九芝草，仙人不下双金茎，等等，但从这些看不出其人必指女冠无疑。一典多义多用，也有借用活用的，商隐学过道，熟悉道家典故，在诗中常用之，无足多怪。用这些词无非是表示对所恋之人的倾心，不惜把一连串高洁的字眼加到她身上，这些词并非女冠的专用标志。在另外的场合商隐也用另一套语汇来指燕台，如玉树未怜亡国人、桃叶桃根双姊妹，难道据此可说燕台是个贵妃或宠妾吗？至于碧城、桂林、九芝草，也无非是让其地配其人——仙境配仙女，并不是燕台就住在如仙阙似的道观之内，试问低楼小径城南道，犹自金鞍对芳草，其小径、芳草（不是九芝草）与之相比不是正属两个世界吗？凡此种种，都说明冯氏的玉阳女冠论的论据难以取信于人。

冯氏的从玉阳女冠到使府后房的设想，无论从诗中所言之人本身，从此人的主子，从诗人李商隐自己三个方面来说，都是问题很多，不合于情理。

第一，女冠不同于乐户，有人身自由，不至于身不自主地被人夺走，如果有人饶财足势要娶女冠，须经她本人点头，与低门下户由父母包办供重金聘取的小女子不同。身份较自由的女道士，打破清规，与人相好，或至回俗嫁人，这种事原数见不鲜。燕台之非自愿地被人娶去，显然不是女冠出身。女冠常与士人相恋（如鱼玄机），自愿当交际花也有之，唯原本自由却甘愿与达官充后房作姬妾，制于人，而失去自由，则所为来呢？

第二，由女冠变成使府后房，其主子是个达官，有这样的大官于短暂的时间里职务所在地点变更如此频繁吗（洛阳、荆州、长沙）？如果是贬官，一年数贬，还能带着女人到处逍遥吗？作为贬官能强迫一个自由的女冠跟他跑吗？

第三，对诗人李商隐来说，也没有恁大的胆子去窥使府的后房。《义山杂纂》“怕人知”下有一条是“犯人爱宠”，余者是匿人子女、透税、贼赃）。可见商隐本人视此类勾当为罪恶，十分鄙之。岂有自己明知故犯，公然猖狂行事，一至于斯？再者，如燕台果为使府后房之意，写诗时为“怕人知”必将百计讳之，决不会特彰之于题，让对方抓住把柄，被旁人讥笑“佻达无行”。正因为不是使府后房，商隐才心不亏意不愧，敢于用燕台一语作为他心血灌注的诗篇的题名，以表示其精切深微的寓意。

冯氏的玉阳女冠（其实是华阳女冠不是玉阳女冠）使府后房说，还有进一步的发展，他不止一次地点出了使府之主的姓名。如在《年谱》中说：湘中为潭州，岂当（杨）嗣复镇潭时与？在河阳诗笺中说：诸诗中用字多似岭南者，颇疑杨嗣复贬潮时之情事。按：杨氏罢相前一直居长安，河阳河内梓泽之踪迹与他何干？燕台河阳诗中的瘴花和木棉岂必岭外才有，泛言南方天暖耳。石城已在南方，况《燕台》诗中固已明言石城景物，至于木棉，《河阳》诗亦有蛱蝶飞回木棉薄之句，一猜猜到潮州未免太远了。孟亭根据商隐诗文考出开成五年秋其有江乡之游，这是冯氏之功，杨氏贬潭也在开成五年秋，而商隐赴湘寻觅燕台碰巧又是秋天，再加上对诗中一些用语的似是而非的理解，于是几件事就合而为一，两次游湘看成一次游湘，燕台之主便由商人变成了杨嗣复。这真是一个大误会。而把心邀商隐入幕的杨嗣复丑化为一个商人，强夺燕台置之后房的商人，未免有失公平。冯氏的辛勤追索而来的推论看来完全是多余的话。

冯氏的使府后房说如此不能令人满意，张氏之说又如何呢？张采田原在手批本中力持使府后房之说同于冯浩。他于使府先取、商隐后遇更是张大其词。说：“据河阳诗，义山与燕台相见在人家饮席，其人已先为人后房矣。故诗中只叙为人后房情态，言其据为独有，更无出来之日也。自与先遇后取者不同。”又说：“其人必为达官后房也。时在故乡，故以河阳名篇。”初见于人家饮席之上，这便是张氏先取后遇说的核心。张氏之说不确。据燕台、河内诗商隐与燕台相见相亲乃于桃树之西、小楼之上，非为饮席，张氏何视之而不见？饮席之上才得一见，并未得亲，商隐即跟随肥马之尘匆匆南下，千里追踪；燕台则真珠密字，尺素暗寄，约在湘中相会，能有这样的一见倾心吗？饮席相见原是先遇后取获致临别时的再次见面，这次见面是悲惨的见面，而非倾心之见、遂生艳想之见。张氏不察，滋生出窥人后房、犯人爱宠的说法，商隐有知，何取乎此郑笺？

大概张氏后来也觉得如此云云实有辱诗人，在《年谱会笺》中便改换腔调，貌似公正地批评冯浩："万里浪游，窥人后房，义山虽诡薄无行（?）必不至此。如此说诗能无使诗魂饮恨哉?"俨然划清了界线。于是他摭拾纪晓岚的说法："以燕台为题，知为幕府托意之作，非艳词也。"并有自己的发明。他进一步落实："江乡之游断非闲情牵引。考燕台四章，盖为杨嗣复而作，是年嗣复出为湖南观察使，冬贬潮州刺使。其贬也，因杨贤妃谋立安王溶事，武宗怒其不利于己。故首章春暗喻文宗崩，嗣复渐危；次章夏暗喻贤妃立安王之谋；三章秋嗣复出使，召己赴幕之感；四章冬己至江潭，杨已远窜之恨。"牵引史事，穿凿附会，匪夷所思。且将诗系于开成五年，两次游湘混为一谈，其失同于冯氏。从先取后遇，窥人后房，到寓意幕府，伤人远谪，这是从一个极端走到另一个极端。表面上是在政治上抬高诗人，实际上把诗人真挚的对恋人的感情统统抹杀，把商隐这段悲痛的被伤害的恋爱史实统统抹杀，大有损于李商隐的完整的形象，无助于对诗人不幸遭遇的全面了解。看来张氏的新解与冯氏是五十步笑百步，同样地，使诗魂饮恨于九泉！

燕台诗笺释大致如上。李商隐恋爱的失败，不仅是和燕台那次，后来和柳枝也因对方家属低门，贪慕权势，而将女儿嫁与他人。一而再的挫折给他的爱情生活上蒙上过浓重的忧伤色彩。后转攀高门，得遂婚媾，然由此卷入党争，纠缠一生，怀抱不开，政治上的失意使他进一步成为悲剧性的人物。其境遇诚足令人浩叹。

"婚宦两途，唐时士子立身，二事实系大局。商隐宦情既沮，婚事又格，曾遇轻鸾，俱成别鹄。湘中寻觅，歌燕台记其往时；戏上背离，赋柳枝题其故处。惊有恶棒，打仙禽而两分；恨无天牢，全冤魄宁共锁。痛所思迭为挟财、仗势者攘之而去也。事足风波，字皆泪血。岂同薄幸于青楼？非若浪游于紫陌……"（拙文《李商隐诗要注新笺》自序）我以十分同情和惋惜的心情写完了这篇文章，即以上面这段话替代简单的结语，借以概括诗人不幸的恋爱经过。

河内是商隐和燕台这对不幸情侣的故乡，今年是燕台故事发生的一千一百六十六年。谨将此文作为一个纪念，纪念坎坷一生的不得志的杰出的晚唐大诗人李商隐，纪念流落万里三十多岁就过早逝世的不幸的小女子燕台。

（2001 年 6 月下旬 ~7 月上旬，于北京安贞里；10 月在沁阳召开的“李商隐与中晚唐文学国际学术研讨会”上作为论文提交。）

# 五

# 柳枝——李商隐一生中的第二知己

李商隐于太和九年与故乡燕台女婚恋受阻后，下一年（开成元年）到洛阳，因燕台诗为柳枝所赏，两人深深堕入情网。柳枝为洛阳商人之女，奈其家不允嫁女与无权势之诗人李商隐。这段恋情又成泡影，诗人的婚姻遭受又一次重大挫折，在其诗作中则增添了不少以柳枝为题材的佳作。柳枝其人，实是李商隐一生中的第二知己，柳枝其事，实是李商隐感情生活上永难磨灭的第二次痛苦记忆。

## （一）天真烂漫，洛阳商人家的掌上明珠

李商隐同柳枝相恋一事，并不隐晦曲折，在他诗中踪迹分明，不难追寻。

于《柳枝五首有序》的序中，记载了这位小女子的身世、性格，栩栩如生，再现人前。《序》中说（以下出处同此）：

柳枝，洛中里娘也（出身里巷之小家女）。父饶好贾，风波死湖上。其母不念他儿子，独念（心注也）柳枝。说是掌上明珠，一点不假。生十七年，涂妆绾髻，未尝竟，已复起去，吹叶（作口啸）嚼蕊，调丝擫管，作天海风涛之曲，幽忆怨断之音。性格活泼好动，天真烂漫，好摆弄乐器，还真有点音乐天分。商隐寓处，居其旁，与其家接，故往来者。同里中人，且比屋为邻，从旧時起就有交往。闻十年尚相与，疑其醉眠梦物断不娉。商隐不在洛阳时，十年中两家尚相亲与。而这位小姑娘听说能喝几口，常醉眠憨卧，梦见有趣事物。但自由自在，断然不受媒聘，独自过得逍遥。转眼已到芳龄十七了。

商隐这篇序文的前半段，以拙朴生涩的古文出之，颇见其为文（古文）

的独特风格（不同于其骈文）。言情故事，以明净简约的笔调来表示，避免了绮丽繁缛的藻绘，可说是高人一等的手法了。序文的后几段将就商隐同柳枝的关系的发展和变化充分展开，依此写出了两人由合至分的不寻常的经历。

## （二）谁为燕台诗？往日心原倾，此时身遂许

商隐家在怀州（今河南沁阳），少时（十几岁）挟策佣书，亦时往来东洛，近游以资养母（见《年谱》）。在洛阳无家，寄寓于其从昆让山家中。商隐寓所即与柳枝家为近邻。旧时与柳枝家往来，柳枝尚稚，开成元年二月由郑州至洛阳，商隐年正二十有五，而柳枝年十七，十年之前初见柳枝时只是七岁幼童，今日重逢已是亭亭玉立、出落得光艳照人的少女了。

《序》文中接着说：余从昆（从，音颂，同宗；昆，兄也。）让山，比柳枝居为近。他日春曾（层）阴，让山下马柳枝南柳下，咏余《燕台》诗，柳枝惊问：谁人有此？谁人为是？让山谓曰：此吾里中少年叔耳（少年叔，小兄弟之意）。柳枝手断长带，结（打了结子）让山为赠叔乞诗。明日，余比马出其巷，柳枝丫鬟毕妆（丫鬟，谓头上梳双髻，未适人之妆也。），抱扇立下风，鄣一袖，指曰：若叔是（是汝叔）耶？后三日（指上三月上巳日即三月上旬之巳日，《后汉书》：三月上巳，官民皆洁于东流水上，曰洗濯祓除，去宿垢疢，为大洁。注曰：谓之禊也。），邻当去溅裙水上，以博山香待，与郎俱过。余诺之。这一段是商隐爱情的开始。不见下文，其实正是作者的故作遮掩，十分狡狯之处。背后隐藏的事是两人关系发展飞速，超乎常人之想象。

首先从序文中所用的典故——博山香待已可约略窥见个中的奥秘。按：冯浩注中指出，古《杨叛儿曲》："暂出白门前，杨柳可藏乌。欢作沉水香，侬作博山炉。"李谪仙则以"双烟一气"衍之，隐语益显矣。此亦用其意，盖约之私欢也。冯氏之说良是。"约之私欢"，正见柳枝之情真意切，幼时早已心倾，至此更以身许了。亦可见此小女子断文知书之早、识才爱才之甚了。

如再结合序文以外作者别的诗篇（五律三首、七绝四首），将可得到更多的参悟，以至可勾勒出其中的一些细节。

五律之一《柳》：动春何限叶，撼晓几多枝？解有相思否？应无不舞时。絮飞藏皓蝶，条弱露黄鹂。倾国宜通体，谁来独赏眉？

此诗当为与柳枝初会时所作。言伊人风姿绰约，如柳之婀娜婆娑，令人心动神撼不能自制矣。少日心倾，解有相思之事否？不舞时，状其天真烂漫，

好动少静也。藏蝶，藏于其家，蝶自谓。露，殆指事非全密，让山知之。结言汝倾国之姿，宜赏其通体，岂能独赏其眉，盖挑之之词。

五律之二《俳谐》：短顾何由遂？迟光且莫惊。莺能歌子夜，蝶解舞宫城。柳讶眉伤浅，桃猜粉太轻。年华有情状，吾敢惜生平！

此诗为私会时调笑之作。短时眷顾，得成绸缪，此何缘而得遂？白日已迟，春游之人犹在归途，且莫惊惶无措。莺能歌于子夜，汝亦能候我于良夜乎？蝶能越于宫城，我亦能穿墙而飞舞也。调笑之意可见。眉浅粉轻，盖卧久妆脱，初起之状，更戏而谑矣。两情相好，不负年华，往事（燕台事）何敢再存恨惜哉？殆柳枝言及此事，故戏言答之。惜，吝，说文：恨惜也。

五律之三《向晚》：当风横去幰，临水卷空帷。北土秋千罢，南朝祓禊归。花情羞脉脉，柳意怅微微。莫叹佳期晚，佳期自古稀。

此诗为与柳枝初会之日分手之际所作。诗中“南朝祓禊归”，可与序文中“邻当去溅裙水上”同看。题曰《向晚》者，上巳春游既毕，时已向晚矣。车幰当风而动，步障临水皆空；秋千之戏已罢，祓禊之人正归。当此之时，两人欢会不能不暂中止。花情云云，欲别时犹带娇羞，情正脉脉；柳意云云，分袂前微露惆怅，意尚恋恋。古来佳期稀少，自难相携不分，今既喜遂佳期，亦可自得，而休更喟叹不已。盖两相慰藉之语。

三首五律，写出柔情蜜意，花明柳媚，旖旎风光，含蕴无穷。正是两人关系已发展到密不可分的确证。序文简古，其言未尽耳，亦故弄玄虚也。

另七绝四首，两部分。前者是《离亭赋得折杨柳二首》，后者是《代赠二首》。

### 离亭赋得折杨柳二首

暂凭尊酒送无憀，莫损愁眉与细腰。
人世死前惟有别，春风争拟惜长条？

含烟惹雾每依依，万绪千条拂落晖。
为报行人休尽折，半留相送半迎归。

由“春风”二字，诗当作于开成元年之春，非秋时赴京应试之别。盖商隐与柳枝两情既好，旋返里省亲禀母，表已拟向柳枝家求亲之请。诗为暮春离洛阳时所赋。

诗是艳情伤别之作，然非别他人，而系别柳枝也。杨柳即寓柳枝之名，折杨柳言与柳枝相爱也。前首借喻人生佳期无常，难免离别，反正有别，何辞别前恣意相怜，不惜攀折长条，犹堪折直折之意；愁眉二字可与后面代赠诗二之三、四句参看。后首含烟惹雾，写依恋之情，万绪千条，有心绪纷乱之意；三、四句恐柳枝落入他人之手，希其留得春色，迎己之归。

此二诗情景交融，上乘之作。其寓意既深，句法也佳。半留相送半迎归，学杜甫之半入江风半入云，后即成为七言绝句句式之一。

### 代赠二首

楼上黄昏欲望休，玉梯横绝月如钩。
芭蕉不展丁香结，同向春风各自愁。

东南日出照高楼，楼上离人唱石州。
总把春山扫眉黛，不知供得几多愁？

前首言彼此于楼中相望，可望而不容相接，故各自抱愁。后首就女方说话，言其搴帏独处，伤离恨别，常日愁眉不展。前首言暮，后首言朝，朝朝暮暮无非一个“愁”字！

二诗所望之人，我以为即是柳枝，题为代赠，赠柳枝也，代字故晦其意耳。楼上，柳枝固楼居者，商隐可由与之为邻之让山家楼中望见柳枝。前后二诗“楼上”二字叠见，可掂知其分量。

前诗曰楼上黄昏欲望休，欲望而不容相接，不如且休，非言望而不见。芭蕉自喻，丁香指柳枝。后面柳枝诗云本是丁香树，春条结始生，可相参证。所曰玉梯横绝（梯直则可上，横即不可上），当是已经欢会而两情被阻时之况。盖商隐省亲遄归，央媒求亲，未获首肯，其家隔绝商隐与柳枝之往来，两人唯能于楼上相望，以抒离情。诗中所云之愁，即后来拟意诗中之唱杀畔牢愁也。

后诗曰楼上离人唱石州，石州，唐昌化郡，本离石郡，天宝元年更名。注家云：石州，商调曲也。有曰：终日罗帏独自眠。乐府载其词，乃戍妇思夫之作。总把：总，纵也，虽也。总把，纵把也。春山：卓文君姣好，眉色如望远山（《西京杂记》）。眉黛：汉明帝宫人扫青黛眉。此句意谓：纵扫尽眉黛，亦装不满心中之愁。晏殊词：“总把千山扫眉黛，未抵别愁多少”，即脱胎于本诗。

这两组七绝，道出商隐与柳枝的关系并非总是直线发展，中间也不无波折。原因是富有钱财而疼爱其女的柳枝之母，不愿接受一介无权位的寒士为婿。要成就一门亲事，必须先获取功名。于是乎就有下面所说的赴京应试，洛滨恨别的一幕场景出现。这需要费些力气来接续序文中的断线，填补故意隐去的空白，看看一对可怜有情人的命运到底将发生怎样的变化。

## （三）赴京应试，惨然赋别

在商隐集中有一篇的题为《拟意》的五言二十四韵排律。这首诗虽列为集外诗，却提供证据，对了解一对有情人的爱情史有着不可缺少的十分重要的意义。谓予不信，请读诗文：

怅望逢张女，迟回送阿侯。空看小垂手，忍问大刀头。
妙选茱萸帐，平居翡翠楼。云屏不取暖，月扇未障羞。
上掌真何有？倾城岂自由！楚妃交荐枕，汉后共藏钩。
夫向羊车觅，男从凤穴求。书成祓禊帖，唱杀畔牢愁。
夜杵鸣江练，春刀解石榴。象床穿幰网，犀帖钉窗油。
仁寿遗明镜，陈仓拂采毬。真防舞如意，佯盖卧箜篌。
濯锦桃花水，溅裙杜若洲。鱼儿悬宝剑，燕子合金瓯。
银箭催摇落，华筵惨去留。几时销薄怒？从此抱离忧。
帆落啼猿峡，樽开画鹢舟。急弦肠对断，剪烛泪争流。
璧马谁能带？金虫不复收。银河扑醉眼，珠串咽歌喉。
去梦随川后，来风贮石邮。兰丛衔露重，榆荚点星稠。
解佩无遗迹，凌波有旧游。曾来十九首，私谶咏牵牛。

此诗艳情自不待言，唯所咏为谁，注家不知，至谓其为贵家姬妾而有外遇者，殊误。我详味诗意，断此诗为柳枝所咏。其所以作如此论断者，因诗中有濯锦桃花水，溅裙杜若洲之句，与柳枝诗序中“邻当去溅裙水上”，时正相合。又诗中有凌波有旧游之句，用洛神赋，点明欢踪在洛，与柳枝之为洛中里娘，情亦正相合。

柳枝诗序未言交欢之事，而此诗实记交欢之迹。诗首句逢张女，即指柳枝，怅望者意谓正为燕台事而怅然怀想之际，得逢柳枝堪为我之知己。二句送阿侯，亦指柳枝，迟回，不忍别之意。盖商隐将赴京前，柳枝潜出其家来会商隐，会后目送其踏上归途。三句小垂手，言临别前再为一舞，四句大刀头，忍问郎去何日方归。此四句为一段，先叙其别，用的是倒插法。

以下追叙与柳枝相识至相欢之前事，直至鱼儿联。妙选联言柳枝之居处，翡翠楼点明楼居，与前代赠诗之楼上黄昏、日照高楼，可互参看，两句见柳枝家之饶于财。云屏句言其娇，月扇句其言羞，柳枝诗序中抱扇立下风，障一袖，情相似。上掌句言其善舞，体态轻盈；倾城句言其殊色，然身非自由，婚事由阿母作主。楚妃句言其接楚妃所交之枕，即谓其已届待嫁之年，而解风情之事矣。汉后句言其岁时欢宴之乐，好共家人女伴为藏钩之欢。夫向、男从二句，言其择婿务求才俊。书成句言己曾书庚帖，央媒求合，惜未被其家所受；唱杀句言婚事未允，故大起愁绪。夜杵、春刀二句，总叙欢会。夜点时，春点月，杵、刀、鸣练、解榴，皆暗喻。由象床联至真防联，六句由浅入深，回味私会之况。象床句，床幔下垂也；犀帖句，窗帷深掩也；明镜句，见其形体也；彩毬句，弄其衣饰也。真防、佯盖二句，用隐语，舞如意、卧箜篌，比也。较夜杵春刀更进一层了。

濯锦以下四句，总收欢会之事。濯锦二句，点明初会之时在上巳节，时家人与邻里正溅裙水上。濯锦隐谓洗濯，桃花水亦比。溅裙句或有两人相会期生贵子之意。鱼儿二句犹云待到悬鱼佩剑、官贵位尊之日，即是飞燕衔石、二复相合之时。盖柳枝家切慕权势，不愿将女嫁与白衣，商隐誓去京师应举求仕，博得高官后来迎娶柳枝，此时两人之婚姻始得圆满无缺。二句又暗起以下之远别。

追叙前事既毕，自银箭起转入相别，承首四句之意。首四句加上自银箭以下至末共二十四句，十二韵，后送别与前欢会各二十四句、十二韵，各半，结构齐整。

银箭点明夜会，华筵点明离筵。盖商隐将动身赴京。几时二句，柳枝于离筵之情态：薄怒，佯怒也：离忧，真忧也。此四句为一篇之转捩处。下面帆落句言由洛河水程经商於进京，故用帆字；啼猿，商山实景。开尊句言己在舟中以酒浇愁。急弦句言己之肠欲断；剪烛句言己之泪长流。此四句属自己。璧马（璧饰）谁带、金虫（簪饰）不收，想其别后不事妆饰之状。银河句想其抬醉眼望银汉，恨人之亦如双星之被阻隔。珠串句想其贯珠之喉欲咽，别后情怀不开，歌声遂歇。此四句属柳枝。深写两情之伤别，顶上从此抱离忧而来。去梦、来风二句，初上征途之况。川后、石邮，仍指洛河水程。兰丛句途中白日所见，岸边秋兰衔露，如含滴滴悲泪。意谓两人情好，芝兰契深，但兰丛欲发而为秋风所败。榆荚句途中夜间所见，天上繁星耀辉，如布历历榆荚。意谓欲梦采榆，以邀恩遇，愿此去得遂仕进，庶乎与柳枝有再合之望。末四句一段作结。解佩句言柳枝之事，回首已成遗迹；凌波句言洛中旧游，恋恋不能忘情。曾来二句言古诗十九首中有咏双星隔河相望之句，得非竟成谶语，致永叹匏瓜之无匹、牵牛之独处？盖有预感，诚恐柳枝亦将为人夺，两人终不得偕老也。诗有摇落、兰丛衔露、银河扑眼之词，当可判定别时之时令。唐时举子赴京应试，例在秋冬之交，十月随计入都。是年（开成元年）九月（阴历）下旬霜降，而霜期延迟（“霜飞晚”，见另诗所笺），故诗中犹称兰丛衔露重，实则启程已至冬十月了。

此诗中数联诚有“殊亵”、不堪细笺之处，然其词犹雅，其语尚晦，与司马相如《美人赋》之“弛服”“露体”不同，与后世香艳体之冶容诲淫更不同。其格调固不可谓高，于玉溪集中原非上品，但欲悉柳枝事之本末，自不能将此诗汰诸集外。编入《集外诗》，未免委屈此诗。我参与会笺，力求通之，盖考其事耳，非赏其诗也。平心而论，本诗既总结了前一阶段两人由相识而至相好的全过程，又描绘两人在洛水之滨怆然赋别难以割舍的新场面，给诗人李商隐不寻常的爱情又添上一个新的、真实的故事。务细致，求生动，绝虚言，谢戏说，言之有物，视之有人，说它是一篇具有保留价值、难能可贵的史料，还不算太过分吧。

## （四）雪中闻恶耗，所爱为人夺

柳枝通过让山邀情商隐来家一叙，序文在“余（商隐）诺之”三字后面，紧接着说：“会所友有偕当诣京师者，戏盗余卧装以先，不果留。”如此云云，无非讳言与柳枝欢会之迹的一种手法。（冯曰：“序语不无迴护之词。未必皆实，而有笔趣。”）可惊人的是下面一段话：这年冬，“雪中让山至，且曰：为东诸侯取去矣。”如雷轰顶的噩耗，真使人伤心欲绝，一时不能自拔！“明年”（开成二年）开春，“让山复东”（自京师还东洛），商隐与之“相背（别）于戏上（戏水之上，在新丰县东），因寓诗以墨其故处云”。意思是于话别让山之际，因前事托以诗句，濡墨写于伊人旧时所赠长带的空白处（“故处”）。这就是冠以序文的五首《柳枝》词的来历。题诗时间实际已是开成二年之春了。诗曰：

一、花房与蜜脾，蜂雄挟蝶雌。同时不同类，那复更相思？
二、本是丁香树，春条结始生。玉作弹棊局，中心亦不平。
三、嘉瓜引蔓长，碧玉冰寒浆。东陵虽五色，不忍值牙香。
四、柳枝井上蟠，莲叶浦中干。锦鳞与绣羽，水陆有伤残。
五、画屏绣步障，物物自成双。如何湖上望，只是见鸳鸯？

一首，花房喻女，蜜脾喻男；雄蜂喻男，雌蝶喻女。三句言雌蝶雄蜂不同类，难成匹偶。此盖有感而发。据序中云柳枝为贾人之女，其家亦工商杂户，虽饶于财而门第低下，慕势尤重于贪财，宁可其女为东诸侯娶去，而不嫁于犹未登第无权无位之李商隐。商隐前后所恋二人，一为富人所夺，一为贵者娶去，究其根均因非我族类（士族世家）。低门下户，好以女许与有财或有势者，门户不对，故终不能相合成婚。同时不同类，那复更相思，为商隐之伤心语、失望语。

二首，商隐与柳枝婚事不谐，固非无人作合，实由其家之阻，两相有意而不能如愿耳。唐人好以丁香喻固结不解之义，一、二句盖云本是丁香之树，春时结始萌生，今两人相好而无法如此花之结于春条（含苞），事与愿违，心态何能平静？其下所云玉作弹棋局，中心亦不平，即承前而表其不平之意。诗兼两人言之，非单从柳枝说。

三首，一句嘉瓜暗寓两体共蒂之意，引蔓长，情思长也。二句碧玉用碧玉破瓜之典，冰寒浆，瓜已破矣。两句应合指商隐与柳枝。三句一转，言瓜今虽有东陵之名，曜于五色朝日之下，陈于四方嘉宾之前，然已属之贵人，借喻柳枝已为东诸侯取去矣。四句即不忍遭其采食之憾。

四首，一句喻柳枝之不得其所，井上桃李所居，本非柳枝之所处也；二句喻己之失落憔悴，如莲叶失水而枯干也。三、四句合写两人之同受折磨。锦鳞绣羽，犹云鲽鱼（比目鱼）鹣鸟（比翼鸟），喻有情人总遭横逆，可叹！

五首，一、二句言屏风所画、步障所绣，物自成双（所画所绣为鸳鸯蝴蝶之类），湖上望去，如何亦只见戏水之鸳鸯？盖自己孤独，触眼皆成愁绪，大有人不如物之慨焉！释自叹临流望之无益，得之。

诗五首，并序，其人其事已昭然相告，否则笺注家又将猜测不已了。

旧时将柳枝五首编入五绝，心窃非之。五首各句孤立观之，平仄虽合律，然整体言之，上下句拗对，前后联拗粘，近体五绝不若是也。可认为是“效乐府体”（姚说）。“有子夜、读曲之遗”，在诸家之中，对之有小觑者，如云“故为朴拙，殊乏意味，不可解”。“诗无可采处”。然亦不乏予以好评者，云“却从生涩见姿态”。“极力写之，有声有色。”在我看来，李商隐为平生第二知己柳枝所写的诗，确“是最用意之作”，其艺术成就是不能低估的，其真实意义更是不容曲解的。

## （五）辇下相逢处，悲情咏柳时

商隐作《柳枝》诗后的第三年（开成四年），中间又经历了一段不平凡的人生经历——及第、完婚、仕宦，得以在京师长安住了下来。商隐在开成二年进士及第，即议婚于王氏（泾原节度使王茂元女），前时燕台、柳枝，一被夺于富贾，一见娶于贵人，都因门户不对，不能结合。既难谐于下户，乃转乞于高门。这回总算称心如意，成全了美满姻缘。岂知又稍涉党局纠纷，初惊宦海风波（中博学宏词被中书所黜）。到开成四年，始借助于岳家深厚人脉之力，试于吏部，以判入等，释褐为秘书省校书郎。职位虽然不高，倒是文士起家之良选，自己满意，别人羡慕，心情是好多了。

这时，一个偶然的机会遇到旧时情人柳枝。原来柳枝适随“东诸侯”来京师。三年不见，一朝重逢，喜何如之，悲亦何如之！中心激荡，善感诗人，不禁又出之以诗。《赠柳》《谑柳》《韩翃舍人即事》，三首风格与前一致的五言律诗就是在这一场合下写成的。其中饱含悲辛、深蕴苦涩，诗所咏的对象，实非柳枝莫属。

### 赠　柳

章台从掩映，郢路更参差。
见说风流极，来当婀娜时。
桥回行欲断，堤远意相随。
忍放花如雪，青楼扑酒旗？

诗因柳枝作。开成四年在秘省时，与柳枝重逢于京师，赠以诗，诗与向晚、徘谐、柳三首前后咏同一人也。诗首句章台点长安，时柳枝来京，得重相见。二句郢路，不能泥于江陵。盖用桓司马感旧迁延、攀条泫然之典，重在少时所种几字，意谓柳枝是已旧时所爱者也。此二句犹云今日京师相遇，而思当年洛下初会。三句用移入灵和典，言柳枝被东诸侯取去后依然风流可爱，秀美之极；四句言今来京师时，见其婀娜多姿，犹正当芳年。五句言几经曲折，形迹将断；六句言堤障远隔，而心相连。七、八句言忍看汝放如雪之花，向青楼酒旗扑来，点染人衣，借喻柳枝于我亦旧情不忘，眷恋向人也。

## 谑　柳

已带黄金缕，仍飞白玉花。
长时须拂马，密处少藏鸦。
眉细从他敛，腰轻莫自斜。
玳梁谁道好，偏拟映卢家。

诗仍属柳枝。首句重在黄金二字，谓其已身在富贵场中。二句即赠柳诗结联之意，谓其仍有余情，如絮之飘荡，糁人春衣。三句拂马之马自喻，言须伴我于走马之时，惜乎不成；四句藏鸦之鸦指东诸侯，言少充彼之藏鸦之地，可叹难免！五句言中心有愁，愁眉随他长敛；六句言一身善舞，舞腰莫自多斜。眉敛者，因商隐而愁，故从之；腰斜者，为东诸侯而舞，故止之（莫自）。释冶态、卖弄，非是。七、八句谁道好，意谓柳枝之阿母说东诸侯好，偏将柳枝许彼取去；映卢家，即有喻柳枝为卢家少妇之意。此诗确含谑意，不特如注家所云谑在三、四句，亦非仅在密处一句而已。商隐前有俳谐，后有谑柳，殆柳枝乃好相与戏谑者，唯此时之谑，已饱含辛酸矣。诗亦作于开成四年，暮春之时，柳絮飞处，适与柳枝相见于京师也，与赠柳为一时之作。

## 韩翃舍人即事

萱草含丹粉，荷花抱绿房。
鸟应悲蜀帝，蝉是怨齐王。
通内藏珠府，应官解玉坊。
桥南荀令过，十里送衣香。

题中之韩翃舍人，实有其人。据晁氏读书记：翃，天宝十三年进士，诗兴致繁富，朝野重之。许尧佐《柳氏传》："天宝中，昌黎韩翃有诗名。其姬柳氏。翃擢上第，省家于清池。盗覆二京，士女奔骇，柳氏寄迹法灵寺。是时侯希逸节度淄青，请翃为书记。洎宣皇帝以神武返正（德宗），翃遣使间行求柳氏，以练囊盛麸金。题之曰：章台柳，章台柳，颜色青青今在否？纵使长条似旧垂，也应攀折他人手。柳氏捧金呜咽，答曰：杨柳枝，芳菲节，可恨年年赠离别。一叶随风忽报秋，纵使君来岂堪折！无何，有蕃将沙吒利者劫以归第，宠之专房。及希逸除左仆射，入觐，翃得从至京。偶于龙首岗见辎軿，翃偶随之。自车中问曰：得非韩员外乎？某乃柳氏也。使女奴窃言失身沙吒利，请诘旦相待于道政里门。及期，以轻素结玉合，实以香膏，自车中授之，曰：当遂永诀，愿寘诚念。乃回车，以手挥之。翃大不胜情。会淄青诸将合乐酒楼，请翃，翃意色皆丧，音韵凄咽。有虞侯许俊者，抚剑言曰：必有故，愿一效用。翃具告之。俊曰：请足下数字，当立致之。乃径造沙吒利之第，候其出行里余，乃被衽执辔犯关排闼，急趋而呼曰：将军中恶，使召夫人。遂升堂。出翃札示柳氏，挟之跨鞍，倏忽乃至，四座惊叹。翃、俊惧祸，乃诣希逸，希逸大惊，遂献状言之。寻有诏，柳氏宜还韩翃。”韩翃与柳氏之故事，商隐时固已广为流传。

诗特借韩为题，发抒己意，盖取韩所爱柳氏为人强夺之事耳。注家冯氏谓因柳枝而作，甚细甚确。章台柳，亦正切柳枝之姓，章台言其来京师，“章台从掩映”也。柳氏被沙吒利所占，柳枝遭东诸侯所夺，事正相类也。《章台柳传》云柳氏善谈谑，善讴咏，柳枝固亦如是也。诗成于《赠柳》《谑柳》之稍后，观荷花抱绿房句，其时当在开成四年之夏。

首联写柳枝。一句取宜男之意，二句取莲房结子之意。当括柳枝时已怀子。二联分写二人。三句喻己心之悲痛，如杜宇之泣血，望帝自谓。四句言柳枝之怨恨，齐王指东诸侯，据左传注东诸侯在齐鲁之地，正切一齐字。五句言柳枝如珠之被深藏于内室。六句言己之应官兰台，解玉坊比秘书省。白帖：兰台、金马、天禄、石梁……上帝群玉之府。刘孝绰校书秘书省咏怀诗：终朝守玉署。杜甫赠故相张九龄诗：上看白玉堂。注曾为秘省郎也。玉府、玉署、玉堂，比秘省之清华，当时习用之语。坊字亦非无意。盖“秘书望虽清雅，实非要剧，权贵子弟及好利夸侈者率不好此职，以此为病坊也。”（类要）又，长安城内多手工作坊，应官兰台，或真过解玉之坊，语含双关，亦未可知。此联亦分写二人：五句顶上四句，六句顶上三句。七、八句两人合写，言我来过桥南，汝亦远闻衣香否？衣薰浓香而过，柳枝即出而视，两人先有默契，以通消息乎？商隐两入秘省，一在开成四年，一在会昌二年，观诗意似属开成四年事。十里衣香，时商隐风华正茂也（二十八岁）。

取柳枝之东诸侯指谁？注家有曾疑属镇魏博者，非也。东诸侯辖地在齐鲁境内，非魏博。另有一人我颇疑是。《旧纪》载：开成元年七月甲午以金吾大将军陈君赏为平卢节度使。开成四年秋七月以韦长为平卢节度使，相交接也。《册府元龟》：开成四年十一月，诏以前青州刺史陈君赏为右金吾大将军、知卫事，璪封驳，遂除右羽林统军。君赏在青州（平卢首府）贪残不理。平卢节度使辖青齐诸州，地与东诸侯境合，开成元年七月赴任，广求丽姝，以实后房，柳枝不幸，适在其内。开成元年冬柳枝被东诸侯取去，正其时也，正此事也。《旧唐书·职官志》：凡诸军镇使、副使以上，皆四年一替。君赏于开成元年赴镇，开成四年因运动内调入朝，入朝未几，七月，平卢节度使即易人矣。若柳枝果被其所取，则开成四年季夏陈入朝时柳枝被携同至京师，亦正与此诗之荷花抱绿房时正相合也。巧合之处如此之多，不敢坐实，聊备一说。

商隐假他人之酒杯，浇自已之块垒，感慨良深！诗之三、四句直道两人悲怨，字字含泪矣！美人已归沙吒利，义士今无许押衙。柳枝诚似章台柳氏，陈君赏亦沙吒利式人物，唯今无如许俊之义士焉。柳枝不幸！商隐不幸！解诗至此，我也不禁为之放声一叹！

## （六）红楼人去，春雨梦残，一曲扣人心弦的凄婉恋歌

岁月流迁，不觉已至会昌五年。商隐多年以来，历经患难（哭岳父丧，丁母亲忧，寒饿樊南，移居永乐），事业无成。是年元宵节后，应从叔李衮之招赴郑州，中间曾过洛阳小憩，重访柳枝故居。伊人一去，红楼已空。昔年隔雨相望，飘灯独归。此情此景，宛然在目。今青春晼晚，残梦依稀，并一书缄札亦无由达，恨不得平，怅何能已！乃作《春雨》诗以志感慨：

怅卧新春白袷衣，白门寥落意多违。红楼隔雨相望冷，珠箔飘灯独自归。

远路应悲春晼晚，残宵犹得梦依稀。玉珰缄札何由达，云里云罗一雁飞。

白门，“白门柳”也，非止地名之谓。此诗盖怀念柳枝而作，与他人无干。首句言春时之怅卧，新春指正月，又是一年新来之春，正月而穿夹衣，此白袷当为内衣，卧时犹穿也。次句之白门，暗贴柳枝之姓，非仅写于白门怅卧而已。寥落意久违，音书寥落，意绪多违，睽离久矣。第二联追忆往事。红楼句，言当年初会之前，红楼隔雨而望，两心已通矣。柳枝诗序中春层阴，约三日后湔裙节相见，红楼相望殆为此三日内之事，时由春阴而春雨矣。题曰《春雨》，即由今时之春雨回思昔日之春雨。商隐所凭之楼为让山家之楼，让山家与柳枝家正相挨近也。珠箔句，言望至夜晚，已难见其人，始掀帘提灯离让山家而独自归至寓所。灯为灯笼，随风飘动，故曰飘灯。两句描写极生动细致。第三联回至目前。远路句，其人远去；春畹晚，伤己年华老大，而柳枝亦青春暗逝矣。残宵句，言唯于梦中犹依稀得见柳枝，笑貌可接也。结联，欲托鸿雁传书寄意，而不知何处可达。伤哉！

是年，商隐年三十四，柳枝已二十有六，故有春畹晚之感。除会昌五年以外，商隐无春时在洛阳之迹（开成五年春在弘农，会昌元、二、三年春在长安，四年移家永乐），故考定此诗作于是年。商隐与柳枝有关之诗，至此止。

本诗属商隐为柳枝所作，在集中仅存的、唯一的七言律诗。论者谓其“婉转有致”“蕴藉浑厚”；“红楼一联纯用白描”，“奥妙”；“末句暗透希望之渺茫，亦富余味”。……好评不少。畹晚、依稀，叠韵相对，格亦工巧。

商隐与柳枝之这一段凄婉的恋情，真实的故事，捧读之下，回肠荡气，低回不已。品其味，真是年越久而思越深，境越困而心越贞。诗人至情至性，不禁使人产生敬重之意，付以同情之心。前有燕台，后有柳枝，这是商隐两次噙泪叠书的伤心事。婚前求偶，两情相悦，不离不弃，不能说是有违礼教家规；被人强夺，苦思追寻，不休不止，不能说是有伤人品诗格。对商隐与柳枝、燕台这种恋情爱意都不妨作如是观。横加浪子之号、薄幸之名，未免乖违事实，有失公允。

# 六
# 李商隐和他的王氏夫人

李商隐于怀州、洛阳先后同小家女燕台、柳枝相恋，因对方家庭或贪财或慕势，卖婚鬻女，而致婚事不谐。有鉴于此，商隐在开成二年进士及第后就转变方向，向高门大户去求发展。由于有较好的机遇和自己较好的条件，得识节度使王茂元之季女，由倾心至议婚，其父爱商隐才，成全佳偶。但良缘初缔，即与朋党之争牵连，在政治上遭受了打击。两人伉俪情深，相依相扶，无怨无悔，在逆境中一同走过了十三年，直至失去了这位甘苦与共的伴侣。这段不寻常的经历留下赠内、寄远、悼亡、怀旧一系列动人心弦足以传世的诗篇。愚不揣浅陋，曾考其行年，笺其诗篇，探其心曲，力期贯通，庶减窒碍，唯所愿固大，所成仍小。这里拟专门从婚姻问题一个侧面，来集中谈一下李商隐和他的王氏夫人，试图再现诗人有幸的婚姻和不幸的人生。未敢必是，请专家们一起研讨订正。

## （一）从倾心到议婚

商隐婚于王氏是他一生中的大事，这件事成于何时呢？可以肯定是在开成三年（838 年），是年诗人二十七岁，而从觌面、倾心到议婚，则是其上一年——开成二年就开始了。

开成二年正月，商隐应礼部试进士科及第。唐制：进士宴于曲江，谓之关宴。据载，是日公卿家倾城纵观，中东床之选者十八九。商隐与同年韩瞻共议婚于泾原节度使王茂元家诸女，商隐属意于其季女（王五男七女）。相亲即在曲江宴上。观陈夷行入相商隐代写贺状，可知他实以文章受知于王茂元，而王的妻弟李执方实从中为之道地（王妻李氏为继室）。《文集》中云：“引以从游，寄之风兴。玳筵高敞，画舸徐牵。谢家东土延宾而别待车公，王令临邛为客而先言犬子。”（《上李尚书状》）李执方时为左金吾卫将军，“有才名德望，知经义儒学”（杜牧《上河阳李尚书书》中语），并非一介武夫，他对李商隐确是青眼有加，热情接待，为之延誉，关宴相亲后多次安排了男女双方会面的机会。

商隐钟情王氏始于曲江宴后的会面中。集中《效齐梁体三首》即表露了他的艳羡倾倒之意。诗之一《齐梁晴云》：缓逐烟波起，如妒柳绵飘。故临飞阁度，欲入迥陂销。萦歌怜画扇，敞景弄柔条。更耐天南位，牛渚宿残宵。诗记两人开始接近之境，“云”状己心之飘荡。“晴云”者无雨之云，犹非巫山之云。首句喻初见伊人情思萌起；次句以柳絮比云之飘忽，曰妒，盖柳絮因风而起，犹得近伊人为其所咏；三句临阁度，喻己此来有意依傍高门，以议婚事；四句迥陂销，犹言欲往求之，路途尚远；五句云绕歌声而起，羡画扇之在伊人之握，喻稍稍得近，有缘得侧听其歌声；六句柔条依依，见其婀娜多姿；七、八句言可奈犹隔星河，残宵唯独宿于牵牛之渚，微云未接，过来不知何日。此诗柳絮已飘，知作于春暮，扇则为仕女障面掩羞之物，非必用之于夏时。江淹诗：“纨扇如圆月，出自机中素。画作秦王女，乘鸾入烟雾。”怜画扇或更有心羡团圆欲求秦女之意在内。程午桥曰此首目成之意，近之。

诗之二《效徐陵体更衣》：密帐真珠络，温帏翡翠装。楚腰知便宠，宫眉正斗强。结带悬栀子，绣领刺鸳鸯。轻寒衣省夜，金斗熨沉香。诗盖如陶潜闲情赋，有愿为裳得亲芳泽之寓意。首二句想象闺房帐帏深密，不可得近；三、四句想象伊人腰纤眉长，可爱之极；五、六句想其正当芳年，亦有结同心之思、绣鸳鸯之事；七、八句借更衣而言人不如衣，不得经佳人之手细意熨帖。题曰“更衣”，或相见之日新换春衣，而想其昨夜先事料理之景。诗当作于早春轻寒，正议婚之初（曲江二月进士宴时间更早一些）。次序应在《晴云》诗之前，非一时之作。

诗之三《又效江南曲》：郎船安两桨，侬舸动双桡。扫黛开宫额，裁裙约楚腰。乖期方积思，临醉欲拚娇。莫以采菱唱，欲羡秦台箫。诗作于稍后，记泛舟水上事，时已两情相许，而由对方（女方）立言。首二句言各自泛舟，水上相接；三、四句言其装束；五句乖期，其指芳年未嫁，已乖佳期（或有父母允婚之期犹乖之意在内），中心蓄怨积思；六句言席间又见，情态娇憨；七、八句欲羡萧史之与弄玉，吹箫引凤。采菱唱，采菱女之情歌而已，秦台箫，则竟成眷属矣。莫以，故作矜持之态。

三诗大意如此，开成二年春商隐及第后，屡从李执方游，叨其华筵，登彼画舸，择婿相亲，议婚求偶，意在其中。时王茂元远镇泾原，京中无宅，其女寓于母舅家，代选东床，自由李执芳任其劳。曲江为长安游览胜地，自为绍介男女双方会面首选之处。诗中有“画舸”字样，可知其地应为曲江，与《文集》中的“画舸徐牵”相合。《江南曲》与《河内诗》《湖中曲》无关，亦非泛泛写江南水乡之景。如此情真意切缠绵蕴藉的诗篇，不像是一般的艳情赠伎、缺乏真情的率尔之作，而是有明确对象的，其人乃一大家闺秀，可以认为非议婚中的未来的王氏夫人莫属。

曲江之游是议婚过程中的主要活动，在集中还有一些诗篇可相参证。如有一首题为《曲池》的七律：日下繁香不自持，月中流艳与谁期？迎忧急鼓疏钟断，分隔休灯灭烛时。张盖欲判江滟滟，回头更望柳丝丝。从来此地黄昏散，未信河梁是别离。此诗诚为宴饮既罢有所不能忘情之作，然非属欢场嬉游无谓之笔。诗中属意之人非达官家妓，而是议婚中的王家季女。商隐曲江（曲池即指曲江）诗与王氏有关者有多首，如下述的“家近红蕖曲水滨”及“秋暮游曲江”皆是。如此不能忘情于曲江是为什么？原来这是双方觌面倾心之地。李执方于曲江宴集，商隐即得与玳筵之嘉宾，席间得见王氏，宴罢恋恋而不忍便去，诗盖以此而发。与《效江南曲》之双桨双桡可能为一天之内（白天和夜间）前后之事。

诗一、二句谓白日得近繁香，已不能自持，月夜面对流艳（月），更期（约会）之于谁？谁，王家季女，商隐心所属意者。三句言急鼓疏钟传于苍茫暮色之中，闻此催别之声，迎来无穷之忧；四句言休灯灭烛，正是堂上送客之时，自此分隔，重见何日；五句言登车而去（盖为车盖），忍离眼前（判同拚，割舍，分别之意）江上滟滟之清波，六句言回头而望，难舍堤边依依之柳丝，二句皆写不忍离去之依恋情态；七、八句言黄昏人虽分手，唯不信曲江即是河梁别离之地，盖锲而不舍，莫能忘情，同心即未为别离也。如此深情岂逢场作戏，筵罢人散之事所能比拟？谓之莅狭邪之家、瞩豪门之伎，不唯有缺事实根据，抑且有损诗人品德，何可信从？诗殆作于开成二年季春商隐东归省亲之前，此时垂柳尚可以丝丝言之。

开成二年春的议婚，迁延了一些时日，到四月二十七日以后商隐才得以东归济源省亲，六月下旬回京师已入夏。是时李执方调离长安去任河阳节度使，议婚之事就由李十将军主持操办。二李并非一人（前者排行二十五，后者排行十），但属一家，关系密切（兄弟或叔侄），且同住距曲江只千数百步之招国里（坊），李执方去后王氏女即寓于李十将军家。曲江有芙蓉苑，夏日荷花盛开，柳荫四合，碧波红蕖，湛然可爱。某日傍晚，王氏女随李十将军家到此纳凉观荷，商隐被约前来相见。集中有一首《荷花》诗即记相约至曲江共赏荷花之事。诗云：都无色可竝，不奈此香何。瑶席乘凉设，金羁落晚过。回衾灯照绮，渡袜水沾罗。预想前秋别，离居梦棹歌。诗一、二句借荷花之色香俱绝，盛言彼姝之美艳无伦。不奈此香何即日下繁香不自持之意；三句言李家为乘凉而设席；四句言己乘马而来游曲江；五句写曲江归来之夜，睹绣衾之芙蓉，如见伊人之面；六句追想曲江相遇之景，凌波微步，罗袜生尘，如在水边得见洛神；七、八句言王氏女将于立秋之前（是年七月三日立秋）返泾原探父，不知何时得再重逢？预想分离后唯能于梦中见其倩影，闻彼棹歌也。

诸家谓诗记艳情，属追忆冶游之作，不确。按：本集中除此荷花诗外，尚有赠荷花与秋暮游曲江，三诗颇似为一人所写，又下诗的家近红蕖曲水滨，全家罗袜起秋尘，更可与本诗之渡袜水沾罗互相参证，诗定实咏其人（王氏），何须避实就虚？再说，"荷"字迭现，莫非王氏女之名中有"莲"字（或"荷"字"芙"字），语含双关，亦未可知。曲江—荷花—王氏，三者结成不解之缘，假曲江之胜地，行议婚之美事，其情其景正跃然纸上。

入秋，所慕之人远去泾原，相见无由，相思成疾。某日，扶病一早至招国里访李十将军，而李却全家游曲江去了。乃写诗两首——《病中早访招国李十将军遇挈家游曲江》以寄本人羡婚急切之意：十顷平波溢岸清．病来惟梦此中行。相如未是真消渴，犹放沱江过锦城。家近红蕖曲水滨，全家罗袜起秋尘。莫将越客千丝网，网得西施别赠人！前首，病中愁望曲江．以司马相如为比，倾诉自己对婚姻早成的渴望。看来相如未必真渴，不然何不尽饮沱江之水而犹放其流过锦城？以沱江暗喻曲江，笔法奇特夸张，以言相思之极。何以如此怀念曲江？因前时与王氏觌面倾心之地固在曲江。后首点出曲江，家近红蕖曲水滨，与荷花诗相呼应，荷花诗作于立秋前，其时人面与芙蓉共艳，近则人面已告远去，芙蓉正映秋水，情何以堪？全家罗袜起秋尘亦与荷花诗相承接：前此伊人凌波微步，罗袜生尘，今则将军全家而来，罗袜生尘之处唯少此一位内亲，触景不禁生感。前二句之感触逼出后二句之期望，央求将军大力玉成好事：莫将越客千丝网，网得西施（鱼名）别赠人，唯恐他人先我，急盼佳偶，情见乎词。这两首诗收到很好效应，后来事实证明李十将军确是帮了忙的。

王氏回泾原将议婚之事禀告其父，王茂元一时尚有犹豫。由于王是李党巨子，而商隐之恩师为牛党之令狐楚，门户不同，且商隐与燕台及柳枝两次恋爱失败之事亦不可能毫无所闻，因此觉得须慎重从事。虽然经李执方推荐，以代写状启为媒贽，对商隐的文才还是比较欣赏的。同时向王氏之姊议婚的商隐之同年韩瞻，却在这年秋天得蒙允婚，并给以一份厚重的嫁妆——为新婿在京师建一新居（韩京兆人）。韩西往泾原迎娶，商隐作诗赠之，题为《韩同年新居饯韩西迎家室戏赠》，诗曰：籍籍征西万户侯，新缘贵婿起朱楼。一名我漫居先甲，千骑君翻在上头。云路招邀回采凤，天河迢递笑牵牛。南朝禁脔无人近，瘦尽琼枝咏四愁。首句指王茂元为泾原节度使；次句为韩起新居；三句同时及第而居先甲；四句同时议婚而落后尘（乐府：东方千余骑，夫婿在上头）；五句言韩西迎妻室，秦楼吹箫招来彩凤；六句言夫唱妇随，应笑商隐如牵牛隔河而望织女；七句禁脔自比，榜下择婿时号脔婿，而已无人肯近，不为人择；故接八句言为所思而如琼枝瘦尽，倩韩从中促成之（四愁诗，张衡所写，每章皆以“我所思兮”起句）。虽出自戏言，实发乎真情。诗当作于开成二年之九月（月中在京为王茂元代作贺丁学士启由韩带走），而十月闻令狐楚病重，急驰赴梁州（时令狐楚为兴元节度使），绝崕飞梁，山行一千，冬抵兴元。令狐病革，奉命代拟遗表，旋随楚丧还长安，已至年末（十二月，行次西郊，作五言百韵）。开成二年下半年就这样仓促过去，议婚之事尚未得成功。

商隐赴兴元之时，韩瞻自泾原迎娶已归长安，住于新居。归时，商隐之意中人，韩瞻之妻妹亦一同前来（婚时为傧相，茂元有七女，商隐追求的是最小的），同住于其胞姊之新居。由于议婚之事还未见分晓，商隐十分焦急，于开成三年之正月，再写诗两首（七绝），以戏语寄赠韩瞻，希有以援之，玉成此事。题目是：《寄恼韩同年二首》，自注：时韩住萧洞。萧，取萧史，洞，取洞房，指贵婿之新居，戏言耳。诗一：帘外辛夷定已开，开时莫放艳阳回。年华若到经风雨，便是胡僧话劫灰。诗二：龙山晴雪凤楼霞，洞里迷人有几家。我为伤春心自醉，不劳君劝石榴花。前诗辛夷即迎春花，正月初或上旬开花，借指韩之小姨，商隐所思之人，近在帘外，盖指同住萧洞；此首意在托韩转告小姨家宜佳期早定，莫耽误青春，蹉跎年华。后诗首句，晴雪写正月雪霁之实景，凤楼，以秦楼吹箫引凤喻韩新居；二句以刘阮共游天台暗喻韩李同议婚于王氏，有几家？今犹只一家！韩已成婚，己尚未偶也；由此逼出三句之伤春与四句之无劳劝酒已然心醉，极言向慕韩之小姨而望其从速作合，以慰渴望。

自开成二年春至开成三年一月，议婚前的诗句大致词尽于此。王茂元一天没有脱口允其婚事，李商隐就一天处于这种心醉魂迷不能自已的精神状态之中。

## （二）良缘方缔，即遭党人排摈

就在这时，事情向好的方向发展：经过多次代作表状，王茂元越来越看出商隐的非凡才情，自己可以有所借助；几个月来，在李执方、李十将军和韩瞻的先后斡旋、催促下，王茂元也觉得商隐人品不错，越来越看出他对爱女的求婚，是出于真情，诚意可嘉；更可注意的是令狐楚最近去世，商隐与牛党的关系，较前淡化：所有这些，使这位征西万户侯下了决心，允应了亲事，婚期就定在二月之初。当时事求其速，无暇再起朱楼，先暂假风景宜人的招国南园作为洞房。这里是李十将军的家，新人曾寓居于此，环境比较熟悉，将来久居之地待商隐得官就职后再说。

开成三年正月，商隐特别忙碌，一方面议婚，一方面应试。唐制：登进士第谓之及第，然未能便释褐为官，尚有试吏部一关，应他科而中，谓之登科，乃得授官。通典云：凡选始集而试其书判，已试而诠察其身言，已诠而注询其便利，而拟其官。上之中书，以待复审。吏部三诠：尚书为尚书诠，侍郎二人分东西诠，亦有他官兼判诠事者。李回时以集贤院直学士特命为宏词考官，周墀以翰林学士判西诠，商隐应博学宏词科被选上，故后称李、周二人为座主。正月，商隐已取中于吏部，并已诠拟注官；二月，与王茂元季女假李氏招国南园完婚。日后所写的诗句：雾夕咏芙蕖，何郎得意初。此时谁最赏，沈范两尚书。（《漫成三首》之一）即谓已新婚与周、李二学士以鸿博举之二事。

商隐新婚弥月，王氏归宁还泾原，这期间发生了一个大变故：原来其婚于王氏大触朋党之忌，政治上的暗潮开始滚滚袭来。因王茂元属李党，于牛党为分门别户之人，令狐楚虽逝，其子令狐绹派性特强，诋商隐背家恩，诡薄无行，谮之于中书（与令狐辈相厚之人）。商隐中宏词之名，遂于复审时被中书驳下（曰此人不堪，抹去之），这是党人对商隐的第一次打击。《漫成》诗（三首之二）所云：沈约怜何逊，延年毁谢庄。清新俱有得，名誉底相伤？

即示中书驳下之前已知有谗者中伤了。王氏在泾原得知此讯，急足传书，深致不平，并代其父表示邀商隐入泾幕之意。商隐随即起程西行，遄诣泾原，至则以所写的《无题》诗一首出示给王氏夫人，诗云：照梁初有情，出水旧知名。裙衩芙蓉小，钗茸翡翠轻。锦长书郑重，眉细恨分明。莫近弹棋局，中心最不平。首句用何逊诗："雾夕莲出水，霞朝日照梁"（《看伏郎新婚》），言已之新婚；二句婚前即闻名，向慕已久，芙蓉出水与荷花诗相合；三、四句言闺人服饰，用小、轻字，状其娇小玲珑；五句闺人书来，郑重相嘱，锦长情殷；六句知其近日愁眉婉转，分明含恨之深；七、八句劝慰闺人莫为己之事代抱不平，古弹棋局状如香炉盖，其中隆起，借喻也。不平者，宏博落选之不平，而非言长安似弈棋，为时局鸣不平（程说）。这是示内诗而非寄内诗（冯说）。

抵泾原时已春末（约在三月末，是年四月八日始立夏），一日登安定城楼（泾州属安定郡，泾原节度使治所），思绪万千，写下一首传诵后世的有名的七律：迢递高城百尺楼，绿杨枝外尽汀洲。贾生年少虚垂涕，王粲春来更远游。永忆江湖归白发，欲回天地入扁舟。不知腐鼠成滋味，猜意鹓雏竟未休！一、二句登楼对景；三句贾生垂涕比己之宏词被抹；四句王粲远游比己之往依泾幕；五、六句言我志向远大，欲回旋天地，白头功成，而入扁舟，归隐江湖；七、八句以嗜腐鼠之鸱枭喻猜忌者，彼胸臆戋戋者岂能知我，竟猜疑不已，何哉？腐鼠，有所指。盖牛党中人散播流言：商隐就婚王氏，为艳王家之财、羡茂元之势。贪财仗势，清流所耻，商隐视之，如腐鼠之滋味耳！

泾原之回中，牡丹甚盛，四月为雨所败，商隐借书怀，成诗两首，前首咏物成分较多，姑不论，后首则更多地涉及自己的遭遇，有示内之意，诗句如下：浪笑榴花不及春，先期零落更愁人。玉盘迸泪伤心数，锦瑟惊弦破梦频。万里重阴非旧圃，一年生意属流尘。前溪舞罢君回顾，并觉今朝粉态新。榴花不及春，用孔绍安"只为来时晚，开花不及春"之典（咏石榴诗喻来迟，得官位低），一、二句言往日曾笑榴花开不及春，而牡丹居三春之殿，为百花之王，岂知其芳蕊才吐，骤雨即临，先期而零落，比之晚开而不遭夭折，更足以愁人。借喻旁人晚达，己曾笑之，己青年及第，登科本在望，乃中途生变，诠选被驳，是犹牡丹之先期零落，尤足伤已。三句言花盘经雨，点点伤心，如鲛人之频迸泪珠，喻己之悲而常泣；四句言雨脚打花，声声破梦，如锦瑟之数惊冰弦，喻室人之为己梦魂难安。商隐妻雅善锦瑟，故如诗言。五句言万里重阴正布，边地荒凉，殊日下之旧圃，旧圃喻昔日令狐门馆（令狐家牡丹最盛)，既入泾幕即与令狐分门别户矣。六句言一年生意顿尽，玉栏繁华，成陌上之流尘，喻一年一度之吏部试已付蹉跎。结联较难解，《前溪曲》云：花落随流去，何时逐流还，还亦不复鲜，在本诗中则言“迨至落尽，回念今朝，并觉雨中粉态尚为新艳”（冯解），盖借喻仕路崄巇，来日大难，待几历尘劫，回顾今日之安居使府，乐家室之乐，犹未为可怜也。诗悲凉婉转，无限愁酸（王西庄语），实是借咏牡丹以寄受党人排挤之恨，不必疑为艳情之作。

商隐在泾原，虽以宏词被斥心情落寞，然琴瑟得谐，闺房之中有画眉之乐，差稍可慰。在这方面也留下了一些色彩绚丽的诗篇。如回中多牡丹，当其盛开犹未为雨所败时，有一首《牡丹》诗即呈不同的气象：压径复缘沟，当窗又映楼。终销一国破，不啻万金求。鸾凤戏三岛，神仙居十洲。应怜萱草淡，却得号忘忧。以牡丹之多兴起，言室人貌可倾国，身家极高，求之不易；新婚可乐，佳偶如仙；不唯如花香艳，亦如萱草之令人淡然忘忧。确是在泾州所咏，夫复何疑？又一首《蝶》诗也以咏物喻已之新婚：飞来绣户阴，穿过画楼深。重傅秦台粉，轻涂汉殿金。相兼惟柳絮，所得是花心。可要凌孤客，邀为子夜吟。一、二句身入闺闼；三句秦台言已为王氏之婿；四句言本心非为艳羡妇家之财，以斥人之流言；五句言新妇亦咏絮之才；六句言得王氏真心相爱；七、八句“可要”犹云“恰要”，言已意气凌人，不欲为孤客子夜之吟——不见佳人来，徒劳心断绝，盖为已得有佳偶而颇感自喜自豪。还有一首七绝《东南》也是写新婚的：东南一望日中乌，欲逐羲和去得无？且向秦楼棠树下，每朝先觅照罗敷。诗意是叹不得近君而且乐室家之乐（冯解），京师又称日下，秦楼兼用萧史典，并以罗敷之夫自喻，秦氏有好女，自名为罗敷，语含双关。在泾州而望京师，故曰东南（冯氏语），非与王氏分居两地时所作。

商隐在泾原幕，为王茂元充记室之任，翁婿相得，是年所作表笺甚多。正是：往在泾川，始受殊遇，绸缪之迹，岂无他人。樽空花朝，灯尽夜室。忘名器于贵贱，去形迹于尊卑。语皇王致理之文，考圣哲行藏之旨。每有论次，必蒙褒称。（《祭外舅文》）王茂元已越来越喜欢这个女婿，商隐在工作上也是感到愉快的。

是年六月二十九日，令狐楚葬于京郊凤栖原，商隐特回去送葬哭奠，作《奠令狐相国文》，“送公而归，一世蒿蓬”，伤故知之已逝，望前路而欲迷。真挚朴实，词短哀深。

虽然商隐受挫于党人，其实他还认为这只是个别人的问题，对牛李两党的是非认识并不清晰，对其高层人物都怀有敬仰之心，对双方的才智之士，都有交往。唐文宗想搞平衡，同时任用李党的陈夷行、郑覃和牛党的杨嗣复、李珏为相（同平章事），但双方交相诋讦，每议政处是非蜂起，帝不能决。最高决策者尚且如此，何况李商隐？开成三年春（宏词被抹前），商隐曾写一诗，题名《判春》：一桃复一李，井上占年芳。笑处如临镜，窥时不隐墙。敢言西子短，谁觉宓妃长？珠玉终相类，同名作夜光。此诗假艳情评牛李二党（张采田说），甚明。当时以为两党精英皆可为宝，这是商隐初期的党局观。到是年秋，政事堂上还是这四人争锋不已，商隐于是有《霜月》之作：初闻征雁已无蝉，百尺楼高水接天。青女素娥俱耐冷，月中霜里斗婵娟。此诗与《判春》同意。青女喻牛党二相（杨、李），素娥指李党二相（陈、郑），雁来霜降，青女当令，杨、李已占上风，然介直之陈与清俭之郑尚耐争吵，一时尚未让步。两党的曲直，商隐也是一时无力去判断的。地胄词采（牛）与经术孤立（李）之争是牛李两党党同伐异的由来，商隐对之尚无深刻的认识。

商隐栖身泾幕本是过渡之计，翁婿都认定吏部一关必须闯过，才能在仕途上阔步前行，所以在是年冬商隐即离开泾原，暂时告别他的岳丈和王氏夫人。京城吏部的考试正等着去年中书驳下的进士李商隐（试期始于孟冬终于季春）。

## （三）新故之间两难忘，中路因循是所长

开成四年春，商隐再试于吏部，以判入等，释褐为秘书省校书郎。唐时，职官有清浊之分，秘省为清资。校书郎掌雠校典籍，为文士起家之良选。翰林学士掌内制，其领班称承旨，宰相之任用多出其间，而入秘省即为入翰林之初阶，以是校书郎品秩虽不高，而人实重之。善文词的李商隐所希冀的最高理想也就在于此。这次之得入秘省，陈、郑二相（厚于王茂元）与有力焉。

是年四月陈、郑罢相。应官兰台未半年的商隐即调补宏农尉，盖亦令狐辈之所为，这是党人对他的第二次打击。集中有一首《蝶》诗：初来小苑中，稍与琐闱通。远恐芳尘断，轻忧艳雪融。只知防浩露，不觉逆尖风。回首双飞燕，乘时入绮栊。初入秘省，得近禁中，诚恐繁华易逝，弱质易萎，忧谗畏讥，果防不胜防，旋受排挤，而他人乘时升进，踩己之肩而上，显然是有愤于党人之所为，作于由秘书省出为宏农尉之时。

县尉，从九品上，低于校书郎之为正九品上，与清流相比，尉职在唐时被视为俗吏，拜迎长官，有过动受鞭捶，对下则鞭挞黎民，人所畏之。商隐由清资出为俗吏当然很不甘心。黄昏封印点刑徒，愧负荆山入座隅。却羡卞和双刖足，一生无复没阶趋。这首题为《任宏农尉献州刺史乞假归京》的七绝正表露了他愤懑不平的心情。至官不久，即以活狱忤观察使孙简，将罢去，会姚合代简（八月），喻使还官。为尉虽非素愿，然以姚合的厚待，故亦暂安之。虢地有山水，薪菜贱，秋时遂迎母来官舍同住（仲弟等仍留济原）。

冬，乞假赴泾原，迎妻室王氏来宏农，两人已有近一年未见了。在泾原时为王茂元代拟《陈情表》，以四年期满，循例请求派人来代替，此表足证开成四年冬商隐确有来泾之事，其目的是接眷。途中，十一月中旬至扶风界，见梅花，花开实非其时（早开），感触陡深，成诗一首：匝路亭亭艳，非时裛裛香。素娥惟与月，青女不饶霜。赠远虚盈手，伤离适断肠。为谁成早秀，不待作年芳。诗以梅花自喻，首句喻己才华绝艳；次句喻己之早秀如梅之非时先开；三句“素娥”喻李党，与月即指嫁女，曾为谋秘省清资，到手旋失，所存者唯妻室耳；四句青女喻牛党，迭加霜威，不肯轻饶；五句言己在宏农，妻在泾原，曾有书寄之（陆凯诗：折花奉秦使，寄与陇头人）；六句言长此分离，将何以堪，故往迎之；七、八句言其父（楚）当日使己早秀，而今其子使己早落，早开早落致不与于年芳之列，得意失意，都不出于令狐一家，良可叹也！

到虢后，成《晓坐》诗一首，假闺人之情态，喻自身之心怀：后阁罢朝眠，前墀思黯然。梅应未假雪，柳自不胜烟。泪续浅深绠，肠危高下弦。红颜无定所，得失在当年。夜不能寐，晓即起坐，自伤年时之遇合，盖因婚姻事而致宦途之坎坷也。己一身清白，婚于王氏原非有意假妇家之财势；但单寒力薄，实难堪党人之排摈；热泪千点，愁肠百结；当年徘徊于牛、李之间犹无定所，一从结褵于与令狐分门别户之人，其有以报我者即接踵而来……“得失”之得为喜得婚于王家，美满良缘，伉俪情深，所失为开罪令狐，宏词被抹，秘省被出，道路自择，岂有悔哉！

坐居山城，一年容易，又到春回之时（开成五年），杏花正发，柳丝方长，年来两党日日相斗，己身欲脱无方。何时才得心安无事，乱麻愁绪，一变而为百尺游丝自由飞扬于空中？《日日》诗所云的日日春光斗日光，山城斜路杏花香。几时心绪浑无事，得及游丝百尺长，即表达了商隐此刻的思想。

三四月间莺声圆润，在外飘荡，身不由己，追忆京华风光，无限失意之苦：上林花千树，何不借一枝以栖之？作《流莺》诗以见其意：流莺飘荡复参差，度陌临流不自持。巧啭岂能无本意？良辰未必有佳期！风朝露夜阴晴里，万户千门开闭时。曾苦伤春不忍听，凤城何处有花枝？巧啭，指近来所作颇有寓意的各诗（《蝶》《梅》《晓坐》等）；佳期，指难得有良好之机缘；阴晴，喻党局之变幻无常；门户，喻党人之门户见深；伤春，喻己出自秘省，屈就县尉，频年为失意之事所苦；失意之由在此，何日始能重返京城？其慕京职之意溢于言表。

李商隐以才人外斥，抢攘风尘，终非得已，其心境迭见于前各诗。唐制：任职逾年，经考功过，便可候选请调，改授他官。每年五月降格于州县，选人应格，上官考核，列其善恶之状，以十月会于省，选期自十一月至明年三月毕。商隐之候选，于开成五年五月当已列名上报。年内将因此事奔忙，为此拟先移家长安，以便于从调。时王茂元已由泾原调京任朝官（将作监转司农卿）。为筹移家事，商隐夏赴京师，谒其妇翁王茂元。在京日，并晤令狐绹。时绹已服阕受官，意有转圜，复予笼络，欲使商隐重为其党所用。仲夏，赴怀州谒河阳节度使李执方，王氏夫人的这位母舅，为助其移家，假以乘骑，并予厚赠。六月下旬全家发自济源（母妻等已先至济源），迁往关中。立秋甫过，路经洛阳，王茂元家设宴相迎于崇让里住宅之东亭，因病小憩，病起，复取道洛水、商于路，八月十日抵京师，移居长安，安家于南郊之樊南，自此自号“樊南生”。

开成五年是风云变幻、朝局更迭的一年。是年正月，文宗病重，在由谁继位问题上发生激烈争执：牛党杨、李二相与宦官二枢密使欲奉太子监国；禁军中尉仇士良矫诏立颍王为皇太弟。帝崩，太弟即位，是为武宗，赐原太子及杨贤妃（杨嗣复之姑）等死。五月，杨嗣复罢相，八月出为潭州刺史、充湖南团练观察使；李珏亦出为桂管观察使。而李党之首李德裕却于同年九月以淮南节度使奉召抵京师为相，陈夷行亦复召回，为御史大夫（下年三月复入相）。在这牛党下台李党上台的变局中，李商隐却作出了一个反常的抉择——重投牛党，去充当杨嗣复的幕僚。

本来，商隐计划好要去参加冬季的候选请调，然而，令狐绹以如簧之舌极力劝说，拉拢商隐靠向杨嗣复那边。优柔寡断的商隐，旧交难忘，竟改从调之初计（未列名申报），而应邀作他一生中的第二次江乡之行了（第一次江乡之行是为燕台之事）。

商隐此举不但为李党中人（包括其妻族）所难理解，而且也使牛党中人觉得突然。两姑之间难为妇，就在牛、李党人的交嗤下，商隐写了《代越公房妓嘲徐公主》和《代贵公主》两首诗。前首云：笑啼俱不敢，几欲是吞声。遽遣离琴怨，都由半镜明。应防啼与笑，微露浅深情。后首云：芳条得意红。飘落忽西东。分逐春风去，风回得故丛。明朝金井露，始看忆春风。宰相世系表杨嗣复属越公房，诗借古以咏今事，显然。乐昌公主盖以自喻，前首喻入杨幕，次首代答。春风，喻李党，故丛，喻牛党，忆春风，仍不忘情于李党。商隐入令狐彀中，是自致己身于尴尬之境地。周旋两党之间，方信做人之难，心里十分矛盾。假乐昌面对新官旧官笑啼两不敢之典故，以记本人当日之情怀，倒也贴切。因事涉党局，不便显彰，爰以古事出之（张采田亦持此说）。

商隐将赴江乡，写了一首《酬别令狐补阙》，以回答令狐的赠行之诗（令狐时为左补阙使馆修撰）。诗中云：锦段知无报，青萍肯见疑：感谢他对杨的推荐，希望勿再见疑；人生有通塞，公等系安危：感触自身，揄扬对方；警露鹤辞侣，吸风蝉抱枝：喻己不堪再受打击，今辞故交而去，近时常守清贫，犹愿门下是依；弹冠如不问，又到扫门时：预祝升迁，希加援手。诗中充满和解的语气，抱有很大的幻想。

九月四日，离长安东下，赴宏农去辞尉职（《与陶进士书》结尾云：明日东去……九月三日宏农尉李某顿首。其时尚未辞去尉职，东去，即去办辞职事）。辞职后将由宏农东去，经洛阳，而后折向南行，取道鄂州，以抵湘中。在洛时曾小憩，住妇翁王茂元崇让宅，这是七月移家过洛宴于崇让宅后又一次小住王茂元家了。前后两次，都留有诗篇，由此可看出商隐这段时间的行踪和心情。

第一次过洛小住的诗，题名《崇让宅东亭醉后沔然作》，中有句：俗态虽多累，仙标近发狂。声名佳句在，身世玉琴张。……骅骝忧老大，鹈鴂妒芬芳。“俗态”“仙标”二句表明当时犹在尉职；“声名”句自负文章已名于世；“身世”句似用张急调下、良材卑官之典（《说苑》贾子对应侯之言），以示己有身世之悲；“骅骝”句喻己年近而立，艰难一第，契阔九品，诚自愧焉；“鹈鴂”句喻受人打击，包括宏词被抹，秘省被出等事。诗作于酒后，情调低沉。前途未卜，心中忐忑不安。

第二次过洛的诗，题为《临发崇让宅紫薇》，作于九月中临出发赴江乡之时。上次移家过洛紫薇正盛开，今来，紫薇仍发，未尽摇落（紫薇花期五至八九月），中书省称紫薇省，秘书省隶中书下，此处正暗用紫薇以寄慨。诗曰：一树秾姿独看来，秋庭暮雨类轻埃。不先摇落应有待，已欲别离休更开。桃绶含情依露井，柳绵相忆隔章台。天涯地角同荣谢，岂要移根上苑栽？一二句点出所咏之物和时、景；三句，应有待言紫薇待我再来赏之，故不先落尽，与前诗来洛此花方盛相接应；四句，明日即欲别离而去，我无能再赏，花亦休要再开，与上句为双重拗救（此格宋人用之渐多，商隐实开先声）；五句桃绶应为在京亲友之服官者，别后亦成两地相望；六句，柳绵用咏絮典，代闺人作相忆之词，章台用张敞画眉典，言夫妇相谐之乐；七、八句，言此去使府随遇而安，如花之随地生长，一样荣枯，岂要定在上苑栽种生根？心系京师，志在薇省，而不可得，强自排遣，聊作解嘲之语，并有深恨别离、思念闺人之意。

马日行七十里，十月上旬至湘中，入杨嗣复幕。甫至潭，即奉使南陵（属宣州，唐时关系好的地方官之间于冬日辄派使者携带方物土产至对方处进行交流，实际是一种官营商业活动，商隐曾贩舂，做过生意，宣歙观察使崔龟从为商隐旧识，派他出使当为首选）。出乎意外，杨嗣复到任未久又被贬为潮州刺史（后再贬为潮州司马），克日远去岭南。杨幕既罢，商隐亦不得不遂作归计，江乡之行算是白忙了一阵。在这期间，写下了《凉思》和《风雨》两诗。

《凉思》作于奉使南陵之前夕。诗曰：客去波平槛，蝉休露满枝。永怀当此节，倚立自移时。北斗兼春远，南陵寓使迟。天涯占梦数，疑误有新知。首句谓己作为羁客将离此而去；长沙较暖，此时天犹未寒，故曰凉、曰蝉休露满枝；此节，殆指立冬节（是年十月十二日立冬）；小立移时，临行前有所思；北斗城，指长安城，春，指思闺人春风之面；南陵寓使，奉使将去南陵小住（“寓”字虚拟，非已在南陵）；迟，指时近岁暮之意；结联谓婚后初次远游，远在天涯之闺人思我，频频占梦，对己定不无疑误：牛党诱惑，在外或已有新知，往日商隐在湘曾有闲情牵引，此亦不能为夫人放心者（商隐入杨幕，王氏父女并非完全赞同）。

《风雨》作于南陵回来，失幕筹归之日。诗曰：凄凉宝剑篇，羁泊欲穷年。黄叶仍风雨，青楼自管弦。新知遭薄俗，旧好隔良缘。心断新丰酒，销愁斗几千。宝剑篇而曰凄凉，喻己文章欲达无由；江乡羁泊将近年终；当黄叶风雨之夕，听青楼管弦之声；婚于王氏，喜得新知，而遭朋党之忌；再联令狐，思修旧好，而杨氏又贬，良缘又阻；昔马周流落新丰客店，终逢奇遇，遽获大用，今我未遇，唯以酒销愁而已。在此情势下，不如早日归去！

为参杨幕，而奔湘中，幕主再贬，空忙无功。岁月迁延，从调耽误。东隅既失，桑榆难补。赋《有感》诗一首，为此行作一个总结性的反思：中路因循我所长，古来才命两相妨。劝君莫强安蛇足，一盏芳醪不得尝。武宗即位，牛党倒霉，而己尚犹豫不决，欲与太牢之党修旧好、捐近嫌，真中路因循，守旧不革，谋拙计左，后悔无及。自来时运不济，才命相妨，此行乃如画蛇先成而强安蛇足，一盏芳醪，遂不得尝！这是比喻，实指选期贻误，明年（会昌元年）再获清资之机会就此错过也。看来动摇软弱、逡巡不进，确是当时不是政治家而只是一个诗人的李商隐性格上的很大弱点。（将《有感》诗之“安蛇足”释为遽去泾原，多此一举，而作为商隐有悔婚意之根据者，大误）

腊月中，商隐离湘北归，仍循原路，经洛阳，向陕、华，由函潼大道，返至京师长安，去会见已别数月的家人。

## （四）去牛日远，就李日近，丁忧闲居，匡国无分

唐武宗会昌元年（841 年），李德裕、陈夷行为相，朝政由李党执掌，王茂元被任命为忠武军节度使陈许观察使。年正三十的商隐于二月还至长安，与王氏夫人在樊南团聚，距明春候选从调之期尚有一段时间（是年有闰九月）。

王茂元出镇陈许，翁婿之间，迹疏意通，期奢道密。秋初，来书相召，商隐应邀去作短期勾留。七月，过洛阳，小憩，二十九日，宴于崇让宅，再一次（是第三次）赋诗志怀：露如微霰下前池，风过回塘万竹悲。浮世本来多聚散，红蕖何事亦离披？悠扬归梦惟灯见，濩落生涯独酒知。岂到白头长只尔，嵩阳松雪有心期。一二句崇让宅之夜景，此地出大竹及桃，故曰万竹；三四句言浮世原多离别（聚散偏义复词，意在一散字），红蕖又何独开（离披，开貌），与已欲别离休更开同意；五六句家室离别之情与宦途失意之感交织并陈，归梦乃思家，生涯指年时足慨之事；七八句言岂是一生长只如此，终期少壮有所作为，头白之时与闺人同去嵩阳归隐，此吾素愿，与永忆江湖归白发，欲回天地入扁舟意相通。唯几年碌碌无成，心情已现焦躁耳。诗有思闺人之意，亦有身世之感，非全从闺中着笔之寄内诗（冯氏语），其婉转达情，妙于顿挫（张氏评），为商隐所独。

八月，抵许下，为王茂元作《陈许谢上表》，代写状、牒、表、启、文甚

多，“水槛几醉，风亭一笑”，翁婿之间，相处甚契。唯时时思念闺人，作《细雨》《端居》《月夕》诸诗以寄情。

《细雨》诗云：萧洒傍迴汀，依微过短亭。气凉先动竹，点细未开萍。稍促高高燕，微疏的的萤。故园烟草色，仍近五门青。诗写细字得神，刻意描题，不松一句（何、朱评）。但其主旨见于结联：因雨中碧草如烟，遂生故园草色青青之想。故园何所指？观五门二字可知是在京城，近五门而在五门之外，不正是指家已在长安城外的樊南？用一仍字定非指移家之当年，而指其次年雨中草色再度青青才是。又，一二句有水有亭，与水槛风亭相合，其境其景，正是商隐会昌元年秋所到的许昌。

《端居》诗云：远书归梦两悠悠，只有空床敌素秋。阶下青苔与红树，雨中寥落月中愁。书来梦去，道路悠悠；秋气悲凉，空床独守；秋景寥落，客心牢愁。此客中思家之作甚明，时应在陈许幕中（不似在桂幕，岭南地暖无秋色）。

《月夕》诗云：草下阴虫叶上霜，朱栏迢递压湖光。兔寒蟾冷桂花白，此夜姮娥应断肠。此亦陈许幕中的忆内诗，作于前二诗之后。姮娥指闺人，不言己之怅望，转忆人之寂寥，最得用笔之妙（程说）。所居临湖，当指许昌之西湖，《许昌志》曰“曲水园在府城北……水贯其中，以达西湖，最为佳处”。由这一湖字可定诗作于何地何时。

冬，辞陈许幕，回京赴调。正月还抵长安之樊南。是时李党当政，排己者已去，再调之时，政治形势看好。有一首《莫愁》诗即表现了他的乐观心情：雪中梅下与谁期？梅雪相兼一万枝。若是石城无艇子，莫愁还自有愁时。陈许回京，已梅开万枝，雪飞六出，赶选期，入秘省，应有把握，且莫犯愁。盖赞皇辈与己之妇翁相善，有所藉力。若非朝中有人接引（艇子喻接引），则此日又将使人愁溢。自恃才高，又得人助，心里自然有底了。“梅”暗指李党之相，“雪”似用司马相如为雪赋事，指李党中之为词臣者。

会昌二年春，商隐又以书判拔萃授秘书省正字（正九品上阶），两入秘省，恣展古集，章奏之学益精。此时又有一首《蝶》诗，再寓其身世遇合之感：孤蝶小徘徊，翩翾粉翅开。并应伤皎洁，频近雪中来。诗喻自己经小小徘徊后，决然靠拢李党，与之同调，如粉翅与白雪之并皎洁。但皎皎者易受人之妒而蒙污词，盖牛党以其与对方相接近而啧有烦言，此又令商隐不得不大为伤神者。

商隐听鼓应官，走马兰台，往返于樊南与长安城中。一日，画楼西畔桂堂之东，正开一盛宴，商隐以王氏佳婿忝陪末座，遂得机缘，首次一睹李相（德裕）风采：闻道阊门萼绿华，昔年相望抵天涯。岂知一夜秦楼客，偷看吴王苑内花。（阊门，指扬州之阊门，萼绿花，指李德裕，因其由淮南节度使入相，秦楼客，指已以王氏婿为坐上客）盖即记此事。秘阁内省高下相殊，不得插翅而入，然心已暗通，希有朝一日终能亲承謦咳。正是：身无彩凤双飞翼，心有灵犀一点通。其歆羡内省之心怦然似闻。因事涉党局，故晦其迹，借艳情为诗，并名之曰"无题"焉（张采田之笺前后变化很大，后来释此诗为初官正字歆羡内省之寓言，足破众惑，释为艳情、窥人后房者大误）。

与令狐绹相遇于入直苑中，以《赠子直花下》诗，与唱酬之：并马更吟去，寻思有底忙？昂然平视，有自得之意。而令狐所寻思的是：商隐竟依李党援引重猎清资，其再背家恩，直使人旧憾又起！

商隐居樊南，虽已得官，但官小禄薄（"方阶九品，俸微五斗"，见《献舍人彭城公启》），人口很多（老母、商隐夫妇、弟羲叟夫妇外，还有"三弟未婚，一妹处室"，徐氏二甥亦"誓当抚之"），开支很大，家走童仆，室伴媵婢（《赠荷花》诗所云的世间花叶不相伦，花入金盆叶作尘。惟有绿荷红菡萏，卷舒开合任天真。此花此叶长相映，翠减红衰愁杀人似即王氏随嫁而来的侍女），经济上负担不轻（故有翠减红衰之叹）。所幸王氏夫人十分贤惠，"荆钗布裙"，虽出身大家，而自甘寒素；被视为"别娶"（《祭小姪女寄寄文》：况吾别娶已来，胤绪未立，曰别娶，则知非初婚，盖燕台与商隐被其全家认可，视为先有婚约），而不以为慊。梁孟高义，两情甚笃。日子过得紧一些，倒还是乐在其中。但非常不幸的是会昌二年十一月，商隐母卒，丁忧罢职，秘省清资乃不得久处（不到一年），俸禄全停，家境更见困窘。再加上全家既多病人，又忙葬祭，雪上加霜，从此一个"贫"字就与商隐结下不解之缘了。"久贫""业贫京都""家徒屡空"等语迭见于诗文，有时甚至"并食易衣"，真潦倒不堪。

在母丧中，遁迹京郊丘园（樊南），"游心坟素，前耕后饷"，夫妻相随。但商隐素有瘵疾，因居丧哀毁，病复加剧，"虚羸、瘦瘠、鬓白"，遂生未老先衰之感。王氏夫人亦抱病在身，迁延数载。丧病交迫，自然心境十分颓唐。《幽居冬暮》一诗即作于此时：羽翼摧残日，郊园寂寞时。晓鸡惊树雪，寒鹜守冰池。急景倏云暮，颓年寝已衰。如何匡国分，不与夙心期？李相当政，正期奋发有为，乃丁兹艰棘，进身良机遂告蹉跎，匡国无分，这更使人伤感。此诗情调与《莫愁》诗的开朗心怀迥出两人。

会昌三年，商隐母丧后的下一年，为应付山西泽潞刘稹的叛乱，王茂元于四月底奉调领河阳节度使（李执方改易定节度使）。军中书檄须大手笔，故急邀其婿赴镇，暂捉刀操觚，非墨绖从军。商隐居母之丧固已历时日，分岳之劳实难违人情。五月，出关，宿盘豆馆，对丛芦有句：芦叶梢梢夏景深，邮亭暂欲洒尘襟。昔年曾是江南客，此日初为关外心。思子台边风自急，玉娘湖上月应沉。清声不逐行人去，一世荒城伴夜砧。诗中寓风木之痛、身世之悲，对景牵情，百感交会。

六月，在王茂元幕，为作《与刘稹书》；七月中，茂元奉诏进兵，商隐不习戎事，离幕。九月，王茂元薨于怀州，商隐急来奔丧，为作《濮阳公遗表》。旋随茂元子扶柩往洛阳，王氏夫人亦急离京抵洛，宾客亲友赴吊者如流水。改颍水之辞违，成洛阳之赴吊。十二月，作《祭外舅赠司徒公文》（定于明年正月安葬），祭文中历记乃岳的家世、才能与功业，感激对己知遇之恩和允婚之谊。京西当日，辇下当时，中堂评赋，后榭言诗，翁婿之间还存在很深的文字交契。抱痛酸骨，衔悲没齿，潘杨之好，琴瑟之美，庶有奉于明哲，既无亏与仁旨，表示了自己的极度悲痛，并表明决不有亏于岳父对自己的仁德。会昌三年就这样主要在又一次不幸的遭遇中过去。

会昌三年冬到四年春，在商隐主持及其弟羲叟的具体操办下，还完成了迁葬和安葬的大事。仲姊裴氏原寄殡于获嘉（怀州属县），三年七月商隐离河阳幕时，战事方起，虑罹焚发之灾，因思为改葬于郑州荥阳坛山之祖茔，并同时葬母（卜于四年正月），意既决，遂赴长安扶母柩至郑州。十一月在郑州为其母周年祥忌，朝夕二奠，不敢久离，遂遣羲叟往获嘉收拾裴氏姊遗骨，易棺运郑，以备改葬。羲叟之女寄寄早夭，其遗骨也由其父自济源运来。四年正月二十五日前，改葬事竣。叔父李处士（于商隐幼时亲授经典，教为文章），其墓忽罹风水，寿堂圮坏，宰树凋倾，商隐亦愿为襄改葬之事。葬日，商隐以哀伤过度，并素有瘵疾，难亲其劳，仲弟羲叟克尽厥责。五服之内更无流寓之魂，一门之中悉共归全之地，商隐总算心安理得了。

在葬事准备就绪、葬期暂未到来之前，尚有一些时日。商隐遂应李石邀，赴太原作短期之游。盖李石于会昌三年十月由荆南移镇河东；石，昔令狐楚太原幕之节度副使，与商隐为旧交。商隐原困家累，复窘葬事，正当居丧落职之时，颇思为文沾润之计，故李石见招，欣然前往。十一月下旬离郑州，经稷山，过霍山，游交城，而抵太原，有诗与当地人士相唱酬。会昌四年正月，河东将杨弁作乱，剽掠城市，旋被平定。商隐只身脱险，离太原回郑州，正月中经洛阳，千里归途，东门故第，作《重祭外舅文》，下马先啼，登堂辄哭，翁婿之情甚深。祭文中盛赞王氏夫人的贤淑，并云：昔公爱女，今愚病妻，对她的多病之身倾注了极大的怜惜之情。

在河东日，有闲居永乐的刘评事寄来诗作，商隐和之，有句曰：白社幽闲君暂居，青云器业我全疏，时丁母忧，故云。莲耸碧峰关路近，荷翻翠扇水堂虚，这里风景秀美，是幽闲暂居的好去处，使商隐颇有欣羡之意。李石在永乐有故宅，庭槐一本抽三枝，直过堂前屋脊，其别业尚广，可往依之。长安居，大不易，商隐遂有移家永乐之计。杨弁之乱平后，即筹移家事。自此告别安家四年的樊南。得东道主李石之助，会昌四年，暮春花残之时，移家永乐事毕。商隐作诗，题为《大卤（太原）平后移家到永乐县居，书怀十韵（五排）寄刘、韦二前辈，二公尝于此县寄居》。诗中的首四句点出地、景、时，滨河依山，风物宜人，安家永乐，故曰“家山”。依然五柳在，则指曾居此县的刘、韦二公故居（纪晓岚解：“藏得刘，韦二人故居在，故末句不妨直出二公”。按：末四句为逸志忘鸿鹄，清香批蕙兰。还持一杯酒，坐想二公欢，都属刘韦，与前依然五柳在之属二公，，首尾相应，自成章法），而非指商隐在永乐曾有故居。昔去惊投笔，今来分挂冠，言上年来太原李石幕惊逢杨弁之乱，今来居忧，仍是闲废。此为移家永乐的第一首诗。以后赋诗甚多，饮宴唱酬、登临题笔、咏物寓感，信手即来，反正闲居有的是闲时。

但闲居非闲，商隐人在永乐，却决不是对朝政党局无所萦心。会昌年间，李德裕为相以来欲中兴唐室，大有作为，而牛党诸公当枢时，尸位碌碌，拿不出像样的政绩。商隐对李党和对牛李之间区别的认识很快加深。就在移家永乐的当年（会昌四年）夏天，商隐受李贻孙之托，代作书启上李德裕。李贻孙，李德裕之从侄，因病求医居于洛阳；时疾已痊，复思出仕，倩商隐为文申意。商隐于启中就已收回鹘之众、速定杨弁之乱、将平刘稹之叛，盛赞李相庙战之功。陈曲逆（平）之六奇，翻成屑屑；葛武侯之八阵，更觉区区。运古极精，信非虚设。昔商隐受知于令狐，见重于崔戎，皆适然之遇，无与党局；及成王氏之东床，八郎（令狐绹）相怨，得李党之汲引，秘省再进，遂去牛日远，就李日近。尤以卫公（德裕）攘外安内，相业辉煌，更令商隐高山仰之，歆慕不止。择木之智，涣邱之公，盖已始矣。此文实亦商隐自致瓣香之诚，故竭全力以赴之。

八月，刘稹之叛平，商隐即往来于郑、怀二州间营曾祖母遗骨迁葬事（自郑州坛山之原迁骨，归祔于怀州雍店祖茔，与曾祖父合葬一起）。在郑时，为从叔郑州刺史李褒作启上李德裕、李绅（会昌二年以淮南节度使入相），盖褒欲别刺他郡，望二相优容之。二启中的“四海无尘，六州向化”和“寰瀛大定，雨泽滂沱”等语，虽意在颂扬，实也反映了会昌年间相当不错的政治形势。

商隐关心政治，接触政治人物，因此，虽身居永乐，于诗中抒发其闲情逸致的同时，济世用时之念仍不时涌起。芳菊绽葩，秋光又老，篱边流连，低吟得句：暗暗淡淡紫，融融冶冶黄。陶令篱边色，罗含宅里香。几时禁重露，实是怯残阳。愿泛金鹦鹉，升君白玉堂。（《菊》）咏菊细致入微，寓意亦深。陶令、罗含，喻己罢官闲居，然心则无时不在升君白玉堂，切望服阕再入朝也。秋日晚思，亦有所作：桐槿日零落，雨余方寂寥。枕寒庄蝶去，窗冷胤萤销。取适琴将酒，忘名牧与樵。平生有游旧，一一在烟霄。（《秋日晚思》）桐叶先零，槿花易落，枕寒窗冷，身世落寞。诗曰取适，实难自乐，诗曰忘名，何能自脱？同学少年多不贱，五陵衣马自轻肥，不平之气，于此微吐。

是年冬，以退居永乐，渴然有农夫望岁之志，遂作《忆雪》，又作《残雪》诗各一百言以寄情于游旧（此地久旱，县令求雨）。又作《喜雪》一百言。《喜雪》诗结句云：粉署闱全隔，霜台路渐赊。此时倾贺酒，相望在京华。粉署为尚书省，霜台为御史台，泛指禁中，意在秘省，以京华作结，其意甚明，身不得在长安，是所憾也。又，此诗中有王氏夫人之影子在：洛水妃虚妒，姑山客漫夸，言夫人之貌既为人妒，又为人夸；联辞虽许谢，和曲本惭巴，则言夫人之才可追道韫，兰房唱酬，亦自惭弗如。观此，三诗各洋洋百言，用事稠叠，很可能是夫妇联吟之作。

一年过去，会昌五年起，商隐闲居永乐已进入第二年。正月十五元宵节之夜，在永乐闻京城有灯会，恨不得观，有诗：月色灯光满帝都，香车宝辇溢通衢。身闲不睹中兴盛，羞逐乡人赛紫姑。丁忧蛰处，不克躬预庆典，明慨灯期之误，实悲己身之闲也。又赴郑州为李褒作上宰相启。二月上旬归永乐。

商隐去岁自栽花木，今春悉已茁茂，闲居无事，颇以花草自娱。小园独酌，春宵自遣，作诗多首，以咏芳菲。刘评事自京寄赐饧粥，走笔为答：“粥香饧白杏花天，省对流莺坐绮筵。今日寄来春已老，凤楼迢递忆秋千。”见赠物记起长安杏花筵时曾食饧粥之事，年光蹉跎，芳时难忘之慨，身居田里，心系京国之思，不尽于言中。

暮春花落，作《落花》诗以伤之：高阁客竟去，小园花乱飞。参差连曲陌，迢递送斜晖。肠断未忍扫，眼穿仍欲归。芳心向春尽，所得是沾衣。见落花之飘零，感斯人之憔悴，为花洒泪，正亦为己洒泪。深情苦语，调高格雅。起结奇绝，观此可知世间之落花诗之高下。

自会昌二年丁忧，至是闲居已跨四年。有诗云：世间荣落重逡巡，我独邱园坐四春。纵使有花兼有月，可堪无酒又无人。青袍似草年年定，白发如丝日日新。欲逐风波千万里，未知何路到龙津？此几年中正文武立功之日，而己枯坐田园，无与匡国之分，乘风破浪、直跃龙门之愿，岂能一日忘诸？这首诗是丁忧闲居几年以来的一个小结，也是对小住一载的永乐县的临别留念之作。

永乐闲居虽可栽花、种瓜，聊以自得，但其境固幽静，地实偏僻，对长安这个政治、权力中心来说，交通、信息条件都较差；对将服阕补官须赴京师的李商隐来说，也颇有不够方便之处。更紧要的是，王氏夫人产期非遥，对产褥安全来说，永乐乃乡间，总不如在城市为好；商隐年过三十（会昌五年为三十四岁），“世绪犹阙”，“胤绪未立”（只一女），于此次临产极度重视。从这两方面考虑，商隐决意于会昌五年之夏，自永乐移居洛阳。京洛往来频繁，不跋山路，自较便捷，况洛阳是王氏母家所在，虽其家道中落（其家财很大部分在甘露事变中被宦官敲诈勒索走），茂元死后更大不如前，“小君多恙，诸孤善丧”，然于其女临产，母家毕竟能有所照拂。迁洛后未几，麟儿诞生，即其后商隐为之作《骄儿诗》的美秀无匹的衮师也。商隐居洛阳，时擢右司郎中的令狐绹来书问讯，诗以答之：嵩云秦树久离居，双鲤迢迢一纸书。休问梁园旧宾客，茂陵秋雨病相如。嵩云二字可为商隐已迁洛阳之确证。又，《上韦舍人状》中亦有“某淹滞洛下”之语，都说明商隐于会昌五年有迁洛这段经历。

商隐移家至洛之日，其实还早于写《寄令狐郎中》的秋风秋雨之时。是年七夕，双星相会之节，已写有《七夕偶题》一首以寄慨：宝婺摇珠佩，嫦娥照玉轮。灵归天上匹，巧遗世间人。花果香千户，笙竽溢四邻。明朝晒犊鼻，方信阮家贫。牛女聚首，喻己之得偶原佳；世间乞巧，感己之谋生常拙。而迁洛以来，慕妻族之财的浮言又起，故结语中以己之真属清贫以答之。

商隐之贫因官位卑（且丁忧罢职）、收入少（为文有些润笔之资）、家累重、丧葬相仍、病恙相继所致，以此迁洛以来，“常抱忧煎”。在《上韦舍人状》中所说的无田可耕，有累未遣，并非虚语。至于席门昼永，或旷日方餐，蓬户夜寒，则通宵罢寐，无非是搬典故运词藻以引起别人注意（未必天天如此），并撇清确实未因沾妻族之光而改变自己“贫病相仍”的状况。事实上王家已非昔比，茂元死后，不免窘蹙，已无法多予沾润，使婿家一下脱贫，有骨气、贫而清的商隐也不会这样要求岳家的。不过在力所能及的范围内给爱女以一定的帮助，那还是在情理之中的，王氏夫人之愿移家洛下以迎产，其欲得母氏之庇显然。南阮贫，自愧贫窭，而非言北阮（王家）富而坐视南阮之贫之意。

会昌五年冬，母服将阕，入朝补官有日。青雀西飞竟未回，君王长在集灵台。侍臣最有相如渴，不赐金茎露一杯？商隐作诗（《汉宫词》），渴望能重官秘省，得居内职。首句点明洛中，长安在洛之西，好音尚乖，故曰未回，金茎喻内职，通首皆希冀显达之微言（张氏之笺）。其期望是很高的。原拟十月初赴京，后又改于二十一日启程。临行前作书呈曾以缣帛厚赐（为文之酬）的从叔李褒，以仲弟羲叟托之。王氏夫人则因产婴未久，须人照顾，且严冬凛冽，上路不便，故暂留洛阳，未随入京。

商隐入京除服后，重官秘书省正字。会昌六年，卧枕芸香，再操正字生涯。“羁官书阁，业贫京都”，以负担重，仍免不了一个“贫”字。在生活安顿后，自洛阳迎王氏夫人暨新生的衮师儿及女儿来京团聚。为了应官的方便，此次未回樊南，而赁居于长安城内的永崇里。

永崇里内有当时著名的道观——华阳观，是女冠聚居之地，与商隐住处相距不远。有一个秋夜闻观内女冠吹笙，油然兴感，于次日平明，写下了《银河吹笙》一诗：怅望银河吹玉笙，楼寒院冷接平明。重衾幽梦他年断，别树羁雌昨夜惊。月榭故香因雨发，风帘残烛隔霜清。不须浪作缑山意，湘瑟秦箫自有情。商隐少时与华阳观女道士宋华阳相识（未成恋爱，前文已说明），此时闻笙而触动怀旧情绪。拥衾回思，当年与宋氏交往浑如一梦，梦尽断而不可再寻；女冠独居观中，长夜难寐，起而吹笙，如羁雌于夜间惊飞；旧事如寒花之犹有香存，因闻笙而复被牵引；余忆如残烛之尚有泪滴，久乖隔而唯剩凄清。此六句写景、书事、抒情，而其本意则在第七八句。商隐七律重在结联，已成诗法，本诗亦然。“秦箫”用弄玉、萧史事，“湘瑟”用湘灵（舜妃）鼓瑟之义，皆指夫妇好合，“缑山”意则指往日学仙与女冠接触事，意谓伉俪情深，不应牵惹旧情浪作游仙之想。盖商隐于王氏夫人用情诚挚，闻女冠吹笙，怀旧之感乍起，旋觉所想非宜，而自我克制。诗意如此，涉及诗人、王氏夫人与吹笙女冠三方，最终还是表达了对夫人的一片真爱之心。

会昌六年是又一个风云激变的年头。商隐服阕补官，原期藉卫公（李德裕）等人之力，得近内省，渐跻显达，岂知武宗病重，正月即不视朝，三月即晏驾；四月卫公即外斥，商隐之美梦即成泡影。会昌年间，正李卫公得君之时，其所厚诸公皆祥麟威凤，一时之选，彼此契合无间，故能弼成中兴相业，然己以丁忧，三载（实足）邱园闲居，未获躬逢其盛，用时有心，匡国无分！待服阕再来，好景已过。遇合之不偶，实堪自叹！乃作《相思》一诗以寄慨：相思树上合欢枝，紫凤青鸾并羽仪。肠断秦台吹管客，日西春尽到来迟。以“秦台客”喻己之为王氏之婿，其寓意甚明。商隐甚惜武宗之享年不永，恭作《昭肃皇帝挽歌辞》三章以悼之，盖兼伤卫公并以自伤，故不觉致哀之深。又，以唐武比汉武，作《茂陵》诗一律，其结句：谁料苏卿老归国，茂陵松柏雨潇潇。以苏武自喻，“茂陵松柏”亦日西春尽到来迟之意。

会昌六年四月，宣宗在恶卫公、亲牛党的宦官的拥立下继位，武宗朝的用事大臣李德裕等人不能为其所容。是年牛党诸臣纷纷召回，加以重用，而李德裕则出为荆南节度使、东都留守，后又被诬有罪贬为潮州司马、崖州司户参军，最后卒于海南。李党在朝诸公亦无不先后被降被谪。但商隐于卫公之功业才德仍心向往之。卫公不喜以进士科第相结之词采世胄，颇为孤寒之士开路，故其被贬，寒士颇多为之挥泪（有“八百孤寒齐下泪，一时南望李崖州”之语）。当其方出朝中赴荆南，商隐随从卫公之所厚者，祖饯于长安之东门，送别于灞水桥边。日后回思此事，写下了《泪》诗，结句云：朝来灞水桥边问，未抵青袍送玉珂。青袍自谓（九品衣青），玉珂指卫公，时犹带荆使相之衔。诗中之“泪”即包括商隐在内的孤寒之泪，此时商隐与幸灾乐祸的牛党中人立场已全然不同。尤其是在卫公罢相迭贬后，商隐仍惓惓于卫公不渝。同样，在晚些时候（大中二年、大中三年），商隐托古讽时，以极沉痛深挚的笔调，在一首《旧将军》的诗中写道：云台高议正纷纷，谁定当时荡寇勋？日暮灞陵原上猎，李将军是旧将军。李将军即隐射李德裕之姓，盖为卫公不被褒其功而专被擿其“过”，深深致以不平。接着更写了七绝《漫成》五首，其中两首即写卫公，一是肯定其在西川时收复维州（这是牛、李两党的大是大非问题），为恢复河湟所作之深谋远图；二是肯定其唯才是举，选拔能者于草莱之中，特以用寒人石雄平泽潞为例。由此可见，商隐此时如此心向李党实基于政见之投合，而非仅出于个人之恩遇（重入秘省）。

自然，商隐之走向李党也不能不说与乃岳之影响有关，而受党人排挤也正与王氏的联姻有关。《漫成》五首中的第三首即专写王茂元及自己与王家的关系：生儿古有孙征虏，嫁女今无王右军。借问琴书终一世，何如旗盖仰三分。将茂元与卫公写在一组诗内，誉之为英才，足见对妇翁之推崇，而尤感其嫁女之恩，两世节钺，其择婿不觅将种，却取寒士，幸何如之！奈己徒知弄文，不谙用武，“富贵虚期”，无由为妻族增辉，甚觉愧对室人。

会昌年间，商隐去牛渐远，就李渐近，虽丁忧闲居，匡国无分，然其对李党的认识和感情却是与日俱进的。在牛党上台、李党倒霉之际，商隐犹抱素衷，隐附卫公，自以其能明辨是非、洞察功过之故，而不再如过去那样表现中路因循，软弱动摇。诗人在政治上已日见成熟了。说商隐不足以言党局的“不党论”，实未见其可。

## （五） 四方求幕职，离多会少 千里寄闺人，纸短情长

宣宗大中元年二月，以给事中郑亚为桂州刺史御史中丞、桂管防御观察使。亚聪悟绝伦，文章秀发，元和进士，李德裕在翰林，亚以文干谒，深知之。大中朝牛党白敏中当政，凡李德裕所厚者皆排之，郑亚以此外放。去桂前，郑亚聘任李商隐为支使兼掌书记（地位仅在观察使、副使之下），表奏为检校水部员外郎（从六品上阶）。商隐自己衡量：牛党在位，欲入翰苑、视草制诰之途遂窒，而郑亚固卫公所厚者，于己如此器重，与其依心地险诐之牛党诸子为活，不如随郑亚远征南天，主宾相洽，犹大有可为。乃赋《海客》诗以示从行之决心：海客乘槎上紫氛，星娥罢织一相闻。只应不惮牵牛妒，聊用支机石赠君。愿以斐然文采，献于郑亚幕下，令狐辈遥妒，且亦任之。

三月，随幕主郑亚离京赴桂，忍泪辞别妻室和幼小的儿女。亲友送行，与弟羲叟（已进士及第回京）相别于长安东郊（明年赴辟下昭桂，东郊恸哭辞兄弟）。在众人为郑亚一行的饯别宴上，商隐即席写下了清丽生动的《离席》诗：出宿金樽掩，从公玉帐新。依依向余照，远远隔芳尘。细草翻惊雁，残花伴醉人。杨朱不用劝，只是更沾巾。从公之公为郑亚；首途时在三月，故曰残花；取道东行，故曰依依向余照。结联用杨朱泣路歧之典，有深意：盖往时徘徊于牛、李之间，似在歧路，今随郑亚赴桂，道路自择，于此故曰不用劝；唯抛家别妻，临歧益觉伤心，故曰只是更沾巾。

韩公堆上跋马时，回望秦川树如荠。经蓝田驿，过韩公堆，发商州，出

武关，循商於新开路，至内乡、襄阳、荆南，赴湘中，再指桂林。这是他们南行的路线。至襄阳时节度使卢简辞迎送，商隐与卢至亲（称之为三兄）；过江陵，荆南节度使郑肃设宴款接，行时有厚赠。肃与郑亚谱叙叔侄，皆李德裕所最善者。经江陵过洞庭，作《岳阳楼》诗：汉水方城带百蛮，四邻谁道乱周班？如何一梦高唐雨，自此无心入武关！诗以自喻才力磅礴，气壮河山，致身朝班，未为非分，何谤者之多也？唯今去牛就李之意既坚，宁置身蛮荒之地，而无心入居京职、附丽于牛党诸公了。与《海客》诗正是同一气概（释自此无心入武关为婚于王氏致从此不得京职之悔婚说大误）。

四月二十八日抵潭州（长沙），因连雨积水道路为阻，滞留旬时，过端午。在潭日适闻长安下来敕令（闰三月发出），竟要重修天下已毁僧寺，全盘否定李德裕为革寺院“殚竭财力、耗蠹生人”之弊而推行的拆毁僧寺、勒令僧尼还俗的政策。商隐借谪居长沙的贾谊这一历史人物，反用、反言，写了一首有名的《贾生》诗：宣室求贤访逐臣，贾生才调更无伦。可怜夜半虚前席，不问苍生问鬼神！据《周礼·地官》：“大司徒……以荒政十有二聚万民。……十一曰索鬼神。”注曰；“索鬼神，求废祀而修之。”可睹诗意即在暗讽宣宗之发端复兴佛教、牛党之从中推波助澜。盖深慨大中君相不问民间疾苦，唯解媚事鬼神。竭十户之力以养一髡，由逐臣召回、以贾生自居的牛党衮衮诸公，适逢君之恶，尚能以贤能自许吗？商隐与牛党政见不同，其去牛就李实已出于自觉（《贾生》诗“刺牛党”，张采田亦有此说，唯所指与我不同）。

六月七日抵桂，九日上任讫。令狐绹于会昌五年任湖州刺史，此时来书大有责备之意。对商隐随郑亚赴桂，绹不仅诮其背恩，抑且恶其无行，旧憾新嫌，芥蒂更难冰释了。商隐乃作《酬令狐郎中见寄》诗以复之：……不见衔芦雁，空流腐草萤，未能避害，空自飘流；土宜悲坎井，天怒识雷霆，悲己之遇，逢彼之怒；补羸贪紫桂，负气托青萍，自陈赴桂系济一时之贫，无关党局，幸弗负气而按剑（青萍，剑名）相眄；万里悬离抱，危于讼阁铃，正见其忐忑不安之心神。商隐一度曾有不惮牵牛妒之豪语，今则反复自陈，又露惮之之意，盖是年八月初，李回由门下侍郎出为西川节度使，李党朝中无人了，党局之变越不利于商隐，诚恐八郎又将有报复之新举。此诗即作于赴桂后的秋天，桂管地暖，诗中萤字雷字均与秋无碍（冯说作于夏时可商）。

李德裕以其在武宗一朝所撰册命典诰、军机羽檄，勒成十五卷，名曰《会昌一品集》，寄书命郑亚作序。商隐奉郑亚命代拟序文初稿，华赡庄重，对于卫公之相业文章极意推崇，经郑亚点窜，典严正大，更为得体，与一品集相得益彰。是时卫公已三贬，而郑亚、商隐不以其失势遽改初衷，斯亦君子人与！

到桂后，眼见异乡风物，颇留题咏，而心悬京华妻儿，更多诗篇。《寓目》《夜意》《题鹅》《念远》，都是在桂林的先后的忆内之作。

《寓目》云：园桂悬心碧，池莲饫眼红。此生真远客，几别即衰翁。小幌风烟入，高窗雾雨通。新知他日好，锦瑟傍朱栊。一、二句写景中暗暗点出桂府、莲幕；三四写情，作客远别之情，在桂堪称远客，芦白疑粘鬓，抵桂后白发更多（较会昌时），真成衰翁，“几别”指陈许之别、桂管之别；五、六句小幌风烟高窗雾雨，客中寥落，更令人思念家室；七、八句追思往日夫妇琴瑟之乐，“新知”与《风雨》诗新知遭薄俗之“新知”，用法同（自牛党视之结交王氏是恋新知忘故交），皆指与王氏结合，锦瑟为王氏所喜操者。

《夜意》云：帘垂幕半卷，枕冷被仍香。如何为相忆，魂梦过潇湘？忆内之作，说成内人亦在忆我，构思甚奇。一、二句写深夜梦醒，枕冷（冷，凄清孤寂之意）人杳，似闻余香，指已之忆内；三、四句谓内人奈何亦以相思之故，梦魂竟不惮万里，远涉潇湘，与我相会于梦中，魂梦非指己（刘、余笺）。过潇湘，定为大中元年居桂幕时作。

《题鹅》云：眠沙卧水自成群，曲岸残阳极浦云。那解将心怜孔翠？羁雌长共故雄分。亦客中忆家之作。一、二句曲岸鹅群，所见实景（或曰题画中之景）；三、四句借以寓感，言群鹅怡然自适，哪解将心比心，怜孔雀之文采出众而雌雄长分，盖自叹天涯羁孤之意。必岭南作（冯说）。羁雌、故雄，前人诗中现成用词，一般匹配之意。以雌自谓，雄比郑亚，孔翠指党人（张说），则求深反凿。

《念远》云：日月淹秦甸，江湖动越吟。苍梧应露下，白阁自云深。皎皎非鸾扇，翘翘失凤簪。床空鄂君被，杵冷女须砧。北思惊沙雁，南情属海禽。关山已摇落，天地共登临。念远，念远地之闺人，分写南北两地，客中家中。秦甸、白阁（在陕西鄠县东南），确证大中元年商隐已移家长安，非仍居洛阳。首句言闺人身居秦中，日迟月淹，别来已半载有余；二句言己身在越地，而动思乡之愁吟；三句承二句（南），四句承一句（北）；五句明月皎皎，但非团圆之扇，喻不能与闺人聚首（“鸾”字用扇上画秦女乘鸾，以秦女喻王氏女，冯说）；六句花枝翘翘，而失翡翠之簪，谓不能见闺人容颜；七句言己之床空被冷，覆被中流，人今何在；八句言闺人之杵寒砧急，藁砧（丈夫代称）

一别，何日方归？九句言北地闺人见沙雁之南飞，应惊起离情；十句言南国羁客见海禽之北翔，亦牵动归思；结联亦成对仗，言深秋草木摇落，远隔关山，立身天地，南北各自登临，相望相忆，迹隔万里，心系一处。忆内之情，出之以健笔，雄壮排宕，工稳阔远，力量固自非凡。

冬，奉使赴南郡（江陵府本荆州南郡）。十月抵长沙，舟行，过洞庭，有诗《洞庭鱼》：洞庭鱼可拾，不假更垂罾。闹若雨前蚁，多于秋后蝇。岂思鳞作簟，仍计腹为灯。浩荡天池路，翱翔欲化鹏？冬令水落鱼出，借以刺赞皇贬后牛党中之纷纷幸进者。

商隐此次以支使身份至荆州谒见郑肃，带了许多桂林土产，捆载橐装，以回报上次过江陵时郑肃所馈之银器、绫纱、茶、药等物，并赍有更多的方物，实是在进行相当规模的地区之间的物资交流。这一任务由商隐担负（如开成五年在杨幕奉使南陵那样），事殊繁杂，开春始得启程返还桂林，《宋玉》诗所说的开年云梦送烟花，即记归时之景。

归桂之日已是大中二年正月，赋《即日》诗一首：桂林闻旧说，曾不异炎方。山响匡床语，花飘度腊香。几时逢雁足？着处断猿肠。独抚青青桂，临城忆雪霜。曾闻旧说桂林异于炎方，有小长安之称，今我观之，固不曾异于炎方。山居回音，可听匡床夜语，度腊交春，犹飘梅枝花香；五句借雁飞不至，以喻闺人书信未来；六句借猿啼常闻，以喻自己离愁欲绝；结联“青青桂”与首句呼应，“忆雪霜”，怀念京华之意，饱含思家忆内之情。

是月，自南郡归来即奉郑亚命，摄守昭平郡（唐时州县缺官，幕府得自置署，因非朝命，故曰摄守）。新春，作《凤》诗，以寄内人：万里峰峦归路迷，未判容彩借山鸡。新春定有将雏乐，阿阁华池两处栖。诗中之凤兼分栖两处之雌（凰）雄（凤）双方而言（凤为凤凰之通称、简称）。首二句谓己之不辞万里，来至南天，因未甘斐然文彩借与彼等所用，山鸡喻牛党；三句喻妻王氏夫人新春正歌将雏之曲（吴歌杂曲有《凤将雏》），时衮师已近三岁；四句言夫妻分处两地不得共享家室天伦之乐，是为憾耳。阿阁指京华，华池乃远方山上之池，桂林府灵川县、永宁州皆有凤凰山，华池殆指该处之水曲乎？（书至此，我颇疑王氏夫人名字中并含一“凤”字，结合上述商隐诗中好用荷、莲、芙蓉等字，可能其名是为凤莲；又，商隐《漫成》之三有句：雾夕咏芙蕖，何郎得意初。按何逊原诗为：雾夕莲出水，霞朝日照梁，对照商隐《无题》诗的照梁初有情，出水旧知名，王氏名中应有“莲”字。再者，商隐诗中称其子衮师为龙种、凤雏，此“凤”字亦值得注意。凡此数端，

合起来看益觉“风莲”二字之可能性不小）

在昭郡（今广西平乐）留诗记其异俗：“鬼疟朝朝避”，疟疾流行；“家多事越巫”，巫风甚盛；“搜求缚虎符”，猛虎害人；“鸟言成谍诉”，难懂乡音。盖深慨此地荒远，将何以抚之？（今平乐之北为阳朔，风景甲于桂林，已浑非往日之昭郡矣）

就在来昭不多时，政海又起巨澜：白敏中秉政，欲借吴湘案（言吴湘罪不至死，而错杀之，其兄呼冤，要求重审）尽陷李德裕所厚者。郑亚因此受到牵连，降为循州刺史（大中五年卒于贬所，循州今广东龙川）。郑亚既贬，桂管府罢。摄守事待替人交接，商隐尚须暂留昭平。于闻郑亚被贬之日，再次写了一首《即日》诗：一岁林花即日休，江间亭下怅淹留。重吟细把真无奈，已落犹开未放愁。山色正来衔小苑，春阴只欲傍高楼。金鞍忽散银壶滴，更醉谁家白玉钩？来桂一年，即日府罢，不胜怅惘。重吟细把句，表达遽别无奈，难舍依恋之情；已落犹开句，暗寓府主已贬，犹守淹留之命（在昭郡待命），未放愁，谓愁未放开；暮色半吞小苑，春阴只傍高楼，不但一岁之花易休，亦且一日之景难驻；时已暮矣，人自散矣，正如幕府既散，此去将更何依？更醉谁家白玉钩（钩，隔座送钩之钩，酒钩也），设喻之词，并非不醉无以遣怀之意。此诗可定为桂府初罢时作（从张说），时在春季，府罢无处可去，情况正相符合（东川府罢，随柳仲郢回朝，时在冬日，均不合）。

昭平淹留期间又作《北楼》《思归》二篇，以记怅惘落寞之心情。

《北楼》诗云：春物岂相干？人生只强欢。花犹曾敛夕，酒竟不知寒。异域东风湿，中华上象宽。此楼堪北望，轻命倚危栏。北楼，北城之门楼，应为昭州之北楼，商隐假守平乐，二月府罢，暂留任上，诗盖是时所作，故满纸愁绪。春物虽好，与人何干？人生只是强自为欢。酒竟不知寒者，地暖不觉酒之冷。商隐赴桂，患痔，曾戒饮（“尚怜秦痔苦，不遣楚醪沉”），至是而又言酒，盖借酒浇愁耳。花犹曾敛夕，则似更含深意：花指槿花，二月即华，叶晨舒而昏合，故称合昏槿。喻闺人如花，雾夕合婚，思念王氏夫人也。着一“曾”字，言往日情好，而“犹”字言情深如旧。今异域中华相隔万里，唯登楼北望，以消乡愁耳。轻命倚危栏，具见商隐与其妻伉俪情笃。

《思归》诗云：固有楼可倚，能无酒可倾？岭云春沮洳，江月夜晴明。鱼乱书何托？猿哀梦易惊。旧居连上苑，时节正迁莺。桂府初罢，商隐一度有思归之意，思归家与闺人团聚；其终而不归，留滞湘荆巴蜀数月之久，盖未判容彩借山鸡，羞与牛党为伍耳。此诗思归之情实是忆内之情。堪倚之楼即上诗之北楼；酒即上诗浇愁之酒；岭云江月，景物不恶，而非吾土；鱼乱书何托，书寄闺人，忽而言归，忽又夷犹，心神不定，故用一“乱”字；猿哀梦易惊，猿上驿楼啼（《昭郡》诗），此地固多猿，唯诗则以喻党局之变真有可哀者，使人梦中常惊；旧居连上苑，点明王氏时居长安（在永崇里）；时节正迁莺，言二月仓庚鸣，汉苑正是听莺时节，而已不能与闺人共之，结出思归之意。又，莺迁向喻迁官，是年二月，令狐绹内召，充翰林学士，迁莺，意在斯乎？念及此辈当政，如何与之周旋？思归之心且休。宁从相知于外郡，勿附权门而入朝，思归而又不思归，两心交战，其间实深有苦衷。

五月初，郑亚之子郑畋南觐省亲，亚已远去循州，商隐送别郑畋于昭州平乐江中的黎辟滩边。赠诗：黎辟滩声五月寒，南风无处附平安。君怀一匹胡威绢，争拭酬恩泪得干？语倍沉痛，并自己未能报恩亦暗寓其内（张说）。此后，商隐旋即浮湘江北上，离开这居住近一年的桂林和昭平。

端午日于湘江舟中作《楚宫》诗，盖屈平乡国逢重五，因楚地风俗即景即事生感而作，结句：但使故乡三户在，彩丝谁惜惧长蛟，意指卫公辈虽遭谗逐，而犹望东山再起。楚虽三户，亡秦必楚。长蛟（牛党）诚恶，亦不惜与之相斗，岂甘就此服输？“故乡”借指同党中人。

当时座主李回观察湖南（是年李回亦以吴湘案由西川节度使责授湖南观察使，其罢相外放西川则在大中元年八月），是李党有力人物之仅存者，犹当方面之任，可保一时之安，商隐思归不归，盖欲往依之。五月中至潭州，李回在途尚未到任，引领而望，作《潭州》诗：潭州官舍暮楼空，今古无端入望中。湘泪浅深滋竹色，楚歌重叠怨兰丛。陶公战舰空滩雨，贾傅承尘破庙风。目断故园人不至，松醪一醉与谁同？诗曰今古无端一望中，明言借古寓今：中四句，一悼武宗，二伤卫公（受谗），三慨郑亚（陶侃为征南大将军，郑亚亦以征南幕府称），四自喻，层次井然。结联言所望者座主李回之来，然望眼欲穿，人迄未至，倾樽酒，诉衷曲，谁可同之？真怅惘之极！故园人，双关语：不特李回与商隐同出陇西李氏，而且两人同属李党，“故园”与上诗之“故乡”义同。

李回抵潭，商隐为他代撰《马相公登庸启》。时李回正以吴湘案被黜，忧谗畏讥，顾忌重重，结果未敢奏辟同党之人如李商隐者入幕。商隐不得已遂离湖南。风帆北指，又过岳阳楼下，感赋一绝：欲为平生一散愁，洞庭湖上岳阳楼。可怜万里堪乘兴，枉是蛟龙解覆舟。全以反语出之，备觉心情沉痛。

六月，由洞庭过荆江，“破帆坏桨”，真历尽风波之险，于荆州少留，即鼓舟西向，拟穿峡入蜀，别求遇合。作《荆门西下》诗：一夕南风一叶危，荆门回望夏云时。人生岂得轻离别，天意何曾忌崄巇？骨肉书题安绝徼，蕙兰蹊径失佳期。洞庭波阔蛟龙恶，却羡杨朱泣路歧。五句言亲人书来将置之于西南绝徼（《汉书》注曰：东北谓之塞，西南谓之徼。《因书》诗绝徼南通栈句可互参），盖约家中寄书于蜀中；六句则言在湘中求幕不成，何佳期之难遇！盖追述湖南之行劳而无功。结联蛟龙暗指牛党，昔杨朱歧路而泣，犹在平陆，并无风浪之险，今饱惊宦海风浪，反觉歧路之泣穷途之哭，亦不足伤已，强自排遣，字字衔泪！

万里风波一叶舟，忆归初罢更夷犹。碧江地没元相引，黄鹤沙边亦少留。（《无题》）商隐思归而又夷犹，意在溯江而上，以觅入幕之机，其目标是时任西川节度使暂兼领东川的杜悰。杜悰虽是牛党巨子，但为商隐外兄，商隐拟借亲戚之谊，往登幕府之阶，一时怀有希望。至梓州，悰已赴成都，商隐折而西南行，在中途，听到消息：悰正整肃李党中人。己与郑亚善，恐亦有遭抟击之虞。纵能朝杜宇，可得值苍鹰？（《北禽》）百尺高桐，竟无紫凤栖处（《蜀桐》）。当时急不暇择，匆匆而来，诚不合时宜，应悔初计之左，今决意不去成都，既如此，何必再留滞蜀中？

复南行，将出峡，于夔州刺使李贻孙处小留。时已入秋，登白帝城，作《摇落》诗：摇落伤年日，羁留念远心。水亭吟断续，月幌梦飞沉。古木含风久，疏萤怯露深。人闲始遥夜，地迥更清砧。结爱曾伤晚，端忧复至今。未谙沧海路，何处玉山岑。滩激黄牛暮，云屯白帝阴。遥知沾洒处，不减欲分襟。诗为羁留夔峡时作，除写夔峡秋夜寥落之景以外，主要是思念夫人之语。人闲，闲字言失职无聊之感；结爱句言曾恨相见之晚，成婚之迟；端忧句言受党局之累怀忧至今；下二句言未谙宦海之路，难遂翰苑之愿（玉山指翰林院），此失路无依之悲：结联谓遥知闺人因思念我而沾襟洒泪，伤心当不减于初别之时，其实我之愁绪也何尝不是如此。李贻孙为李德裕之所厚者，商隐曾代之作上李德裕启，二李交深。贻孙自会昌五年来刺是州，对商隐盛情招待，以此商隐小留而有此蕴藉浓至之作。

在李贻孙处看到所代存代转的王夫人寄来的家书，成《因书》一首：绝徼南通栈，孤城北枕江。猿声连月槛，鸟影落天窗。海石分棋子，郫筒当酒缸。生归话辛苦，别夜对凝釭。因接闺人书而咏之故曰“因书”。猿声鸟影，所居之凄凉景象；棋子酒缸，所历之羁泊生涯；结联言前时荆江遇风浪之险，幸得全身而还，此中辛苦，待他时灯下细细说来。由“生归”字样可知此为离桂幕罢后不久之事。

与此同时，商隐又写了一首千古情长的寄内诗——《夜雨寄北》。诗曰：君问归期未有期，巴山夜雨涨秋池。何当共剪西窗烛，却话巴山夜雨时。闺人书中问以归期，诗以答之。蜀中虽未逢机遇，然商隐犹抱一丝希望，拟再赴汉南（襄阳）以求遇合，归期犹未能定，故曰君问归期未有期；时正初秋，夜雨涨秋池，写当时凄清之景，何时可与闺人共剪烛于西窗之下，追诉今巴山夜雨时之离情别绪。盖内心亦望归矣。此诗语浅情浓，眼前景却作后日怀想，此意更深，确是大中二年将离夔州时的寄内诗（王鸣盛曰如无《摇落》等三篇，则可删抹此段——大中二年蜀游，尽徙之东川，今不能也）。

八月，归舟出峡，如来天外，风劲浪阔，雁急燕高，楚色西塞，夷音下牢。再过荆州，复经梦泽，归途阻修，怀刺漫灭。桂管天暖，白袷卷之经年，今西来早寒，又得加秋衣了（《风》《江上》《梦泽》中诗句）。

至襄阳，晋见山南东道节度使卢简辞。作《汉南书事》诗，以几时拓土成王道，从古穷兵是祸胎之语，讽刺讨党项连年无功之事。商隐与卢世亲（曾祖母卢氏），称简辞为三兄，最后希望就寄托在他身上。虽然在两次状、启中或表白：尚可濡毫抒艺，杀青贡能，庶于此日，不后他人，或暗示：庶或武陵之溪微接桃源之境，平昌之井暗通荆水之津，但这位三兄尚书还是格于形势，不敢录用商隐，仅厚赐衣服、匹段、漆器等物，并对其文笔极加揄扬而已（《上汉南卢尚书状》《献襄阳卢尚书启》中语）。在这种情况下，商隐除却早早归去，已别无其他选择。

北上，至邓州，刺史周敬复赠以腰褥、靴等物，周前时游江乡时所结识者。孤烛扁舟，寒更永夜，回肠延首，书以谢之。

陆行，见道中乱石，感赋一绝：虎踞龙蹲纵复横，星光渐减雨痕生。不须并碍东西路，哭杀厨头阮步兵！牛党当道，朋比胶固，寸步方移，乱石已阻，穷途一恸，茫茫四顾！既不得挂名朝籍，并使府亦不安身（何说），东西二路并碍，其此之谓与？今二路同窒，何以堪哉！

经商於新开路至商洛，时已商芝遍紫，邓橘半黄，归路新霁，满眼秋光。此处沿洛河而东，旬日即可抵东都，盖王氏夫人书言归宁在洛，商隐须先往东都，再携眷共赴长安。故山归梦喜，先入读书堂，洛下也曾为商隐旧居，故曰故山（见《陆发荆南始至商洛》《归墅》）。八月底前后，还抵洛阳，离别一年半，至此一家喜得团聚。在洛时，与诸道友会静。重阳节届，菊花正开，怀念最爱白菊的令狐楚（洛阳有令狐故宅），有感，作《九日》诗：曾共山翁把酒时，霜天白菊绕阶墀。十年泉下无消息，九日樽前有所思。不学汉臣栽苜蓿，空教楚客咏江蓠。郎君官贵施行马，东阁无因再得窥！结联为疑揣之词，令狐绹其官渐贵，此番入京，恐不许再窥旧时东阁，予以援手。樽前有思，忧心忡忡。

九月下旬，赴京候选，是年早寒，九月於东即逢雪飞。有诗：举家欣共报，秋雪堕前峰。岭外他年忆，於东此日逢。粒轻还自乱，花薄未成丛。岂是惊离鬓，应来洗病容。《九月於东逢雪》此去从调，挈妇将雏，可不再伤离别。

入冬抵长安，从调为盩厔尉（畿县尉正九品下阶）。商隐赴桂虽辟为支使、表署为员外郎，从六品上阶，但任职未满一周年，按制，不能算数，中间又无人帮忙，因此仅能依原资历（正九品下）就选。手封狴牢屯制囚，直厅印锁黄昏愁（《转韵》），重操簿尉生涯。真是：归惟却扫，出则卑趋。无文通半顷之田，乏元亮数间之屋，隘佣蜗舍，危托燕巢。工作、生活两感困窘。不得已乃去找令狐，又为其代草文稿。令狐旧憾难释，然亦知商隐之才有足可用者，遂书致京兆尹韦博，就近留商隐假参军事，专掌表奏。韦博亦牛党中人，商隐自此又难脱令狐的羁绁了。

是年二月，令狐绹由翰林学士拜中书舍人。时木兰花发，商隐作《木兰》诗以寄意。令狐开化坊故宅有木兰花，诗首句二月二十二即记令狐升官之日，木兰实为子直之代词，咏花实是咏人。诗之末四句：桂岭含芳远，莲塘属意疏。瑶姬与神女，长短定何如？意谓昔居桂幕，郑亚待己甚善，事虽已远，今访莲塘（令狐新居），子直遇我殊疏，情何能堪！此两人之长短，毕竟如何，心自可知。三月清明节后至京兆府，木兰犹开，爰再借木兰为题，吟成一绝：洞庭波冷晓侵云，日日征帆送远人。几度木兰舟上望，不知元是此花身。首二句写木兰舟，用“洞庭”字，盖桂管往来必经洞庭，此景毕生难忘，故纳入诗中。三四句本意所在：木兰舟，喻京兆府；“元是此花身”者，京兆尹原为牛党之羽翼，岂知从事于此，又落入太牢之牢笼！回思往日“从此无心入武关”之豪语，真足自伤！情味深痛，蕴涵着多少感慨。

仕途可慨，室家可乐。时衮师近四岁，美秀聪颖，活泼可爱。春日作《骄儿诗》宠之：青春妍和月，朋戏浑甥侄。绕堂复穿林，沸若金鼎溢。……古锦请裁衣，玉轴亦欲乞。请爷书春胜，春胜宜春日。描摹生动，曲尽儿态。“爷昔好读书，恳苦自著述。憔悴欲四十（三十八岁），无肉喂蚤虱。儿慎勿学爷，读书求甲乙。……儿当速成大，探雏入虎穴。当为万户侯，勿守一经帙!”借端发叹，抑郁难平。

仲弟羲叟释褐，为秘书省校书郎，寻改授河南参军。

自回洛、京，全家团聚仅只年余，大中三年冬，又中断了这种离多会少的宁静的家居生活，而要风尘仆仆再度出去游幕。原来这年十月卢弘正以检校户部尚书出为武宁军节度使镇徐州，聘用商隐，奏为判官（掌军中事，高于掌书记)，带侍御史头衔（从六品下)。卢，范阳人，简辞之弟，亦商隐世亲。征辟书来，商隐欣然应召，作启答谢（《上尚书范阳公启》)。厚赍足以安家，驷骑遂尔登程。行前下雪，作《对雪》诗二首，以示闺人。其一：寒气先侵玉女扉，清光旋透省郎闱。梅花大庾岭头发，柳絮章台街里飞。欲舞定随曹植马，有情应湿谢庄衣。龙山万里无多远，留待行人二月归。其二：旋扑珠帘过粉墙，轻于柳絮重于霜。已随江令夸琼树，又入卢家妒玉堂。侵夜可能争桂魄，忍寒应欲试梅妆。关河冻合东西路，肠断班骓送陆郎。自注：时欲之东。二诗借对雪之典实，言别内之情怀。前诗首句“玉女扉”谓闺人，次句自谓，盖已带检校员外郎之衔；三、四句借指随郑亚赴桂管，留京兆假参军；五句以陈王之背阙归藩，喻己之又赴外郡；六句言己之才具堪为侍臣，终当还朝，致身殿堂；七、八句以订归期慰闺人，与首句“玉女”相呼应。后诗首句喻己之行踪飘泊无定，次句言己虽位卑身轻，飘泊而不能自主，然以经霜戒节自重，不敢弃特操于不顾；三句谓己之文章有足夸者，岂唯以为人捉刀费才；四句谓今受卢弘正之辟，应邀入徐幕；五句喻己以阳春白雪自许，尚有志与名家争一日之长；六句言目前虽忍沉沦，犹欲自试才华，标新异之风格（梅花妆，人奇其异，竞效之)，以诗文传世；结言闺人相送，为之肠断，从对面着笔，并与前首首句相关照，东西路，由西向东之路，点醒注中“之东”二字。此二诗是用笔轻倩、情深意婉的别内诗，不仅仅是一般的咏物之作。

东下三旬，苦于风土，马上戏作一首：路绕函关东复东，身骑征马逐惊鸿。天池辽阔谁相待，日日虚乘九万风。自嘲行役之苦，乘九万里风翱翔天池，反言之。不得京职，又就幕府，此行并非乘兴漫游，语中颇含苦涩。腊月过汴州，逢大雪，后来《偶成转韵诗》的“诘旦天门传奏章，高车大马来煌煌。路逢邹枚不暇揖，腊月大雪过大梁”，即追记此事。

赴徐途中，经郓城，这是当年令狐楚天平幕所在地，旧地重过，作《青陵台》诗：青陵台畔日光斜，万古贞魂倚暮霞。莫讶韩凭为蛱蝶，等闲飞上别枝花。公之旧恩固不能忘，唯子直未承父志，因寻常婚宦，而于我大加排管，令我不得不转向卫公，别依门户，岂足惊讶？

大中四年春，过沛县，至卢幕，为判官（军中移檄牒刺，皆不决于记室，判官掌之）。记室之事，间亦为之。在使府，主宾相洽，同僚亦相处甚欢。作《偶成转韵七十二句赠同舍》，这首转韵合律的七言古诗中，历叙前时经历及与弘正旧谊后，接云：旧山万仞青霞外，望见扶桑出东海。爱君忧国去未能，白道青松了然在。此时闻有燕昭台，挺身东望心眼开。且吟王粲从军乐，不赋渊明归去来。彭门十万皆神勇，首戴公恩若山重。廷评日下握灵蛇，书记眠时吞彩凤。之子夫君郑与裴，何甥谢舅当世才。青袍白简风流极，碧沼红莲倾倒开。我生粗疏不足数，梁父哀吟鸲鹆舞。横行阔视倚公怜，狂来笔力如牛弩。报国从军之胸怀，豪纵不羁之气概，与多愁善感之声音，缠绵细腻之形象，判若二人，盖处境有变，心情自异，遂令傲岸激昂，儒酸尽洗。又作《戏题枢言草阁三十韵》五言古诗一首，以赠卢幕同僚、枢言草阁之主人，历述两人退食之余，相携游乐，走马，射雉，调琴，听曲，意态潇洒。盖此时心事少宽，乃有此神采飞扬俊逸爽朗之作。唯仍以及时当努力、莫使老大伤悲之相劝勉语作结，积极向上，无颓唐之致。

秋，作《越燕》诗二首以寄意。诗中所云：卢家文杏好，试近莫愁飞，借点弘正之姓；命侣添新意，安巢复旧痕，来徐幕结识新侣，然依旧幕职，笔扎生涯；而记取丹山凤，今为百鸟尊，则谓令狐今日尊为翰林之首（承旨），更睥睨众人，不可一世了。

又作《蝉》诗：本以高难饱，徒劳恨费声。五更疏欲断，一树碧无情。薄宦梗犹泛，故园芜已平。烦君最相警，我亦举家清。上四句借蝉喻己，言己本以清高自恃，不附党趋炎，故困顿至今，家道长贫。次句以蝉鸣声含恨，喻党人无情，己之于令狐固已恨之，又不能不望之，望之亦无益，故曰徒劳。下半篇直抒己意，五句言仍羁宦他方，远赴徐幕从事；“故乡已超忽，空庭正芜没”，六句殆即用卢思道《听鸣蝉》之诗意，故园应指郑州；七八句又关结到蝉，言感蝉之相警，自明举家清寒无愧蝉之高洁。举家包括王氏夫人都是秉性高洁，而非热中于利禄、唯巧宦是求者。

冬，十一月，闻令狐初入相，作《读任彦升碑》，借任昉自比以志慨：任昉当年有美名，可怜才调最纵横。梁台初建应惆怅，不得萧公作步兵。令狐固短于文学，入相后有“中书堂里坐将军”之诮，庸才贵仕，高居己上，能不深感不平！

大中四年这一年，商隐在徐幕虽非最合理想，却是心情较舒畅、日子过得较惬意的一年。可是好景不长，不幸的是这位文武双全、堪称使（节度使）中豪侠的府主卢弘正，却于大中五年春首薨于任上。商隐于子强之死备觉伤悼。写了一首《海上》诗，哀叹卢之盛年早逝：石桥东望海连天，徐福空来不得仙。直遣麻姑与搔背，可能留命待桑田？徐福乃指徐幕；三、四言纵使遇仙人如麻姑者，亦不能留命久远而待沧海之复变桑田，点出年命之促。麻姑搔背，被搔背者当是子强，麻姑当指朝廷。子强曾宣慰河北，平叛徐海，战功高，文章雄，前途无量，只在时日；今竟早卒，不能留命以待，入为使相，人寿不永，胡天不吊！空来、不得仙，望不到入相之憾乎？商隐之依恃亦自此遽失，故诗以深哀之。哀府主，同时也就是哀自己。

大中五年一月，徐幕既罢，遂无依傍，决回京师，以会家人。数年来四处求幕，代作嫁衣，犹蜂之酿蜜，徒为人役，于归途中，见游蜂飞绕，细弱无依。有感作《蜂》诗一首，看似咏物写蜂，实是以蜂喻己，兼及十分怀念的家中的夫人：小苑华池烂漫通，后门前槛思无穷。宓妃腰细才胜露，赵后身轻欲倚风。红壁寂寥崖蜜尽，碧檐迢递雾巢空。青陵粉蝶休离恨，长定相逢二月中。诗前六句总结了多年来自己政治上的经历：首句谓当年得居京职。正春光烂漫之时，秘省曲池任我遨游；二句谓后来流转各地，愁思无穷；三句借蜂之腰细，喻己之伶仃孤弱，露，喻党人之侵，才胜，幸未身碎耳；四句借蜂之身轻，喻己之人微言轻，倚，欲有所倚傍，风，趁好风也，赴徐幕即倚风之谓；五句指卫公贬死崖州，李党覆亡殆尽；六句在卢幕如蜂之巢于卢家白玉堂之檐下，今幕府遽罢，犹巢之遂空。七八句之蝶喻妻室，言二月春回日暖，自当蜂（自喻）蝶相逢。商隐七律末二句向为诗主旨，此处意谓闺人休牵离恨，原定二月回京，今府主已薨，果真将相逢于二月中了。《对雪》诗之留待行人二月归，即归期之约。归期何以定在二月？盖二月乃与王氏夫人于昭国南园结婚之月，两人情深意笃，为了纪念值得珍视的日子，每次外出，定约于二月回京团聚：开成五年江乡之游，还京再晤闺人，时在次年（会昌元年）二月（正月中至华州）；会昌元年秋在陈许王茂元幕，冬，启程回京城候调，次年二月已还家中；会昌三年十一月游太原李石幕，四年正月因杨弁之乱还郑州营改葬事，二月偕妻移家永乐；会昌五年，自郑州归永乐，与王氏小别重逢，时在二月下旬；会昌六年、大中元年之二月，均携眷家居；只有大中二年二月在昭桂，后留滞湘蜀，两地离居，君问归期未有期，直到归抵洛阳，已至秋冬；大中三年二月家居；大中四年赴徐，仍约在次年之二月回京探亲。可见长定相逢二月中的“长定”二字本非虚设。然则结联之主旨在怀念闺人而非寓意子直（汪辟疆说），是明白不过的事情。

二月相逢，为期非远，归心似箭，遄飞长安。

## （六）悼亡诗：婉转凄迷、哀顽幽艳的人生悲歌

商隐满怀热望赶回长安与王氏夫人会面，怎料到这位甘苦与共的伴侣，竟于上年秋天在家病逝。是家中人怕他得知消息会哀痛难持，故特隐瞒，未及时告之。王氏夫人之病故，确是在商隐于徐幕归来之前，而非徐幕归来之后，是在大中四年之秋，而非大中六年深秋（冯说）或大中五年夏秋间（张说）。为什么这样说呢？

据《樊南乙集序》中云：七月尚书河东公守蜀东川，奏为记室，十月得见……三年已来，丧失家道，平居忽忽不乐，始克意事佛，方愿打钟扫地为清凉山行者，于文墨意续阔略……十月宏农杨本胜始来军中，本胜贤而文，尤乐收聚笺刺，因恳索其素所有……乃强联桂林至是所可取者，以时以类，亦为二十编，名之曰四六乙。……遂书其首。是夕大中七年十一月十日夜……可知大中七年十月编集作序时，“三年已来丧失家道”，即其丧偶时间已历三个周年，由此上溯三年，悼亡之时是在大中四年十月以前。十月以前，笼统地说就是秋天，王氏之亡是在秋天，大中四年的秋天（下面各年的悼亡诗中还将提供具体证明）。

商隐，作为诗人，杰出的诗人，遭受丧失家道的重大打击，不可能不留下相应的诗篇，从一开始就应该有声泪俱下、倾注着无限深情的悼亡之作。那么，哪首诗是商隐悼亡诗的开始之作呢？通观全集，非《锦瑟》诗莫属。商隐一进入家门，首先听到的是哭声，看到的是灵位，同时映入眼帘的是妙擅丝声的王氏夫人平素最喜摆弄的那个心爱的乐器锦瑟。琴瑟友之，向喻夫妇之义，今其物（瑟）犹在，其人已逝，睹物思人，托物起兴，商隐就从第一个印象出发，写下这集中第一首悼亡诗——《锦瑟》诗。

诗曰：锦瑟无端五十弦，一弦一柱思华年。庄生晓梦迷蝴蝶，望帝春心托杜鹃。沧海月明珠有泪，蓝田日暖玉生烟。此情可待成追忆，只是当时已惘然。诗首句的“无端”，何端、何缘、何幸也，何幸而得此佳偶之意；次句，婚后影事历历，华年难驻，一年一思，中心凄楚。二联自谓：上句借蝴蝶之留恋花枝，喻新婚之如痴如迷，然好景不长，恍同一梦，今则如庄生作鼓盆之歌矣；下句借望帝之失位亡去，喻己身之失职无依，盖以婚事迭遭党

人之忌，从此愁苦不断，常如杜鹃之啼恨，今则既叹沉沦，更赋悼亡，婚宦两事，俱足悲也。三联谓妻：上句“沧海月明”喻妻之美容如月，明眸如珠，然婚后与己辛苦共尝，泪常不断，此泪是穷愁之泪、离别之泪、同受党局牵累之泪；下句“蓝田日暖”喻妻之人品莹洁，性情温润，一如晶玉（蓝田玉，用杨雍佰以玉求妻之典，重在“玉”字，非指葬地），然今安在，已化烟而去，悲夫。结联言此情岂待如今追忆始足伤痛，即便是当时相守之日，已有惘然若失之感，唯恐彩云易散、琉璃易碎，好物之不坚牢，盖王氏婉弱多病，商隐早已心怀隐忧。此诗悼亡之旨豁然，其思深，其情挚，其调哀，其词婉，其句炼，其色艳，在悼亡诗中自足独步千古。贤而慧而秀而苦的王氏夫人，作为诗人之妇的王氏夫人，自应享有诗人以泪水相和为她写就的这首悼亡诗的天然的权利，这种权利是谁也无权把它轻易剥夺的。

诗首句锦瑟五十弦的五十弦瑟是瑟之一型。《汉书》：泰帝使素女鼓五十弦瑟。《隋志》：十五弦小瑟也，二十五弦中瑟也，五十弦大瑟也。东波引《古近乐志》：“锦瑟之为器也，其弦五十，其柱如之。”长吉诗：清弦五十为君弹、五十弦瑟海上闻，商隐诗：雨打湘灵五十弦，五十弦三字数见不鲜，可知当时这种瑟确是存在无疑的。以二十五弦为五十取断弦之义者非是。锦瑟既是王氏喜操之乐器，商隐提到他的夫人，就常以锦瑟来代指之：锦瑟惊弦破梦频（《回中牡丹》），新知他日好，锦瑟傍朱栊（《寓目》），均是其例。怀此锦瑟情结，商隐在写他的悼亡诗时，以锦瑟为题，由锦瑟起意，借锦瑟寓哀，就决非出于偶然。

商隐于大中五年二月初回京，正是李花开放之日（李花开于雨水三候，集中载有《李花》《子直晋昌李花》二诗，可证是年二月上旬商隐已在长安）。一进家中，噩耗如梦，灵前大恸，泪倾思涌。在此期间，不会无诗，有诗定写于二月上旬，遍观全集唯锦瑟一诗才可当之，锦瑟，确是商隐初回家中写悼亡诗之始。集中还有一首房中曲，很明白是悼亡诗，诗确切的是写于蔷薇初开之日，蔷薇开自惊蛰三候，约后于李花半个月，可知《房中曲》成于《锦瑟》之后，不能说是悼亡诗之始。

《房中曲》诗云：蔷薇泣幽素，翠带花钱小。娇郎痴若云，抱日西帘晓。枕是龙宫石，割得秋波色。玉簟失柔肤，但见蒙罗碧。忆得前年春，未语含悲辛。归来已不见，锦瑟长于人。今日涧底松，明日山头蘖。愁到天地翻，相看不相识。诗是五言古诗，长吉体。首两联写身边遗孤。蔷薇二句指女，借朝露泫叶如泣以喻之：时女刚晓事，知失母而悲泣，泣幽素之幽者，背人暗泣，素者，穿白戴孝，花钱小，言其年犹幼小也；娇郎二句指子：子时更幼，不知失母之哀，日高犹抱日而卧，娇痴之状可怜。三四联写遗物。枕是二句言枕，水晶宝枕，其色重明，如割得闺人一段泪波而成者；玉簟二句言席被，玉簟已失柔肤，但见碧罗蒙床，床第之间所见，写得如此雅洁。忆得二句言前年（大中三年）春时相聚之日，虽一家团圆，但当时夫人病已有加，口未语而心含悲，诚恐莫能长久相守，此二语与锦瑟诗之只是当时已惘然同意。归来二句言今自徐幕归来，已不见其人，只有锦瑟蒙尘，其长如人。下四句言悼亡以来，了乏生趣：郁郁下僚，已如涧底之秃松，不能出头，生死之分，更同山头之黄柏，苦心日长。今日抑郁，明日愁苦，中心唯一愁字，愁到天地翻时，地下人间或得再见，纵得再见，彼此相看，恐亦不复相识，盖地下伤春亦白头，已难认旧时容颜矣。全诗写来古朴而深挚，苦情幽艳，古今悼亡诗之杰构也。

《细雨》五绝亦属同年稍后的悼亡之作：帷飘白玉堂，簟卷碧牙床。楚女当时意，萧萧发彩凉。睹枕而思其泪波，见雨而想其发彩（以发状雨之细丝），皆空房独坐，回忆夫人生前而作。在处而见其人如面，悼亡之情深极。楚女或取行雨之楚神之意。

徐幕归来，商隐所做的一件大事是几次去访令狐，等待给以援手的好消息。有名的《无题》诗相见时难别亦难即由此而作：见面虽十分困难，奈舍之而去，诚亦不易，犹有余望，不得不再求之；东风无力百花残，春光空过，了无所得，嘘拂者无力，年华已至春晚花残之时；春蚕到死丝方尽，欲以己之才华为世大用之心固不到死时不肯罢休，正如春蚕之吐丝不尽，己之情思亦不断；蜡炬成灰泪始干，己身世愁苦，悲泪暗潸，正如蜡烛之泪长流，到身陨成灰时泪始尽而愁始竭；晓镜但愁云鬓改，清晓揽镜，忧鬓丝之萧疏；夜吟应觉月光寒，静夜吟诗，觉月光之凄冷；蓬山此去无多路，青鸟殷勤为探看，内省深严之地，相去不远，留书向其探询意向，盖相见不易，唯有倩“青鸟”为使，殷勤探看矣。商隐自视才高，进入翰苑，撰拟制诰，平生有愿，在党局严峻时，曾一度断念，甘游宦地方，以了此生；今府薨幕散，无处可走，而李党已覆，党派歧见，有所淡薄（牛僧孺葬，牛党请商隐作奠文），王氏已逝，婚事芥蒂，应亦解开，看来令狐旧憾可以消释，陈情修好，希望还是存在的，这是商隐于大中五年春季的想法。

暮春三月，令狐招商隐至府，命书其父元和中旧诗，以待刻石。商隐工于书法，“绝类黄庭”，字体妍媚，意气飞动，令狐用其所长，成彼之事。商隐穷一日之功，始书讫（见《上兵部尚书启》）。作《无题》诗多首以记此一日及翌晨之心情。梦为远别啼难唤，书被催成墨未浓，梦中又远赴他方，呓啼难唤，日间紧催我代书，磨墨未浓。刘郎已恨蓬山远，更隔蓬山一万重，前时令狐为翰林学士，已恨如蓬山远隔，今为宰相，谋面益难，蓬山更隔万重。贾氏窥帘韩掾少，宓妃留枕魏王才，上句重在一“掾”字，谓己之常为幕官，下句重在一“才”字，谓今夜留我在府，用我之才而已。春心莫共花争发，一寸相思一寸灰，莫寄以奢望，相思无益，不能不终感灰心。隔膜难破，欲语还休，境遇自伤，干谒自羞，其心也怨，其词也愁。

商隐为令狐出力不少，然令狐其人善妒，用人之才而唯恐人之趆已，故于商隐终无真心荐达之意。第因商隐丧妻失幕，陈情再三，情不可恝，才授博士之职，以酬代庖之劳，究其实，无非置之散地，使之得有糊口之地，而乏进身之机。三星自转三山远，紫府程遥碧落宽（《当句有对》），貌合神离，相距日远，翰苑清贵，仍遥遥未可如愿。

太学博士正六品上阶，较赴徐时的侍御史为从六品下阶是有升迁，然这只是个闲职，选为博士，在国子监太学，始主事讲经，申诵古道，教太学生为文章（《樊南乙集序》）。博士官衔，有如画饼，先生面貌，浑乏凝脂。为《咏怀》诗二十韵寄秘阁同僚。诗中自嘲，写出自己拙于处世、于世无用之状：攻文枯若木，处世钝如锤。自哂成书簏，终当咒酒卮。乘轩宁见宠，巢幕更逢危。悔逐迁莺伴，谁观择虱时。诗中还自诉家居困顿，悼亡后女幼子稚的景况：仆御嫌夫懦，孩童笑叔痴。小男方嗜栗，幼女漫忧葵。粝食空弹铗，亨衢讵置锥？途穷方结舌，静胜但揩颐。半悔半负，且怜且悲，情思无限，语皆朴实，不尚宏丽，在本集中则为别调（何、张评说）。

正当令狐以佳期空许、商隐于太学无聊之际，柳仲郢聘请商隐赴东川幕，一个新转折由此开始。柳仲郢，名臣柳公绰子，全家最讲礼法，牛僧孺镇江夏，辟柳仲郢为从事，会昌中迁为吏部郎中，李德裕颇知之，因其无私，奏为京兆尹，不以其曾在奇章门馆为嫌；德裕罢相，出为郑州刺使；周墀（牛党之相）过郑，见其境内大治，甚奖之，后迁仲郢为河南尹，大中五年七月调为梓州刺使、东川节度使。牛党出身、去牛就李、复以业绩见重于牛党当政之大中朝的柳仲郢，颇为同情商隐的境遇，并器重其才华，故一接受方面之任就辟商隐为从事。七月，奏为节度书记，十月得见，改判上军，为判官，检校工部员外郎（从五品上阶），并特赐三十五万钱安家，以备行李。如此恩遇有加，诚平生又一知己，较子直之伐异忌能，不可以道里计，故商隐亦乐于相从，作东川之行（梓州在今四川三台）。而令狐因柳旧为奇章门下，今商隐入其幕中，亦无可非议。陈情之事遂终，远宦之行又始。正是：班骓只系垂杨岸，何处西南待好风，此去且随柳幕，犹望有西南好风送我还朝。

妻兄王十二与僚婿韩畏之来访，招小饮，因妻周年忌日近，不去，寄诗以示悼亡之意：谢傅门庭旧末行，今朝歌管属檀郎。更无人处帘垂地，欲拂尘时簟竟床。嵇氏幼男犹可悯，左家娇女岂能忘？秋霖腹疾俱难遣，万里西风夜正长。首句自谓，二句指韩，三四句悼亡后景象，五六句言遗孤须加照料，七句秋霖腹疾补足不能赴饮之原由，八句万里秋风，深秋之景。诗作于九月之初。

商隐应梓幕之辟，王氏谢世已临周年，此去东川，不知何日方归，宜乘时与营葬事，入土为安，乃于秋日运柩赴郑州归葬。过洛阳，驻车小憩，宿于妻家崇让宅之西亭，悼伤意重，夜不能寐，《夜冷》《西亭》二诗即作于此时。《夜冷》诗：树绕池宽月影多，村砧坞笛隔风萝。西亭翠被余香薄，一夜将愁向败荷。（将愁，和愁也）

《西亭》诗：此夜西亭月正圆，疏帘相伴宿风烟。梧桐莫更翻清露，孤鹤从来不得眠。孤鹤自比，悼亡以来因愁失眠已久。观前诗荷叶已败、后诗桐叶犹存，又有“月正圆”之句，其为九月十五之夜乎？

临行之前，幼女小男须妥作安排。当时的状况是：期既迫于从公，力遂乖于携幼，安仁挥涕，奉倩伤神，男小于嵇康之男（八岁），女幼于蔡邕之女。（《献相国京兆公启》）眷言息胤，不暇提携。（《上河东公启》文中亦云：或小于叔夜之男，或幼于伯喈之女）如何安排？只有韩畏之家最足依靠，韩的夫人是王茂元女、孩子的姨母，由她来当监护人最为合适。王氏随嫁而来、平时带领小儿的侍女（《赠荷花》诗中的“荷叶”）亦一起去姨家（按情理推断，尚欠具体证明）。托付既已得人，商隐自可只身赴幕了。

韩瞻（畏之）为商隐饯行，席间，甥冬郎（韩偓）赋诗送别，句清新，有老成风，时正十岁。商隐所写的有名的七绝：十岁裁诗走马成，冷灰残烛动离情。桐花万里丹山路，雏凤清于老凤声。即咏此事。行日，畏之送行至咸阳。作诗留别：佳兆联翩遇凤凰，雕文羽帐紫金床。桂花香处同高第，柿叶翻时独悼亡。乌鹊失栖常不定，鸳鸯何事自相将。京华庸蜀三千里，送到咸阳见夕阳。当日佳兆联翩，同为王家之佳婿，至今思之，真如一梦！“柿叶翻时独悼亡”点明王氏之卒是在一年之秋，冯注用南史刘歊典：有人为其庭中栽柿，歊曰吾不及见此实，及秋而亡，甚确。按：柿树冬叶落尽，春始长新叶，尚小，非秋深不足以言叶之翻，参以前诗悼亡日近、秋霖、万里西风，悼亡之日实非秋莫属。

自十月中起程，至散关遇雪。咏诗一绝云：剑外从军远，无家与寄衣。散关三尺雪，回梦旧鸳机。由眼前大雪而思寒衣，而伤无人寄衣，失偶远游，家中人亡，惨痛之情，自在言外。由鸳机可知王氏生前固躬操机杼，而非四体不勤者。

十二月抵梓幕，任判官，主军中事。时府主“始陈兵新教作场，阅数军实。判官务检举条理，不暇笔墨。明年记室如京师，复摄其事”。因此，商隐在东川日起草文稿相对是较少的。正如《三月十日流杯亭》这首稍后（大中六年三月）所写的诗中说的：身属中军少得归，木兰花尽失春期。偷随柳絮到城外，行过水西闻子规。军务缠身，辜负春光，并寓所亦少得归去，其忙碌可见。

尘鞍才卸，霜蹄又奔。盖到职未几，即为决狱事，受命往西川。十二月十八日离梓，下旬至成都，会见节度使杜悰。游武侯庙，以庙中古柏为题，赋诗一首：蜀相阶前柏，龙蛇捧闷宫。阴成外江畔，老向惠陵东。大树思冯异，甘棠忆召公。叶凋湘燕雨，枝折海疆风。玉垒经纶远，金刀历数终。谁将出师表，一为问昭融？诗借歌颂武侯，缅怀卫公当日治蜀功业之显赫，经纶之远大，不禁嗟叹其万里荒徼，迭贬至死，并为其所善者无一不受牵连，摧折于湘中海上而伤。唐室从此不竞，直是自毁长城！

大中六年二月，自成都还至梓州。韩瞻于去年冬末出为果州刺史（在今西充），时行近梓州境，商隐亲往相迎。有诗：剑栈风樯各苦辛，别时冬雪到时春。为凭何逊休联句，瘦尽东阳姓沈人。去岁冬雪，畏之送行，旋亦奉命入蜀，风樯苦辛，今日相晤，又是一年之春。

柳仲郢怜商隐独居，赐以乐籍女张懿仙，“以备纫补”，商隐上启力辞。启中略云：某悼伤已来，光阴未几，梧桐半死。常有酸辛，每嗟漂泊。所赖因依德宇，驰骤府庭，方思效命旌旄，不敢载怀乡土。兼之早岁志在玄门，及到此都更敦夙契，自安衰薄，微得端倪。至于南国妖姬，丛台妙妓，虽有涉于篇什，实不接于风流。诚出恩私，非所宜称。伏惟克从至愿，赐寝前言。使国人尽保展禽，酒肆不疑阮籍。则恩优之理，何以加焉。此事是在春时，到东川未久。秋时，届王氏夫人忌日，追述前事，作《李夫人》三章，以志悼亡之哀思。

《李夫人》其一：一带不结心，两股方安髻。惭愧白茅人，月没教星替。

其二：剩结茱萸枝，多擘秋莲实。独自有波光，彩囊盛不得。

其三：蛮丝系条脱，妍眼和香屑。寿宫不惜铸南人，柔肠早被秋波割。清澄有余幽素香，鳏鱼渴凤真珠房。不知瘦骨类冰井，更许夜帘通晓霜。土花漠漠云茫茫，黄河欲尽天苍苍。

诗借汉武帝悼李夫人卒，命方士夜致其神之故事，以悼念其妻王氏之亡灵。李夫人者，暗指李商隐之夫人也。又，《史记·封禅书》于同一事称"所幸王夫人"，更切合王氏本姓，是巧合，也是双关。诗属悼伤之作可为定论，并非历记有唐宫闱之事（如程氏之说）。

首章即言力辞张懿仙事。一、二句谓己已忍单栖，不结同心，却之之词也；三、四句以李夫人已死空致其神，借指府主欲教张懿仙为王氏之替身。白茅人借指柳仲郢（白茅以供祭祀所需，致神方士立于白茅之上，又，天子将封诸侯，各取方土，苴以白茅，以为社，唐时藩镇犹古封建，故暗以白茅人比柳仲郢，用冯注），多谢府主美意，其如此心已如止水，宁复望"河里飞星、云间堕月"哉？小星岂可替月，盖商隐于"本自无双、曾来独立"之名妓，实心以为"非宜"焉。

次章全为暗喻，剩有茱萸之枝可结，唯愿无灾，秋莲之子可擘，甚望增健；独珠露之波光则不得盛之于彩囊之中，借喻闺人独不得多寿，其明眸已不可再见，人死不能复生也。

三章借李少君刻李夫人像事为比，言己睹王氏画像而思其生前音容。画像殆为忌日展之，以供祭奠者。一句状其臂饰，二句写其明眸，三句借言画像貌王氏之真容，四句言对此画像柔肠又被秋眸割得寸断。一曰妍眼，一曰秋眸，盖妇人之美，莫先于目，王氏素以此擅秀（冯说）。五句清澄，指其心之清澄如见，幽素，指其体之余香似闻。六句鳏鱼渴凤自谓，真珠房状在梓幕居室之华美（《上河东公启》中有"锦茵象榻，石馆金台"之语）。七、八句言笑貌宛然，栩栩如生，殊不知其瘦骨已如冰冷，夜台之长任霜侵也。帘者，汉陵寝多用竹帘，夜帘通晓霜，借陵墓之景，言王氏墓地之凄凉。九、十句，土花漠漠云茫茫，接写墓地，黄河欲尽而此情难竭，苍天无限而此恨同长，痛何如之！

诗中透露之信息，可证实其写作时间。按：佩茱萸、采莲实，均为重阳节事。《西京杂记》载：贾佩兰言宫内九月九日佩茱萸、食莲饵、饮菊华酒，令人长寿。《初学记》亦载：《太清草木方》曰九月九日采莲实九分，阴干下筛，服食方匕，令人不老。而据武帝悼李夫人赋有“桂子落而销亡”句，李贺《李夫人》诗亦有“翩联桂花坠秋月”句，可断李夫人之薨是在秋月（桂，八九月生花）。二章诗面，殆谓重阳时节，汉宫方佩茱萸以祈长寿，食莲实以期强身之际，独夫人之早夭，如露华之易晞。李夫人之薨于秋月，其即借指王氏之卒于秋月乎？颇疑王氏即于重阳节或与重阳相近之日归西，诗用“茱萸枝”“秋莲实”等字，或即作于大中六年之重阳，以悼亡日临，借汉帝悼李夫人事而赋诗志哀焉。又，《西京赋》中有“消雰埃于中宸，集重阳之清澄”之句，据此，“清澄有余幽素香”似在写重阳之景，言天气清澄，幽花香洁，以状境地之清冷。这更有助于推断诗作于重阳节，间接亦更有利于推断王氏逝世之时间。

诗用长吉体，为集中悼亡诗之力作，虽多用比兴、暗喻，然细释之，字字可解，句句有根，无庸表示“阙疑”（朱说）。

大中七年，自来东川，连头带尾，已跨三年。二月二日踏青节，江边散步，咏诗一首：二月二日江上行，东风日暖闻吹笙。花须柳眼各无赖，紫蝶黄蜂俱有情。万里忆归元亮井，三年从事亚夫营。新滩莫悟游人意，更作风檐夜雨声。周亚夫屯兵细柳营，此寓柳（仲郢）姓（冯说）。亦是客中思乡，说来温雅清逸（何说）。以春色衬羁愁，以乐境写哀思，相反相成，益见凄其（刘、余说）。诗用拗体，白描，为商隐诗之别具一格者。

商隐曾因病不能饮，来梓后有时亦于席间一醉，借以散愁。作《夜饮》诗以志兴：卜夜容衰鬓，开筵属异方。烛分歌扇泪，雨送酒船香。江海三年客，乾坤百战场。谁能辞酩酊，淹卧剧清漳？五六句高壮（纪评）。百战场，言党人更相倾轧也，乾坤以内，剧于战争，江海无虚侧足（何说）。三年，至大中七年，入蜀已跨三年。三句艳语，谁见歌扇之底有泪难掩，唯商隐于此辈不幸之女子能寄以同情，不得以“小样”“微纤”目之。结言如此身世时局，谁能淹卧一室，有甚于当日卧病清漳之刘桢，辞此酩酊一醉，不以之遣愁怀乎？（刘、余说）此诗学杜有成，允为集中名篇。

秋日远望，作《写意》诗，思念京师：燕雁迢迢隔上林，高秋望断正长吟。人间路有潼江险，天外山惟玉垒深。日向花间留返照，云从城上结层阴。三年已制思乡泪，更入新年恐不禁。诗言故乡迢递，蜀道间关，人心之险，甚于山川。花间返照，余光无几，城上层阴，愁抱莫开。思乡有泪，强制已久，岂能更禁于未来之新年？黯然神伤，声泪俱下！

九月，王氏夫人三周年忌日已至，托言抱疾休沐，遂于寓所致奠，赋

《属疾》诗以记之：许靖犹羁宦，安仁复悼亡。兹辰聊属疾，何日免殊方？秋蝶无端丽，寒花更不香。多情真命薄，容易即回肠。

本是游宦羁泊之人，复值悼亡伤逝之日。时何以遣，情何以堪。秋蝶寒花，此日之景，愁人见之，蝶之丽只觉无端，花之香亦成无味。寒花当指菊花，重阳节之景物。由此二句，亦可证王氏确死于九月。诗作于大中七年（从冯说），上年之悼亡诗则有《李夫人》三章。商隐伉俪情深，夫妻义重，正如王氏生前，虽暂别，亦尽可能约于二月——结婚纪念日聚首。王氏死后，商隐一定于其忌辰设祭致哀，三年之内，年年如此。故集中悼亡之作迭见，一而再，再而三，其脉络是很清楚的。

十月，杨本胜至东川幕，商隐应其所请，综理文稿，于十一月编成《樊南乙集》，并作自序（详见前述）。本胜于长安见商隐之子衮师，商隐闻其所告，乃以《杨本胜说于长安见小男阿衮》为题，成诗一首：闻君来日下，见我最娇儿。渐大啼应数，长贫学恐迟。寄人龙种瘦，失母凤雏痴。语罢休边角，青灯两鬓丝。此诗怜爱子之依人，痛其母之早逝，其词也哀，不堪卒读。渐大则知思父远游，伤母早背，故啼应数（冯说）；龙种，商隐诗："我系本王孙"，故云；凤雏，王氏之子，母名中或有"凤"字（见前释《凤》诗），与"龙种"并指阿衮（如题），非分属儿女（刘、余亦主此说，良是）。按：商隐入川前府主赐钱三十五万，自足赡家，入蜀后财俸有余，家用已不匮乏，衮师始得就傅（时衮师已七岁多）而有学迟之恐（早慧，学应提前）。诗中一则曰瘦，再则曰痴，因失母哀伤故也。有子如此，羁客之心，何能安之？青灯相照，鬓边又添白发几丝！伤其母而复怜其子，此商隐思乡之念之所以与年俱深也。

大中八年，商隐以体日衰，诗多萧瑟。西溪，当地一景点，幕府时往饮宴，商隐间亦出游，有诗记之。柳好休伤别，松高莫出群（《夜出西溪》）。心境还较开朗。杨本胜来后，情绪趋向低沉。同一《西溪》为题，情味就不一样。其句云：近郭西溪好，谁堪共酒壶。苦吟防柳恽，多泪怯杨朱。野鹤随君子，寒松揖大夫。天涯长病意，岑寂胜欢娱。苦吟，自指，防柳，言己诗可与府主相并（防，并也）；多泪，亦自指，怯杨朱，言怕听杨本胜说长安事；岑寂胜欢娱，谓多病独处，反胜于宴席之寻欢。此后病日甚，凡有饮宴，兴趣索然。可怜漳浦卧，愁绪独如麻（《病中闻河东公乐营置酒口占寄上》），这是缺席；肯念沉疴士，俱期倒载还（《南潭上亭宴集，以疾后至，因而抒情》），这是迟到。岂关无景物，自是有乡愁（《寓兴》），乡思潮涌，实无心领略景物。从诗得何报，惟看二毛催（《江亭散席循柳路吟归官舍》)，作诗动触心中殷忧（殷忧动即来），徒看白发催增，这种诗不作也好。

王氏夫人故世，已过三个悼亡祭期，到大中八年，死别更及四载，然商隐对这位亡妻思念之意仍是极深。这年七夕又至，作诗以寄感慨：鸾扇斜分凤幄开，星桥横过鹊飞迴。争将世上无期别，换得年年一度来？当日得成佳偶，天河迢递，曾笑牵牛，今日悼亡伤重，生死一别，再见何期。安得能如天上一年一度之欢聚，庶亦差减人间无穷无尽之苦忆，然此愿亦不可得，悲哉！诗，读之使人增伉俪之重（张说）。词浅怨深，悼亡之作之上乘者。因“年已渐久，故酌编于此”（大中八年）（从冯说）。

商隐至东川以来，因失偶不乐，始克意事佛（《樊南乙集》序中语），盖藉逃禅以求解脱。自出财俸，于长平山慧义精舍经藏院内特创石壁五间，以金字勒《妙法莲花经》七卷，自作碑铭，请柳仲郢为文。柳固信佛而精于释典者，故商隐启求撰记焉（见《上河东公启二首》，冯氏编于大中八年）。

愚按：武宗灭佛后，各宗皆趋消匿，独禅宗特盛。南禅者，释迦其表，老庄其实，魏晋玄学之复活也。当时颇为失路士人所趋，商隐耽而自缚者，乃南禅之义理。妙法莲花经为天台宗所奉，天台宗尤与道教相近，其大师后亦有转入禅宗者。商隐往时学道，今更深入于佛，释、道二者原本相通。由不问鬼神至礼佛参禅，由作赋论兵至写经谈空，颓波不可挽矣！

是年，僧知玄来东川，商隐执弟子礼事之。是时，有《题僧壁》《明禅师院酬从兄见寄》诸诗，熟用内典，颇深禅味，由此可见商隐佞佛之一斑。

大中九年，已因病别居，与温飞卿相唱酬，以诗寄之。如《有怀在蒙飞卿》：薄幻频移疾，当年久索居。哀同庾开府，瘦极沈尚书。城绿新阴远，江清返照虚。所思惟翰墨，从古待双鱼。当年，壮年之意，久索居，久赋悼亡（刘、余说）；前四句自谓，五、六句写眼前之景；结语点出思念，温、李二人友情匪浅（温、李同岁）。

柳仲郢在镇，美绩流闻（三为大镇，厩无名马，衣不熏香），是年十一月，内召回朝，与兵部侍郎、盐铁使韦有翼对调。梓幕罢，商隐吟寄同舍：不拣花朝与雪朝，五年从事霍嫖姚。君缘接座交珠履，我为分行近翠翘。楚雨含情皆有托，漳滨多病竟无憀。长吟远下燕台去，唯有衣香染未销。一、二句点出梓幕，五年，连头带尾计算，非实足五年。三、四句概括几年间与同舍之相处：上句言公府之中同为上客，以春申比仲郢之厚待宾客；下句言饮席之间共近名姝，实写幕府时有宴集，必以乐妓相侑。此两句为互文，兼及君我。五、六句言自己：上句谓虽因分行（似为分曹之意）或近翠翘，然风怀之念久已断绝（观力却张懿仙事可知），往日无题艳情之作皆别有寄托，美人香草，借以为喻而已（《谢河东公和诗启》中已明言：为芳草以怨王孙，借美人以喻君子）；下句谓因病别居，独自无聊。七、八句言将离使府，而府主之德将永记不忘。结语感叹不尽（纪氏之评），言外别无怨望之意。衣香用“荀令坐处衣香三日”典，以喻府主之德馨，固不拘于柳仲郢衣不熏香之史实。

季冬，柳仲郢起程，商隐随行。过筹笔驿，有诗：他年锦里经祠庙，梁父吟成恨有余。借咏武侯之好为《梁父吟》，以嗟叹蕴文武才之李卫公竟遭谗而贬斥至死！行至京兆、扶风境，于马上念《汉书》，有诗，结云：英灵殊未已，丁傅渐华轩。盖借汉宣以喻唐宣，刺其宠任舅氏，开外戚擅权之风。

大中五年，商隐赴东川前，曾有句：班骓只系垂杨岸，何处西南待好风，其意虽依柳幕，仍待好风吹送回朝。然而几年中于西南苦待吹来的好风，既非来自杜悰，更非来自令狐，而是得随柳仲郢回朝。仲郢与商隐固非旧交，然虚以右席，实同知己。在蜀日，厚禄隆礼，主宾相得；梓府罢，商隐又以掾属随还。可谓“始终有恩礼者，较之子直伐异忌能诚不可以道里计矣”（借用张氏语）。柳仲郢诚又一厚德者也。

## （七）旧地重过，余情未已

大中十年春，柳仲郢入朝，授兵部侍郎兼御史大夫，充诸道盐铁转运使。是年正月回京、四十五岁的李商隐，被柳仲郢表奏充盐铁推官。因料理家事，并治疗疾病，未赴任。仲郢怜其衰病，令叨禄赡，带俸休养，这是莫大的优待。

在长安日，仍居永崇里（坊），时僧知玄亦还京师，商隐往谒之。《高僧传·悟达法师知玄传》云：“有李商隐者，一代文宗，时无伦辈。尝从事河东柳公梓幕，久慕玄之道，学后以弟子礼事玄。时（商隐）居永崇里，玄居兴善寺。”这就是商隐自东川至长安与知玄交往及其住处之确证。

春，过招国里李氏南园。昔年新婚曾假此处为洞房，旧地重来，不胜追昔抚今之感。口吟一绝：潘岳无妻客为愁，新人来坐旧妆楼。春风犹自疑联句，雪絮相和飞不休。诗言悼亡多年，如潘岳之无妻，旁人亦为之愁。今过南园见有一对新婚夫妇住我旧时之妆楼。春风犹认我夫妇于楼中联句唱酬，柳絮如与雪相和，因风而起，飞舞不休，亦似前来为联句人凑趣，岂知楼中已另换新人。观“联句”字，再次证明王氏夫人亦咏絮之才，堪与商隐相唱酬者。

暮春，自长安赴郑州为妻扫墓，并筹子女返郑及日后身退住郑去处诸事宜。经洛阳，见依仁里有淘井者，即以《井泥》为题，赋古体诗一首，诗为慨李刺牛之作（张说可采，唯编年不取）。盖暗指赞皇辈无端遭废，令狐辈无端秉钧，武宗无端殂落，宣宗无端得位，皆天时人事难以理推者。意有所触，不觉累累满纸，怨愤之深已极。

归至长安，多暇，于秋日，重游故交裴衡旧居。裴居称南亭，在东郊，往日住樊南时常来此，境颇幽。今裴宦游他方，唯余桂巷杉篱，犹似当年，诗以寄之：别地萧条极，如何更独来。秋应为红叶，雨不厌青苔。沈约只能瘦，潘仁岂是才？离恨堪底寄，惟有冷于灰。心冷于灰，萧条更甚于景色。潘仁岂是才，悼亡之痛，身世之感，乃心灰之由来。

游乐游原，有诗：向晚意不适，驱车登古原。夕阳无限好，只是近黄昏。唐室之业，寖已衰矣，回光返照，其能久乎？岂特为迟暮之感、沉沦之痛，而吟此诗！

暮秋独游曲江，此处为与王氏议婚相见之地，旧地重过，感赋一首：荷叶生时春恨生，荷叶枯时秋恨成。深知身在情长在，怅望江头江水声。商隐咏荷诗三首：《荷花》诗婚前所作，《赠荷花》诗婚后所作，此则悼亡后所作。当年春日荷叶生时，与王氏相识于曲江，春恨者相思之恨（议婚过程很长）；秋日荷叶枯时，王氏亦于是时去世，秋恨者悼亡之恨。此身如在，此情总不能已，斯人已没，唯望江头之江水，而意如痴。诗须点时令，自春之相识至秋之悼丧，兼而言之，不能用“花”字，而只能用“叶”字，如泥于《赠荷花》诗所言之荷叶，而认此诗为悼其妾媵之作，则失之。如此深情之悼亡诗，应属其妻，始为得体，岂有过曲江只悼其妾而不悼其妻乎（况其人未必亦已去世）？观“身在情长在”之语，似悼亡年已渐久，定为东川归来后作，似更宜。

岁暮，整装拟赴江东就任盐铁推官。临行前，再度去招国李氏南园。复题一绝：长亭岁尽雪如波，此去秦关路几多。惟有梦中相近分，卧来无睡欲如何！秦关指潼关、函谷关；分，读去声分内之分。今次出行，不能再来南园。旧地恋恋，唯有梦中相近的一点缘分，但卧来无寐，并梦亦无，则又如之奈何！卧来无睡，点明是悼亡之故。

大中十一年，商隐赴江东，正月，途经洛阳，宿于崇让宅。有诗：密锁重关掩绿苔，廊深阁迥此徘徊。先知风起月含晕，尚自露寒花未开。蝙拂帘旌终展转，鼠翻窗网小惊猜。背灯独共余香语，不觉犹歌起夜来！旧地重临，又起悼亡之痛。观故宅荒落，追念前事，于深廊迥阁之间徘徊不已。月含晕，写景，或有寓意，盖指王氏素多病，预愁其不能永年；花未开，亦写景，或借喻己之家道贫寒，仕途坎坷，使闺人平生未得展眉；蝙既拂帘，中夜展转难寐；鼠更翻窗，惊猜其人再来；背灯闭目，独自与香魂共语，夜起重歌，竟忘其已作过去之人。情深一往，读之增伉俪之重，悼亡诗最佳者，潘黄门后绝唱也（张氏评说）。

至江东，已春深，作《江东》诗一绝以记：惊鱼拨刺燕翩翾，独自江东上钓船。今日春光太漂荡，谢家飞絮沈郎钱。柳絮似盐，榆荚如钱，商隐在江东任推官，即主盐铁与铸钱事（盐铁使兼铸钱使）。

在扬州、金陵，作咏史诗各篇：《隋宫》二首，《南朝》二首，《咏史》，《齐宫词》等。尤以《隋宫》七律，学杜得其神髓，宜其脍炙人口，极为后世推重。

在江东时，得识处士郑说，有诗相赠：浪迹江湖白发新，浮云一片是吾身。寒归山观随棋局，暖入汀洲逐钓轮。越桂留烹张翰鲙，蜀姜供煮陆机莼。相逢一笑怜疏放，他日扁舟有故人。诗大有归隐之意。盖令狐绹秉政岁久，忌胜己者，中外侧目，致帝亦云宰相可畏有权。在此形势下，商隐回京师入翰苑掌丝纶之艳想已断难实现，莫能力挽天地，不如早遁江湖。引退之意已决，当日《安定城楼》诗中所发的宏愿已彻底破灭了。

大中十二年，二月，以兵部侍郎柳仲郢为刑部尚书，罢判盐铁事。商隐随之亦罢推官。二月即从江东归。事实上商隐在宦途已失去依靠，又体弱多病，对官场趋走，已意兴淡薄，已萌的引退之意便提上日程。北归后即移家郑州，正式退休闲居。郑州是商隐的“故园”，厥祖以来已久徙荥阳，祖茔妻墓皆在焉。幼时因家境困难，内无强近，外乏因依，不得不回祖籍怀州居住。今积有余俸，经济上已较宽裕，移家居郑已无问题，且郑州有至交强宗可资依傍（如会昌时回京补官，以仲弟羲叟托付与曾为郑州刺史的从叔李褎），人际关系的条件亦较好。尤其是在郑更便于与亡妻的灵爽相接，因之，这是一个理想的选择，长安已没有什么可留恋的了。

在郑州日，生活倒也悠闲自得，频与农夫田父交往。有《赠田叟》诗为证：荷蓧衰翁似有情，相逢携手绕村行。烧畬晓映远山色，伐树暝传深谷声。

鸥鸟忘机翻浃洽，交亲得路昧平生。抚躬道直诚感激，在野无贤心自惊。诗写出淳朴之人与村野之景，逢忘机之田叟翻感浃洽，忆得路之交亲（指令狐）竟同陌路。抚躬自问，同为性方道直之人，得见此老品格之高，诚觉感动奋发。今乃弃之田野，而彼妒贤嫉能者亦如李林甫（暗指令狐）之妄谓野无遗贤，是真令人中心惊怪。本求闲适，更欲忘机，但一想到这，又愤然不能平静。诗似指田叟，实自寓也。

对所居之清幽，较为满意。有《水斋》一诗以记之：多病欣依有道邦，南塘晏起想秋江。卷帘飞燕还拂水，开户暗虫犹打窗。更阅前题已披卷，仍斟昨夜未开缸。谁人为报故交道：莫惜鲤鱼时一双。有道邦，褒美有所因依之父母之邦；想秋江，多病苦夏，而想秋爽；已披卷，病后健忘，书卷每须再开；未开缸，病后量减，酒缸多有未开；结言独自无聊，唯望故人书来，以慰我岑寂。老境颓唐，暮气萧瑟，此诗或竟成晚年绝笔！

唯此诗，还有上诗，多用拗句，如“还拂水”“犹打窗”，“诚感激”“心自惊”，弥见其老健，此种句式元遗山最喜用之，商隐实为其先导。诗人晚年诗格有变，在善学杜诗的沉郁顿挫、雄浑阔大之一面以外，又开拓了其瘦硬细健、峭拔朴实之另一面，其诗路宽，家数大，岂能仅以俪偶繁缛、善作艳体诗的名手目之？

可惜这种闲适的日子并不能维持多久，是年秋后，四十七岁、饱尝人生苦涩的诗坛巨匠李商隐，竟以久病不愈卒于郑州，打破生死之隔，去陪伴他最心爱的王氏夫人了。“虚负凌云万丈才，一生襟抱未曾开。鸟啼花落人何在，竹死桐枯凤不来。良马足因无主踠，旧交心为绝弦哀。九泉莫叹三光隔，又送文星入夜台。”崔珏的这首《哭李商隐》诗（二首录一），沉痛地道出了友朋对已故诗人的怀念、同情、钦佩的心情。

商隐多病，曾患瘵疾（肺结核）、消渴、癫眩，外疾有痔，唯致死之病为何，则难详考。

诗人李商隐，在经与燕台、柳枝两次恋爱失败后，同王氏夫人成婚，缔结了美好良缘，但由于政治因素的强行掺入，这一婚姻竟被抹上浓重的哀愁色彩。贫病相仍，十三年的生活，三十多岁的生命，过早地结束夫人与诗人的这段相濡以沫的因缘，留下了令人浩叹的一段历史！这里谨以短文，总括李商隐和他的王氏夫人的事略，弄斧班门，以奉献于这位大骈文家和晚唐诗坛之殿的大诗人——

婚宦两途，唐时士子立身，二事实系大局。商隐宦情既沮，婚事又格。

曾遇轻鸾，俱成别鹄。湘中寻觅，歌《燕台》记其往时，戏上背离，赋《柳枝》题其故处。惊有恶棒，打仙禽而两分，恨无天牢，全冤魄宁共锁。痛所思迭为挟财、仗势者攘之而去也。事足风波，字皆泪血。岂同薄悻于青楼，非若浪游于紫陌。何转乞于高门？盖难谐于低户。照梁日初有情，出水莲渐生慕。凤管终吹于上国，人自求凰；鸿词旋抹于中书，彼何嚇鼠！莫近弹碁之局，中心不平；聊膺草檄之任，孤身暂驻。颍川桂海，留连薄宦；郢水巴山，感念离群。正苍梧露下，又白帝云屯。秋风羁南，五字之诗《念远》，《夜雨寄北》，千古之句情敦。再走曹植之马，关河冰雪；欲咽齐女之蝉，树木晨昏。佳趣难忘，三春家室；嘉期且约，二月归人。……讵意柿叶鸣庭，梦破于远别之后；蔷薇泣露，天翻于倦还之时。鸾镜轮亏，谁同照影；鸳机梭冷，孰与寄衣？蓝田日暖，漠漠碎玉生烟；沧海波凉，的的明珠成泪。《锦瑟》华年，空自追思；银筝佳偶，安能教替？作缘怀旧，意本悼亡。至情至性，固不减安仁之怆、奉倩之伤也。至若“丛台妙妓、南国佳人，虽有涉于篇什，实不接于风流”。其事非显，其言已彰。赠其诗以“女郎”之号，列其人于“浪子”之伍，非唯不察，抑且厚诬矣。（录自拙作《李商隐诗要注新笺》自序）

可是对诗人这一受压抑的、满纸辛酸的婚姻史，许多人却硬是颇多不察，议论纷纭，使人滋生疑惑。一是无行论。说《传》所云放利偷合，则不诬；娶王氏女，心怀躁进，遽赴泾原，绹恶其背恩无行实始于此。二是悔婚论。慨一从婚于王氏，遂终身不得居京职，谓《岳阳楼》诗之“如何一梦高唐雨，自此无心入武关”，意即指此。三是不党论。认为商隐不足与论党局，依违去就一无特操，植品论交两无定守，李、牛之党实繁有徒。小臣文士无与于轻重之数，其历就诸幕皆聊谋禄仕，并非党李之党。于《锦瑟》一诗，竟否定其为悼亡诗，而别创所谓的自伤论，以《锦瑟》为自道生平之诗，五十初度之作。如此云云，都缺乏根据，不合事实。从前面我提供的四万言的论述和考订之中，不难看出其说不能成立，似毋庸再费唇舌。至于以凑合锦瑟五十弦而将商隐阳寿添加三年使之活满五十的说法，除了佩服其大胆外，还有什么好说呢？

为诗人良难，为笺家亦不易。在一字一句一篇上有所发明，固属有功，值得后人纪念，然在大处、要处上，如轻薄为文，轻易下断，把握不准，分寸全失，则会有损诗人之品格，有伤作品之精神，甚至有足使诗魂饮泣者。知人论诗，可不慎哉！

对于李商隐这位晚唐杰出的大诗人，我是爱其诗而尊其才，原其心而怜其遇，是带着感情来完成这篇文章的。为了给商隐和王氏夫人的并非说不清楚、却大受歪曲的婚姻，讨回一个公道，在这里再以诗的语言，就上揭诸论略予澄清，借以申明己意，并作为本文的结束。

雾夕芙蕖方缔婚，鸿词被抹赴泾原。
两情既好谁能阻？不是浮华轻背恩！
幕府春风恩遇殊，能云一误落歧途？
音谐琴瑟情如海，岂悔何郎得意初。
婚宦平生系李牛，是非渐晓更何尤。
重逢二月期相约，徐海东行宁漫游？
不是艳情非自伤，低吟锦瑟几回肠。
何当一扫层霾尽，诗派千秋现异光。

（2001 年 9 月 15 日写毕于北京安贞里寓所秋阳晴和之日）

# 七

# 李商隐七律诗法十诠

李商隐，亦名李义山，号玉溪生、樊南生，晚唐著名诗人，一生遭遇不幸，只活了四十七岁，给后世留下诗五百多首和骈体文《樊南文集》两编(散文很少)。因为工骈俪，善属对，所以格律诗写得特好，五律、五排、七律，精品纷呈，令人目不暇接。单以七律而论，在唐代堪称一家，有自己的特色。这里专谈李商隐的七律诗。

李商隐七律并非只是走晚唐诗轻靡绮丽的路子。他有一部分诗是学杜甫的。诗家公认要学杜诗，李商隐诗是其桥梁。“欲窥浣花之樊篱，需蹈玉溪之径蹊。”这样才可窥沉博精纯之境，脱粗浮浅易之习。这部分学杜有成的作品，诗的格调是比较高的。另有一部分是他所独创的《无题》诗，借香草美人之思，喻抑塞难吐之隐，词诡而言微，格奇而意远，缠绵宕往，哀感顽艳，是唐代诗国的一大奇葩。至于一般晚唐风格的诗，仅占一小部分，在李集中不算上品。这三部分诗构成李商隐的七律诗。读李商隐的七律诗须统观兼顾，才能见其全貌。本文仅从方法论上来剖析李氏七律中的一些格律问题，以见格律诗（指七律）作法的若干规则，浅乎言之，实不敢称窥其妙谛。

李集七律共123首，内容丰富，其中确有许多可圈可点、可传可承之处。以下拟分声韵、平仄、对仗、句法（上、下）、章法（一、二、三、四）、诗体十个方面来作些诠释，名之曰《李商隐七律诗法十诠》。

## （一）声韵

自从梁沈约著《四声韵谱》、隋陆法言作《切韵》后，唐代刊定为《唐韵》206韵（有的可同用，实际112韵），宋奉敕重修为《广韵》，分韵为108

部，元末归并为106韵部（平水韵），即明、清所用诗韵。科举时代都按韵书作诗，在近体格律诗中用韵是很严格的。

由于古今语音变化已多，今日已不易知晓其分韵的标准所在，需加仔细探讨。如东、冬今韵韵母都是ong，为何分属两韵？按：古韵书谓东、冬分属开口呼、合口呼，依此，韵母应分别是ong、ung，两者自有区别，岂能相混？又如萧、肴今韵韵母都是iao，为何不能相通，肴需独用？同样道理，按古韵，萧的韵母是iou，而肴的韵母是eou，二者尚有不同，分属两韵也有其来由。当然，有许多分韵的原因即使仅按今韵论，也还是可以弄明白的。如：庚、青、蒸今韵的韵母（复韵母、带声韵母）是eng、ing，而真、文今韵的韵母是en、in、un，有长尾短尾之分；纤、廉、盐、咸今韵的韵母是iam、am，侵、寻今韵的韵母是im、m，与n、ng迥然有异，所以不属于一个韵。不过韵母（今韵）同是ing，青、庚两韵中的青、清（声母也同），因何分属两韵？韵母同是eng，庚、蒸两韵中的声、生与升、胜因何又不属同韵？其故又不甚了了。不管弄得明白还是弄不明白，或半明半暗，今人作古典的格律诗，还得沿用古典的诗韵。有些作者以真韵en、文韵un与庚韵eng、青韵ing通押，以侵韵im、m与真韵en、青韵ing混用，以寒韵an与盐、咸韵am混用，就未免出格了。要写合格的格律诗，必须以押韵押得准，不出韵为前提。诗韵韵部虽多，其实用多了、看多了，工夫下足了，就熟能生巧，牢记于心了。归纳起来，是四句话：对照拼音，查看诗韵。真文庚侵，不容相混！

既然写格律诗，首要的是解决用韵的问题，上面提到的就决非多余的话。现在可以转入正题，看看诗人李商隐的七律诗是如何用韵的。

唐以诗取士，重格律，重音韵，已成风尚。就当时来说，唐人作诗，“出韵”（“落韵”）是大忌，在科场中无论诗意怎样高超，错了韵只好算是不及格，所以得倍加注意，力免出韵。出韵之事盛唐时绝无，中唐后渐发生（如刘禹锡）。对李商隐来说，其七言律诗总的是声调和谐，用韵精严，首先给人以美的感受，这是主流。尽管如此，也应指出，在商隐诗集中，于绝大部分按官韵作诗以外，有时亦不免有出韵的地方。大醇小疵，固不必为贤者讳也。具体可如下例。

### 茂　陵

汉家天马出蒲梢，苜蓿榴花遍近郊。内苑只知含凤嘴，属车无复插鸡翘。玉桃偷得怜方朔，金屋妆成贮阿娇。谁料苏卿老归国，茂陵松柏雨萧萧。

梢、郊属肴韵，翘、娇、萧属萧韵。现在的拼音这五个字并无区别，在当时却不是同韵，按规定不能通押，萧、肴韵用于一首诗中便是出韵了。

无　题

凤尾香罗薄几重，碧文圆顶夜深缝。扇裁月魄羞难掩，车走雷声语未通。曾是寂寥金烬暗，断无消息石榴红。班骓只系垂杨岸，何处西南待好风？

此诗重、缝为二冬韵，通、红、风为一东韵，论者谓其“偶然失检”，出了韵，是也。

又《少年》诗中，用功、封、中、丛、蓬五韵。封字二冬，与另四字一东混用，亦出韵。

不过，出韵情况在商隐七律中毕竟还是不多的，且属萧、肴和东、冬类型，与真、文、庚、侵之混用不可同日而语，问题尚不算最严重。

七律诗，第一句以押韵、平声为常格，不起韵反而是变格。商隐七律也与各家一样，一般是首句即起韵，在集中虽也有首句不起韵的，但只是少数。如：《题白石莲华寄楚公》，首联：白石莲花谁所共，六时长捧佛前灯。起句仄收，不用韵。《昨日》，首联：昨日紫姑神去也，今朝青鸟使来赊。情况类似。

诗韵按所包容的字数，可分为宽韵（支、先、阳、庚、尤、东、真、虞）、中韵（元、寒、鱼、萧、侵、冬、灰、齐、歌、麻、豪）、窄韵（微、文、删、青、蒸、覃、盐）、险韵（江、佳、肴、咸）四类。有的诗家好用窄韵、险韵，以逞才华。商隐才情虽大，然用韵比较平易，大都属宽、中韵，不故意求险走窄，在用韵上卖弄本事。窄韵、险韵诗确实不多，集中仅见数例。如：

水　斋

多病欣依有道邦，南塘晏起想秋江。卷帘飞燕还拂水，开户暗虫犹打窗。更阅前题已披卷，仍斟昨夜未开缸。谁人为报故交道：莫惜鲤鱼时一双。

此诗为逝世前不久之作，用江韵，属险韵。

**水天闲话旧事**

月姊曾逢下彩蟾，倾城消息隔重帘。已闻佩响知腰细，更辨弦声觉指纤。暮雨自归山悄悄，秋河不动夜厌厌。王昌且在东墙住，未必金堂得免嫌。

蟾、帘、纤、厌、嫌，都是十四盐韵，属窄韵，较难下笔，而此诗押来极为自然，工夫到也。

严格用韵，一韵到底，不得通转，限制太过，中晚唐以降，有些诗人思图有所突破，于是就产生首句借用邻韵的现象。即钱大钧所说的“五七言近体第一句，借用旁韵，谓之借韵”。本来律诗的首句可不用韵，入韵是多余的，所以古人称五七律为四韵律，即使首句入韵也不把它算在韵数之内，有的诗人就从这多余的韵脚上讨些便宜，于是有借用邻韵的技巧。盛唐以前，此例尚少，中晚唐渐多，以致形成一种风气；到宋代，首句用邻韵几乎可说是一种时髦了（说本王力）。这种首句入韵而不同韵的作法叫做“衬韵”，也是律诗用韵之一法。所谓邻韵，就是在诗韵上排列相近而音又相似的韵，可分八类：一、东冬，二、支微齐，三、鱼虞，四、佳灰（开口、合口，ai，ui），五、真文元寒删先（真文近，元文近，寒删近，删先近，先元近；真寒、寒元、文与删先、先与真文不能视为邻韵），六、萧肴毫，七、庚青蒸，八、覃盐咸。今时诗人作律，任意通韵（如以真庚通押、删咸通押之类），不合唐宋诗人的格律，不足为训。

衬韵法非商隐首创，却为商隐乐用。王力在《汉语诗律学》中举出二例。

一是《深宫》：

金殿香销闭绮栊，玉壶传点咽铜龙。狂飚不惜萝阴薄，清露偏知桂叶浓。斑竹岭边无限泪，景阳宫里及时钟。岂知为雨为云处，只有高唐十二峰！

首句栊为东韵，余均为冬韵，栊字衬韵，以东衬冬。

二是《牡丹》：

锦帏初卷卫夫人，绣被犹堆越鄂君。垂手乱翻雕玉佩，折腰争舞郁金裙。石家蜡烛何曾见，荀令香炉可待薰。我是梦中传彩笔，欲书花叶寄朝云。

首句人为真韵，余均为文韵，人字衬韵，以真衬文。

真实衬韵法在商隐集中应用还不止上面两例，又如《井络》诗首联：井络天彭一掌中，漫夸天设剑为峰。中字东韵，以下均为冬韵（峰、松、龙、踪），以东衬冬。再如《奉和太原公送前杨秀才……》诗首联：潼关地接古弘农，万里高飞雁与鸿。农字冬韵，以下均为东韵（鸿、风、同、空），以冬衬东。

衬韵与出韵不同：衬韵只能用于首句一处，稍有宽松，但不能于首句外更多地用邻韵。那样就是出韵而非衬韵了。如上面提到的《茂陵》诗的梢、郊二韵，《无题》诗的重、缝二韵，超出了首句的范围，就不能算是衬韵法了。

总之，用韵主要就是要遵守两条规则：一是力求避免出韵，切莫轻越雷池；二是可利用衬韵法，博得一点小自由。除此以外不能再宽了，宽大无边就不是近体的格律诗了。

单句句脚四声递用，这一诗法的问题也有必要注意及之。律诗第一句一般用韵，用平声，所谓的单句即指三、五、七句。朱竹垞说：“老杜律诗单句句脚必上去入俱全。”“必”字太绝对，但检诸杜集，工部七律确是多数如此。这种作法可使声韵和谐，适于吟诵。据王力所云，初盛唐诗人往往如此。李商隐学杜，这一点可说也是学到家了。有名的学杜七律《筹笔驿》的第三句：徒令上将挥神笔的笔字入声，第五句管乐有才真不忝的忝字上声，第七句他年锦里经祠庙的庙字去声，声调搭配得确实好。在其他诗中也有此类情况。如：《潭州》第三句湘泪浅深滋竹色，句尾为入声；五句陶公战舰空滩雨，句尾为上声（雨作动词则为去声）；七句目断故园人不至，句尾为去声。《重过圣女祠》第三句一春梦雨常飘瓦，句尾为去声（名词砖瓦之瓦为去声，形容词为上声）；第五句绿萼华来无定所，句尾为上声；第七句玉郎会此通仙籍，句尾为入声。《无题·昨夜星辰昨夜风》第三句身无彩凤双飞翼，句尾为入声；第五句隔座送钩春酒暖，句尾为上声；第七句嗟予听鼓应官去，句尾为去声。

未遑细检，已获此数例。当然，商隐诗很大部分句尾不是上去入俱全，而是两个上声或两个去声重用，看来他并非对此完全在意的。

格律学家强调指出，有一种诗病叫做“上尾”，必须避免。上尾，也就是单句句尾全是上上上、去去去、或入入入，此属“大病”，邻连两句句尾是上上或去去已是“小病”。商隐诗中间或有犯上尾的。如《送崔珏往西川》，三句一条雪浪吼巫峡，五句卜肆至今多寂寞，七句浣花笺纸桃花色，各句句尾都是入声，这就是所谓“上尾”之病了。究竟犯此病有多少，未细检。不过此病古人确难尽免。上尾，在王维诗中已见，宋人诗中上尾更多，不胜枚举。因此，避上尾似不能算是诗法，只是技巧上应尽量加以注意的视点而已。

以上所述可归纳成四句话：**押韵甚严，衬韵稍弛。四声递用，远离上尾。**

## （二）平仄

在近体诗中平仄有一定的规则。平起、仄起，平收、仄收，按照一定的格律写诗就是了。同一联中的两句（出句和对句），其同一位置的第二字必须平仄互换，否则就是“失对”。上一联对句和下一联出句第二字的平仄应相同（粘连），如果不同，就是“失粘”。失对、失粘，都是诗病，要尽力避免。盛唐时即使大诗家（如杜甫），这种毛病也时有存在，中唐以后，粘对的规律渐严，违规的现象就少了。李商隐七律诗中更从未发现过失对和失粘。

失对、失粘的问题发生在两句之间，在同一句七个字之间的平仄又会有什么问题呢？下面就此着重言之。

旧时流传两句口诀：“一三五不论，二四六分明。”其实这只是很浮浅的观察，与事实不相符。事实上，一三五不一定可以不论，二四六不一定必须分明（王力语），要明了近体诗的平仄，并不是那样简单，简单的说法容易误导于人。这里面有几种情况很值得提出来分析。

一是七言诗的第一字（顶节上字）的平仄，无论在任何情况下却是可以“不论”的，因为它距离句尾最远，地位最不重要，该平的也可以用仄，该仄的也可以用平。如李商隐的《锦瑟》诗，第二句的一弦一柱思华年，第一字宜平而用仄；第七句的此情可待成追忆，此字也是用了仄声。《重过圣女祠》诗，第三句的一春梦雨常飘瓦，第七句的玉郎会此通仙籍，“一”字、“玉”字之处该平而都用了仄。第一字该仄而用平者，则如《圣女祠》第二句龙护瑶窗凤掩扉。这都是出句或对句中第一字平仄“不论”之例。其他诗中还有，不一一列举。

但是，为了音调的谐协，诗人们在第一字该平而用了仄之后，往往在本句第三字该仄处改用平声，以资补救。略举几例，如《圣女祠》：不寒长著五铢衣，每朝珠馆几时归，第一字用了仄声（不、每），第三句就用平声（长、珠）来救之。《重过圣女祠》二句上清沦谪得归迟，第三字“沦”字平，以救第一字“上”字之仄。余如《无题》诗的夜吟应觉月光寒，《隋宫》诗中的锦帆应是到天涯，《荆门西下》诗中的蕙兰蹊径失佳期，《碧城》诗中的赤鳞狂舞拨湘弦，《潭州》诗中的楚歌重叠怨兰丛，等等，也莫不如此（夜、锦、蕙、赤、楚字仄，应、应、蹊、狂、重字平）。不过，不这样处理的还是很多的。所以，不妨说第一字的平仄是可以不论的。对句的平平仄仄平平仄，变通为仄平仄仄平平仄，出句的平平仄仄仄平平，变通为仄平仄仄仄平平，都是被容许的。

七言律诗的第三字情况就复杂了。一般说在平起句中原本该仄，用了平声也无碍，即平平仄仄仄平平可用为平平平仄仄平平，平平仄仄平平仄也可用平平平仄平平仄，这也是在“不论”之列。李商隐的《南朝》诗中的谁言琼树朝朝见，《杜工部蜀中离席》诗中的人生何处不离群，即是其例，余不赘。但是仄起的句式——仄仄平平仄仄平中第三字平仄必须分明，即限用平声，决不能用仄声，以仄仄仄平仄仄平出之。因为，这样除韵脚的平声是固定的以外，句中就单剩了第三字一个平声——孤平了。犯孤平是诗家的大忌，必须慎而避之。可见在这种场合下，七言的第三字的平声是非论不可的。现在人们很少知道避孤平这样一条重要规则，不能不归罪于“一三五不论”的那条口诀。

如果仄起七言的第三字因诗意必须用仄声，那么就得尽量设法予以补救，这就是诗法中所谓的“孤平拗救”。补救的办法有二：一是自句自救，即第三字该平而用仄，则第五字必须用平声为补救：仄仄仄平平仄平；二是于此同时，其出句的第五字本该用平而改用仄声，或者第五字仍用平而第六字改用仄声，这样，该联出句就变成平平仄仄仄平仄，或者平平仄仄平仄仄，对句则变成仄仄仄平平仄平。两者结合用得更多，谓之双重拗救。

李商隐也善用如上的拗救之法，而且是以双重拗救为常规，单纯的在本句内自救的简单处理，在商隐诗中简直是没有。

以下是双重拗救法的典型例子：

《正月崇让宅》：先知风起月含晕，尚自露寒花未开。

《送崔珏往西川》：一条雪浪吼巫峡，千里火云烧益州。

《赠田叟》：烧畲晓映远山色，伐树暝传深谷声。（暝，夕也，去声）

《水斋》：谁人为报故交道：莫惜鲤鱼时一双。

四诗的对句第三字都是仄声（露、火、晓、为），第五字改用平声（花、烧、深、时），把孤平救了过来，就当句说是“本句自救”，但诗人所作不尽止此，在出句中更以原该用平声的第五字改用仄声（月、吼、远、故），第六字则仍为平声，变为拗句（后三字为仄平仄），与对句中的后三字平仄平正相对应，于是构成了双重拗救。这联句子便显得更矫健挺拔。《水斋》诗的孤平拗救表现在末尾结束处（时一双）的时字上面，既是本句的孤平拗救，也是出句故交道的故字的拗救。

上述这种拗救形式，其他诗人也不乏用之者，并非商隐首创，因此不算稀奇。

值得注意的是另外还有一种双重拗救，即前已指出的出句中的五、六字分别用平声仄声，连同句尾为平仄仄，变为拗句，与对句中句尾的平仄平构成双重拗救，例如：

《临发崇让宅紫薇》：不先摇落应有待，已欲别离休更开。

《水斋》：卷帘飞燕还拂水，开户暗虫犹打窗。

对句中的第五字休、犹，改用平声，救了该句中第三字的仄声别、暗，而出句中的第六字该用平字处却用了仄声：有、拂，连同五、七字，变成了平仄仄，缺了一个平声，正与对句中的第五字平声相对（五六七字为平仄平），双重拗救也正表现在这里：平平仄仄平仄仄，仄仄仄平平仄平，拗而后救，弥见其诗格老健高古。这种拗句形式，唐人用之尚少，商隐却比较善用之，特别是在其后期作品之中。如《水斋》的卷帘飞燕还拂水，开户暗虫犹打窗的平（或仄）平仄（或平）仄平仄仄，仄（或平）仄仄（或平）平平仄平，这种句式说是李商隐等少数人的创格也未为不可。赵翼说：“至元遗山又创一种拗在五六字”。以创始人属于元好问，殆不确。由上举两例，可见商隐已开先河，无非是后来的元好问学之有成、用之弥勤罢了。

双重拗救法，尤其是后一种拗在五、六，读之更具顿挫之致，宜其为后之诗人纷纷学步（宋代诗人以用前一种拗救法为多，元好问以善用后一种拗救法为特色），这也正是李商隐七律诗法留给吾人足资借鉴的地方。

上述这些拗救之法都与避免孤平有关，孤平即由出句的第三字缺平用仄而起。避免孤平实为唐宋诗人所十分重视的问题，因此他们犯孤平的毛病绝少。据王力考查，在一部《全唐诗》中，寻寻觅觅，仅得两例，其中七律只一例："百岁老翁不种田"（李颀《野老曝背》）。商隐七律仄起的诗句中我还没有找到孤平之病例。

在七律诗句中的第五字情况又如何呢？如果诗中第五字出格成拗，也必须补救，并非可以稍予宽松。这发生在平起（前所论述都是仄起，在第三字）的同一联的出句中，即平平仄仄平平仄的句式第五字宜用平声却用了仄声，变成平平仄仄仄平仄，这就得在该联对句中的第五字上想办法：将原应用的仄声换用平声，成为仄仄平平平仄平。该句第三字本来是用了平声，非属孤平，因此不是本句的孤平拗救，而是对出句第五字的仄声的拗救。例如：

《过伊仆射旧宅》的颈联：回廊檐断燕飞去，小阁尘凝人语空。

《对雪》的颈联：梅花大庾岭头发，柳絮章台街里飞。

《昨日》的尾联：平明钟后更无事，笑倚墙边梅树花。

三诗其上句第五字却是宜平而为仄（燕、岭、更），而在下句第五字上改用平声（人、街、梅），以资补救。

又如：《赠田叟》的尾联（七、八句）：抚躬道直诚感激，在野无贤心自惊。出句与上述的平平仄仄平仄仄同，但对句是仄仄平平平仄平，不是本句的孤平拗救，全是为了补救出句（诚感激）之少了一个平声。

再如：《复至裴明府所居》的颈联（五、六句）：求之流辈岂易得，行矣关山方独吟。不但出句第五字该平而用仄，连第六字也如此，变成平平平仄仄仄仄的句式，三字连仄，拗得更厉害。其处理方法是在对句的第五字求解决——改用平声（方），成仄仄平平平仄平句式。

这种句式，钱龙惕说是"工部之魂，宋人之俦"；何义门说是"此等要非佳处"，评价很有高低，但确是开了宋诗之渐。如陆游的"宦游何啻路九折"，方岳的"马蹄践雪六七里"等。不过，在唐人诗中用得还是较少的（杜牧的"南朝四百八十寺，多少楼台烟雨中"，即此句式）。

纪晓岚总结商隐所用的拗句说："卷帘飞燕还拂水，开户暗虫犹打窗。与求之流辈岂易得，行矣关山方独吟；抚躬道直诚感激，在野无贤心自惊，声调相同。以下句第五字平声救之也。非落调也。然亦不必救之。"在这里纪氏不明卷帘飞燕一联与求之流辈及抚躬道直两联之区别（如前我所分析），强作解人耳。所云后两联"不必效之"，更难令人悦服。他正忽略了后来元好问效之甚勤的事实。其所以贬低这种句式，可能认为"江西诗派"是受其影响。其"矫拔处亦自可喜，然生硬粗俚亦有一种伧父面目可厌处"。其实被有些人所视为“要非佳处”，却正是李商隐学杜甫的另一个方面。杜诗既有沉郁顿挫、雄浑阔大者，又有瘦硬细健、峭拔朴实者，唯商隐能兼此二体。其拗句多学杜之后者。“不先摇落应有待，已欲别离休更开”与杜公之“幸不折来伤岁暮，若为看去乱乡愁”何其相似乃尔！江西派所学唯杜之瘦硬一路，于此亦不无受李商隐之影响。故“求之”一联有“工部之靡，宋人之俑”之说（朱竹垞语）。

七律诗句第五字的平仄问题发生在仄起的句式（前面都是说平起）时，处理方法可有所不同，诗人可稍有一些灵活性。

一是仄仄平平平仄仄的句式可变成仄仄平平仄仄仄，第五字迳用仄声。如：

《复至裴明府所居》：赊取松醪一斗酒，与君相伴洒烦襟。一斗酒的一字为仄，成为三仄连用。

《流莺》：曾苦伤心不忍听，凤城何处有花枝？听字平仄两用，此处读仄，“不忍听”也为三仄连用。

《和马郎中移白菊花见示》：偏称含香五字客，从兹得地始芳荣。五字客三仄。

此种情况较少，上举三例都是在尾联的第七句中出现的。由于第五字用仄声（一、不、五），第三字就须用平声，否则平声太少了。

二是仄仄平平平仄仄的句式改成仄仄平平仄平仄，换言之，即腹节的五、六两个字平仄互换，本是平仄改为仄平，这在唐诗中很多，以至成为一种风尚（宋人更出蓝胜蓝）。李商隐用得也不少。例如：

《玉山》：闻道神仙有才子，赤箫吹罢好相携。

《茂陵》：谁料苏卿老归国，茂陵松柏雨潇潇。

《子初别墅》：亦拟村南买烟舍，子孙相约事耕耘。

《喜闻太原同院崔侍御台拜……》：若向南台见莺友，为传垂翅度春风。

《柳》：如线如丝正牵恨，王孙归路一何遥。

《无题》：直道相思了无益，未妨惆怅是清狂。

以上六例第五字与第六字平仄互换都出在尾联之中，读起来有撞击波折之致，是尾联的一种作法，但也有推广而应用于其他联的。如《水斋》的颈联（在第五句中）更阅前题已披卷；《汉南书事》的颔联（三四句）文吏何曾重刀笔；《复至裴明府所居》的颔联柱上雕虫对书字。已披卷、重刀笔、对书字，也是五六平仄互易。这种句式确是给诗人下笔增加了一定的灵活性。

应该强调指出，仄仄平平仄平仄这种句式，必须三、四字都是平声，如第三字为仄声，则五、六、七字仍须用普通的平仄仄形式，而不能作仄平仄，全句仍应是仄仄仄平平仄仄。例如：

苏小小坟今在否，但使故乡三户在，岂到白头长只尔，陛下好生千万寿，山下只今黄绢字，独想道衡诗思苦，卜肆至今多寂寞，我是梦中传彩笔，若是晓珠明又定，若信贝多真实语，目断故园人不至，地下若逢陈后主，空寄大罗天上事，人去紫台秋入塞，顾我有怀同大梦，幽径定携僧共入，曾是寂寥金烬暗，二八月轮蟾影破，长乐瓦飞随水逝，堪叹故君成杜宇，落日渚宫供观阁，不学汉臣栽苜蓿，别馆觉来云雨梦，露气暗连青桂苑，管乐有才真不忝，欲舞定随曹植马，雪岭未归天外使，山色正来衔小苑，侵夜可能争桂魄，红叶寂寥崖蜜尽，玉玺不缘归日角，清漏渐移相望久，运去不逢青海马，隔座送钩春酒暖，蜡照半笼金翡翠，乌鹊失栖长不定，嵇氏幼男犹可悯，军令未闻诛马谡，桂树一枝当白日，灞岸已攀行客手，阆苑有书皆附鹤，何处更求回日驭，垂手乱翻雕玉佩，腊雪已添墙下水，张盖欲判江滟滟，晓镜但愁云鬓改，紫凤放娇衔楚佩，遥望露盘疑是月，榆荚散来星斗转，何处拂胸资蝶粉，归去定知还向月，此日六军同驻军，冰簟且眠金镂枕，细路独来当此夕，幽泪欲干残菊露，月榭故香因雨发，碧草暗侵穿苑路，青冢路边南雁尽，玉检赐书迷凤篆，暮雨自归山悄悄，翠袖自随回雪转，虚为错刀留远客，斑竹岭边无限泪，绛简尚参黄纸案，刘放未归鸡树老，心铁已从干镆利，桃李盛时虽寂寞，暂逐虎牙临故绛，莲耸碧峰关路远，素色不同篱下发，舜格有苗旬太远，纵使有花兼有月，彩树转灯珠错落……

分布在尾联、颔联、颈联的大量（不完全）的例句，提供证据，已足以说明末三字是平仄仄，不能拗作仄平仄的。

在仄起的七言句中，还有一点要说明：在仄仄平平平仄仄的正格句式中，第五、六两字必须是平和仄，不能连用平声而成为仄仄平平平平仄。如《随师东》尾联：可惜前朝玄菟郡，积骸成莽阵云深。菟字平仄通用，在此应读去声，如作平声就不合律。有人说："菟字之押入去声，自李义山可惜前朝玄菟郡句始也"。

前面已经从平起的七言出句中第五字用了仄声，但以对句第五字换用平声进行补救，以及从仄起的七言出句中的第五字与第六字的平仄互易，（连第七字变成仄平仄式）在句中自救这两种情况作了说明。除此之外，平起七言的对句——平平仄仄仄平平，第五字按近体诗律是必须用仄，不能用平。如用了平声，就成了三平调——平平平。三平连用是古体诗常用的格式，在近体诗中三平调则必须极力避免的，也就是在此种场合下，第五字必须“分明”（用仄），不可以不论的。

“一、三、五不论”的问题，其论述就到此为止，二、四、六是诗的节奏点，该用平声时就必须平仄分明，不能以仄代平，特别是七言句中的第二、四字的平声，绝对不可更易，只有第六字在某些情况下才可在出句中用仄仄两个仄声，变成拗句，再在对句中补救——以平仄平对出句的平仄仄或仄仄仄，上已说明，不再重复；这里就说第二、四字该平而用了仄声的、不同于一般的拗句的问题。在李商隐诗中这种情况仅一见，即见于《二月二日》这首七律之中。诗曰：

二月二日江上行，东风日暖闻吹笙。花须柳眼各无赖，紫蝶黄蜂俱有情。万里忆归元亮井，三年从事亚夫营。新滩莫悟游人意，更作风帘夜雨声。

这首诗作于大中七年，为在东川梓州（今四川三台）柳仲郢幕的第三个年头所写（观“三年从事亚夫营”可知）。在同一首诗内的格律有三种情况。其一，下半首五、六、七、八句是近体七律的正常格律；其二，第三、四句是七律的拗句，即如上述的双重拗救：各无赖对俱有情，蜂字平声；其三，一、二句是古体的拗句，不是近体的拗句：一句第四字宜平而仄（日），成为二、四、六同仄（月、日、上），第五字用平（江），此拗也。二句第五字宜仄而平（闻），致成三平调（闻吹笙），此又拗也。这种拗都见于古诗的平仄，非近体之拗。杜甫善用古体的平仄来做律诗，颇多此种变例。如《滟滪》：滟滪既没孤根深；《白帝城最高楼》：城尖径仄旌旆愁，独立缥渺之飞楼；《卜居》：主人为卜林塘幽；《暮春》：卧病拥塞在峡中，潇湘洞庭虚映空……沙上草阁柳新暗，城边野池莲欲红；《暮归》；霜黄碧梧白鹤栖，城下击柝复乌啼。客子入门月皎皎，谁家捣练风凄凄；如此等等，不胜枚举。杜集中更有七律全篇皆拗者，此体实由杜甫开端，李商隐学杜，在七律中用古风式的拗句（平仄平、平平平、仄仄仄仄），可说也是其学杜之一端吧。

七律的平仄问题，总括起来说就是常规之外还有变例，也就是有各式各样的拗句和各式各样的拗救。诗人们向往高格调，企求小自由。以商隐为例，知其在格律严整的同时，又如何使用变例变体，或许对今人之学习作诗会有一定的启迪。

归纳成四句话：**平仄宜调，孤平莫犯。拗而有救，格健可范。**

## （三）对仗

李商隐诗属对工切，五律五排对仗之精蔚为大观，七律对仗更是出色，名对巧对迭出，风靡当时，溉沔后学，至今读之，口颊生香。

七律对仗可以少到用于一联，多到四联都用。格律学家把三联以上用对仗的叫“富的对仗”，只有一联用对仗的就是“贫的对仗”了（王力分法）。富的对仗是除颔联颈联用对仗外，首尾两联也都成对，或首尾联其中之一用对仗；贫的对仗则仅颈联（五六句）用对仗，颔联不用对仗。

首联对仗较为少见。一般因首句以入韵为常，而入韵的出句不便于属对之故，如果首句不入韵则往往可用对偶了。李商隐诗中却有所不同，首联所在的首句虽入韵，但不少是用对仗的。如《南朝》：玄武湖中玉漏催，鸡鸣埭口绣襦回；《牡丹》：锦帏初卷卫夫人，绣被犹堆越鄂君；《回中牡丹为雨所败》：下苑他年未可追，西州今日忽相期；《对雪》：寒气先侵玉女扉，清光旋透省郎闱；《曲池》：日下繁香不自持，月中流艳与谁期；《和友人赠二首》：东望花楼会不同，西来双燕信休通；《深宫》：金殿销香闭绮栊，玉壶传点咽铜龙；《泪》：永巷长年怨绮罗，离情终日思风波；《题道静院》：紫府丹成化鹤群，青松手植变龙文；《和刘评事永乐闲居见寄》：白社幽闲君暂居，青云器业我全疏；《筹笔驿》：猿鸟犹疑畏简书，风云常为护储胥；等等，这些（十一首）都是字字相对的工稳的对仗。也有一些首联两句相对而对得不太工细，只是大体相对的。如：《题僧壁》：舍生求道有前踪，乞脑剜身结愿重；《蜂》：小苑华池烂漫通，后门前槛思无穷；《过伊仆射旧宅》：朱邸方酬力战功，华筵俄叹逝波穷。前四字对得还可以，后三字就差一些，这些情况相对较少些（只三首）。

在李商隐七律中，首联首句不入韵的诗共有五首，其中除《白石莲华寄楚公》外，其余四首每首都是用对仗的。如《昨日》：昨日紫姑神去也，今朝青鸟使来赊；《子初郊墅》：看山对酒君思我，听鼓离城我访君；《人日即事》：文王喻复今朝是，子晋吹笙此日同；《和马郎中移白菊见示》：陶诗只采黄金实，郢曲新传白雪英。与上述首联首句起韵且对仗的十四首合计，共十八首，约占七律总数的七分之一。

尾联对仗难度较大，杜诗中有之，商隐七律中偶为之，然而结得自然，有开合而不板滞。且看这几首的尾联对仗。

《中元作》：有娀未抵瀛洲远，青雀如何鸩鸟媒。有娀与瀛洲，青雀与鸩鸟，本句中又自相对，两句之间对得虽不算工，本句之中上下相对倒是很工的。

《题白石莲华寄楚公》：漫夸鹙子真罗汉，不会牛车是上乘。七八句也应算是对仗。

《次昭应县道送户部李郎中充昭义攻讨》：早勒勋庸燕石上，伫光纶綍汉廷中。对得很工，游刃有余，而不见其吃力。

《九成宫》：荔枝卢橘沾恩幸，鸾鹊天书湿紫泥。亦用对句句式。

商隐集中有一首七律自己题为《当句有对》，其尾联：三星自转三山远，紫府程遥碧落宽。三星与三山本句内有对，紫府碧落亦然，七八两句之间亦成对仗。

七律第二联（颔联，即三、四句），一般都对，少数不用对仗。商隐七律中只有两首。

《题白石莲华寄楚公》：空庭苔藓饶霜露，时梦西山老病僧。此联不成对仗（而尾联倒是成对仗的）。

颔联不对，杜诗中已有之（怅望千秋一洒泪，萧条异代不同时）；崔颢的黄鹤楼诗：黄鹤一去不复返，白云千载空悠悠，更是为人周知。在五律中，三、四句不用对仗，在盛唐诗人中尤为常见。李诗如此，不足怪。

李集中还有一首七律《赠司勋杜十三员外》，三、四句：前身应是梁江总，名总还曾字总持。也不成对仗，但句法特殊，容后另说。

总之，颔联（三、四句）不对是罕见的，较经常的颔联、颈联（即三四、五六句）的对仗是七律中最紧要之处，此两联对仗工丽，就大为全诗生色。

对仗有工对与宽对之分，同一门类的词藻相对，是为工对，否则属宽对。李商隐诗工对较多，在对仗使用上具见其技巧性。

对仗有所谓“借对”之法，李商隐应用突出，看似不属同类相对，实质转了一个弯，对得是很工的，应算是工对。如下数例——

《咏史》（历览前贤）：运去不逢青海马，力穷难拔蜀山蛇。青海与蜀山，既是地名，同类相对，更蕴藏着一种对仗技巧：清、濁各去三点水（偏旁），就是青字与蜀字，这是一种借对法。

《锦瑟》：庄生晓梦迷蝴蝶，望帝春心托杜鹃。沧海月明珠有泪，蓝田日暖玉生烟。蝴与胡同音，与杜字为姓氏相对；沧与苍同音，与蓝字颜色借对。

《七月二十九日崇让宅宴作》三四句：浮世本来多聚散，红蕖何事亦离披。离披，花开貌，聚散与离披属借对法：离字作离别之离与聚字相对；散字借作披散之散，与披字相对。

《无题》（昨夜星辰昨夜风）五六句：隔座送钩春酒暖，分曹射覆蜡灯红。春酒与蜡灯为借对法，蜡谐音为腊（借音），与春字相对（时令对）。

《无题》（相见时难别亦难）三四句：春蚕到死丝方尽，蜡炬成灰泪始干。蜡谐音为腊，与春仍是借对。

《隋宫》三四句：玉玺不缘归日角，锦帆应是到天涯。角原为头角之角，借为天涯地角之角，借对也。

《马嵬》五、六句：此日六军同驻马，当时七夕笑牵牛。牵牛，星名，隐用“七月七日长生殿，夜半无人私语时”之意。牵牛为名词，与驻马非名词之动宾结构相对，是借对也。用昔日之私语对目前之实景，前人谓之“巧心浚发”，属对工切，推为巧对。此联不但是借对，而且是虚实对——此日实，当时虚，对比手法也。

《写意》三、四句：人间路有潼江险，天外山惟玉垒深。潼谐音铜，与玉垒之玉借对。

《令狐八拾遗见招送裴十四归华州》五、六句：汉苑风烟吹客梦，云台洞穴接郊扉。星汉之汉借为汉朝之汉，与云台之云为借对（云汉）。

《无题》（凤尾香罗薄几重）五、六句：曾是寂寥金烬暗，断无消息石榴红。土石之石借为石榴之石，石字与金字相对。

《曲江》三、四句：金舆不返倾城色，玉殿犹含下苑波。倾与下词性不同，一为动词，一为方位词，此处作为对仗者，因下字亦有动词之义，借为动词之“下”。

借对法是对仗中一种很重要的方法，有助于对仗之臻于工巧。但李商隐岂止于此，他的对仗还有其他更多的技巧。择其主要，举其数端，具体可见下面这些例子中的分析（同联从不同角度说）。

一是善用数字。

初唐骆宾王好以数对，有“算博士”之称。李商隐于此亦不输前人。诗中佳联，美不胜收。例如：

无质易迷三里雾，不寒长著五铢衣。（《圣女祠》）

一春梦雨常飘瓦，尽日灵风不满旗。（《重过圣女祠》）

一条雪浪吼巫峡，千里火云烧益州。（《送崔珏往西川》）

万里忆归元亮井，三年从事亚夫营。（《二月二日》）

云随夏后双龙尾，风逐周王八骏蹄。（《九成宫》）

身无彩凤双飞翼，心有灵犀一点通。（《无题》）

此日六军同驻马，当时七夕笑牵牛。（《马嵬》）

仙人掌冷三霄露，玉女窗虚五夜风。（《和友人戏赠》）

九枝灯下朝金殿，三素云中侍玉楼。（《和韩录事送宫人入道》）

六曲屏风江雨急，九枝灯檠夜珠圆。（《行止金牛驿寄兴元渤海尚书》）

二八月轮蟾影破，十三弦柱雁行斜。（《昨日》）

一名我漫居先甲，千骑君翻在上头。（《韩同年新居饯韩西迎家室戏赠》）

桂树一枝当白日，芸香三代继清风。（《奉和太原公送前杨秀才……》）

十年泉下无消息，九日樽前有所思。（《九日》）

一年几变荣枯事，百尺方资柱石功。（《小松》）

夜掩牙旗千帐雪，朝飞羽骑一河冰。（《赠别前蔚州契苾使君》）

万里重阴非旧圃，一年生意属流尘。（《回中牡丹为雨所败》）

珠容百斛龙休睡，桐拂千寻凤要栖。（《玉山》）

《昨日》诗“二八月”与“十三弦”两数字连用，对之不易；《回中牡丹诗》中一联又是不同类：地理与时令相对。

二是善用同义连字、反义连字、连绵字、双重叠韵字、重迭字。

在对仗中，这些都属于大门类，可细述之。

湘泪浅深滋竹色，楚歌重叠怨兰丛。（《潭州》）诗中的浅深重叠为反义连字与同义连字作对。

未容言语还分散，少得团圆足怨嗟。（《昨日》）分散与怨嗟是同义连词相对；言语与团圆是同义连字与连绵字相对。

彩树转灯珠错落，绣檀回枕玉雕锼。（《富平少侯》）上句为连绵字，下句为同义连字。

峡中寻觅长逢雨，月里依稀更有人。（《赠任秀才》）寻觅为同义连字；依稀为连绵字，且为叠韵。

人生岂得轻离别，天意何曾忘崄帐篷巇。（《荆门西下》）离别是同义连字，崄巇是连绵字且为双声。

云路招邀回彩凤，天河迢递笑牵牛。（《赠韩同年》）招邀是同义连字，迢递是连绵字。

两个连绵字上下联中相对的更多，例如：

红壁寂寥崖蜜尽，碧檐迢递雾巢空。（《蜂》）之寂寥迢递。

蜡照半笼金翡翠，麝薰微度绣芙蓉。（《无题》）之翡翠芙蓉。

夜看圣灯红菡萏，晓惊飞石碧琅玕。（《咏三学山》）之菡萏琅玕。

寂寥我对先生柳，赫奕君乘御史骢。（《喜闻太原同年台拜》）之寂寥赫奕。

曾是寂寥金烬暗，断无消息石榴红。（《无题》）之寂寥消息。

空归腐败终难复，更困腥臊岂易招。（《楚宫》）之腐败腥臊。

桃李盛时虽寂寞，雪霜多后始青葱。（《小松》）之寂寞青葱。

上列连绵字有的还兼叠韵——赫奕，或双声——消息。

连绵字相对，两句全是双声叠韵，用来更是不易，例如：

舞蝶殷勤收落蕊，佳人惆怅卧遥帷。（《回中牡丹为雨所败》）之殷勤为叠韵，惆怅为双声。

悠扬归梦惟灯见，濩落生涯独酒知。（《七月二十九日崇让宅宴作》）之悠扬双声，濩落叠韵。

下苑经过劳想象，东门追饯又差池。（《及递东归次壩上却寄同年》）之想象、差池叠韵。

远路应悲春晼晚，残宵犹得梦依稀。（《春雨》）之晼晚、依稀也都是叠韵。

鸥鸟忘机翻浃洽，交亲得路忘平生。（《赠田叟》）之浃洽、平生同样属叠韵。

至于郎君下笔惊鹦鹉，侍女吹笙弄凤凰。（《留赠畏之》）惊鹦与弄凤，则是不同声调（平仄）而属同一韵部叠韵相对。同样，不同声调、不在句尾而在句中的双声叠韵相对在诗中还有一些。如：回廊檐断燕飞去，小阁尘凝人语空。（《过伊仆射旧宅》）句中的檐燕为双声，尘人为叠韵，在句中间隔一字相对。

飞来曲沼烟方合，过尽南塘树更深。（《宿晋亭闻惊禽》），句中第一、六字飞、方，和过、更，都是双声，间隔使用，两句成对，不细心体察，不易发现。正是由于商隐善用双声叠韵，到了极致，所以其诗可诵性强，富有优美的节奏感，这是李诗的一大特色。

连绵字上下二字不同，如果二字相同，那么就是重叠字了。商隐对仗中有时也使用了叠字法。如：张盖欲判（拚）江滟滟，回头更望柳丝丝。（《曲池》）；暮雨自归山悄悄，秋河不动夜厌厌。（《水天闲话旧事》）此二处叠字用得比较自然妥帖。但叠字范围较窄，还是不可强求、不可强学的。

三是善用方位词、人名和地名。

方位对、人名对、地名对，在律诗对仗中常被应用，商隐诗中用之亦多，但有自己的特色。

在方位对中，不但左右、东西等进入对仗各位置的用字中，而且有时还放在句子的末尾一字上，例如：

《少年》诗的颔联直登宣室螭头上，横过甘泉豹尾中和《行次昭应道上》诗的尾联早勒勋名燕石上，伫光纶綍汉廷中，即是其例。螭头上、豹尾中，燕石上、汉廷中，各联两方位字用得一点也不凑合。有人认为标方位的中字、标时间的时字初字用作韵脚即是“凑韵”（多余的字），看来也不可一概而论。

《富平少侯》的不收金弹抛林外，却惜银床在井头。外、头也是方位字放在句末，并非可有可无的凑韵。

《重有感》的窦融表已来关右，陶侃军宜次石头。关右、石头的右字、头字也是地名的组成部分，少它不得。

商隐诗中有一首叫《写意》的，两联用了四个方位字：人间路有潼江险，关外山惟玉垒深。日向花间留返照，云从城上结层阴。人间、天外，花间、城上，方位字一连串，且有重字，幸而句法错落多变，尚觉无碍。

人名对在商隐七律中经常出现。有的是出句和对句中各自以某个人的姓或名作对仗。如：军令未闻诛马谡，捷书惟是报孙歆（《隋师东》）；兰亭宴罢方回去，雪夜诗成道韫归（《令狐八拾遗见招》）。也有的是两个姓或名单词联用而作对仗。如：管乐有才真不忝，关张无命欲何如（《筹笔驿》）。除此之外，更有人名三个字相连而作对仗的。如：人间定有崔罗什，天上应无刘武威（《圣女祠》，人间、天上又是方位对）；萼绿华来无定所，杜兰香去未移时（《重过圣女祠》）。三字相对，难度更大了。

在地名对中，两字地名作对不稀罕，三字相对就不常见。如《对雪》：

梅花大庾岭头发，柳絮章台街里飞。三字地名，放在句中，不容易。

人名、地名，都是专门名词，里面有典实故事，诗人用典主要就反映在用人名、地名上面。吟诗作对，用典可使字面典雅工丽，显示其品位韵味，但用典过多，又会陷于堆砌晦涩，从而得出相反的效果。所以在对仗中典必须慎用，用之适当、确切。商隐在这方面有獭祭之诮，不可不引起吾人的注意。

四是善用代名词。

代名词亦属对仗中的一类，以我与君、他、自、谁等字相对，唐人诗中常有（杜、白、元……），商隐诗中也不乏其例，如：

看山对酒君思我，听鼓离城我访君。（《子初郊墅》）寂寥我对先生柳，赫奕君乘御史骢。（《喜闻太原同院……台拜》）君缘接座交珠履，我为分行近翠翘。（《梓州罢吟寄同舍》）一名我漫居先甲，千骑君翻在上头。（《韩同年新居……》）顾我有怀同大梦，期君不至更沈忧。（《十字水期韦潘侍御同年不至》）

这些都是君我对，在李集中足以引起注意。但后人学之，不宜用得太多，太多易流于滑。上述顾我、期君，就开宋调之渐。

另外，如：月下繁香不自持，月下流艳与谁期。（《曲池》）汉廷急诏谁先入，楚路高歌自欲翻。（《赠刘司户》）烟幌自应怜白纻，月楼谁伴咏黄昏。（《汴上送李郢之苏州》）枫树夜猿愁自断，女萝山鬼语相邀。（《楚宫》）

这些“自”与“谁”“自”与“相”的相对，也都属于代名词的对仗，诗中用得倒是比较自然，但并不十分突出。

五是善用形体词。

人体的形体词也是对仗中的一大门类，李商隐诗的对仗中用之甚夥。例如：

不逢萧史休回首，莫见洪崖又拍肩。（《碧瓦》）垂手乱翻雕玉佩，折腰争舞郁金裙。（《牡丹》）何处拂胸资蝶粉，几时涂额藉蜂黄。（《酬崔八早梅有赠》）宓妃腰细才胜露，赵后身轻欲倚风。（《蜂》）已闻佩响知腰细，更辨弦声觉指纤。（《水天闲话旧事》）身无彩凤双飞翼，心有灵犀一点通。（《无题》）露桃涂颊依苔井，风柳夸腰住水村。（《汴上送李郢之苏州》）灞岸已攀行客手，楚宫先骋舞姬腰。（《柳》）更深欲诉蛾眉敛，衣薄临醒玉艳寒。（《天平公座中……》）

如此等等，首、肩、腰、手、胸、额、颊、指、身、心、眉、艳（体也），无不涉及，腰字出现尤多。这类字可使诗在写人、咏物上，字面倍见细腻，笔底纷呈艳丽，是晚唐诗的风格——艳体诗。后人更变本加厉，流为西昆体、香奁体，格调平庸低下、纤巧委琐，是想学李商隐的路子而走歪了。宁少几分脂粉气，庶减一代轻靡风。在对仗中对形体词（尤其是与女人有关的），要慎用、善用，也是应注意之事。

以同一门类内的辞汇作对仗，会对得很工整，可称为“工对”。有时有些对仗是两个相邻门类的辞汇用来相对，如天文与时令、天文与地理、地理与宫室、地理与时间、器物与文具、文具与文学、器物与衣饰、衣饰与饮食、形体与人事、方位与数目、人名与地名、数目与颜色，等等，这种对仗，称为“邻对”，虽比工对略逊一筹，亦近乎工整了。商隐七律中的邻对，如：徒令上将挥神笔，终见降王走传车。（《筹笔驿》）联中的笔与车是文具与器物对。文吏何曾重刀笔，将军犹自舞轮台。（《汉南书事》）中轮台原是地名，借作器物、宫室两事，与作为器物文具的刀、笔作对仗，既是借对，又是邻对。万里重阴非旧圃，一年生意属流尘（《回中牡丹为雨所败》）。联中万里与一年属地理与时间的邻对，一与万同时又是数字对。烟幌自应怜白纻，月楼谁伴咏黄昏。（《汴上送李郢之苏州》）联中的白纻是实物（衣料），黄昏是时间，两者虽是颜色对，但属于虚实相映的邻对。人去紫台秋入塞，兵残楚帐夜闻歌。（《泪》）紫是颜色，楚是地名，两者只能算是邻对。（杜诗：“相随万里日，总作白头翁”，为数目与颜色相对之邻对。）

有的时候由于诗意难以更易，对仗就不能字字都求工稳，而出现半工半宽的状况。商隐七律的岂有蛟龙愁失水，更无鹰隼与高秋。（《重有感》）联中岂有蛟龙与更无鹰隼，对得很工，但愁失水、与高秋，就不算工整（失是动词，高是形容词，不同词性相对，欠工）。如失水改为浅水，反不如失水之有力。此时以意为主，工不工在其次，这种对仗称为“宽对”（仅词性相同拿来相对，也是一种宽对）。

第二联或三联中有些对仗，看似宽对，其实是工对或邻对。因为上、下句各自句中有对，两句又互为对偶，虽宽而亦工。如七律《流莺》诗的五、六句的风朝露夜阴晴里，万户千门开闭时。风朝不对万户、露夜不对千门，但风朝与露夜，万户与千门，各自在句中成对，然后风朝露夜与万户千门就成工对了（里与时不是凑韵）。又，《辛未七夕》诗的第三、四句的由来碧落银河畔，可要金风玉露时。“碧落”与“银河”句中有对（银，白色，与碧借对），“金风”与“玉露”也是句中有对（金、玉是珍宝，风、露是天文，属邻对；“金风玉露”又是成语），本来很工，再加两句相对更觉工整，因此算得上是工对。

有的时候，为调平仄的关系，两句中相对的词不拘位置，颠倒使用，这种对仗叫做错综对或蹉对。如《隋宫》诗的于今腐草无萤火，终古垂杨有暮鸦。以萤对鸦、以火对暮，位置颠倒了。如果以火萤对暮鸦，就不成话，平仄亦不调。错综而对之，文理通顺，平仄协调，即成很工的对仗。这种对仗是李商隐的一个创造，一种手法。

在对仗门类中的天文、地理、时令、人名、地名、代名、方位、数字、颜色、形体、人事、器物、衣饰、花果、草木、鸟兽、鱼虫，等等，都是实字，商隐对仗中正大量应用各门类的实字，灵活多样，内容十分丰富，不次于其他诗人。不仅如此，在对仗门类中还有许多属于虚字的辞汇，如副词（修饰动词）、连介词，以至助词。有的是同一词性相对，如副词对副词；也有的是不同词性的相对，如副词与动词——不、无，以至疑问代词与副词——谁、空的相对，等等。对助词——之、乎、者、焉、然等字的使用，比较少，如《昨日》诗中的昨日紫姑神去也，今朝青鸟使来赊，赊也是助词，来赊犹来兮，与去也是助词相对。七律中仅此一见，不过其他虚字倒是用得很多的。

同一词性的两虚字对仗较简单，不必细说。不同词性的单个虚字相对，如《赠从兄阆之》的幽径定携僧共入，寒塘好与日相依，共为连介词，相为代名词，可作为例子。不同词性的两个虚字组合较复杂，例子则更多了。如：《题僧壁》三、四句的大去便应欺粟颗，小来兼可隐针锋，便应、兼可为两个副词的复合应用。《马嵬》三、四句空闻虎旅传宵柝，无复鸡人报晓筹，空闻为副词带一动词，无复为动词带一副词。《无题》诗的风波不信菱枝弱，月露谁教桂叶香，不为副词，谁为疑问代词。《戏赠任秀才》：虚为错刀留远客，枉缘书札损文鳞，虚、枉属副词，为、缘属连介词，虚为、枉缘属副词与连介词的综合。由于例句太多，不胜旁证博引，以下只打算更深一层地作些剖析。

商隐七律中的虚字对，归纳起来表现出若干可注视的特色。

一是诗中好以前后不同时间作对比。如“此日”对“当时”，“昔年”对“此日”，“此夕”对“他年”，“至今”对“从古”，“于今”对“终古”等。以不同地点作对仗的也被使用。如“何处”对“此中”；还有时间与地点相对的，如“何处”对“几时”。

二是诗中好用疑问代词“何”字。除“何处”“何时”外，还有“何曾”与“犹自”对，“何曾”与“可待”对，“何曾”与“已不”对，“何曾”与“只有”，“何事”与“本来”对，“何由”与“尚惜”对，“何劳”与“未必”对，“何处”与“几多”对，“何益”与“未成”对，“何如”与“不忝”对，等等。疑问副词“岂”字，也在好用之列。如“岂有”对“更无”，“岂能”对“未必”，“岂知”对“但觉”，“岂知”对“应讶”，“岂假”对“但须”，“岂能”对“犹可”，“岂得”对“何曾”，“岂得”对“何须”，等等。两两相对，都离不开一个“岂”字，最后二者更是“岂”与“何”的双重使用。

三是诗中好用一些副词，如“可”字、“应”字、“但”字，用得特多。“可能”对“应欲”，“可能”对“堪叹”，“可要”对“由来”，“应讶”对“岂知”，“应是”对“还曾”，“应是”对“不缘”，“应无”对“定有”，“应觉”对“但愁”（晓镜但愁云鬓改，夜吟应觉月光寒），“但惊”对“不道”（但惊茅许同仙籍，不道刘卢是世亲），“但须”对“岂假”，“但觉”对“岂知”，等等。

四是尤其值得指出的是，“无”与“不”（或“未”“莫”）两个否定词的相对，或“不”与“莫”的相对，“难”与“未”相对，或“无”与“有”的相对，在诗中用得确是十分巧妙，亦可见其对这些字之偏好。这里面文章较多，倒须举一些必要的例句来说明：

无质易迷三里雾，不寒长著五铢衣。(《圣女祠》) 无与不相对。

绿萼华来无定所，杜兰香去未移时。(《重过圣女祠》) 无与未相对。

漆灯夜照真无数，蜡炬晨炊竟未休。(《十字水……》) 无与未相对。

不逢萧史休回首，莫见洪崖又拍肩。(《碧城》) 不与莫相对。

无与有相对的更多：

花须柳眼各无赖，紫蝶黄蜂俱有情（《二月二日》)；楚雨含情皆有托，漳滨卧病竟无憀（《梓州罢吟》)；十年泉下无消息，九日樽前有所思（《九日》)；身无彩凤双飞翼，心有灵犀一点通（《无题》)；于今腐草无萤火，终古垂杨有暮鸦（《隋宫》)；管乐有才真不忝，关张无命欲何如（《筹笔驿》)；巧啭岂能无本意，良辰未必有佳期（《流莺》)。

“无”字还以“无……不”与“有……多”两组字形成对仗：阆苑有书多附鹤，女床无树不栖鸾（《碧城》)。这种句式常为后人所采用。类似的有“无处……不”“何处……不”的句式，如人生何处不离群（《杜工部蜀中离席》)。

“无”字并衍成“无限”与“几多”相对：湘江竹上痕无限，岘首碑前洒几多（《泪》)；大海龙宫无限地，诸天雁塔几多层（《题白石莲华寄楚公》)；都是其例。

除了“无”字与“有”字相对以外，还有“有”字与“惟”字相对，如上已提到的：人间路有潼江险，天外山惟玉垒深即是。“有”字与“多”字相对，则如壶中别有仙家日，岭上犹多隐士云（《题道静院，院在中条山……》)。

通过以上的具体分析，可得到一个印象：李商隐诗善用虚字，各种各样的虚字，用得十分灵活妥帖。方东树以《隋宫》为例，引其先君之语，评曰：此诗“纯以虚字作用，五、六句兴在象外，活极妙极，可谓绝作”。诚如所评，《隋宫》诗中的“不缘”“应是”，“若逢”“岂宜”，皆虚字。如此善用虚字，曲折顿挫，诗句乃见流动不滞。格律家称之为“活字斡旋”，“如车之有轴”。不用虚字，全用实字，固然亦无不可，唯若用之不当，即有凑砌堆叠之感，即非上乘之作。

商隐七律中诚亦有三、四两联四字全不见一虚字者，如《锦瑟》诗及一些《无题》诗等，但其尾联之七、八句必有虚字，用得很好，很活。如《锦瑟》诗之尾联：此情可待成追忆，只是当时已惘然。否则八句诗都是实字，密密实实，欠空灵之气，缺飞动之势，非佳构也。赵孟頫云："律诗不可多用虚字，两联填实方好。"范德机云："实字多则健，虚字多则弱。"观李商隐诗，赵、范之说似未必然。当然虚字亦不宜滥用，浮滑轻儇之弊亦须避之。用虚字必须虚实并举，虚实结合，恰到好处才是。纪晓岚评李商隐诗有些联"似江西派不经意对"，殆指其多用虚字之联。其实能为江西派所取径，原非可贬者，正见商隐诗路之活之广，对后世影响之深之远。只见其善用实字，属对精工，亦步亦趋，工而无深旨，譬之剪彩为花，全无生动气韵，则是西昆效颦之下乘。以唯工刻镂，喜作丽语，纤巧香艳为李诗特色，实不知玉溪诗之精华所在。

对仗问题可集中地归结成四句话：**属对技精，工稳典丽。巧而不纤，活而不滞。**

## （四）句法（上）

章句是指诗的章法与句法。先从句法说起，然后再说包括各个句子的章法问题。

李商隐诗的句法有四点可为后人效法。

一是重迭用字。

商隐七律不避重字的现象较突出。一首七律五十六字，字数有限，中间同一字重见甚至三见，诗人本身对之并不经意，但毕竟不是常例，不可引以为法，后人学诗似不宜对此满不在乎。不过在李商隐诗中也有一些重字是有意使用之，用之见风趣，见巧思，不觉讨厌，不觉粗率，可说是一种句法，与那种不经意的重字是不同类型的事情，应该分清。重迭用字的例子，如：

相见时难别亦难（《无题》）；送到咸阳见夕阳（《赴职梓潼留别畏之》）；成由勤俭败由奢（《咏史》）；轻于柳絮重于霜（《对雪之二》）；不是花迷客自迷（《饮席戏赠同舍》）；三星自转三山远（《当句有对》）；一弦一柱思华年（《锦瑟》）；行期未分压春期（《及第东归……》）；莫遣佳期更后期（《一片》）；他生未卜此生休（《马嵬》）；不拣花朝与雪朝（《梓州罢……》）；犀辟尘埃玉辟寒（《碧城》）；汉江远吊西江水（《赠司勋杜十三员外》）；等等各

句句中迭用一个字，有动词、名词、形容词、数目字、连介字等。

句中也有迭用两个字者，如昨夜星辰昨夜风（《无题》）；一寸相思一寸灰（《无题》）。

句中既有重字，而两句复相成对仗者，如座中醉客延醒客，江上晴云杂雨云（《杜工部蜀中离席》）；纵使有花兼有月，可堪无酒又无人（《春日寄怀》）；青袍似草年年定，白发如丝日日新（《春日寄怀》）；诸生个个王恭柳，从事人人庾杲莲（《行止金牛驿……》）；池光不定花光乱，日气初涵露气干（《当句有对》）。

有的重字（一字或二字）分布于两句之中，互相黏连呼应者（"连环式"）：锦瑟无端五十弦，一弦一柱思华年（《锦瑟》）；刘郎已恨蓬山远，更隔蓬山一万重（《无题》）。

也有的重字分布在各句之中，两句虽接，而不相黏连，也不成对仗者，如一夕南风一夕危，荆云回望夏云时（《荆门西下》）。

重字用得最厉害、最奇特的是那首《赠司勋杜十三员外》诗中的句法，除第七句如上述的迭用两个江外，其上半首迭字更多。诗云：杜牧司勋字牧之，清秋一首杜秋诗。前身应是梁江总，名总还曾字总持。一、二句重迭了两个"杜"字，两个"牧"字，两个"秋"字，三、四句迭用三个"总"字。屈复说是"巧思"；张采田说"赠杜而仿杜体，奇绝"。这种句法在集中也仅只一见，并非多用，如用多了，反会变成文字游戏。朱竹垞评其"不过取其名字相类，何其纤也!"纪晓岚则一面说此诗"嵚奇历落，奇趣横生，笔墨恣逸之甚"；一面又指出"自成别调，不可无一，不可有二"。的确，刻意效之，将贻画虎不成之诮。

二是倒装成文。

其例如《梓州吟罢寄同舍》诗首联不拣花朝与雪朝，五年从事霍嫖姚。纪评曰："斗起有力"。姚平山曰"倒装法也"。又如《无题》（万里风波一叶舟）首联万里风波一叶舟，忆归初罢更夷犹。首句言破帆坏桨，风涛乍脱；次句忆归初罢犹言初罢忆归，倒装法也。初罢是指桂府初罢，忆归，忆家室而思归；更夷犹，又犹豫而暂辍归计。此处的倒装是集中在第二句句中，与上首的一、二句倒装是不同的。再如《隋宫》诗之玉玺不缘归日角，锦帆应是到天涯，同样也表现在句中用字的倒装：玉玺、不缘乃两词之前后互易，意谓不因玉玺归于李唐，则锦帆之巡幸应更远抵天涯了。如此理解"不缘"（不因也）两字，始较通顺。

三是节奏移位。

七言诗的节奏一般是二、二、三（或一二或二一），读起来很顺；如果节奏点变更位置，成为三、四，或二、三、二，或一、三、三，则就是一种特殊的句法，读起来奇倔有力，不平淡。商隐诗中数见其例，可为一法。如：

梅花大庾岭头发，柳絮章台街里飞。（《对雪》）大庾岭、章台街为三字地名，故此联为二、三、二句式。

更无人处帘垂地，欲拂尘时簟竟床。（《王十三兄与畏之员外相访》）此联更无人处、欲拂尘时突为一三式，全句为一、三、三句式。“更无人处”，常为后人所仿（“于无人处”）。

不是对仗的各联，在单独的句子中也有节奏移位之例。如《赠赵协律晳》一诗中的首联：俱识孙公与谢公，二年歌哭处还同。二句也是一种二、三、二的句式，二年、歌哭处、还同，三个节奏。若以“处还同”三字连读，则不成语（此诗首句孙公、谢公，公字迭用。）

四是“不”字收尾。

商隐七律，喜在尾联中用一“不”字，显得很有情致，以至也成为一种句法。如：

《马嵬》诗尾联的如何四纪为天子，不及卢家有莫愁。不及两字用得非常有名。

与“不及”同一意义的“未抵”，诗中也常用之。

《泪》诗尾联的早来灞水桥边问，未抵青袍送玉珂；《和友人戏赠》诗尾联的猿啼鹤怨经年事，未抵薰炉一夕间；《中元作》诗尾联的有娀未抵瀛洲远，青雀如何鸩鸟媒等，都是其例。

商隐七律尾联中除“不及”“未抵”外，“不”字还有别的用法，如“不知”“不觉”“不识”“不会”“不须”“不敢”“不堪”“不因”等，例如：

不知他日华阳洞，许上经楼第几重（《郑州献从叔》）；
不知腐鼠成滋味，猜意鹓雏竟未休（《安定城楼》）；
灞陵夜猎随田窦，不识寒郊自归蓬（《少年》）；
漫夸鹙子真罗汉，不会牛车是上乘（《题白石莲华》）；
背灯独共余香语，不觉犹歌夜起来（《正月崇让宅》）；
不须浪作缑山意，湘瑟秦箫自有情（《银河吹笙》）：
平生风义兼师友，不敢因君哭寝门（《哭刘蕡》）；

虽然同是将军客，不敢公然仔细看（《天平公座中》）；
不堪岁暮相逢地，我欲西征君又东（《赠赵协律》）；
不因杖屦逢周史，徐甲何曾有此身（《赠华阳宋真人》）。

还有与“不”字类似的否定词“未”字、“莫”字也广泛用于诗中。如：

欲逐风波千万里，未知何路到龙津（《春日寄怀》）；
直道相思了无益，未妨惆怅是清狂（《无题》）；
王昌且在东墙住，未必金堂得免嫌（《水天闲话旧事》）；
灞陵柳色无离恨，莫枉长条赠所思（《及第东归》）；
谁人为报故交道：莫惜鲤鱼时一双（《水斋》）；
城中猘犬憎兰佩，莫损幽香久不归（《赠从兄阆之》）；
武皇内传分明在，莫道人间总不知（《碧城》）；
将来为报奸雄辈，莫向金牛访旧踪（《井络》）；
人间桑海朝朝变，莫遣佳期更后期（《一片》）；
殷勤莫使清香透，牢合金鱼锁桂丛（《和友人戏赠》）。

这些句法常为后人仿用，且特别用在七绝之中。

以上所析句法归纳成四句话就是：

**重叠多趣，倒装有力。节奏位移，不字收笔。**

## （五）句法（下）

上面所指句法是就各句言之，下面再说相关相邻句子的句法。有两点值得提出。

一是商隐在七律中善用“十四字句法”的“流水对”。

所谓“流水对”，即同一联之中出句与对句十四字一气贯下、一气呵成，不可倒置，如流水而下，故名之。又称“十四字格”，意谓两句只一意也。如：

《七月二十九日崇让宅宴作》三、四句的浮世本来多聚散，红蕖何事亦离披；《南朝》诗三、四句的谁言琼树朝朝见，不及金莲步步来？《辛未七夕》诗三、四句的由来碧落银河畔，可要金风玉露时。《流莺》三、四句的巧啭岂能无本意，良辰未必有佳期。四诗之颔联均为流水对。《辛未七夕》诗，前述此二句中各有对（当句对），是从本句而言的，从两句合起看，又相对——流水对。流水对，流畅圆熟，也应推之为一种好的句法。

二是于诗中谨避合掌、雷同。

唐代诗家作诗，在句法上力求形式多变，避免合掌与雷同。所谓“合掌”，即诗文对偶字不同而意相同，同义词对也。“雷同”，即上一联和下一联的对仗方式、句子结构两者相同，“事异义同”也。合掌雷同，显得重复呆板，为行家所不取。不过被称为“事异义同”的“正对”，有人也不免犯此毛病。如“丁卯（许浑）浣花（韦庄）诗格之卑，只为正对多也”（纪晓岚语）。

李商隐诗中注意到这些毛病，而极力避免之。如：《马嵬》（海外徒闻更九州）中二联“空闻”“无复”，“此日”“当时”，开阖动荡，颇见波澜，用的是对比手法。律诗对仗以此为贵，最忌各句事异义同，雷同合掌，而无开合也。纪氏引沈归愚言，讥评此诗连用虎、鸡、马、牛四字为诗病。殊不知此四字分散在四句之中，各句的对仗方法全然不同——虎旅、鸡人在第三、四字，驻马、牵牛在第六七字，虎、鸡在上，马、牛在下，且赖虚字斡旋，而甚见灵活，有对比之妙，无复述之赘。故我以为用之甚巧，亦不觉其纤。若用之觉纤，且犯平头，在四句中皆处于同一位置，无错综变化，则不足为法矣。屈复评此诗“五与三四意复，六与二意复”。恕我眼拙，实看不出“复”在何处。呼应则有之，重复则未也。至谓此诗“诗法皆谬，体格舛错”，强作解人，真悖论也。

上面续论句法的问题，归纳成四句话就是：

**“十四字法”，流畅圆熟。合掌平头，“正对”格俗。**

## （六）章法（之一）

假若作诗，对仗虽好（对仗是用字之法），句法也有特色，时有佳句警句出现，但通篇并不平衡，并非字字不可移易，句句都臻绝妙，从全诗来看，便不能算是名篇精品，关键是没有解决好章法。章法就是通篇结构的安排，结体完密而不松散，全诗显得气韵生动，才是好诗，否则将站不起来。商隐七律，正是对章法十分讲究，这也正是他作诗成功的一个重要原因。

首先，好诗要有一个好的开头。七言八句，起联两句如何措置，值得作为一个课题提出。总观全集，商隐七律有这几种“起法”可说。

一是陡起。即开头不能平淡无奇，要如奇峰之陡立。如《筹笔驿》这一名篇，起联是猿鸟犹疑畏简书，风云长为护储胥。评者说“起得凌空突兀”（胡以梅语）。“起句十四字壮哉!”（方回语）“起二句斗然抬起”（纪氏语）。诸家对此莫不推重。又如《无题》起联万里风波一叶舟，忆归初罢更夷犹；《荆门西下》起联：一夕南风一叶危，荆云回望夏云时；《题河中任中丞新创河亭之作》起联万里谁能访十洲，新亭云构压中流；《利州江潭作》起联神剑飞来不易销，碧潭珍重驻兰桡。起句突兀、鹘兀，气势充沛，这些也都是陡起之例。

二是平起。即不作奇句丽句壮语豪语，起句平实、平易、平稳，但不平淡、平凡、平疲。全诗所涉及的地、时、景、情、人、事，大都于起联中作好鋪垫，属实赋其事、异于比兴的赋体。如：《无题》昨夜星辰昨夜风，画楼西畔桂堂东。起联首句昨夜所会时也，次句所会地也。《二月二日》起联二月二日江上行，东风日暖闻吹笙。也点出了时间地点与景色。《赠郑说》起联浪迹江湖白发身，浮云一片是吾身。点出处士之为人。《复至裴明府所居》起联伊人卜筑自幽深，桂巷杉篱不可寻。点出裴衡所居之幽静冷僻。《正月崇让宅》起联密锁重关掩绿苔，廊深阁迥此徘徊。点出故宅之荒凉久废。《水斋》起联多病欣依有道邦，南塘晏起想秋江。点出水斋所在地点。《赠田叟》起联荷蓧衰翁似有情，相逢携手绕村行。点出相逢初识之田叟。所有这些平平道来之平起，与突兀斗峭之陡起，是不同的风格，于诗中却是用得更多的。

三是兴起。即因物因事而起兴，借以寓感，由此作起。如《锦瑟》诗首句锦瑟无端五十弦，乃以“锦瑟起兴”（杜诏语）；“托锦瑟起兴”（姚平山语）；“兴言锦瑟，必当年所善之人能此乐者，故触绪兴思”（胡以梅语）。这是兴起的一个典型例子。

四是比起。即用类比、比喻之法作比。如《九成宫》诗首句十二层城阆苑西。九成宫在凤翔麟游县，阆苑神仙居处，以比九成宫。《赠刘司户蕡》诗首联江风扬浪动云根，重碇危樯白日昏。明是写景，实是比喻（“赋而比”），“以风喻中人，以日喻朝廷”（屈复语）。《牡丹》诗起联锦帏初卷卫夫人，绣被犹堆越鄂君，分别比花比叶。比起在咏物诗中用得尤多，往往六句至通首皆比。

五是论起。即在首联中由议论作起。如《咏史》：历览前贤国与家，成由勤俭败由奢。《览古》莫恃金汤忽太平，草间霜露古今情。这些都是以一番议论发端，诗中即其观点的进一步申说。

六是问起。开头采取问句形式，常在起联中用“何”“谁”“几”等字来表示之。这类起法例子不少。如：《送崔珏往西川》：年少因何有旅愁，欲为东下更西游。《杜工部蜀中离席》：人生何处不离群，世路干戈惜暂分。《汉南书事》：西师万众几时还，哀痛天书近已裁。《喜闻太原同院崔侍御台拜》：鹏鱼何事遇屯同，云水升沉一会中。《赠别前蔚州契苾使君》：何年部落到阴陵，奕世勤王国史称。还有前引的河中新亭诗的万里谁能访十洲句，同时也是问起。

七是倒起。即以最后发生之事，倒置于前作起，这是以全诗而论的倒插法。如七律《马嵬》诗的起联海外徒闻更九州，他生未卜此生休。“就方士复命之语发端”（胡以梅语）；“起句言方士求神不得乃跌起”（方东树语）。因玄宗令鸿都道士至海上仙山寻觅贵妃，事在马嵬赐杨氏死之后，三、四、五、六句均为追溯，对全篇来说是倒叙法，故曰倒起，这种起法诗中不算多。

八是旁起。先不直接以所咏之物作起，而以他物发端，以为旁衬。如：《回中牡丹为雨所败两首》第一首下苑他年未可追，西州今日忽相期。一句旁及昔年长安曲江的牡丹，是为衬托；二句始言安定（西州）之牡丹。第二首浪笑榴花不及春，先期零落更愁人。一句也是“题外起言”。孔绍安咏石榴云：“可惜庭中树，移根逐汉臣。只为来朝晚，开花不及春。”本诗以榴花衬牡丹。榴开五月为不及春，牡丹先开而先零落，故于榴花“莫浪笑其不早开，早开早落，更觉愁人，不如晚开”（屈复语）。两首牡丹诗之起均是旁起。

九是拈题起。即拈题中的两字为起联之首二字，或落在一二句中的其他位置上。在商隐七律中这种起法占一定比重。如《碧城》：碧城十二曲栏杆；《锦瑟》：锦瑟无端五十弦；《潭州》：潭州官舍暮楼空；《二月二日》：二月二日江上行；《玉山》：玉山高与阆风齐；《一片》：一片非烟隔九枝；《促漏》：促漏遥钟动静闻；《流莺》：流莺漂荡复参差；《昨日》：昨日紫姑神去也；《井络》：井络天彭一掌中；等等，都是从题中拈取两字作为首句的头二字。也有散见于首句各处者，如《安定城楼》：迢递高城百尺楼。有时题中之字见于第二句中。如《中元作》：中元朝拜上清回；《宿晋昌亭闻惊禽》：高窗不掩见惊禽；《宋玉》：惟数宋玉擅才华。也应归入此例。

拈题起是取题中之字，点题中之意。但更多的七律并不将题中之字用于起联，而是将题目的意思隐藏在起联之中。如《和人题真娘墓》：虎丘山下剑池边，长遣游人叹逝川。一句虎丘下点出真娘墓之所在地，二句叹逝川即隐含和人题墓之意。在两句中如此破题方法，屈复谓之“虚破”，即诗里没有题中之字的破题，与拈用题中之字实在的破题、明白直接的点题，分属两种不同的方法。

十是避题起。与拈题起相反，诗中本文避免使用题目中之字，不但起联不涉及题中字，全诗尽然如此。中晚唐以来，咏物诗中文字就以避题中之字为原则。商隐七律也不乏其例。如《牡丹》《对雪》《蜂》《野菊》《柳》《小松》，各诗都是咏物体，借物以寓感，所咏之物，不见于诗中，只见于题中。王力说：“这种咏物诗差不多等于谜语，题目是谜底，诗是谜面。”“以古人为题的咏古诗，也往往采用这种避题字的方式。”

以上十种起法是从主要方面归纳所得的概念。前已提到的起联以对仗作起的“对起”还未包括在内（《筹笔驿》起联同时也以对仗作起。）虽归纳未必全面，大体上也够效法应用，已足为后学提供一个很好的范本。

七律起联写得好，有力、有神、有势、有理，使人读之精神先为之一振。这是作诗时应该首先下工夫的地方。

以上总括成四句话，就是：**陡、平、兴、比，倒溯、旁衬；全篇精神，起头先振。**

## （七）章法（之二）

作诗之起固然重要，领得起，才能站得住，但起联之下各句如何妥为安排，也应聚精会神，运以巧思。古文家为文讲究起承转合，作律诗是否可以完全套用这个模式来遣词走笔，还需仔细考量。

商隐七律有的确是起承转合分明，结构井然有序。如《咏史》：历览前贤国与家，成由勤俭败由奢。何须琥珀方为枕，岂得真珠始是车？运去不逢青海马，力穷难拔蜀山蛇。几人曾预南薰曲，终古苍梧哭翠华！起联首以勤俭立论（论起）：三、四句承上，申明尚俭去奢之意，咏文宗“恭俭性成，衣必三浣”，做到了一个俭字；五、六句一转，从反面写出一派败象：朋党争权，无可驭之良才，阉臣专柄，有难除之巨恶，唐室已不可复振了；七、八句以文宗之崩作结，诗人于文宗时以进士及第，有故君之悲焉。这是明显的起承转合四段式。

可是商隐七律并非以此为常式，在许多场合却是有所突破、有所变革的。如有名的拟杜体的《杜工部蜀中离席》：人生何处不离群，世路干戈惜暂分。

雪岭未归天外使，松州犹驻殿前军。座中醉客延醒客，江上晴云杂雨云。美酒成都堪送老，当垆仍是卓文君。评者分析其结构章法，纪曰：“起二句大开大合，极龙跳虎卧之观。颔联（三四句）顶次句；颈联正写离群；末二句留之也。”何曰：“如此结构，真老杜正嫡也，诗至此，一切起承转合之法，何足绳之！”“离席起，蜀中结，仍是一丝不走也”。“座中句醒席字，末联美酒成都，仍与上醉醒云雨双关”。不管如何说，都是领会到此诗已突破四段格式。

又如《潭州》：潭州官舍暮楼空，今古无端入望中：湘泪浅深滋竹色，楚歌重叠怨兰丛。陶公战舰空滩雨；贾傅承尘破庙风。目断故园人不至，松醪一醉与谁同？评者曰，“颔联古，腹联今”（朱竹垞）。“中间四句皆望中本地风光，是承古，结句是承今”（胡以梅）。“一潭州暮望，二望中之感，中四皆承二。湘泪、楚歌、陶、贾，古也；兰、竹、风、雨，今也。七八自伤流滞于此”（屈复）。这首诗同样也是有承无转，唯其无转，故有人说“不无平铺直叙之感”。

商隐七律中还有一首诗之结构可谓“众中杰出”，更非能以常式绳之。诗即前已提到的《筹笔驿》：猿鸟犹疑畏简书，风云长为护储胥。徒令上将挥神笔，终见降王走传车。管乐有才真不忝，关张无命欲何如？他年锦里经祠庙，梁甫吟成恨有余！何义门曰：“猿鸟二句一扬，徒令二句一抑，次联接得矫健，不觉其板。管乐句，又扬；关张句，又抑。通首用意沈郁顿挫，绝似少陵。”但说扬抑，不提承转，解释似更醒目，更突出诗的顿挫之致。桐城派古文家方东树则曰：“起正赋题，三四转，五句承第三句，六句承第四句。”这是说“转”在三、四句；“承”在五、六句，是先转后承论，非先承后转说。只有屈复认为：“下四句是武侯论，非筹笔驿诗。四、六二句与题无涉，律以初盛之法，背谬极矣。”原因是此诗本来并非按常式来下笔的。

由此所述，可以看出商隐七律于起联之下各句的布局并无固定的格式，起承转合法未必能总合其作诗的章法。或承或转，或转或承，以至有承无转，无承无转，都根据实际需要来定，务求抑扬顿挫，气韵飞动，妙手应月自如，安能以常式控之？简单归纳成四句话，就是：

**承转扬抑，气韵飞动。妙手自如，常式难控。**

## （八）章法（之三）

既然七律章法中起承转合的所谓常式并不普通适用，那么，在作诗时还能不能言章法？如言章法，有没有可据以较多地应用的一般性的规则呢？应该说还是有的。对七律的中间两联来说，就是要很好搭配，有虚有实，“各换意境”，“略无变换，古人所轻”（方东树语）。这种诗文的章法可称为虚实相济、浓淡相衬法。

怎样做到七律中间两联较好搭配呢？粗浅地说，如果一联写景色（实），另一联可写情怀（虚）；一联写人物（虚），另一联可写地理（实）；一联写史事（实），另一联可写议论（虚）；等等。这样，显得错综多变，活泼而有生气。商隐七律中正注意了这一要求。且看以下例子。

著名的《隋宫》诗中，不但在对仗中用字注意虚实相间，而且两联各有侧重，有虚有实，并不雷同。第二联玉玺、日角是咏史事，较实较浓，而第三联则寓情于写景之中，较虚较淡。纪氏评为“纯是衬贴活变之笔，一气流走，无复排偶之迹”。设若五、六两句也是一例用史实写去，那就谈不上“一气流走”了。

作于同时先后的《南朝》诗，三、四句既着艳词（琼树朝朝、金莲步步），五、六句即用庄语（故国军营、前朝神庙），前者较虚，后者全用实字，两联浓淡、细粗、虚实调剂。若五、六句用词仍含脂粉气，格即纤矣。论者（何氏）评其“吐属绞而婉，叙致错综变化”，即因为有较好的章法。

作于早期的《重有感》诗，二联借窦融表、陶侃军的史事，以古喻今，是为实；三联以龙失水、隼击秋为喻，慨仗义执言者之鲜少，是为虚。诗层层吞吐，步步深入，有呼应，有发挥，并非“重复”“忙乱”而“无章法”（方氏之说）。若第三联不换花样，一味从人物史事下笔，则全诗就显不出开合动荡、纵横跳脱了。

余如《九成宫》诗，第二联夏后乘龙、周王驱骏，是人物，虚；三联吴岳晓光、甘泉晚景，是地理，实。《井络》诗，第二联阵图东聚、边柝西悬，是写景，实；三联故君杜宇、先主真龙，是论史，虚。两诗中间两联人物、环境、风景、议论，分别写来，便见错综多变，如果两联都是写景或者是写人，就显得单调平板了。

还有上引的《潭州》诗，第二联的湘泪竹色、楚歌兰丛，重在写景，寓情于景，是实；三联的陶公战舰、贾傅承尘，则主在论人，寄慨于人，是虚。《送崔珏往西川》诗，二联的巫峡雪浪、益州火云，蜀中奇景恍现眼前，是实；三联的卜肆寂寞、酒垆风流，人文遗韵犹存当世，是虚。《无题·万里风波一叶舟》诗，二联的碧江地末、黄鹤沙边，记地，写景，是实；三联益德冤魂、阿童高义，写人物、论功业，是虚。这三首诗的中两联也不无虚实相间，以错落有致见胜。

商隐七律中的这一章法，也用于直写个人遭遇的诗中。如《登安定城楼》，第二联以贾谊献策、王粲作赋，抒发自己忧国伤时之感、离乡游幕之情；第三联以斡回天地、悠游江湖，披露自己欲求用世之志，终抱归隐之心。此两联，一借古人之所历寓慨，是虚，一就亲身之所忆抒怀，是实。也是一种虚实相衬、浓淡相济的诗法。而第三联中宏大的议论却融入江湖扁舟的具体景物之中，借物寄兴，触景抒怀，更是寓虚于实、虚实结合的绝妙手法。论者谓其"逼近老杜"，"杜亦不过如此"，"世但喜其浮艳雕琢之作，而义山之真面隐矣"。（纪晓岚说）

如果作诗满纸堆砌典故，搬弄绮语，浓墨重笔，镂金剪彩，滞而不畅，板而不活，秾艳有余，气格不足，是亦不足为法也。必须做到浓淡相济，虚实相间。当然，用笔过直，完全不加修饰也是不对的。虚实相间的虚，还是要尽量避免淡而无味（此例商隐集中颇少）。过于平淡、空疏或晦涩、朦胧，缺乏灵气，不能予人美感，使人"颇不易解"，"其所感未晓"，那便不是"虚"，而是"玄"了。

上述章法——浓淡虚实相间法，归纳成四句话，就是：

**议以史兴，情与境合。虚实相衬，动荡开阖。**

## （九）章法（之四）

七律除中间二联应见出色以外，结联同样也需要十分用心着力，不能稍有松懈。商隐七律，常在结尾见主旨，措语皆倍沉厚，余意未尽，耐人寻味。从全诗来说，重在尾联这是一种上佳诗法，非一般作手所能运用。在尾联上大用工夫，可把诗意推进一步，后劲十足，使全诗成为力作精品。张采田说："以末为主意，掉转全篇。集中此法极多，他人罕见，玉溪创格也。"

由商隐大力发扬的重在尾联法，集中其例很多，略举数端，以表其意。

例一《少年》：

> 外戚平羌第一功，生年二十有重封。直登宣室螭头上，横过甘泉豹尾中。别馆觉来云雨梦，后去归去蕙兰丛。灞陵夜猎随田窦，不识寒郊自转蓬。

诗作于宣宗大中年间，在刺外戚郑光。前六句敷陈少年贵戚（其子）之种种得势之状，至尾联轻轻一转，寒郊转蓬，喻寒素之辈飘泊无依，贵贱之别、贫富之分立见于末句之中，其意自深一层。纪曰："末句是一篇诗眼，通首以此句转矣。"

例二《览古》：

> 莫恃金汤忽太平，草间霜露古今情。空糊赪壤真何益，欲举黄旗竟未成。长乐瓦飞随水逝，景阳钟堕失天明。回头一吊箕山客，始信逃尧不为名。

诗作于敬宗宝历二年（时商隐十五岁），前六句言帝狎昵群小，沉湎荒淫，骄奢无恐，粉饰太平，南游（扬州）未成，旋即被弑。结联翻用典故（《庄子》），言许由之逃尧，不受帝位，非为获清高之名，实由天下之事不易为也。全篇主旨即在于此：唐室之君受命于阉人，受制若婴儿，宫禁之中陷阱所在，得国于斯，陨命亦于斯，人亦何乐为帝王哉！诗末发为议论，实于邀废立之功、操生杀之权之宦者有深刺焉。不然，昭愍失德童昏，亦何足深痛奇悲？

例三《马嵬》，诗上已列举，前三联无庸再释，主要着力点在七、八句。天宝政事窳败，卒召祸乱，社稷亦几不保。贵为天子乃不能庇一妻子，不及卢家之尚有莫愁。谁之过欤？咎在明皇。此等见地诚高出女祸论多多。诗末联见其主旨，语浅近而意沉痛，不能如某些人以其刺及帝王遂嫌轻薄失体，实则这正是其精湛处。本诗作于大中时东川幕中，商隐年届不惑，诗风成熟，格调迥异少作了（少作七绝《马嵬》犹持女祸论）。

例四《筹笔驿》，上已多处述及，诗为学杜有成者。论者谓其"前六句夭矫奇横，不可方物。就势直结，势必为强弩之末，故掉笔转前日之经祠庙吟梁父而恨有余……一篇淋漓尽致，煞尾犹能作掉开不尽之笔，笔力极大"（姚注本眉批，不知名）。语亦中肯，然我觉得此诗末联尚有深意。盖当日推狱至西川，曾至武侯庙，因吟梁父之事叹李德裕蕴文武之才而为党人所斥，今过筹笔驿而感慨再生焉。诗作于大中十年东川幕罢还京道中过筹笔驿时，时年四十五岁。

例五《隋宫》诗，亦学杜名篇。论者言其三、四句尤得杜家骨髓（何义门），腹联（五、六句）慷慨，专以巧句为义山非知义山者也（冯定远）。结联以冷刺作收，含蓄不尽，味美于甘回（张采田）。愚以为“地下若逢陈后主，岂宜重问后庭花”一语，是对比之法——比炀帝与陈后主，辞尽而意不尽，中盛唐诸家鲜用此法，正见商隐之善特创。诗作于大中十一年春（四十六岁），赴江东任盐铁推官过扬州之时。

例六《曲江》。此诗前未细说，兹先引全文，再加分析：

> 望断平时翠辇过，空闻子夜鬼悲歌。金舆不返倾城色，玉殿犹分下苑波。死忆华亭闻鹤唳，老忧王室泣铜驼。天荒地变心虽折，若比伤春意未多。

诗作于开成五年（时二十九岁），为悼念文宗而作。其中深藏内幕，有待详考史实。甘露之变祸首为仇士良、鱼弘志（神策军二中尉），而黄门四贵之另二人薛季稜、刘弘逸（二枢密使）事变后为文宗奖遇，与仇、鱼不相能。文宗宠妃杨贤妃，晚多疾，请以安王溶为嗣，密为自安地，薛季稜预其谋；而刘弘逸与宰相李珏则议立陈王成美。文宗薨，杨贤妃与刘、薛谋诛仇、鱼，事泄，未成。仇士良迎立武宗，遂摘此事，并二王一妃俱诛之。诗中第三句即点明杨妃之死；四句标出曲江之地；五句喻安王亦谮死于宦者；六句谓未死而遭贬之杨嗣复（杨贤妃之侄）辈忧时之将乱。甘露之祸后，文宗受制阉奴，南司涂炭，固已不胜天荒地变之恨，岂知更别有事外之伤——“伤春”。盖意指杨贤妃之死，“弃骨水中”（冯浩之释）。我观《与同年李定言曲水闲话戏作》一诗，末联云：莫惊五胜埋香骨，地下伤春亦白头，悟其“伤春”二字与此本属一事。“五胜”者，非仅指水，并金、木、水、火、土俱有之（以刀刃之，以木敛之，以火焚之，以土合之，然后沉之于水），仇士良凶焰方炽，杨妃之死，亦已惨酷矣。商隐与杨嗣复有旧，并随杨赴潭州幕，故诗中大有同情之意。此诗七、八句为全篇主意之所在，而其寓意又如是之深，则实属罕见。蕴深意于尾联之中，是商隐七律的一种自有的章法。

例七《茂陵》：

汉家天马出蒲梢，苜蓿榴花遍近郊。内苑只知含凤觜，属车无复插鸡翘。玉桃偷得怜方朔，金屋修成贮阿娇。谁料苏卿老归国，茂陵松柏雨萧萧。

武宗朝，李德裕为相，抑宦官，破回纥，平泽潞，大有武功，中兴有望。商隐亦于会昌二年，入秘省，为清资官。但未几即以母丧，丁忧罢职，邱园枯坐，良机遂失。迨服阕，再入京，原期得近内省，渐跻显达，岂料于会昌六年三月武宗即晏驾。宣宗继立，四月，李德裕即外斥。时已三十有五的李商隐，深惜武宗之享年不永，乃作《茂陵》诗以悼之。

诗以汉武喻唐武，前六句之兵略、田猎、微行、求仙、女宠，处处对簿，“末收尤妙”。妙在以致故君之悲兼伤一己之遇合不偶。苏卿自谓，借苏武归国喻自身之“日西春尽”，到来已迟（另见七绝《相思》）。文人数奇，所慨良深！可见此诗之主旨亦在七、八句，意非托讽，实惜之伤之，固不暇讥之刺之也。

例八《泪》：

永巷长年怨绮罗，离情终日思风波。湘江竹上痕无限，岘首碑前洒几多。人去紫台秋入塞，兵残楚帐夜闻歌。朝来灞水桥边问，未抵青袍送玉珂！

前六句平列，都是运用了泪的典故，但“六句六事，皆非正意，只于结句一点，运格绝奇”（纪晓岚语）。六句旁衬，“正意”何在？《唐摭言》云：“李太尉颇为寒畯开路，及谪宦南去，或有诗曰：八百孤寒齐下泪，一时南望李崖州。”据此，德裕之贬，当時寒士颇多为之挥泪者，商隐亦“八百孤寒齐下泪”中之一人，以“泪”为诗之题者，不为无因。

诗之结联实为“全诗之正意”，“用重笔”，“通篇命意在此”（冯浩、张采田之说）。予揣：青袍寒士，商隐自谓；玉珂贵人，则指卫公。会昌六年四月，李德裕初出为荆南节度使之时，商隐当随卫公之亲厚者，在灞水桥边为其饯送。是时，商隐官九品，尚服青袍，卫公出为使相，自勒玉珂。青袍送玉珂，此之谓也。结句因指当时自己之泪，故尤为突出，他人之泪、古人之泪，皆未抵己泪之多！诗当作于大中十二年九月李德裕贬崖州后，是时商隐正由洛返京，再过灞桥，回思二年前此处挥泪送别之事，历历在目，远望南天，悲泪又注。因身自感受，故语极沉痛。有人否定《泪》诗与送别卫公有关，断言此诗堆砌故实，别无寓意，而开西昆之弊，看来不像是善读玉溪诗者。

例九《对雪》两首。大中三年十月，三十八岁的李商隐应卢弘正之辟，为徐州节度使判官。厚赉足以安家，骊骑遂尔登程。行前大雪，作《对雪》诗二首（自注：时欲之东），以赠闺人。诗全文录如下：

寒气先侵玉女扉，清光旋远省郎闱。梅花大庾岭头发，柳絮章台街里飞。欲舞定随曹植马，有情应湿谢庄衣。龙山万里无多远，留待行人二月归。

旋扑珠帘过粉墙，轻于柳絮重于霜。已随江令夸琼树，又入卢家妒玉堂。侵夜可能争桂魄，忍寒应欲试梅妆。关河冻合东西路，肠断斑骓送陆郎。

两首是咏物体，用意宛转（冯浩语），字字有指，借雪之典实，言己之情怀。两诗前六句各有含意，本易领会，并不迂曲。一首首句谓闺人，次句自谓（赴桂时已带检校员外郎衔），三句指越岭赴桂，四句回京留假参军，五句又欲出赴外郡，六句还期致身殿廷。二首首句喻前时飘泊无定，二句言己位卑身轻，然戒节自重，三句自矜文章惊人，四句应辟徐幕如入卢家玉堂，五句有志与名家争长，六句终期再试才朝堂。句句可释，而结句尤为“可观”（纪评），但须略加诠释。予揣：前首谓相约于一年后（大中五年）之春二月中当乞假回京探亲，《蜂》诗之“青陵粉蝶休离恨，长定相逢二月中”之相逢二月也是这个意思。次首亦“七、八句得其旨趣”，谓闺人为之肠断，不说自己而从对面着笔，倍觉生动。两诗主旨——时欲之东，送别留言，全在结联，此商隐七律善用之法也。

例十《锦瑟》诗。大中五年春初，卢弘正卒于任所，徐幕罢，原订一年后告假回京，遂成行，归心似箭，遄飞长安，抵家为是年二月初。岂料王氏夫人已于上年秋病故，家中人未将噩耗告之。进门方知，灵前大恸，泪如泉倾。王氏生前妙擅丝声，好弹锦瑟。锦瑟倚墙，睹物思人，哀莫能禁，乃作《锦瑟》诗以追忆华年时之忧乐相共。是为悼亡诗之首作。诗云：

锦瑟无端五十弦，一弦一柱思华年。庄生晓梦迷蝴蝶，望帝春心托杜鹃。沧海月明珠有泪，蓝田日暖玉生烟。此情可待成追忆，只是当时已惘然。

诗之所以可确证为悼亡者，因稍后所作的悼亡诗《房中曲》，有“归来已不见，锦瑟长于人”之句可相印合。在泾原时所作《回中牡丹为雨所败》诗中有“锦瑟惊弦破梦频”之句；在桂林时所作忆内的《寓目》诗有“新知他日好，锦瑟傍朱栊”之句（较早时所作的《风雨》诗中的“新知遭薄俗”的“新知”即指王氏夫人）。如此频繁使用“锦瑟”二字，决非出于偶然。诗首句锦瑟，即取琴瑟友之，以喻夫妇之义，兼指其妙擅丝声也。无端者，何缘、何幸而得此佳偶也。五十弦，本集诗中已用之：“雨打湘灵五十弦”。李贺诗中亦屡用之：“清弦五十为君弹”，“五十弦瑟海上闻”。不足为奇也。次句言婚后影事历历，年华倏过，回头十三年已逝岁月，恍现眼前。二联自谓。上句借蝴蝶之绕枝飞来，喻新婚之如痴如迷。好景不长，旋如晓梦之惊醒。下句借望帝之委国亡去，喻己身之失职失依。愁怀莫开，常似蜀魄之悲啼。既叹沉沦，更赋悼亡，婚宦两事，洵足悲焉！三联言妻。上句沧海月明，喻妻之美容似月，明眸似珠，然贫总同尝，往时抛泪不断也。下句蓝田日暖，喻妻之人温如日，品洁如玉，奈福难共受，今夕化烟竟去矣。悲夫！两联六句，含意明白实在，并无庾词隐语。强作别解，皆不可通。

本诗结联言：此情岂待（可待即哪待、岂待之意）今日始足伤痛，即便当时相守之日，已有惘然若失之感，唯恐彩云之易散、琉璃之易碎，好物之不坚牢。盖王氏夫人婉弱多病，商隐心怀隐忧焉。着此沉痛已极之结语，悼亡之作大可坐实了。论者承认“结意又进一层，义山惯用此法”（许昂霄语）。“末二句道明本旨”（纪晓岚语）。“本旨”二字已足。本旨、本意，即是解诗的钥匙。舍本意、本旨而不用，而翻求深解、别解，那就令人越来越糊涂了。

综合以上十例，可以看出，无论是少年习作，还是壮年名篇，无论是阔大题材，还是身边细事，无论是学杜遗风，还是自创新格，商隐七律不是一说就完，了无余味，而确是深入一层，放开一步，总收一笔，于全诗结尾见其主旨，亮其底牌。说商隐七律重在结联为其喜用的章法，表现了自己的特色，应该是站得脚的。

仍以四句话作为归结：

**余力未衰，余意未尽。重在结联，泄其底蕴。**

## （十）诗体

李商隐的七律诗，有对前人的继承（如学杜），有受流辈的影响（晚唐诗），更有个人的创造，形成了自己特有的风格、独具的体例。这就是他所留下的千古为人传诵的《无题》诗。以无题为题的无题诗（还有一些名非无题，实有本事的同类型诗作，如《春雨》诗，此处且不论述），是多首诗集合起来观察的诗体，比就单首诗进行分析的诗法或章法，范围更大。

晚唐诗体的一大倾向是遣词绮丽、用典繁多、作对工切，轻靡纤巧有余，深沉温婉不足。商隐后期所作的七律诗，与之渐行渐远，拉开了距离，实未可与"三十六体"（温、李、段）等而视之。这种不逐时尚的"无题诗"，用典不算太多，往往用典而不见用典之迹，基本上是"即事白描"，与"用事据典"分属另一种类型。"无题诗"可说是商隐独创的、最具个性、最见风格、最呈特色的崭新诗体。后来为"西昆一世所效"，终只能稍触其皮毛，不能略窥其精神。

"无题诗"主要以七律来表达（五古、七绝之"无题"此处不论），技巧高超，内涵丰富，一唱三叹，咀嚼无穷，即景即事，其中所含藏的"本事"，隐之实深，需细心品味才能领会。但所谓本事，也并非曲折如谜，一片朦胧。如果知道诗人的行踪心迹，诗背后的本意还不是不可解的。

下面就以几首《无题》为例，来解析各诗的背景和所含的本事。

例一《无题·昨夜星辰昨夜风》：

> 昨夜星辰昨夜风，画楼西畔桂堂东。身无彩凤双飞翼，心有灵犀一点通。隔座送钩春酒暖，分曹射覆蜡灯红。嗟余听鼓应官去，走马兰台类转蓬。

本诗前已多处提及，是七律无题最先开笔之例，初涉党局之作。这里再引全文，以重温之。

诗中三、四句以彩凤、灵犀为喻，"衬贴流丽圆美"，风格绝佳。其余各句都是写实，即事即景，谈不上用事用典，无须多作解释，意思自能朗然。问题是诗何为而作？其本事本意究竟是什么？集中同时同题相连而作的还有一首七绝：闻道阊门萼绿华，昔年相望抵天涯。岂知一夜秦楼客，偷看吴王苑内花。两相印证，不难参出其中消息。按：《旧书纪》：宝历二年盐铁使王播奏："扬州旧漕河水浅，今从阊门外古七里港开河向东，取禅智寺桥东通旧官河。"是则阊门系指扬州（非苏州）之阊门，萼绿华则比当年曾任淮南节度使的李德裕。商隐之岳王茂元为德裕之所亲善者，于昨夜商隐即以王家爱婿（秦楼客）之身份，忝陪饮宴，得睹时已入相的卫公的风采。七律各句具体写出饮宴的时、地、情景，彩凤、灵犀，喻对卫公之心仪已久。诗成于会昌二年（商隐三十岁），商隐依卫公集团之汲引，正以书判拔萃，再入秘省，授正字，故有走马兰台之语。此诗并非意绪埋没不可索解者。或释为狎妓之作，甚至为窥王茂元家后房而作，皆非。

例二《无题·相见时难别亦难》：

相见时难别亦难，东风无力百花残。春蚕到死丝方尽，蜡炬成灰泪始干。晓镜但愁云鬓改，夜吟应觉月光寒。蓬山此去无多路，青鸟殷勤为探看。

诗作于大中五年春。宣宗登位，卫公罢黜，牛党得势，令狐受宠，商隐丧妻失幕，仕途窒碍难进，不得已转谒子直（令狐绹），以求谅解。静候多日，未得佳音，再访不遇，留诗别馆。此陈情之始唱也。

首联上句言此人相见，虽非容易，舍之他去，诚亦大难。下句言春光空过，迁延时日，嘘拂无力，了无所得。二联三句言经纶之才，欲求用世，春蚕未死，吐丝不止。四句言烛泪长流，成灰身殒，身世愁苦，泪亦不尽。三联五句言房中孤冷，清晓揽镜，岁月蹉失，萧疏年鬓。六句言静夜长吟，月光清冷。情意未通，前程莫定。末联两句：蓬山指内省，深严高贵之地也；无多路，同在京城也；青鸟探看，谓向其探询意向也。为此诗时，盖新赋悼亡，故深染哀伤，花残、蚕死、蜡烬、丝尽、泪干，不知不觉来于笔下，情调显得特低沉。

例三《无题·来是空言去绝踪》：

来是空言去绝踪，月斜楼上五更钟。梦为远别啼难唤，书被催成墨未浓。蜡照半笼金翡翠，麝薰微度绣芙蓉。刘郎已恨蓬山远，更隔蓬山一万重。

大中五年暮春三月半之一日，令狐召商隐至府，命书其父元和中寄张相公（宏靖）旧诗以俟刊石。盖素稔商隐工书法，字体妍媚，意气飞动，“绝类黄庭”。彼既有求于我，正好用其所长，成我之事。商隐穷一日之功，始书讫，作《无题》诗以记此一日之过程。

诗写“一日书讫”，夜间留宿之事。首句言白天匆匆一见，指命代书上石事，曾说再来相谈，踪迹杳然，空言而已。二句言留候一夜，已五更钟动，入朝去了。三句言梦中之悲，殆梦不得京职，又别家人远赴他方欤？四句即言一日书讫，墨未浓，催促之状也。五、六句，写夜间留宿之地：金翡翠，屏风；绣芙蓉，锦被——令狐家之华贵也。七、八句言前时八郎为翰林学士，已恨蓬山之悬隔，今彼已为副相（大中五年四月正式拜相），谋面更非易事，如蓬山之更隔万重，咫尺亦如天涯了。此诗揆诸史实，本义并非难解。

例四《无题·飒飒东风细雨来》：

> 飒飒东风细雨来，芙蓉塘外有轻雷。金蟾啮锁烧香入，玉虎牵丝汲井回。贾氏窥帘韩掾少，宓妃留枕魏王才。春心莫共花争发，一寸相思一寸灰。

此诗倒叙“一日书讫”白天之事。首句东风细雨，写白天之景。次句点明所宿之地，即晋昌里之莲塘——南塘，此透露消息处，有轻雷，车走雷声，令狐回宅，玩诗味，似为夜值禁中，白天归第休憩。三、四句为在令狐宅中一日所见。烧香入、汲井回，虽有其人其事，然诗中主在借以寓意。烧香者，喻己之向令狐陈情，如烧香求神，诚而无灵；汲井者，自为陈情之意，在求汲引。五句剥去华妆，意在一“掾”字，盖己之常为幕官。六句重在一“才”字，谓今日留我在府，以用我之才耳。七、八句作结，言莫寄以过为美妙之希望，“相思”无益，此人终惠不我与，我亦不能不感意冷心灰。境遇堪伤，由其词之哀知其心之怨矣。

例五《无题·凤尾香罗薄几重》：

> 凤尾香罗薄几重，碧文圆顶夜深缝。扇裁月魄羞难掩，车走雷声语未通。曾是寂寥金烬暗，断无消息石榴红。班骓只系垂杨岸，何处西南待好风？

商隐为令狐出力不少，然八郎文才有限，而妒心偏重，生怕别人会超过自己，对商隐终乏真心荐达之意，经陈情再三，才授太学博士之职，聊酬代庖书墨之劳。博士官衔有如画饼，先生面貌浑乏凝脂。令狐徒以空言抚慰，佳讯许诸远期。至大中五年十月，柳仲郢以河南尹移镇东川，辟商隐为节度书记，检校工部郎中。柳亦曾是去牛而就李者，商隐乐于相从。行有日，往谒令狐告辞，令狐仍虚与委蛇，夜留宿于晋昌里邸所。是夜又作七律无题两首，以志陈情之感，远行之恨，失意之愁。例五即其中之一。

诗一、二句言留宿于晋昌亭，侍女为之缝制衾帐之具。三句言常时干谒，深心自耻，愧对故人也。四句言令狐归来，不暇相谈，隔阂之甚深矣。五句言寂寥已久，热望成灰，曾屡烧香，了无感应。六句言佳期渺茫，断无消息（用孔绍安为内史舍人典，云“虽不及春，榴花犹红”），留京不得，又将外出。七句垂杨岸寓柳仲郢之姓。八句“西南”指川中。本诗的含义亦不难解。

例六《无题·重帏深下莫愁堂》：

> 重帏深下莫愁堂，卧后清宵细细长。神女生涯原是梦，小姑居处本无郎。风波不信菱枝弱，月露谁教桂叶香？直道相思了无益，未妨惆怅是清狂。

本诗是无题二首之二，与例五作于同时同地（晋昌里令狐家），进一步抒写当时之心情。一句，重帏低垂，更深人静。二句失寐回思，前事前境。三句身心曾许，梦温未醒。四句居处原孤，房冷难寝。五句风波险恶，弱质犹挺。六句科第尊荣，正途以进。七、八句言相思无益，不辞总抱惆怅；自知不慧，亦任世笑清狂。是痴是愚，勿离勿弃。遭遇若此，真堪伤已。今我读诗，鼻亦酸矣。

曲意陈情，已证计失，低唱无题，遂告音绝。这段时间诗人的心情极为复杂：党争无情，固已恨之；世路多碍，无柰望之；趋走干谒，终自羞之；斯人不才，未免诮之。恨、望、羞、诮，四个字可以概括诸诗的情味。

无题诸作，“祖述美人香草之遗，以曲传不偶之感，故情真调苦，足以感人”（纪晓岚语）。“无题诗格，创自玉溪，且此体只能施之于七律，方可宛转动情。综观全集，无所谓纤俗浮靡者。”如刻意仿之，“转成窠臼，剪采为花，绝少生韵”（张采田语）。在我看来，无题诸作，用典确不很多，用而少见其迹。较隐晦者仅如“韩掾少”“魏王才”“石榴红”数处而已。商隐写无题诗，并非倾诉爱情，而是感念身世，其真情发自肺腑，在风格上已由艳抹趋向白描，由用典趋向即事，由绚烂趋向平淡，由隐曲趋向平易。如此吟咏，确是作诗的最高境界，是吾人不可不黾勉以赴、学而时习的诗法。

以上关于诗体的论述，总括起来可形成八句话：

**用事浓妆，即事淡扫。渐趋平易，翻觉高妙。**

**剪采为花，终乏生机。宛转动情，独创《无题》。**

上面从方法论的角度，介绍了李商隐的七律诗。十个方面的诠释，大体表达了诗人这些作品的风貌。总起来说，这样一位“矫轻俗之时弊，开清新之生面”的诗人，“横行阔步、昂视高盼，允为有唐诗家之殿也”。

李商隐才华横溢，是一位作诗的多面手。他所作的咏史诗，“是天壤有数高文，非古今无端浮慨”，少陵而下，推为诗史，自克当之。他独创一格的无题诗，当党局嫌猜之际，“欲吐难明，欲吐难默，正言不能，转为曲折，诗中有人，言外有物，实取法于骚辨，得力于风雅”，格调是很高的。他的爱情诗，情真意切，委婉动人，读之增人伉俪之眷，洒以同情之泪，也决非什么轻靡低俗之作。李商隐确是一位成就博大的杰出的诗人。

李商隐坎坷尽历，又是一位十分不幸的诗人。“才与遇乖，空负才多；年由愁损，尤怜年促”！“顾身世沧桑，出语弥工；命途尘棘，成家偏速”。“奇才大勇，继执牛耳于诗坛；杰句雄词，新菹虎牙于笔阵。遗编人对，日月长存；流派自开，江河远浸。此则不幸中之幸耳。”

（以上引文均为拙著《李商隐诗要注新笺》“自序”一文中用语。）

我正是以十分崇敬而又惋惜的心情，来推介这位杰出的诗人，缅怀这位不幸的诗人。谨以此文作为对诗人的一种纪念，对其作品研究的一种补充，好将流芳、遗韵留在大家座右，亦借以作为歆慕诗人、追步诗人的一种方式吧。

（在中国社会科学院秋韵诗社一次学习会上的发言，2009年11月4日改定）

# 八

# 有关李商隐研究题咏书存

## （一）七言古体两首

### 因病放归，遂起了我集注李商隐诗素愿，成三十韵（1971 年 3 月 23 日）

沙头拾贝纵目盼，学海混茫无涯岸。千秋作手传几人？卅年心力沉万卷。难忘少时学义山，爱其格奇而词婉。人间绝唱无题诗，低徊荡气肠九转。纡郁深情吐还吞，迷离幽旨明又暗。美人香草祖离骚，月晴江上湘灵怨。排宕奇恣兀韩碑，巨斧扬空山为撼。行次西郊追北征，在人非天究理乱。诗咏甘露刺凶阉，苍黄恨血彤庭漫。沉博精纯凝风骨，轻靡不数温与段。浪漫现实综一身，学杜自立脱羁绊。我爱其诗怜其遇，命蹇文徒海内冠。秦楼初窥吴苑花，走马兰台类蓬飐。淡墨飞处书骈俪，远梦醒时春畹晚。归来不见镜中人，锦瑟倚墙冰弦断。牛李之间难周旋，门户见深冰炭战。郎君官贵隔蓬山，东阁长扃任尘满。儿女依人万里游，鬓丝青灯独为掾。秋风秋雨病相如，茂陵星落遗文散。其年才历四十七，诗国未容步尽展。笑我耽诗亦成癖，吴蚕丝长吐不倦。为觅善本广求人，圈点烧残烛无算。曾拟坠绪理从头，诗派源流遥相贯。獭祭差能肖皮毛，欲望项背苦身短。余年天若再假我，好诗百读香浮案。集注诸家作郑笺，出匣奇光人惊眩。侧闻主席喜三李，诗仙诗鬼许相伴。今古一人与品题，玉溪何幸可无憾！流水高山知音稀，年来亦抱知遇感。词臣长抱临邛渴，献赋金门尚有愿。

### 李商隐诗集注草成，口吟俚词三十韵，志喜（1973 年 8 月 14 日）

去岁黄菊未暇看，蟾飞乌走寒暑换。问我何事迄无诗，为续郑笺首埋案。曾拟集注玉溪诗，弹指廿年空许愿。哪知病来始发奋，日字四千迅操管。古来才士呕心肝，语不惊人死亦憾。我为他人何匆忙，拼将命赴不知倦？承前启后事需人，自加重担无待劝。亦以旧时曲说多，夜泣泉下诗魂怨。斯人面目宜返真，肯令来者再迷乱？而今初获发言权，全集笺罢意能贯。吾观义山实党李，择木禽知惜羽翰。吓鼠任猜志未降，牵牛从妒心不惮。能"用草莱"服卫公，"心如石"欲回天转。灞桥"青袍送玉珂"，孤寒八百襟泪满。云台不议将军勋，古柏雨凋风坼幹。此日琼崖山海遥，当年"玉垒经纶远"。"恶草当路"斥寺人，岂"诋名臣"呈骨叛？难逾"乱石"且陈情，望之恨之固参半。未至乞怜羞干谒，名虽微玷事可惋。谋身拙常安蛇足，巧宦乘时原不善。至谓"浪子好艳词"，识殊皮相评何悍！无题诗中寄托深，故假闺襜语婉娈。寄内悼亡特情长，读之增人伉俪眷。燕台柳枝事伤心，满纸幽忆又怨断。呜呼！士生衰世何不幸，婚宦两厄况龄短！……唯今明时各尽材，自庆多幸生也晚。居诸有限知无涯，袖手悠闲我何敢？附彼骥尾诗千秋，荐我豹皮笺几卷。春蚕丝自织云章，秋雁叫怎上星汉？书成四顾心茫茫，听曲何人歌自按。

## （二）七言绝句

### 学习、笺注李商隐诗之前前后后

《天汉诗存》卷首谈学李商隐诗（1945 年 9 月）

少年学语近樊南，诗法劝吾高处参。写出沧桑家国恨，万千气象变苍岚。

《读诗偶记》之谈学李商隐诗（1962 年 10 月）

义山学杜近篱樊，沉博深微风骨存。后世不知诗味厚，只从轻靡步西昆。

购得李商隐诗集喜赋（1972 年 8 月 6 日）

诗集樊南亦未留，失书憾似失荆州。殷殷相托恐虚愿，纵置重金何处求？

十年湖海怅相思，今日重逢喜可知。从此偕君到头白，吟声朝夕出书帷。

## 质疑解惑问前贤（共二十二则）

### 岑仲勉否定李商隐南游江乡之说，诗以辨之（1972年9月5日）

江乡欢泣遇刘蕡，参悟应标冯氏勋。定说此时在陕虢，“高歌楚路”岂身分？

风云难料变匆匆，遂使秋来改去踪。若道移家当日意，固缘从调到关中。

尉职弘农解去骖，洛川烟月酒方酣。书中自合称“东下”，岂必商於路向南？

春雪黄陵送别时，“义兼师友”代人词。新正华陕迎归骑，贺表连成原未迟。

### 李商隐桂管罢后荆湘巴蜀之行，诸说纷纭，诗抒我见（1972年9月15日）

长沙代笔共怀忧，座主交深难久留。三月离川五月达，何劳远候至荆州？

黄鹤沙边望夏云，破帆西更别荆门。杨朱泣路犹平陆，未有风波惊客魂。

为恋巴江暖可栖，寒芜一片剩凄迷。徘徊客路望谁援？欲起重泉问玉溪。

拟朝杜宇到西川，转惧云间遭鹘拳。寒素况闻几姻戚，高门千仞上无缘。

白帝城头洒泪丝，夔州有旧慰孤羁。巴山夜雨秋池涨，千古情长寄内诗。

秋风方急燕飞高，一派涛声出下牢。岂是水程上巴峡，已更时序转归舠。

襄州留札献尚书，途出商南舟换车。邓橘半黄芝遍紫，先教归梦到吾庐。

夏初辞桂仲秋还，百日销磨道路间。若未迂回赴巴蜀，计程已早抵家山。

### 冯浩谓商隐诗“恶草谁当路”乃刺李德裕，大谬，诗以辨之

当途恶草刺黄门，非指崖州贬谪臣。独恨孟亭浑不省，遂教轻薄属斯人。

杀降灭族更无遗，报怨寺人心有私。此事杜悰与相忤，马蹄即向剑门驰。

欲求内召便飞黄，也说当时恼赞皇。贿结太医毕学士，此人语本待思量。

翻云覆雨珰信应难，通塞同求出处完。岂有义山恁诡薄，故将叛骨供人看？

### 张采田释燕台诗柳枝词多误，诗以正之

双珰尺素寄相思，秋冷湘川寻觅时。不信裁诗为人谪，情深一往竟如痴。

张释燕台诗乃政治诗，为杨嗣复贬湘而作。可噱。

“谁能为此”赏诗篇，洛下惊逢正少年。若系会昌过而立，何能遽得柳枝怜？张系柳枝词于会昌五年，非是，盖是年商隐已三十四岁矣。予考商隐于开成元年遇柳枝，时年二十有六耳。

张采田系商隐妻王氏卒于大中五年秋，亦误，诗以辨之

徐州返尚共春光，渭水秋风赋悼亡。（张氏之说）怎释归来已不见，唯余锦瑟比人长？

消息瞒人自去年（王氏大中四年卒），灵前归哭泪倾泉。爱河从此水全涸，谢却东川张懿仙。

五年秋至七年秋，屈指便知星几周。三载丧家竟何著？行文疏略笑前修。

杜鹃啼血喻深悲，岂必入川方有诗。一样低徊感锦瑟，房中曲作或同时？

**重订李商隐年谱，两月无诗，写此自嘲**（1972年12月3日）

今年误了菊花期，秋尽都门漠不知。自入小楼成一统，锦囊两月已无诗。

**绝句咏李商隐**（1974年11月17日）

作赋论兵慕贾生，巍巍周孔意多轻。党争牛李身何托？去就分明判浊清。

**玉溪行吟**

**——赠李商隐研究会四首，倩董乃斌会长挥毫**（2001年10月15日）

飞越黄河路转西，由来三李大名齐。遗风学杜开诗派，何处梅香问玉溪？

千里追寻夏及秋，燕台生小住怀州。故乡合念婵娟子，何让贞娘占虎丘。

濡沫江湖多别时，新春阿阁凤雏嬉。云孙四十四代在，兰泽绵绵由衮师。

除却芬芳艳语工，漫成篇出见初衷。何能朋党并牛李？我亦瓣香歆卫公。

**读纪晓岚评李商隐诗**（2007年8月1日）

所作分明判后先，玉溪岂合妄评诠？学人却爱将人损，不避针锋张采田。（张氏专驳纪说。）

**盼李商隐诗笺注书稿能早日出版**（2006年10月19日）

百万言成问世艰，甚期多助破愁颜。国家昌盛诗家幸，泽及千秋李义山。

### 李商隐为集拗律之大成者，特诗以表之（八首）（2008 年 4 月 4 日）

拗律源流说义山，大家笔法本精娴。后期诗更开生面，岂止无题著世间。

句中有拗，拗而有救，商隐后期诗中多用之，此为其创格，俱用于出句为平起之场合，如下四例。

“烧畬晓映远山色，伐树暝传深谷声”。不独孤平得拗救，双重拗救对中成。见于商隐《赠田叟》诗，对句中之暝，夕也，仄声，拗；深字平声以救之，是谓孤平拗救。出句中远山色之远字亦拗，以深谷声之深字平声救之，于对仗中双重拗救，可称拗律之甲式。

“卷帘飞燕还拂水，开户暗虫犹打窗”。脚节虽然声稍异，对中拗救亦成双。见于商隐《水斋》诗，出句脚节中之还拂水为平仄仄式，与前首之远山色仄平仄式稍异；对句（开户暗虫犹打窗）中亦孤平拗救，犹打窗与出句中之还拂水相对，亦为双重拗救，可称为拗律之乙式。

“抚躬道直诚感激，在野无贤心自惊”。出句仄多即成拗，对中相救以平声。见于商隐《赠田叟》诗之末联，出句中诚感激之感字该平而仄，成拗，对句中以心字平声救之，可称为拗律之丙式。

“求之流辈岂易得，行矣关山方独吟”。三仄相连句弥拗，平声相救力能任。见于商隐《至裴明府所居》诗，出句脚节岂易得三仄连用，拗之更甚者，以对句中之方字平声相救，此“方”字为十分着力处。可称为拗律之丁式。杜牧“南朝四百八十寺，多少楼台烟雨中”，亦属此式。

瘦硬格呈揩眼看，挺然健句倒波澜。玉溪聪颖家数大，学杜更令诗路宽。商隐于学杜之雄浑阔大一面外，又学杜之瘦硬劲峭一路，此等诗弥见老健，亦见其家数之大诗路之宽也。

格律森严束缚多，难谐平仄碍吟哦。转兴拗救来相济，飞鸟快然离网罗。拗律可谓经典格律诗之穷则生变，变则复通也。

裕之诗格幼曾探，近礼山阴老学庵。峭拔句多足称道，岂知径本借樊南。元好问，字裕之，号遗山，其诗善用拗律之丙式；老学庵，放翁所居书斋名，其诗多用拗律之甲式；樊南指李商隐之曾居长安樊南，其文集即以樊南甲乙集为名。

## （三）七言律诗

### 读《唐诗三百首》所选商隐七律五律（2011 年 1 月 26、28 日）

蓬山路杳岁蹉跎，肯把生涯付醉歌？春夜蚕恹悴星鬓（陈情令狐），秋空雁过怅云罗（再遇柳枝）。弦惊锦瑟情犹注（悼念王氏），心断灵犀志不磨（心向卫公）。七律精微傲风骨，名篇杰句数君多（所选达十首，仅次于杜甫之十三首）。

长卿五律比长城，岂必樊南逊此声？斜照落花飞一径（落花诗），残灯黄叶飐三更（风雨诗）。寒蝉抱木露难饱（蝉诗），独客凭栏波欲平（凉思诗）。淡泊爱憎阅尘世（北青萝诗：世界微尘里，吾宁爱与憎），循君“我亦举家清”（蝉诗：烦君最相警，我亦举家清）。

## （四）诸家诗话论李商隐诗

### 《随园诗话》综论李商隐诗（2011 年 5 月 17 日）

子才熟视义山诗，“远识高情”心向之。“雕饰”轻柔失兼补，“槎枒”粗硬病全医。（《诗话》曰：冯定远谓：熟观义山诗可免江西粗俗槎枒之病。余谓熟观义山诗，兼补西昆之失。西昆只是雕饰字句，无义山之高情远识。）语辞最爱“绞而婉”，（何义门语。）风格独怜幽且奇。（吴乔谓商隐诗意如空谷幽兰；宋荦亦谓义山造意幽邃。吕居仁（东莱）尝言：“少时作诗未有以异于众人，后得李义山诗熟读规摹之，始觉有异。”按：异，即奇也。）沉郁更能御浮滑，樊南学杜近樊篱。（玉溪诗有杜之沉郁，其实正可矫性灵派之弊。）

### 《随园诗话》释李商隐《锦瑟》诗与《漫成》章（2011 年 6 月 7 日）

锦瑟千年释者难，指人用事岂无端？纵倾沧海难言恸（悼亡之作），非狎青衣浪涉欢（《湘素杂记》之说）。健将功彰遮日黯（指石雄），明公冤洗剖心丹（指李德裕。以上见《漫成》章）。证诗以史殊堪法，（《诗话》曰：《漫成》五章，“以史证之，殊为确切”。）此处高论诚不刊。（不刊，无可改易之意。）

### 《随园诗话》不薄温李与西昆（2011 年 6 月 8 日）

尝见庸师戒众徒："下流"评悍气何粗！（《诗话》引其言曰：诗须学韩苏大家，一读温李，便终身入下流矣。）须知温李真才子，不亚韩苏亦丈夫。贱职末僚惊大力，（《诗话》云：温李皆末僚贱职，无门生故吏为之推挽，公然名传至今，非其力量尚在韩苏之上乎?）名臣直士慕先驱。（唐有韩偓，宋有寇准、文彦博。）西昆入宋人专学，岂必文章出一途？（《诗话》于另处曰："以黄山谷之奥峭，宜薄西昆矣，而诗云：'元之如砥柱，大年若霜鹄。王杨立本朝，与世作郛郭。'今人未得李杜皮毛，而已轻温李，何蜉蝣之多也"！又盛赞义山《咏柳》"堤远意相随"句，谓"真写柳之魂魄"。）

### 《随园诗话》续评李商隐诗（2011 年 6 月 15 日）

"得力于风"闻所评：不专填砌骋才情。稍多典故亦何碍，能晓性灵方有成。摄魄追魂写全活，（《诗话》曰：李义山《咏柳》云："堤远意相随"，真写柳之魂魄。）呕心镂骨读无轻！（《诗话》曰：粗才每轻轻读过。）义山家数原宏大，岂以"芬芳悱恻"鸣？（引号内文字均出《诗话》。）

### 《一瓢诗话》（薛雪著）论李商隐诗（2011 年 5 月 24 日）

扫叶庄前饮一瓢，亦蒙诗话入多条。有唐学杜门始进；并李称温途尚遥。（诗话云：温存并称，……太原（温）不逮玉溪（李）远矣。）岂有笺探解深意？（薛解锦瑟诗未得要领。）可无疵议仰高标。（《一瓢诗话》云：李玉溪无疵可议。要知前有少陵，后有玉溪，更无有他人可任鼓吹。有唐惟此二公而已。）欲除浅易浮华气，（《一瓢诗话》云：熟读李玉溪，可除浅易鄙陋之气。）得过溪头十级桥！（溪隐指玉溪。）

### 《昭昧詹言》方东树之评李商隐诗（2011 年 9 月 13 日）

"藻饰资之"嫌义山，方公择善片言悭。一时巨子虽相揽，（原语意。）千古少陵宁易攀？（谓义山学杜，"忙乱沓复"，"饤饾僻晦"。）失在"轻浮""开俗派"，伤于"秽杂"滞清湾。玉溪才大偏多厄，身后何堪遇此顽！

### 读《说诗晬语》评李商隐咏史诗，书后一首（2011 年 9 月 14 日）

义山近体长讽谕，每以借题令抱摅[①]。指事何妨凭咏史，持论不媿在知书[②]。花由彩剪难生动[③]，锦自云裁善卷舒[④]。莫讶归愚矜格调[⑤]，说诗晬语岂全疏[⑥]？

注：①一、二句摘用原词，不起韵，拗救。二句原云："中多借题摅抱"。②评者曰：咏史十数章得杜陵一体。③于四句评者原词：不愧读书人持论。指隋师东第三联。④于五句评意，原词中并未涉及。予特设喻，益以裁云作锦与剪彩为花两相比照，以收烘托、映衬之效。固不足以言属对精工、用意巧妙，亦聊以师商隐之长技，步玉溪之后尘耳。可乎？⑤清初格调、神韵、性灵三派并峙，归愚（沈德潜）为格调派盟长，认为"诗贵性情，亦须论法"。第七句指此。⑥第八句指《说诗晬语》为归愚力作。

**闻毛主席喜"三李"诗，敬书一首**（1976 年 1 月）

北国琼装雪满岑，经纶外亦事长吟。雄词五色光天地，高格一家空古今。振世风雷鸣石鼓，传人锦绣示金针。樊南新释虽粗就，未献尧门憾总深！

毛主席喜"三李"诗，此说确切。

**呈姚依林同志论樊南词藻**（1972 年 7 月 12 日）

曾傍雷门暗效声，十年布鼓迄难鸣。随身唯笔知功欠，越位而言恐罪成。敢乞三都冠佳序，肯垂一字定公评？樊南词藻虽粗立，点窜方看气格撑！

指为李德裕《会昌一品集》作序事，李商隐初稿词藻绚烂，郑亚改定后气格峥嵘。是时予正请姚公为拙著赐一佳序，以上举故事喻之。

**呈王伯祥先生论樊南诗意**（1972 年 3 月 23 日）

金柳余风乡国存，廿年拓落愧师门。良朋有几偏长别，老辈无多倍足尊。岸地丘冈踵曾蹑，嵌天星斗手难扪。樊南诗意新笺就，急报先生待细论。

**里中朱君据汪师韩说谓《锦瑟》诗非悼亡之作，戏答之**（1973 年 11 月）

漫云古瑟不时宜，五十弦原未足奇。自叹蓝田无玉在，岂悲沧海有珠遗？朱栊日暖新知好，瑶柱冰寒往事思。万里归来成一恸，泪痕红湿悼亡诗。

**携《燕台诗释》上沁阳李商隐诗国际研讨会**（2001 年 10 月 18 日）

溪过覃怀梅坼华[①]，野王曾考迹叹赊[②]。史传子贡儒兼贾[③]，赋记河阳县满花[④]。温婉里中人似玉[⑤]；缠绵诗内思无邪[⑥]。何当更许窥奇景，直上紫金坛嚼霞⑦。

注：①耶律楚材诗：行吟想象覃怀景，多少梅花圻玉溪。②予曾于书中考证野王与秦、卫之关系。③子贡卫人，为亦儒亦商者。④庾信赋“河阳一县花”之语，故河阳有花县之称。⑤里中人，指李商隐所恋怀州同里之女子——燕台；下句之“诗”指商隐为燕台女所写的《燕台》诗、《河阳》诗、《河内》诗及集中其他各诗。⑥思，读仄。⑦嚼霞，语出商隐《河内》诗之“一口红霞夜深嚼”。“紫金坛”三字为孤平拗救。

**李商隐诗研讨会上梁玉芳赠诗集，拜读题一首**（2001 年 10 月）

幽兰芳菊对移时，风雨漓江未展眉。巾帼裁诗应恨少，冠裳组会不妨痴。低吟锦瑟清和句，起舞铜琶激越词。转益多师家乃大，义山学杜格方奇。

**再到桂林怀李商隐游踪（二首）**（2002 年 4 月 13 日）

桂林为唐诗人李商隐宦游之地。予于二十四年前曾以文会莅此，并赴龙胜探儿。今来重游，爰作韵语两律，以咏胜地风光，并以怀诗人踪迹焉。

奇景天成恣再探，洒然携笔赋征南。划江水绕青罗带，拔地山抽碧玉簪①。

芦笛象驯泉滴洞，茶铛龙胜竹藏庵②。义山踪迹犹可问，佳句晚晴曾细参③。

漾日粼粼印碧峦，清、奇、巧、变费吟翰。由来山水天下最，得返江湖胸次宽④。百里绣廊供放棹，万年画壁任驰鞍。低回黎辟滩头别，郁勃涛声五月寒⑤。

注：①簪，押覃韵。②龙胜，与象驯借对。③“天意怜幽草，人间重晚晴”，义山在桂林作，传世名句。第一首末句孤平拗救。④江湖，用义山“永忆江湖归白发”句意。⑤末联用送郑畋南觐于平乐江中黎壁滩头事。

**生日感赋忆少日学李商隐诗**（2007 年 2 月 17 日）

攻诗打小已痴迷，亦有师承与友携。千卷罗胸容出入，百家照眼识高低。岂闻掷地同金石，枉说登门步玉溪。知己未能托后进，羡他桃李各成蹊。

**地坛牡丹为雨所败，因思李商隐回中牡丹诗**（2008 年 5 月 4 日）

芳信宵来厄牡丹，坡前红紫八成残。花心宛转揉将碎，泪眼离迷擦未干。

乱打鹍弦惊锦瑟，徐开鲛室献珠盘。回中两律应称绝，（李商隐《回中牡丹为雨所败》诗。）不敢题诗在地坛。（本诗诗中故藏雨字。）

**听某教授讲李商隐诗**（2008 年 10 月 23 日）

诗既无题解便繁，况于身后厄西昆。碧城恋起宫嫔怨，青女情违府主恩。直使彩毫花失色，未容锦瑟泪添痕。众禽声聒原常事，岂任丹山凤独尊？（青女，借指衣青之使女。）

**《李商隐诗要注新笺》蒙院部巨额资助出版喜赋**（2008 年 1 月 18 日）

怎将文采续吾家？独出玉溪望浣花。既忝僚曹慕锦瑟，不须身世溯秋笳。《无题》岂自闺房发？《有感》端由社稷嗟。得作郑笺欣盛世，转怜愁损促年华！

辽海归来住一庵，吐丝不尽殗春蚕。扬风立派诗深嗜，论世知人史细探。载笔气豪游桂北，携家身馁滞樊南。三年力疾寒更暑，百万言成苦亦甘。

**《李商隐诗笺注》问世，答王佑明兄，即用原支韵**（2008 年 5 月 28 日）

百尺衰桐老尚羁，春来同跃上林枝。低迷未得窥三昧，高亢徒令笑半痴。卌载诚敦金石契，一生苦学玉溪诗。手编笺注今方就，工在无人爱读时。（放翁诗：诗到无人爱处工。）

**《李商隐诗要注新笺》问世，惊见失校数处，诗以志憾**
（2008 年 6 月 17 日）

都云无错不成书，事到吾身意怎舒？碧海云遮月微缺，苍山霜落木方疏。（重在缺、疏二字。）倾心异代光千载，耗目当年困一庐。我负樊南过难饰，沾沾哪得以功居？

**作李商隐传略感赋**（2012 年 1 月 7 日）

学诗高格欲跻攀，六十年来慕义山。揭秘宛同出幽谷，析疑快若破重关。爱憎情溢花月外，俯仰志笼天地间。终与斯人作传略，一春闭户讵能闲？

**《李商隐评传》拟就感赋（二首）**（2012 年 2 月 28 日）

作传春来为义山，未盈四纪溯悲欢。西风老树长安暮，秋雨枯荷曲水寒。

牛耳继持奋诗笔，马蹄屡踠困吟鞍。嫁衣夙夜辛勤制，针巧自矜人怎看？

义山而后孰薪传？憔悴冬郎貌宛然。岂料衣裳余寸缕，（为西昆割裂。）应看鳞甲出重渊。津梁学杜藩原近，风格追唐法待诠。（予作义山七律诗法十诠。）高手岂予叹寂寞，嗣音欲觅复何缘？

**再读笺注自序，因思江乡旧事**（2012 年 2 月 29 日）

记室翩翩名早闻，梦中我亦屡逢君。无休死究惊人句，不朽生传命世文。丝吐春蚕理残茧，声回秋雁动高雯。江乡一序曾流布，千树丹枫尽化云。

（予注李商隐诗，拟《自序》一篇（骈体文），寄南方，甥鸿德特为之刻写，流播乡里。）

**柬李青云——李商隐四十四代孙**（2012 年 1 月 14 日）

学诗少日慕樊南，沉博深微境试探。烟径几迴喜初入，云台千仞怅难参。远源流注春波滟，老圃香传秋影涵。一室同君梦宁冷？十年前我笔犹酣。

**读杜集《解闷》篇**（2011 年 8 月 9 日）

杜公《解闷》有新篇，（居夔州作。）上下古今评点全。“颇学阴何”心最苦，遥师“苏李”节尤坚。“曹刘”高垒难超越，“王孟”清辞贵自然。拙朴为文成绝句，义山此处得真传。

## （五）五言律诗（含排律）

**结集（四首选二）**（1996 年 6 月）

少小耽吟地，江东邈暮烟。功恒见七律，名偶著长联。
墨谷词新读，玉溪诗旧笺。天如赋闲健，结集俟他年[①]。

玉溪夙心折，学杜此津梁。登岸宁愁远，攀巅敢逞强？
敲诗渐盈箧，辞酒任空觞。继者将安得？搔头望八荒[②]！

注：①厦门黄潜墨谷前辈著《谷音集》（词）赠予；以诗笔作词，乃予自谓。②末句有继者无人之叹。

### 杏花　次义山原韵（2007年2月8日）

查初白集用有次义山韵杏花诗，觉其纯属咏花写景，并无更多寓意，且首两联亦不合义山隔句对法。为补其不足，另赋一首，与义山诗同韵同格，不仅写花，且以书怀，义山咏物，语不虚设，亦师其遗教也。

高陛迎风日，曾聆孔氏言。上林沾雨露，长荷汉皇恩。
作态矜文彩，含啼腻粉痕。一株能许秀？千树已成繁。
范子方安宅，马家旋献园[①]。暖香穿翠幕，疎影伴黄昏。
轻剪冰绡冷，潜凝绛蜡温。卜年观大实，得地伏灵根。
笔底输品韵[②]，吟边堪悦魂。笑予近辞酒，不问杏花村。

注：①奉诚园。②司空图。

## （六）骈文

### 《李商隐诗要注新笺》自序

灵均作赋，何限香草美人之思；子美裁辞，不尽伤时忧国之悃。唐以诗取士，初盛以来，列宿方悬；中晚而降，余风犹竞。然而，比兴差存，能接屈子之音响，风骨独竦，得近杜氏之篱樊者，其唯李商隐乎？商隐幼也孤露，长实艰辛。才本雕龙，诗名早腾自少日；功兼祭獭，学殖更富于常人。当其时也，五诸侯拒命，干戈横于中原；十常侍肆威，斧钺操乎北寺。少帝无愁，绡帐双美新贮；大臣有体，瑶席八珍恒厌。蟾杵才求，龙舟又献。赪壤空糊，黄旗遽掩。尽专帷幄之权，已稔萧墙之变。更攀缘城社，喜肥狐鼠，唯搜括村囷，困解牛羊。南资输竭吴越，西藩守弃河湟。长城自圻，时非乏乎老成；大旆谁把？事偏偾于躁狂。仲子昌言，难喑忧愤；贾生痛哭，莫遏慨慷！乃有《韩碑》《有感》《行次西郊》诸作，《陈宫》《日高》《富平少侯》等诗。反割据，斥宦竖，警色荒，戒侈靡。衬销兵之计失，刺游幸之议非。彤庭血漫，咏甘露之奇祸；白野骸撑，兴阵云之深悲。志匡王室，心悯烝黎。惜小善之政无补，憾中兴之业难追。壮怀纡郁，击节声高；热血轮囷，叫阍途障。岂第无端浮慨，发自古今？是真有数高文，立于天壤。推为诗史，何多让焉？

强藩丑阉，二瘿未刬，朋合党分，两造方讧。士生斯世，举足难从。商隐少受令狐之恩，得传章奏之学。彭阳俄卒，知己安托？太牢之党，尸居禄禄。论政唯长于苟安，见利岂后于竞逐。巧宦羞为，宁附丽若皮毛？珍翎知惜，冀翱翔于云汉。遂定去留，忽分恩怨。私门笼锢，哪容一朝择木；徒党胶坚，直欲众口铄金。尚支机以赠，不惮牵牛之妒；仍载笔相随，甘酬司马之文。冰炭既战，芥蒂莫泯矣。……会昌之治，伯父功高，大中之政，郎君柄固。三年居丧，机失良时；万里罢归，人逢狭路。扃东阁而任尘封，阻上林枉多树聚。祇窃压线之劳，不进秉纶之具。乱石争逾？卒偃蹇于仕途；夜溪独出，长沉沦于使府。九日樽前，嗟野菊之萎霜；十年天末，怨丛兰之沐露。职卑业贫，身病心苦。抑塞以终，诚可哀其遇已。

党局嫌猜，身危心怵。欲吐难明，欲吞难默。正言不能，转为曲折。于是托霜月以喻成，假花蝶而谜设。碧瓦诗元有人，井泥言岂无物？漫成五章，隐附卫公；无题数首，暗寓子直。喜临戎能用草莱，仰当枢如怀皦日。灞桥曾送，共孤寒百辈泪湿青袍；云台不议，独将军一代勋湮白石。玉垒年深，堪伤庙前之古柏，竟凋秋雨；金闺昼静，可鄙井上之夭桃，却笑春风。何处梦云，重来吟雨；长宵促漏，残夜遥钟。……应多积恨，恼柔肠之辄转；奈有余望，羞素颈之频延。琼浆候饮，人在瑶台十二；金管催调，书成锦字三千。汉殿月明，扬雄寂寥；梁台霞起，任昉怅惋。蓬山万迭，青鸟来赊；箐栈千盘，斑骓去缓。过尽曲渚，难宿芙蓉之塘；踏遍重关，只系垂杨之岸。……盖其词诡而言微，格奇而意远，洵绞而婉者也。不知者谓之多属帷房媟语，闺襜琐言，徒逞词采，无补教化；知之者谓其取法骚辩，得力风雅，貌则铅黛，心则朝社：宜领其神妙，逆其旨隐，而窥其怨之所寄、刺之所指、慕之所归、伤之所蕴焉。讽咏再三，益觉吐韵铿锵，遣词华赡，其致缠绵宕往，其意哀感繁艳。适矫轻俗之时弊，别开清新之生面。横行阔步，昂视高盼，允为有唐诗家之殿也。

婚宦两途，唐时士子立身，二事实系大局。商隐宦情既沮，婚事又格，曾遇轻鸾，俱成别鹄。湘中寻觅，歌燕台记其往时；戏上背离，赋柳枝题其故处。惊有恶棒，打仙禽而两分；恨无天牢，全冤魄宁共锁。痛所思迭为挟财、仗势者攘之而去也。事足风波，字皆泪血。岂同薄幸于青楼，非若浪游于紫陌！何转乞于高门，盖难谐于低户。照梁日初有情，出水莲渐生慕。凤管终吹于上国，人自求凰；鸿词旋抹于中书，彼何嚇鼠。莫近弹碁之局，中心不平；聊膺草檄之任，孤身暂驻。颍川桂海，留连薄宦；郢水巴山，感念离群。正苍梧露下，又白帝云屯。秋风羁南，五字之诗念远；夜雨寄北，千古之句情敦。再走曹植之马，关河冰雪；欲咽齐女之蝉，树木晨昏。佳趣难忘，三春家室；嘉期且约，二月归人。讵意柿叶鸣庭，梦破于远别之后；蔷薇泣露，天翻于倦还之时。鸾镜轮亏，谁同照影，鸳机梭冷，孰与寄衣？蓝田日暖，漠漠碎玉生烟；沧海波寒，的的明珠成泪。锦瑟华年，空自追思；银筝佳偶，安能教替？作缘怀旧，意本悼亡。至情至性，固不减安仁之怆、奉倩之伤也。至若丛台妙妓，南国佳人，虽有涉于篇什，实不接于风流，其事非显，其言已彰。检其全集，总寄内、伤逝、艳情、绮语，其作原不过什二，决未至半数。赠其诗以女郎之号，列其人于浪子之伍，非唯不察，抑且厚诬矣。

才与遇乖，空负才多；年由愁损，尤怜年促。顾身世沧桑，出语弥工；命途尘棘，成家偏速。奇才大勇，继执牛耳于诗坛；杰句雄词，新莅虎牙于笔阵。遗编人对，日月长存；流派自开，江河远浸。此则不幸中之幸耳。

予，生也幸晚，怅望千秋，一挥怜才之涕；死不肯休，纵览百家，最爱惊人之语。髫岁受书，弱龄索句。松陵古浪，本钱朱钓游之乡①；枫岸新霜，原金柳弦歌之所②。初承师训，兼获朋携：度浣花之津梁，借玉溪之径蹊。窥沉博精纯之境，免粗浮浅易之讥。由是，寝馈斯集，青春曾费，瓣香此人，白首犹随。顷因病废，遂脱尘缁。计居诸有限，念知识无涯。书山仰望，学海沉迷。继往开来，虽力未能逮；承前启后，亦责弗忍辞。维我昌时，应超百代。宋艳之张可期，郑笺之续有待。爰辑诸子之注，敢成一家之言？昆玉重搜，渊珠再探。思求铁网铜鉴之功，豁其行藏之迹；欲透金楼玉台之隔，悉其爱憎之源。附渠骥尾，荐我豹皮。镌虫小技，壮夫已嫌其陋；画虎真容，拙手益贻人嗤尔。

所愿者，绝轨许寻，坠绪得理：父子名家，庶后学可赓二冯③；仙鬼隽侣，令今人能知三李④。抽残茧之丝于春蚕，回高旻之叫自秋雁。风冷江上，几曲湘灵之哀；日沉原前，一记唐室之乱。

一九七三年八月初稿，吴江吴慧写于北京西郊之朝阳庵
二零零一年一月改定于元大都土城遗址之旁安贞里寓所

注：①钱朱：指钱龙惕、朱长孺，皆有李商隐诗笺注本，并为吴江人。②金柳：指乡先辈金松岑、柳亚子，余为金门再传弟子。③“二冯”：指冯浩注李商隐诗，其子冯集梧注杜牧诗。④“三李”：指李白、李贺、李商隐。

**图书在版编目（CIP）数据**

李商隐研究论集/吴慧著. —北京：社会科学文献出版社，2013.5
（中国社会科学院老年学者文库）
ISBN 978-7-5097-4343-0

Ⅰ.①李… Ⅱ.①吴… Ⅲ.①李商隐（812～约858）-人物研究-文集 Ⅳ.①K825.6-53

中国版本图书馆CIP数据核字（2013）第040765号

**·中国社会科学院老年学者文库·**

**李商隐研究论集**

著　　者／吴　慧

出 版 人／谢寿光
出 版 者／社会科学文献出版社
地　　址／北京市西城区北三环中路甲29号院3号楼华龙大厦
邮政编码／100029

责任部门／经济与管理出版中心（010）59367226　　责任编辑／高　雁　楼　霏
电子信箱／caijingbu@ssap.cn　　责任校对／白桂芹　王翠艳
项目统筹／恽　薇　　责任印制／岳　阳
经　　销／社会科学文献出版社市场营销中心（010）59367081　59367089
读者服务／读者服务中心（010）59367028

印　　装／三河市尚艺印装有限公司
开　　本／787mm×1092mm　1/16　　印　　张／21
版　　次／2013年5月第1版　　字　　数／435千字
印　　次／2013年5月第1次印刷
书　　号／ISBN 978-7-5097-4343-0
定　　价／79.00元